高职高专教育"十一五"规划教材

国际商法

经贸类专业用

赫荣平　高贯中　主编

中国农业大学出版社

编写人员

主　编　赫荣平　辽宁商贸职业学院（辽宁行政学院）

　　　　高贯中　天津农学院职业技术学院

副主编　贾冬艳　辽宁农业职业技术学院

　　　　滕桂艳　黑龙江商业职业学院

参　编　乔海丽　黑龙江农业经济职业学院

主　审　伊文嘉　辽宁商贸职业学院（辽宁行政学院）

参加财经大类教材编写单位

重庆三峡职业学院
福建农业职业技术学院
广西经贸职业技术学院
广西农业职业技术学院
广西生态工程职业技术学院
河南农业职业学院
黑龙江工商职业技术学院
黑龙江农业工程职业学院
黑龙江农业经济职业学院
黑龙江农业职业技术学院
黑龙江商业职业学院
黑龙江生物科技职业学院
黑龙江生态工程职业学院
湖北生态工程职业技术学院
湖南环境生物职业技术学院
吉林工程技术师范学院
吉林省白城市行政学院
嘉兴职业技术学院
江苏农林职业技术学院
江西农业工程职业学院
句容市人民法院
辽宁农业职业技术学院
辽宁商贸职业学院
牡丹江大学管理学院
南京交通职业技术学院
宁夏职业技术学院
山西医科大学汾阳学院
沈阳农业大学
天津农学院职业技术学院
无锡商业职业技术学院
咸阳职业技术学院
新疆机电职业技术学院
新疆农业职业技术学院
信阳农业高等专科学校
扬州工业职业技术学院
营口职业技术学院
云南农业职业技术学院
郑州航空工业管理学院

出版说明

高等职业教育作为高等教育中的一个类型，肩负着培养面向生产、建设、服务和管理第一线需要的高技能人才的使命。大力提高人才培养的质量，增强人才对于就业岗位的适应性已成为高等职业教育自身发展的迫切需要。教材作为教学和课程建设的重要支撑，对于人才培养质量的影响极为深远。随着高等农业职业教育发展和改革的不断深入，各职业院校对于教材适用性的要求也越来越高。中国农业大学出版社长期致力于高等农业教育本科教材的出版，在高等农业教育领域发挥着重要的作用，积累了丰富的经验，希望充分利用自身的资源和优势，为我国高等职业教育的改革与发展做出自己的贡献。

经过深入调研和分析以往教材的优点与不足，在教育部高教司高职高专处和全国高职高专农林牧渔类专业教学指导委员会的关心和指导下，在各高职高专院校的大力支持下，中国农业大学出版社先后与100余所院校开展了合作，共同组织编写了一系列以“十一五”国家级规划教材为主体的、符合新时代高职高专教育人才培养要求的教材。这些教材从2007年3月开始陆续出版，涉及畜牧兽医类、食品类、农业技术类、生物技术类、制药技术类、财经大类和公共基础课等的100多个品种，其中普通高等教育“十一五”国家级规划教材22种。

这些教材的组织和编写具有以下特点：

精心组织参编院校和作者。每批教材的组织都经过以下步骤：首先，征集相关院校教师的申报材料。全国100余所高职高专院校的千余名教师给予了我们积极的反馈。然后，经由高职高专院校和出版社的专家组成的选题委员会的慎重审议，充分考虑不同院校的办学特色、专业优势、地域特点及教学改革进程，确定参加编写的主要院校。最后，根据申报教师提交的编写大纲、编写思路和样章，结合教师的学习培训背景、教学与科研经验和生产实践经历，遴选优秀骨干教师组建编写团队。其中，教授和副教授及有硕士以上学历的占70%。特别值得一提的是，有5%的作者是来自企业生产第一线的技术人员。

贴近国家高职教育改革的要求。我国的高等职业教育发展历史不长，很多院校的办学模式和教学理念还在探索之中。为了更好地促进教师了解和领会教育部的教学改革精神，体现基于职业岗位分析和具体工作过程的课程设计理念，以真实工作任务或社会产品为载体组织教材内容，推进适应“工学结合”人才培养模式的课程教材的编写出版，在每次编写研讨会上都邀请了教育部高教司高职高专处、全国高职高专农林牧渔类专业教学指导委员会的领导作教学改革的报告；多次邀请教育部职业教育研究所的知名专家到会，专门就课程设置和教材的体系建构作专题报告，使教材的编写视角高、理念新、有前瞻性。

注重反映教学改革的成果。教材应该不断创新，与时俱进。好的教材应该及时体现教学改革的成果，同时也是教育教学改革的重要推进器。这些教材在组织过程中特别注重发掘各校在产学结合、工学交替实践中具有创新性的教材素材，在围绕就业岗位需要进行知识的整合、与实际生产过程的接轨上具有创新性和非常鲜明的特色，相信对于其他院校的教学改革会有启发和借鉴意义。

瞄准就业岗位群需要，突出职业能力的培养。这些教材的编写指导思想是紧扣培养"高技能人才"的目标，以职业能力培养为本位，以实践技能培养为中心，体现就业和发展需求相结合的理念。

教材体系的构建依照职业教育的"工作过程导向"原则，打破学科的"系统性"和"完整性"。内容根据职业岗位(群)的任职要求，参照相关的职业资格标准，采用倒推法确定，即剖析职业岗位群对专业能力和技能的需求──→关键能力──→关键技能──→围绕技能的关键基本理论。删除假设推论，减少原理论证，尽可能多地采用生产实际中的案例剖析问题，加强与实际工作的接轨。教材反映行业中正在应用的新技术、新方法，体现实用性与先进性的结合。

创新体例，增强启发性。为了强化学习效果，在每章前面提出本章的知识目标和技能目标。有的每章设有小结和复习思考题。小结采用树状结构，将主要的知识点及其之间的关联直观表达出来，有利于提高学生的学习效果和效率，也方便教师课堂总结。部分内容增编阅读材料。

加强审稿，企业与行业专家相结合，严把质量关。从选题策划阶段就邀请行内专家把关，由来自于企业、高职院校或中国农业大学有丰富生产实践经验的教授审核编写大纲，并对后期书稿进行严格审定。每一种教材都经过作者与审稿人的多次的交流和修改，从而保证内容的科学性、先进性和对于岗位的适应性。

这些教材的顺利出版，是全国100余所高职高专院校共同努力的结果。编写出版过程中所做的很多探索，为进一步进行教材研发提供了宝贵的经验。我们希望以此为基点，进一步加强与各校的交流合作，配合各校教学改革，在教材的推广使用、修订完善、补充扩展进程中，在提高质量和增加品种的过程中，不断拓展教材合作研发的思路，创新教材开发的模式和服务方式。让我们共同努力，携手并进，为深化高职高专教育教学改革和提高人才培养质量，培养国家需要的各行各业高素质技能型专门人才，发挥积极的推动作用。

中国农业大学出版社

2008年6月

内 容 简 介

本书以*INCOTERMS*2000、*UCP*600等国际商法的最新规则和国内商法研究的最新成果为基础，系统介绍了国际商事组织法、代理法、合同法、国际货物买卖法、国际货物运输法、国际货物运输保险法、国际支付法、产品责任法和国际商事仲裁与诉讼等内容。

本书针对高职高专教育教学的实际需要，注重技能培养，具有较强的针对性和实用性。各章均配有知识目标、技能目标、本章小结、技能实训等内容，便于学生理解、掌握和应用所学知识。

本教材不仅适用于高职高专经贸类专业学生使用，还适用于开设国际商法课程的其他专业高职学生使用，同时也可作为在岗人员的培训用书。

前　言

在世界经济全球化迅猛发展的今天，我国对外经济活动越来越频繁，非常需要我们把国际商事法律规范加以普及和深化，以使国际商法更有效地为国际经济活动服务。为了满足广大高职高专院校开设国际商法课程的需要，我们编写了这本《国际商法》。

本书在编写过程中强调了以下特点。

一是加强针对性和实用性，突出高职特色。本书的应用对象主要是高职高专学生，因此我们在编写过程中紧紧围绕高职高专类院校的人才培养特色和学生学习就业特点，着力贯彻高职课程改革的精神，在理论部分，坚持“精要、好懂、管用”的原则，力求做到语言简明扼要、通俗易懂、深浅适度；在实践部分，则强调实际应用，注重学生应用能力方面的培养，充分体现教材的实用性。

二是内容宽泛，理论适中。本书全面介绍了国际商法的基本知识，逻辑严谨、脉络清晰、内容宽泛、重点突出，全书共分 10 章，主要包括国际商法导论、国际商事组织法、代理法、合同法、国际货物买卖法、国际货物运输法、国际货物运输保险法、国际支付法、产品责任法和国际商事仲裁与诉讼等内容。鉴于国际商法的抽象性和复杂性，本书在介绍国际公约和惯例的同时，又根据需要介绍了我国国内法律的相关规定，以增强学生对国际法和国内法的了解，提高学生的实践能力。

三是注意保持全书内容的新颖性。本书引用的资料新颖，所借鉴的都是最新的研究成果和实践案例，引用的国际惯例和业务处理方面的说法均来自现实的最新做法，如 2000 年版本的《国际贸易术语解释通则》(*INCOTERMS*2000)，2007 年修订的《跟单信用证统一惯例》(*UCP*600)，1995 年修订的《托收统一规则》(*URC*522)等，均是最新通用的国际贸易惯例、法规和解释。

四是突出实践教学环节，强调应用性和可操作性。本书在编写过程中非常注重学生操作技能的训练，在每章的开头部分均设计了技能目标，将本章学生应重点掌握的技能予以明确，使教师和学生均能有针对性地进行相关的技能训练；在每章的结束部分均配有技能实训的案例，以检验学生学习和实训的效果。技能训练的案例均系我们经过精心筛选的典型案例，有助于培养学生分析问题和解决问题的能力，有较强的实践意义。

另外，本书每章还配有本章小结，使学生学完每章后都能得到知识的巩固，培养学生自主获取知识的能力。本教材每章的技能实训均配有参考答案。

本书不仅适用于高职高专经贸类专业学生使用,还适用于开设国际商法课程的其他专业高职学生使用,同时也可作为在岗人员的培训用书。

本书由赫荣平、高贯中主编,贾冬艳、滕桂艳副主编,乔海丽参加编写。具体分工如下:赫荣平负责编写前言、第一章、第五章、第六章和第八章;高贯中负责编写第二章、第三章和第四章;贾冬艳负责编写第七章;滕桂艳负责编写第九章;乔海丽负责编写第十章。本书由辽宁商贸职业学院伊文嘉主任担任主审。

在本书的编写过程中得到了辽宁商贸职业学院有关领导的支持,得到了专家的认真审稿,还参考和借鉴了许多专家学者的研究成果,在此一并表示感谢!

由于编者的水平和时间的限制,书中存在的疏漏和不足,恳请专家和读者批评、指正。

编　者

2009 年 10 月

目 录

第一章 国际商法导论

知识目标：

- 理解国际商法的概念及调整范围
- 掌握大陆法系和英美法系的比较

技能目标：

- 能够根据情况选择适用的法律规则
- 会结合所学的内容分析案例
- 熟练掌握大陆法系和英美法系的分布范围

第一节 国际商法概述

一、国际商法的概念及特征

国际商法是指调整国际间商事行为和商事组织的法律规范的总称。它是商法的一个分支学科，也是国际法的一个分支学科。

国际商法具有以下特征。

(一)国际商法具有商事性

在法律关系的主体方面，商事性体现为国际商法法律关系的主体是商主体。商主体是从事商事活动和实施商行为的组织和个人，包括商自然人、商法人和商合伙。商主体与民事主体不同，它是以从事盈利性活动或商事行为为职业，如贸易公司买卖货物、海运企业提供海洋运输服务、商业银行提供支付中介服务等。为了保证交易安全，商主体一般需要进行商业登记取得营业资格，一般在其营业场所开展经营活动。而民事主体偶尔也从事盈利活动，但其不以盈利性活动为职业；同时，民事主体一般无需进行登记，一般也没有经营性的固定场所。因此盈利性和营业性使商主体与民事主体区分开来。而作为经济法律关系主体的政府机关负有社会经济决策、市场宏观调控、维护市场秩序、管理国有资产的职能，不以盈利性和营业性的经营活动为职业，因此不是商主体，它只能是经济法律关系的主体。

在法律关系的客体方面，商事性体现为调整对象是商行为，是商主体所从事的以盈利为目的的经营行为。贸易公司从事货物买卖活动，海运企业从事海上运输服务，商业银行提供支付中介服务，其目的都是为了获得买卖价格差额、运费、酬金或佣金，取得利润。民事主体也从事货物买卖，为他人运送物件或代为支付事宜，但是一般不以盈利为目的。商主体为了实现其盈利目标，通常开展有计划的、日常的经营活动；民事主体从事盈利活动是间歇性的，也不像商主体那样具有持续性和计划性。另外，经济管理行为是政府机关对市场主体，包括商主体的经营行为进行鼓励、限制、禁止和宏观调控的管理行为或对国有资产的管理行为，不以盈利为目的。

(二)国际商法具有国际性

国际商法调整的对象是国际商事法律关系，其主体是商自然人、商法人和商合伙，不包括代表主权国家的政府机关。国家不能成为国际商法的主体，国际商法的调整对象也不是以国家为主体的国家之间的交易行为，国际商法调整的只能是跨越国界的商主体之间的商行为。国际商法的国际性将国际商事法律关系与国内商事法律关系区分开来。商事法律关系是否跨越国界、是否具有涉外因素是判断商事法律关系是否具有国际性的标准。按照国际私法学的通说，国际商事法律关系是一种涉外民事关系。只要在涉外民事法律关系的主体、客体和法律事实三个要素中至少有一个要素与外国有联系，该法律关系即具有涉外因素，也就是具有国际性。

国际商事法律关系的涉外因素一般包括以下三种情形。

(1)商主体具有涉外因素，即具有国际性。国际商事关系的双方(或多方)当事人的国籍不同，或者双方当事人的营业地处于不同的国家。前者一般称为国籍标准，后者则称为营业地标准。中国、法国、意大利、日本以及很多大陆法系国家一般采取国籍标准，而英国、美国、德国以及其他英美法系国家一般采取住所地、营业地标准。

(2)商事法律关系的客体具有涉外因素。国际商事关系的客体是位于国外的物，它既包括货物等有形物体，也包括专利、商标和版权等无形财产权。

(3)商事法律事实具有涉外因素。产生、变更或消灭商事关系的事实发生在国外。如两个法国人在英国签订货物买卖合同，签订合同的事实发生在国外，有关该合同效力的问题与合同订立地英国的法律规定有关系，因此该货物合同具有涉外因素。

商事法律关系的主体、客体和法律事实中至少有一个以上要素具有涉外因素的，该商事关系即具有国际性。在实践中，通常主体具有涉外因素，该商事法律关系即被认定为国际商事法律关系；而主体不具有涉外因素，作为客体的标的物位于国外或者法律事实发生在国外，有的国家在个别情况下则会认为不一定具有国际性。

二、国际商法的产生与发展

早在古罗马法中就已出现了调整商事关系的法律，也有学者认为公元前15世纪的《赫梯法典》中关于商品价格管理的规定，以及古希腊时期的罗得法即是古代商法的最初形式。但大多数人认为近代欧洲各国的商法主要源于中世纪形成的商人习惯法，这有着深厚的社会根源。11世纪时东西方的贸易发展促进了地中海沿岸一些新兴城市的商业繁荣，随即扩大到大西洋沿岸等地，而中世纪的欧洲大陆处于封建法和寺院法的支配之下，与这种繁荣的商业发展形成了鲜明的对比：一些正常的商业行为被认为是违法，许多的商业活动得不到法律保护，缺少必要的法律规则。商人团体迫切需要新的规范来保护他们的利益。

在这种情况下，意大利的佛罗伦萨等地首先出现了保护商人自己利益的商人行会组织——商人基尔特。这种商人自治组织制定和编撰习惯规则，组织商事法庭，这些习惯规则被因袭沿用，形成了系统的商人习惯法，它鲜明地体现出商事活动盈利性和迅捷性的特点，强调按公平、合理的原则来处理案件，且只适用于商人团体内部。因而，这一时期的商人习惯法具有国际性，商事团体的内部规则普遍适用于来自各国从事商事活动的商人。

16世纪后，欧洲一些国家的封建割据势力衰弱，形成统一的民族国家，相应的，一些封建法和寺院法被废弃，国家统治阶级开始注意对商事的立法，行使立法权，把商人习惯法变为国内法。但严格地说，欧洲各国早期的商事成文法实质上仅仅是对中世纪商人习惯法的一种确认。

第二次世界大战后，特别是20世纪60年代以后，各国之间的经济联系日益密切，客观上要求建立统一的国际商事法律，许多的国际组织也都在积极从事研究和制定统一的国际商法的工作。这样，商法进入了一个新的发展阶段。国际统一私法协会发起的关于货物买卖及其合同成立的两个海牙公约，联合国国际贸易法委员会主持制定的《联合国国际货物销售合同公约》，国际商会制定的《国际贸易术语解释通则》(INCOT ERMS)、《跟单信用证统一惯例》(UCP)，国际法协会发起制定的《统一提单的若干法律规则的国际公约》(以下简称海牙规则)、《修改统一提单的若干法律规则的国际公约的议定书》(以下简称维斯比规则)，联合国主持制定的《1978年海上货物运输公约》(以下简称汉堡规则)，国际统一私法协会主持制定的《国际商事合同通则》，联合国主持制定的《承认与执行外国仲裁裁决的国际公约》，联合国国际贸易法委员会主持制定的《联合国国际贸易法委员会仲裁规则》，集中地代表了国际贸易和商事交易统一法发展的成果,体现了经济全球化时代商法从各国主权的约束下走出,逐步地回归了其国际性和统一性的本质属性。

三、国际商法与邻近法律部门的关系

(一)国际商法与国际公法的关系

国际公法是指调整和协调国家间关系的法律规范的总和。国际商法与国际公法的区别较为明显,主要体现在以下三个方面。

第一,主体不同。国际公法的主体只能是国家,商自然人、商法人和商合伙不能成为国际公法的主体;国际商法的主体为商自然人、商法人和商合伙。

第二,调整的关系不同。国际公法调整的是国家间的关系,是公法关系;国际商法调整的是商行为,是私法关系。

第三,立法目的和调整的角度不同。国际公法是从国际社会整体利益最大化和国家个体利益协调的角度来调整国家间关系;国际商法是从商主体的个体利益最大化的角度调整商主体和商行为。

(二)国际商法与国际私法的关系

国际私法是指调整跨国间民事关系的法律规范的总和。国际商法与国际私法的区别主要体现在以下三个方面。

第一,主体不同。国际私法的主体是涉外民事法律关系的主体,包括跨国的商主体。因此,国际私法的主体既包括自然人、非盈利社团法人,又包括商自然人、商法人和商合伙;国际商法的主体范围则小于国际私法的主体范围,不包括商自然人以外的自然人和非盈利社团法人。

第二,调整的关系不同。国际商法调整的是跨国商事关系,具有盈利的性质,非盈利的涉外民事关系不属于国际商法的调整范围;国际私法调整的是涉外民事法律关系,其调整的范围大于国际商法调整的范围,既包括非盈利的涉外民事关系,又包括盈利的商事关系。

第三,调整方法不同。国际私法主要以冲突法规范调整涉外民事法律关系,而国际商法则是主要以实体法规范跨国商事关系。

(三)国际商法与国际经济法的关系

广义的国际经济法是指调整跨越一国国境的经济交往的法律规范。国际商法与国际经济法的区别主要体现在以下三个方面。

第一,主体不同。国际经济法的主体除了国家、国际组织以外,还有自然人、法人和其他经济组织;而国际商法的主体范围比国际经济法的主体范围小,只包括商主体的商自然人、商法人和商合伙,而不包括国家和国际组织。

第二，调整的关系不同。国际经济法不仅调整国家间、国际组织间、国家与国际组织间的经济协调关系，国家与他国的自然人、法人和其他经济组织之间的经济管理关系，又调整跨国自然人、法人和其他经济组织间的商事交易关系；而国际商法只调整跨国间平等的商主体间的商事交易关系，不调整国家间经济协调关系，国家与自然人、法人和其他经济组织间的经济管理关系。

第三，调整的目的和角度不同。国际经济法既从国家间利益最大化、国际社会利益最大化的立场调整国际经济关系，又从交易主体利益最大化的角度调整商事交易关系；而国际商法仅从商主体之间的利益最大化出发调整跨国间商事关系。

(四)国际商法和商法的关系

商法是指调整商主体和商行为的法律规范的总和。国际商法与商法的区别主要体现在以下三个方面。

第一，主体的性质不同。国际商法的主体具有国际性，即具有跨国的属性，国际商法的主体具有不同的国籍或者其住所、居所、营业场所位于不同的国家；商法的主体一般不具有国际性，是一国国内的商自然人、商法人和商合伙。

第二，调整的法律关系不同。国际商法调整的是跨国间的商主体和商行为，即调整的是跨国间的商事关系；而商法主要调整的是一国领域以内的商主体和商行为，即国内商事关系。

第三，立法目的和调整的角度不同。国际商法是在国际背景下从商主体的利益最大化出发调整它们之间的关系，而商法是在一国领域内从商主体的利益最大化出发调整它们之间的关系。

四、国际商法的调整范围

国际商事活动处于不断发展变化之中，国际商法的调整范围比以往更为广泛，主要包括以下三个方面。

(1)调整国际商事主体的法律规范，包括公司法和各类企业法等。

(2)调整国际商事交易活动的法律规范，包括代理法、合同法、国际货物买卖法、国际货物运输法、国际货物运输保险法和产品责任法等。

(3)调整国际商事救济的法律规范，包括国际商事诉讼法与国际商事仲裁法等。

五、国际商法的渊源

(一)国际商事条约

国际商事条约是国际商法的最主要渊源，是指国家之间缔结的专门以商事为主要内容，确立其权利、义务的书面协议。如 1980 年的《联合国国际货物销售合同公约》、1978 年的《国际汇票和本票公约》等。

(二)国际商事惯例

国际商事惯例是国际商法的一个重要渊源，是指在长期的国际经济交往过程中经过反复的国际实践与运用，逐步被世界和国际商事主体所接受的不成文的行为规范。如国际商会制定的《2000 年国际贸易术语解释通则》(*INCOTERMS* 2000)和《跟单信用证统一惯例》等。

(三)国内商事立法

国内商事立法作为国际商法的渊源，是指各国制定的关于调整涉外商事交易关系的法律、法令、条例和规定等规范性文件。它主要体现为制定法和判例法两种形式，其中尤以法国和德国为代表的大陆法系与以英国和美国为代表的英美法系国家的法律对国际商法的影响最大。

第二节 国际主要法律体系简介

法系是在对各国法律制度的现状和历史渊源进行比较研究的过程中形成的概念。当代世界主要法系有大陆法系、英美法系和以前苏联和东欧国家的法律为代表的社会主义法系。其他的法系还有伊斯兰法系、印度法系、中华法系、犹太法系和非洲法系等。本节仅对大陆法系、英美法系和社会主义法系进行简单的介绍。

一、大陆法系

(一)大陆法系的概念及分布范围

大陆法系，又称民法法系、罗马法系、成文法系和法典法系等，是指包括欧洲大陆大部分国家从 19 世纪初以罗马法为基础建立起来的，以 1804 年《法国民法典》和 1896 年《德国民法典》为代表的法律制度以及其他国家或地区仿效这种制度而建立的法律制度。大陆法系是西方国家中与英美法系并列的渊源久远和影响较大的法系。

属于大陆法系的国家除了法国、德国、葡萄牙和荷兰以外，还有曾是法国、德国、葡萄牙和荷兰等国殖民地的国家及因其他原因受其影响的国家。如在非洲有埃塞俄比亚、南非和津巴布韦等，在亚洲有日本、泰国和土耳其等。此外，还有加拿大的魁北克省、美国的路易斯安那州和英国的苏格兰等。

(二)大陆法系的特征

(1)以制定法为主要法律渊源。大陆法系具有制定法的传统,制定法为其主要法律渊源,判例一般不被作为正式法律渊源(除行政案件外),对法院审判无拘束力。

(2)从法典编纂传统看。大陆法系的一些基本法律一般采用系统的法典形式,十分重视成文法的作用。

(3)在法律结构上,将法律分为公法和私法。公法是指以保护社会共同利益为目的而制定的,并不得由私人协议加以改变的法律规范,如宪法、行政法、刑法以及诉讼法等。私法是指以保护私人利益为目的而制定的,且允许由私人契约予以变更的法律规范,如民法和商法等。

(4)在法官的作用上,大陆法系要求法官遵从法律明文办理案件,没有立法权。法官只能严格执行法律规定,不得擅自创造法律,违背立法精神。

(5)从运用法律的推理方法来看,大陆法系的法官通常采用的是演绎法,即将蕴涵于法典中的高度概括的法律原理进行演绎和具体化,然后适用于具体案件。

(6)在诉讼程序上,大陆法系的诉讼程序以法官为重心,突出法官职能,具有纠问程序的特点,而且,多由法官和陪审员共同组成法庭来审判案件。

二、英美法系

(一)英美法系的概念及分布范围

英美法系,又称普通法法系、英国法系,是以英国自中世纪以来的法律,特别是以普通法为基础而发展起来的法律的总称。普通法系的核心英国法是在较为纯粹的日耳曼法——盎格鲁·撒克逊法的基础上发展起来的。英美法系包括英国法系和美国法系。英国法系采取不成文宪法制和单一制,法院设有"司法审查权"。美国法系采用成文宪法制和联邦制,法院有通过具体案件确定是否符合宪法的"司法审查权",公民权利主要通过宪法进行规定。

英美法系的范围,除英国(不包括苏格兰)、美国外,主要包括曾是英国殖民地、附属国的国家和地区,如印度、巴基斯坦、新加坡、缅甸、加拿大、澳大利亚、新西兰和马来西亚等。中国香港地区也属于英美法系。

(二)英美法系的特征

(1)以判例法为主要法律渊源。英美法系正式的法的渊源指制定法和判例法,其中以判例法为主要法律渊源。法院判例具有正式法律效力,由法官创制。其中,判例法又分为普通法和衡平法。

(2)在法典编纂上,通常不采用法典形式,制定法也为单行法律、法规,而非法典。

(3)法官对法律的发展所起的作用举足轻重。判例法是在法官的长期审判实践中组建创造出来的,法官的判决本身具有立法的意义,英美法系素有“法官造法”之称。

(4)在法律结构上,英美法系将法律分为普通法和衡平法。普通法是在继承和发展诺曼习惯法的基础上,通过英国国王法院的判例形成的对全国普遍适用的法律。但是,普通法发展到14世纪,由于其适用缺乏灵活性,往往造成裁判的不公正。为了解决这一问题,国王便指派大法官可以不受普通法的约束,按照“良知”与“公平正义”的原则做出判决,这种通过大法官的审判活动而形成的法律规范日渐成为和普通法平行的新的法律体系,即所谓的衡平法。

(5)以归纳为主要推理方法。法官和律师在适用法律时,通过对存在于大量判例中的法律原则进行抽象概括、归纳比较,然后才能将其最适当地运用去审理案件。

(6)在诉讼程序上,英美法系的诉讼程序以原告、被告及其辩护人和代理人为重心,法官只是双方争论的“仲裁人”而不能参与争论,与这种对抗式(也称抗辩式)程序同时存在的是陪审团制度,陪审团主要负责做出事实上的结论和法律上的基本结论,法官负责做出法律上的具体结论,即判决。

三、大陆法系和英美法系的比较

第一,法律渊源不同。在大陆法系国家,正式的法律渊源是成文法,法院的判例只对法院的审判起参考作用;而在英美法系国家,法律渊源既包括各种制定法,也包括判例,而且判例的地位很高。

第二,法典编纂形式不同。大陆法系采用法典形式,英美法系采用非法典形式。

第三,法律分类方式不同。大陆法系国家法律的基本分类是公法与私法,而英美法系国家法律的基本分类是普通法与衡平法。

第四,法律思维方式的不同。大陆法系国家的法官审理案件以成文的法律条文为依据,运用演绎型思维分析案件;而英美法系国家的法官引证判例审理案件,运用归纳型思维分析案件。

第五,法官的权限不同。大陆法系的法官只能适用法律而不能创造法律;英美法系的法官不仅适用法律,也在一定的范围内创造法律。

第六,诉讼程序不同。大陆法系倾向于职权主义,法官在诉讼中起积极主动的作用;英美法系在诉讼程序上倾向于当事人主义,当事人在诉讼中起积极主动的作用，而法官只是充当消极的中立的裁定者的角色。

四、社会主义法系

（一）社会主义法系的概念及分布范围

社会主义法系是指以马克思主义法学为理论基础的社会主义国家的法律的统称。由于它最早是从前苏联的法律发展起来的，故此又称“苏维埃法系”。由于西方法学家大都把亚洲的一些社会主义国家的法律列为远东法系，故此，在西方它又被称为“前苏联-东欧社会主义法系”。

当前，属于社会主义法系的国家有中华人民共和国、朝鲜民主主义人民共和国、古巴共和国、越南社会主义共和国和老挝人民民主共和国。

（二）社会主义法系的特征

(1)社会主义法系是社会主义国家的法系，在意识形态上具有鲜明的阶级性，以马克思主义为理论指导，崇尚集体主义，因而它不同于以个人主义为理论基础的资本主义国家的各个法系，包括大陆法系和英美法系。

(2)社会主义法系是在批判和继承大陆法系和英美法系的传统的基础上发展起来的一个新兴的法系，从其诞生至今不足100年的历史，而大陆法系、英美法系都有悠久的历史和传统。

(3)社会主义法系在法典结构和司法组织等方面同大陆法系的传统有某些相似之处，而同英美法系的差别比较显著。

（三）中国商法制度

中国古代社会长期奉行诸法合体，各个部门法完全被纳入一个法典，不存在独立的商法部门或系统的商法制度。中国近代商法始于清朝末期。1904年清政府颁布了《大清商律》，详细规定了《公司律》131条，并有商人通例9条，这是中国第一部单行商事法。1904—1906年清政府又制定了《破产律》、《公司注册试办章程》和《商标注册暂行办法》等。1908—1910年，清政府又起草了商法典草案——《大清商律草案》，该草案包括公司法、海船法和票据法等内容。清政府后来还制定了一些商事法律、法规，但未及颁布实施清政府就覆灭了。

辛亥革命以后，民国政府在大清商事法律的基础上重新制定并颁布了《中华民国商律》、《公司条例》和《商人通例》等法律和条例。北洋政府于1923年起草了一部《商法》，但没有颁布实施。国民政府制定商事法律法规时采用民商合一的立法体例。1929年，民国政府颁布了《民法典》，将商法中有关总则、商人、经理人、代办商、商行为、交互计算、行纪、仓库和运输等规则并入民法债篇。此外，在民法体系以外，民国政府还制定了有关商事单行法规，主要有《公司法》、《票据法》、《保险法》、《海商法》、

《船舶法》、《商业登记法》、《船舶登记法》、《商业会计法》、《银行法》、《证券交易法》和《动产担保交易法》等。以上商法及其法规在我国台湾地区现在仍然有效。

新中国成立后直至20世纪80年代，我国实行以公有制为主的计划经济体制，国家调整经济活动主要依靠经济手段和行政手段。因此，商法在我国还未成为一个独立的法律部门。20世纪90年代以后，我国社会主义市场经济体制逐步建立，并迎来了商事立法高潮。按照占主导地位的法学理论和实践，我国商事法律的立法倾向于采取民商合一的商法立法模式。有关商事的单行法律如《中华人民共和国海商法》(以下简称《海商法》)、《中华人民共和国公司法》(以下简称《公司法》)、《中华人民共和国票据法》(以下简称《票据法》)、《中华人民共和国合伙企业法》(以下简称《合伙企业法》)和《中华人民共和国保险法》(以下简称《保险法》)等已陆续颁布。但是，由于我国的民法典和商法典都没有颁布，这些工作目前还处于研究阶段。尽管如此，商法在我国作为一个相对独立的法律部门已经形成了初步的法律体系。

在我国，香港和澳门分别按照《香港特别行政区基本法》和《澳门特别行政区基本法》的规定实行高度自治，现有的资本主义制度(包括商法制度)在50年内不变。香港和澳门地区现有的商法制度是从英国商法制度和葡萄牙商法制度继承下来的，具有英国法和大陆法法律传统。现在我国在一个主权国家的框架内存在四个不同的法域。我国一国四法域的商法制度不具有国际性，是我国国内的商法制度。但是，由于四个不同法域的存在，在法律适用方面，准用国际私法规则。

本章小结

国际商法是指调整国际间商事行为和商事组织的法律规范的总称。国际商法具有商事性和国际性的特征。国际商法的调整范围包括：国际商事主体的法律规范，国际商事交易活动的法律规范，国际商事救济的法律规范。国际商法的渊源是国际商事条约、国际商事惯例和国内商事立法。

法系是在对各国法律制度的现状和历史渊源进行比较研究的过程中形成的概念。当代世界主要法系有大陆法系、英美法系和以前苏联和东欧国家的法律为代表的社会主义法系。其他的法系还有伊斯兰法系、印度法系、中华法系、犹太法系和非洲法系等。现在，我国在一个主权国家的框架内存在四个不同的法域。我国一国四法域的商法制度不具有国际性，是我国国内的商法制度。

技能实训

中国某企业欲在美国法院起诉某美国企业，请结合所学的知识，谈谈该中国企业在美国提起诉讼应注意哪些问题？

第二章 国际商事组织法

知识目标：

- 了解中国、外国的个人企业法律法规的相关规定，理解个人独资企业、合伙企业与公司的区别
- 重点掌握有限责任公司与股份有限公司的不同特征，公司的不同机构之间的职能分工

技能目标：

- 通过本章的学习应当掌握相关的基本内容，撰写简单的合伙协议及公司章程

第一节 国际商事组织法概述

一、国际商事组织的概念及特征

国际商事组织是指在国际商事活动中，拥有独立的名称和组织机构，具有独立财产，能够以自己的名义从事盈利性活动的经济组织。

在国际商事活动中，存在各种各样的商事组织形式，这些商事组织的法律地位、设立的程序、资金的筹措途径与方式、企业内部组织机构设置、出资人对组织承担的责任和投资人的利润分配等各方面都有很大的不同，但它们主要都具有以下特征。

（一）拥有独立的名称或姓名并以自己的名义参加国际商事活动

无论是个人独资企业还是由不同合伙人组成的合伙企业，无论是有限责任公司还是股份有限公司，都必须具有自己的企业名称并在国际商事活动中以本企业的名义参与到国际商事活动中。

（二）具有自己的组织机构和管理人员

无论是个人独资企业还是庞大的公司，从事国际商事活动都必须有从事具体工作的工作人员并具有组织规定的授权权限。合伙企业或有限责任公司、股份有

限公司则必须有自己的组织机构。

（三）具有独立的财产

国际商事活动中参与国际商事活动的主体必须是以自己的财产或经授权可以独立使用的财产参与到国际商事活动中。

（四）国际商事组织是以盈利为目的的从事经营活动的经济组织

国际商事组织所从事的国际商事活动的目的是盈利，它的出资人投资于该企业的目的也是盈利，因此明确规定国际商事组织对其债权人的责任、投资人的权利以及对投资人权利的保护是国际商事组织法的主要内容之一。

二、国际商事组织的基本法律形式

（一）个人独资企业

个人独资企业是指依照由一个自然人投资，财产为投资人个人所有，投资人以其个人财产对企业债务承担无限责任的经营实体。

（二）合伙企业

合伙企业是指依法设立的、由各合伙人订立合伙协议，共同出资、共同经营、共担风险、共享收益，合伙人对合伙企业的债务承担无限连带责任的盈利性组织。

合伙企业是建立于合伙人之间的相互信任与合作而形成的一种企业组织形式，因而属于“人合性企业”，合伙人与企业有着较密切的联系，当出现合伙人死亡、合伙人丧失行为能力、合伙人退出或合伙人破产等现象时，合伙企业将不得不解散，因此合伙企业存在着一定的不稳定性。由于合伙人之间要承担无限连带责任，因此合伙企业存在着较大的风险。

合伙企业在许多的国家都是较常见的企业形式，但由于规模和资金等多方面的限制，大多属于中小企业。在经济发达国家这种企业形式逐渐减少。

（三）公司

公司是指依据法律规定的条件和程序设立的以盈利为目的的企业法人组织。各国的法律均规定公司具有独立的法人资格，也就是说，各国的法律均赋予了公司与自然人一样的法律上的地位，即具有权利能力和行为能力，能够以企业自己的名义享受权利和承担义务。

随着我国市场经济体制的发展，我国于 1993 年 12 月颁布了《中华人民共和国公司法》(以下简称《公司法》，它于 1999 年 12 月和 2005 年 10 月修订)，1997 年 8 月颁布了《中华人民共和国合伙企业法》(以下简称《合伙企业法》，它于 2006 年 8 月修订)，2000 年制定了《中华人民共和国个人独资企业法》(以下简称《个人独资企业法》)，形成了符合中国特色的市场经济体制的商事组织法律制度。

第二节 独资企业法

一、个人独资企业的概述

(一)独资企业的概念和特征

个人独资企业是指由一个自然人投资,财产为投资人个人所有,投资人以其个人财产对企业债务承担无限责任的经营实体。

个人独资企业主要具有以下特征。

1. 个人独资企业不具有法人资格,企业的所有者对企业的债务承担无限责任

从个人独资企业的法律性质上讲,个人独资企业不具有独立的法律人格,因而不是法人。个人独资企业的财产与出资人的个人财产没有任何区别,出资人就是企业唯一的所有人,因此出资人要以个人的全部财产对企业的债务承担无限责任。所谓无限责任,是指企业的所有者以其所有的全部财产对企业的债务承担赔偿责任,这种责任不仅限于企业的全部资产,而且要以个人的包括企业在内的及企业以外的全部财产承担责任。因此,个人独资企业有较大的投资风险。

2. 个人独资企业可以由出资人任意设置内部机构

个人独资企业的出资人就是企业唯一的所有人,所以出资人对企业的经营管理拥有控制权和指挥权,企业的一切业务活动完全由出资人决定,尽管个人独资企业的出资人有时也可聘用经理或其他的职员,但经营的最高决策权仍属于出资人,出资人有权决定企业的关闭、停业和与其他企业合并等一切重大事项。

3. 个人独资企业的资金来源有限,资本数额较少

因法律上对个人独资企业无法律上的限制,所以出资人可以只用少量的资金即可注册成立。因此个人独资企业大多都是中小企业。由于出资人大多都是小额出资人,所以其筹集资金的能力也有限,其抗击风险的能力较弱。

4. 个人独资企业的税赋较轻

对于其他企业的出资人在交纳了本企业的企业所得税后还要交纳个人所得税而言,个人独资企业的出资人只需交纳一次个人所得税,避免了"双重纳税"。

(二)个人独资企业法的概况

个人独资企业法是调整独资企业在设立、变更、终止过程及对外活动中所发生的社会关系的法律规范的总称。

为了规范设立独资企业,我国于2000年制定了《个人独资企业法》。在西方国家,一般都没有对独资企业的立法规定,而是在民法或商法中做出相应的规定,这

主要是因为在这些国家，独资企业和其出资人的企业主在民事法律关系的主体上是重合的，独资企业的权利和义务也就是企业主的权利和义务，规范出资人即企业主的行为也就是规范独资企业的行为，因此没有再单独制定独资企业法。

二、个人独资企业的设立

(一)个人独资企业的设立条件

我国的《个人独资企业法》对个人独资企业的设立条件主要有以下规定。

(1)投资人为一个自然人，而且必须不是法律法规所禁止从事盈利性活动的人。

(2)有自己的企业名称，在独资企业的名称中不得出现“有限”或“有限责任”等字样。

(3)有投资人所申报的经营资金。

(4)有固定的营业场所和必要的生产经营条件。

(5)有必要的从业人员。

(二)个人独资企业的设立程序

在中国申请设立个人独资企业需要由投资人或其委托的代理人向个人独资企业所在地的有权登记机关提交设立申请书、投资人身份证明和生产经营场所使用证明等文件。委托代理人申请设立登记时，代理人还应当出具投资人的委托书和代理人的合法证明。个人独资企业设立申请书应载明以下内容：企业的名称和住所、投资人的姓名和居所、投资人出资额和出资方式、企业的经营范围等。登记机关应当在收到设立申请文件之日起 15 日内对符合法律规定条件的予以登记，发给营业执照，营业执照签发日即为个人独资企业成立日；对不符合法律规定条件的，不予登记，并应当给予书面答复，说明理由。

美国及加拿大对个人独资企业的设立程序规定的更为简单，出资人如欲成立个人独资企业，只需填报标有出资人姓名、企业名称和经营地点等内容的注册登记表册加注签名并交纳注册费后注册即告完成。由于个人独资企业的出资及债务承担特点使得世界上绝大多数国家的个人独资企业的注册登记都是程序简单、快捷。

三、个人独资企业的事务管理

世界各国的法律一般都规定个人独资企业的投资人可以自行管理企业事务，也可以聘用或委托其他具有完全民事行为能力的人负责企业的经营管理。投资人聘用或委托他人管理个人独资企业事务应当与受聘人或受托人签订书面的聘书或委托合同，以明确授权范围。受托人或受聘人应当忠实勤勉地履行职责，在授权范围内进行企业事务的管理，不得有以下损害投资人的行为：

①利用职务上的便利索取或者收受贿赂。

②利用职务上的或工作上的便利侵占企业财产。

③挪用企业的资金为个人使用或者借贷给他人。

④擅自将企业资金以个人名义或者以他人名义开立储存账户。

⑤擅自以企业财产提供担保。

⑥未经投资人同意从事与本企业相竞争的业务。

⑦未经投资人同意，同本企业订立合同或者进行交易。

⑧未经投资人同意，擅自将企业商标或者其他知识产权转让给他人使用。

⑨泄露本企业的商业秘密。

⑩法律、行政法规禁止的其他行为。

受聘人或受托人代表企业对外所进行的活动的法律后果由个人独资企业承担，但受聘人或受托人因失职而导致企业的名誉、财产损失的，应为此承担责任。

第三节 合伙企业法

无论在东方还是在西方，合伙这种经营方式自古代就已存在，早在公元前 18 世纪，在古巴比伦的《汉漠拉比法典》就有关于合伙的记载。在现代社会，大陆法系国家有关合伙这种经营方式和组织方式主要表现在民法典和商法典中。如在法国、德国和日本的民法典中都对民事合伙做出了规定，在商法典中也都对商事合伙做出了规定。在英美法系国家，合伙的有关法律采用了单行法的形式，如英国现行的《合伙法》是由 1890 年《合伙法》和 1907 年《合伙法》组成的，美国的合伙法属于州法，为了统一各州在合伙法方面的差异，美国“统一法委员会”于 1914 年制定了《统一合伙法》和《统一有限合伙法》，目前已被除路易斯安那州和佐治亚州之外的各州所采纳。

一、合伙企业的概述

(一)合伙企业的概念、种类与特征

合伙企业是指依法设立的、由各合伙人订立合伙协议，共同出资、共同经营、共担风险、共享收益，合伙人对合伙企业的债务承担无限连带责任的盈利性组织。

(二)合伙企业的种类

按照我国《合伙企业法》的规定，合伙企业分为普通合伙企业和有限合伙企业。

(1)普通合伙企业。普通合伙企业是指企业的合伙人均需对合伙企业的债务承担无限连带责任的合伙企业。普通合伙企业是合伙企业最常见的形态。

(2)有限合伙企业。有限合伙企业是指根据合伙协议,企业的合伙人可分为普通合伙人和有限责任合伙人,普通合伙人对企业的债务承担无限责任,合伙人之间还要承担连带责任;而有限责任合伙人对合伙企业的债务只以自己的出资额为限承担有限责任。

有限合伙起源于12～13世纪的欧洲,《法国商法典》、《英国合伙法》和美国《统一有限合伙法》都有类似的规定,我国的《合伙企业法》也做出了这样的规定。

(三)合伙企业的主要特征

(1)合伙企业是基于人合的基础形成的。合伙企业是基于合伙人之间的相互信任而建立在合伙协议基础之上的,因其强调的是人的联合,所以合伙人的死亡、丧失行为能力、破产和退出等都会对该企业的存续造成影响。由于合伙企业的人合的性质,导致合伙企业的任何新成员的加入,即新的投资人的入伙必须通过全体合伙人的同意。

(2)合伙企业成立的法律基础是合伙协议。合伙人之间通过签订合伙协议或合伙合同,明确各自在合伙中的权利和义务,即使合伙企业没有一定的组织机构负责日常的业务,其企业内部关系仍然主要适用合伙协议的规定。因此合伙人之间的关系实际上是合同关系。

(3)合伙企业中的普通合伙人对企业的债务要承担无限连带责任。按照我国《合伙企业法》的规定,合伙企业的合伙人可分为普通合伙人和有限责任合伙人,其中普通合伙人对企业的债务承担无限责任,各普通合伙人之间还要承担连带责任。即合伙企业中,普通合伙人要以个人所有的全部财产作为合伙债务的担保,一旦合伙企业的财产不足以清偿企业的债务,各个普通合伙人都要对此承担无限责任,而且合伙人相互之间还要承担连带责任,债权人有权向任何一位普通合伙人请求承担全部合伙债务。

(4)合伙企业的普通合伙人原则上享有平等的参与管理合伙事务的权利。除非合伙协议有不同的规定,每个普通合伙人均有权对外代表合伙企业从事业务活动,普通合伙人在执行业务过程中所做出的行为对合伙企业和其他合伙人都具有约束力。

(5)合伙企业原则上不具有法人资格。大多数国家的法律都规定,合伙企业原则上不具有独立的法律人格,不属于企业法人,不能以合伙企业的名义拥有财产,享受权利与承担义务。但法国、荷兰、比利时等大陆法系国家则规定合伙企业是法人或也可以具有法人资格。英美法系国家不承认合伙企业的法人资格，但在一定的场合可以将合伙企业视为法人，如美国法律规定，合伙企业可以合伙的名义起诉、应诉。

（四）合伙企业的利弊

作为一种企业形式，合伙企业对合伙人来说既存在有利的一面，也存在不利的一面。

1.合伙企业的有利之处

（1）合伙企业的设立手续相对比较简单，费用较少。

（2）通过合伙可以集聚比个人独资企业更多的资金，也可通过技术入股、管理入股和劳务入股等形式发挥每个合伙人的优势。

（3）每个合伙人均有参与企业管理的权利，对企业的经营管理等问题都有较多的控制权与发言权，可以群策群力、集思广益，调动每个合伙人的积极性。

（4）各国政府对合伙企业的管理监督比较松，大多不要求合伙企业公开账目和年度报告，合伙企业有更大的自主权。

（5）合伙企业的税赋较轻。

在大多数国家（尤其是英美法系国家）合伙企业不是法人，因而也没有企业独立的财产，所以企业也不是独立的纳税单位。合伙企业本身不需交纳企业所得税，只需每个合伙人各自交纳个人所得税，避免了“双重纳税”。

2.合伙企业的不利之处

（1）合伙企业的人数有限，难以积聚较大的资本。尽管大多国家对合伙人的人数没有规定上限，但由于合伙企业的人合特性和连带责任特性，导致合伙企业的股东人数都不太多，因而经营规模都不大。

（2）合伙企业难以形成科学化管理。由于合伙企业的合伙人都有权参与管理，导致企业不易实行集中的和统一的管理，更不易实行科学化、专业化的管理。

（3）出资人的投资风险较大。合伙人对企业的债务承担无限连带责任，一旦企业经营失利，很容易因一些合伙人不能承担债务导致其他合伙人承担连带责任，甚至会使一些合伙人破产。

（4）企业的存续不稳定。因合伙企业是建立在“人合”的基础上的，所以当“人合”的基础不存在了，企业也就不存在了，如当出现合伙人死亡或丧失行为能力、合伙人退伙等事项时，合伙企业一般即需要宣告解散，这样不利于企业长期、稳定的经营和发展。

二、合伙企业的设立

(一)合伙企业的设立条件

(1)合伙人。按照我国《合伙企业法》的规定,设立合伙企业需要有两个以上的合伙人,其中自然人、法人和其他组织都可以成为合伙人。因此在我国有限责任公司、股份有限公司、个体经营户和自然人都可以通过合伙的方式成为合伙企业的合伙人。但我国的《合伙企业法》又规定,上市公司、国有独资公司、国有企业及公益性的事业单位、社会团体等只能成为有限责任作合伙人,不得成为普通合伙人。

对于合伙人的人数国际上大多数的国家都只规定了下限,即需要有两人以上的合伙人,但对于合伙人的上限大多数国家都未作规定,个别国家和地区(如英国和中国的澳门特别行政区)则规定合伙企业的人数不得超过三十人。

我国的《合伙企业法》对普通合伙企业没有规定合伙人的上限,但对有限合伙企业则规定"有限合伙企业由两个以上五十个以下合伙人设立。而且有限合伙企业中至少应当有一个普通合伙人"。

(2)合伙协议。合伙企业是基于合伙人之间的协议而成立的,合伙协议是规定合伙人之间的权利和义务的法律文件,是确立合伙人在出资额和出资方式、利润分配和风险分担、合伙人在企业内的生产和管理的地位等权利和义务的依据,对每一位合伙人都具有约束力,合伙协议一般要采用书面的形式。

各国对合伙协议的规定不完全一致,我国的《合伙企业法》中规定合伙协议主要包含以下内容:

①合伙企业的名称和主要经营场所的地点。

②合伙目的和合伙经营范围。

③合伙人的姓名或者名称、住所。

④合伙人的出资方式、数额和缴付期限。

⑤利润分配、亏损分担方式。

⑥合伙事务的执行。

⑦入伙与退伙。

⑧争议解决办法。

⑨合伙企业的解散与清算。

⑩违约责任。

其他国家的合伙协议的主要条款与我国的基本相同,但在个别地方也略有差异,如法国的《合伙法》规定在合伙协议中要明确合伙期限,并最长不得超过99年,合伙人可在此期限后申请延长。

(二)合伙企业的设立登记程序

合伙企业的设立登记程序相对比较简便,但不同的国家也不相同,英美法系国家对一般合伙企业都不需登记。英国的《合伙法》要求合伙企业的名称应以合伙人的姓名来命名,按照1916年《商号名称注册法》的规定,凡在英国设有营业所的企业如在企业名称中没有包含合伙人真实姓名的均需向主管部门进行注册登记。大陆法系国家一般规定,合伙企业只有在依法经核准登记、领取营业执照后才能以合伙企业的名义从事经营活动。

我国的《合伙企业法》规定,申请设立合伙企业应当向工商行政管理部门提交登记申请书、合伙协议、合伙人身份证明、全体合伙人指定的代表或共同委托的代理人的委托书、出资权属证明、经营场所证明等文件。法律法规规定须报经有关部门审批的,还应当在申请设立登记时提交有关的批准文件。登记机关自收到申请人提交的符合规定的全部申请文件之日起二十日内做出是否登记的决定,对符合条件的,予以登记,发给营业执照;对不符合规定条件的,不予登记,并应当给予书面答复,说明理由。营业执照签发日期就是合伙企业成立之日。

(三)合伙企业的财产

世界各国的合伙法基本上都把合伙企业的财产界定为共有财产。我国的《合伙企业法》第20条规定:"合伙人的出资、以合伙企业名义取得的收益和依法取得的其他财产,均为合伙企业的财产"。英国的《合伙法》和德国的《民法典》都规定,合伙财产(包括合伙人对合伙企业投入的财产、合伙企业存续期间经营所得的财产)归合伙人共同拥有。日本的《民法典》也规定,各合伙人的合伙财产属于全体合伙人共有。从上可见合伙财产包括合伙人出资形成的财产和合伙企业存续期间积累的财产。

1.合伙人出资财产的性质

合伙人以现金出资或以财产所有权出资的,出资人对出资不再享有所有权,该项资产由全体合伙人共同享有。以土地使用权、房屋使用权、商标使用权、专利使用权及其他权利的使用权出资的,若合伙协议约定合伙企业对这些权利只享有使用权和管理权,则在合伙人退伙或者合伙企业解散时,合伙人有权要求返还原物或权利。若合伙协议约定前述权利出资的所有权利,则在所有权转移后形成合伙人之间的共有关系。

2.合伙企业存续期间积累的财产的性质

合伙企业存续期间积累的财产归全体合伙人共有,该共有的性质为按份共有。但在合伙企业存续期间合伙人不得以份额比例要求分割财产,也不得以份额大小来决定合伙人对合伙财产的使用和管理权限以及合伙事务执行方面的权利。只有在分配合伙企业利润、退伙以及合伙企业解散时，合伙人才可按照份额或约定的比例进行分配。

三、合伙企业的内部关系与外部关系

(一)合伙企业的内部关系

合伙企业的内部关系主要涉及合伙人之间的权利义务关系、合伙事务的执行和经营管理、合伙企业的损益分配等问题，而这些问题主要是通过合伙协议加以规范，虽然各国法律对此也作了原则性的规定，但只是在合伙协议没有相应的规定或相应规定不明确并导致纠纷时，有关法律才得以补充适用。

1.合伙人的权利

(1)合伙事务决策权。所有的合伙人对合伙事务均享有决策权。在合伙企业中各合伙人的出资份额可能不同，但都要依法对合伙债务承担无限连带责任，所以法律赋予每个合伙人平等的决策权，在对合伙事务做出决策时，每个合伙人无论出资多少均有一个表决权。在决定合伙企业重大事务时，必须经全体合伙人一致同意，其他的事务则实行少数服从多数的原则。

我国的《合伙企业法》规定，合伙企业下列事务必须经全体合伙人同意：处分合伙企业的不动产；改变合伙企业的名称；转让或处分合伙企业的知识产权和其他财产权利；向企业登记机关申请办理变更登记手续；以合伙企业名义为他人提供担保；聘任合伙人以外的人担任合伙企业的经营管理人员；依照合伙协议约定的其他有关事项。

(2)合伙事务执行权。合伙企业的"人合性"决定了合伙企业一般没有严格的组织、领导和管理机构。每个合伙人都享有执行权，均有权代表企业对外开展经营业务。但我国和其他各国的合伙法都允许合伙人通过合伙协议约定或经全体合伙人决定，把合伙企业的事务委托一名或数名合伙人执行，或者进行专业分工由各合伙人根据自己的专长分别执行。

按照合伙协议的约定或者经全体合伙人决定，合伙企业也可以委托一个或者数个合伙人对外代表合伙企业，执行合伙事务。

(3)合伙事务的监督权。为了保障全体合伙人的合法权益，防止个别合伙人利用执行合伙事务之机牟取私利，各国的合伙法都将内部监督权利赋予了各合伙人。合伙人的监督权主要有：每个合伙人都有权了解、查询合伙企业经营的各种状况，检查其他合伙人的业务执行情况，随时查阅财务账目并提出质询，相对合伙人有义务接受不得拒绝。

(4)分取利润和获得补偿权。在合伙企业中每个合伙人都有权分享合伙收益。

我国的《合伙企业法》规定，合伙企业的利润分配，按照合伙协议的约定办理；合伙协议未约定或者约定不明确的，由合伙人协商决定；协商不成的，由合伙人按照实缴出资比例分配；无法确定出资比例的，由合伙人平均分配。其他各国的规定略有不同，英国、美国、德国等国的合伙法规定，合伙人应平均地分配利润等收益，而不考虑合伙人的出资多少。法国和日本的法律则规定应按合伙人的出资比例分享利润。

合伙人为处理企业的正常业务或维持企业的正常经营、维护企业的财产利益而支出的个人费用或因此受到的个人损失，合伙企业或其他合伙人应予以补偿。

2.合伙人的义务

(1)缴纳出资的义务。合伙人在签订合伙协议之后，有义务按照合伙协议规定的时间、数额、方式缴纳出资。如果合伙人到期不能如约缴纳出资而使合伙企业无法成立或给其他合伙人造成损失的，其他合伙人有权要求其承担赔偿责任。合伙人一般可以以货币、实物、知识产权、土地使用权或者其他财产权利出资，也可以用劳务出资。

(2)忠实的义务。合伙人对合伙企业及其他合伙人负有忠实的义务，合伙人必须为合伙企业的最大利益服务，不得利用合伙企业的财产为自己牟取私利，不得经营或与他人合伙经营与合伙企业相竞争的业务，除合伙协议另有约定或经全体合伙人同意外，不得同本合伙企业进行交易，否则，由此取得的利益归合伙企业所有；合伙人不得从事损害本合伙企业利益的其他活动，如提供虚假财务会计报表、侵占合伙企业财产、与第三人恶意串通泄露企业的商业秘密等。

(3)谨慎和注意的义务。参与经营管理的合伙人在执行合伙事务时必须谨慎小心、勤勉尽责。如因玩忽职守或疏忽大意给合伙企业造成损失的，其他合伙人有权要求赔偿。

(4)分担亏损的义务。合伙企业的合伙人之间承担无限连带责任，如果合伙企业的经营出现亏损，合伙人应依法或依约分担。

(5)限制转让资产的义务。合伙企业的出资人向其他合伙人以外的人转让其在合伙企业中的全部或部分财产份额时，须经其他合伙人一致同意。合伙人之间转让在合伙企业中的财产份额时应当通知其他合伙人。合伙人向合伙人以外的人转让其在合伙企业中的财产份额的，在同等条件下，其他合伙人有优先受让权。合伙人以外的人依法受让合伙人在合伙企业中的财产份额的，经修改合伙协议即成为合伙企业的合伙人并享有权利、承担义务。

(二)合伙企业的外部关系

合伙企业的外部关系主要涉及合伙企业对外代表权、合伙企业与第三人之间的债务关系等问题。各国法律一般都规定了合伙人之间对第三人适用相互代理原则，即每个合伙人都有权作为其他合伙人的代理人，而且每个合伙人在处理合伙事务时除非有明确的反证都可以被认为是合伙企业的合法代理人，有权对外代理合伙企业。

(1)每个合伙人均有对外代表权。每个合伙人在执行合伙事务中所做出的行为对合伙企业与其他合伙人都具有约束力，除非该合伙人无权处理该项事务，而且与之进行交易的第三人也知道该合伙人没有得到授权，否则，合伙企业和全体合伙人都要因该合伙人的行为对第三人负责。如根据英国《合伙法》的规定，每个合伙人，特别是从事货物买卖交易的合伙贸易企业的合伙人在处理下列事务时都认为具有默示的授权：

①出售合伙企业的货物。

②以企业的名义购买企业业务所需要的货物。

③收受企业的债款并出具收据。

④为企业雇用职工。

⑤以企业的名义承兑和开立流通票据。

⑥以企业的信用借款或以企业的货物做抵押借款。

⑦委托律师为企业进行诉讼。

合伙人在从事正常合伙业务过程中所做出的侵权行为，由合伙企业承担责任。

(2)合伙企业内部可对合伙人的对外代表权进行限制。合伙企业内部对合伙人执行合伙事务及其对外代表权的限制不得以此对抗善意第三人。当第三人不知情或不应当知情的情况下，非执行合伙人越权代表合伙企业与第三人进行交易时，其他合伙人不得以行为人越权而主张交易无效。

四、入伙与退伙

(一)入伙

入伙是指在合伙企业存续期间，原来不具有合伙人身份的第三人加入合伙企业，取得合伙人身份的法律行为。合伙是当事人中的一种契约行为，合伙关系中的原合伙人的退伙或非合伙人的加入都将导致原契约关系的消灭和新契约的产生。因此许多的国家都规定合伙企业如要接纳新合伙人，必须得到全体合伙人的同意，如果合伙人中任何人表示异议，则该入伙都不能成立。我国的《合伙企业法》第43条规定："新合伙人入伙，除合伙协议另有约定外，应当经全体合伙人一致同意，并依法订立书面协议。订立入伙协议时，原合伙人应当向新合伙人如实告知原合伙企业的经营状况和财务状况"。

新合伙人对入伙前合伙企业的债务是否承担连带责任，各国的规定不尽相同，英美法系国家普遍规定不应承担责任，而法国、日本、瑞士等少数大陆法系国家则规定，新合伙人对入伙前合伙企业的债务要承担连带责任。我国的《合伙企业法》第44条规定："入伙的新合伙人与原合伙人享有同样的权利，承担同等责任。入伙协议另有约定的，从其约定。新合伙人对入伙前合伙企业的债务承担无限连带责任"。因此，赋予了新合伙人在入伙时斟酌利害、权衡得失与合伙企业做出约定的权利。

（二）退伙

退伙是指合伙企业存续期间合伙人使其本人的合伙人身份归于终止的法律行为。退伙一般可分为自愿退伙、法定退伙和除名退伙三种形式。

(1)自愿退伙。自愿退伙是指基于合伙人单方意思表示而为的退伙行为，为了保证合伙企业的稳定发展，各国的合伙法对合伙人的退伙都有一定的限制，当合伙协议中订有合伙约定期限时，合伙人只有在重大事由发生时方可提出退伙，如果合伙协议中未约定合伙经营期限，合伙人在不给合伙企业造成不利影响的情况下可以退伙，但应当提前通知其他合伙人，并经其他合伙人一致同意。如果合伙人违反前述规定擅自退伙，应赔偿因此给其他合伙人造成的损失。

我国的《合伙企业法》规定，合伙协议约定合伙企业的经营期限的，有下列情形之一的可以退伙：

①合伙协议约定的退伙事由出现。

②经全体合伙人一致同意。

③发生合伙人难以继续参加合伙的事由。

④其他合伙人严重违反合伙协议约定的义务。

(2)法定退伙。法定退伙是指基于法律规定的事由发生而导致的退伙。我国的《合伙企业法》规定，法定退伙的事由包括：

①作为合伙人的自然人死亡或者被依法宣告死亡。

②个人丧失偿债能力。

③作为合伙人的法人或者其他组织依法被吊销营业执照、责令关闭撤销，或者被宣告破产。

④法律规定或者合伙协议约定合伙人必须具有相关资格而丧失该资格。

⑤合伙人在合伙企业中的全部财产份额被人民法院强制执行。

此外，合伙人被依法认定为无民事行为能力人或者限制行为能力人的，经其他合伙人一致同意，可以依法转为有限合伙人，普通合伙企业依法转为有限合伙企业，其他合伙人未能一致同意的，该无民事行为能力或限制行为能力的合伙人退伙。

(3)名退伙。除名退伙是指合伙企业根据法律规定的理由,将某一合伙人从合伙企业中除名而使该合伙人退伙。我国的《合伙企业法》规定,合伙人有下列情形之一的,经其他合伙人一致同意,可以决议将其除名:

①未履行出资义务。

②因故意或者重大过失给合伙企业造成损失。

③执行合伙事务时有不正当行为。

④发生合伙协议约定的事由。对合伙人的除名决议应当书面通知被除名人。被除名人接到除名通知之日,除名生效,被除名人退伙。被除名人对除名决议有异议的,可以自接到除名通知之日起 30 日内,向人民法院起诉。

退伙的法律效力主要表现为:首先,合伙人的合伙资格丧失,该合伙人在合伙企业中不再享有合伙权利也不再承担相应的义务。其次,合伙人退伙,合伙企业应当与该合伙人按照退伙时的合伙企业财产状况进行财产清算,退还退伙人在合伙企业中的财产份额,退伙人在合伙企业中财产份额的退还办法由合伙协议约定或者由全体合伙人决定,可以退还货币,也可以退还实物。退伙人给合伙企业造成损失并应承担赔偿责任的,合伙企业可相应扣减其应当退还的财产数额。再次,退伙人对基于其退伙前的原因发生的合伙企业债务承担无限连带责任。合伙人退伙时,合伙企业财产少于合伙企业债务的,退伙人应当依法分担亏损。

五、合伙企业的解散

合伙企业的解散是指合伙企业由于法律规定的原因或者当事人约定的原因而使全体合伙人之间的合伙协议终止,全体合伙人的合伙关系归于消灭,合伙企业的民事主体资格归于消灭的情形。归纳各国的合伙立法的有关规定,合伙企业的解散主要有协议解散、依法解散和强制解散三种。

(1)协议解散。协议解散是指合伙企业依据合伙人各方达成的协议自愿决定解散合伙企业。协议解散不论合伙协议是否约定有协议存续期都可适用。

(2)依法解散。依法解散是指因发生法律规定的合伙企业解散的情形而解散。合伙企业有下列情形之一的,应当解散:

①合伙期限届满,合伙人决定不再经营。

②合伙协议约定的解散事由出现。

③全体合伙人决定解散。

④合伙人已不具备法定人数满 30 日。

⑤合伙协议约定的合伙目的已经实现,或者无法实现。

⑥依法被吊销营业执照、责令关闭或者撤销。

⑦法律法规规定的其他原因。

(3)强制解散。强制解散是指法院根据有关权利人的申请，强制命令合伙解散。

第四节 公 司 法

一、公司概述

(一)公司的概念和公司法

(1)公司的概念。公司是现代企业的最主要的组织形式，由于各国法律传统和商事主体的制度不同，对公司的概念的理解也不尽相同，但总的认识是：公司是指依公司法规定设立的，以盈利为目的的法人组织。

有关公司的概念，英美法系国家与大陆法系国家有所不同。在英美法系国家"公司"具有广泛的含义，英美法系国家的公司法并不强调公司的盈利性，公司可以分为两类，即以发展教育、文化、科学、慈善等事业为目的的非盈利性公司(社团法人)和以盈利为目的的商事公司。大陆法系国家一般都认为，公司是依法设立并单纯以盈利为目的的社团法人，非以盈利为目的的社团组织不能成为公司。

(2)公司法。公司法是规定公司设立、组织、经营、解散、清算以及调整公司内外部关系的法律规范的总称。

公司法在大陆法系国家早期是规定在商法典中，世界上最早的有关公司的成文法是1807年的法国商法典。随着公司制度在资本主义社会经济生活中的作用和影响的增大，大陆法系国家的公司法逐渐从商法典中脱离出来，更多地采取单行法的形式，法国于1966年7月24日和1967年3月23日分别颁布了《商事企业法》和《商事企业法规》，德国于1892年颁布了《有限责任公司法》，1965年9月6日颁布了《股份公司法》。美国的公司法属于州法，各州的公司法都不同，没有统一的联邦公司法。在美国设立公司时，必须按美国某一州的具体公司法的规定进行登记，为了减少和消除各州的差异给公司发展造成的不便，美国律师协会多次起草并修订了《标准商事公司法》作为各州的立法参考，目前在美国已有38个州采纳了该标准法的模式。综上所述，公司制度在世界各国作为现代企业制度的代表受到很大的重视，公司法的形式大多走向单行法的形式，内容上逐步出现了国际统一化的趋势。

中国的《公司法》于1993年12月29日经第八届全国人民代表大会常务委员

会第五次会议审议通过，并于1999年12月、2004年8月、2005年10月前后三次经全国人民代表大会常务委员会修订并施行。中国的《公司法》以单行法的形式颁布，并规定中国所有的公司均是指依照《公司法》在中国境内设立的有限责任公司和股份有限公司，即在中国境内只有有限责任公司和股份有限公司两种形式。

(二)公司的主要特征

(1)公司是以盈利为目的的经济组织。公司以盈利为目的是指公司设立的最终宗旨是以盈利为目的，企业的运行也是围绕着为公司盈利的这个中心。但公司以盈利为目的的设立宗旨并不意味着必然取得获利的结果，即使公司因经营不善而未能获利，也仍不能改变公司以盈利为设立目的的特征。

(2)公司是依据法律设立的。因为公司本身是作为法人存在的，也就是从法律上把公司独立的人格化，使其独立地享有权利和承担义务，所以依照各国的法律，法人资格必须经过国家的承认，只有依照国家法律规定的条件和履行法定程序才能取得法人资格，这种资格的取得表现为取得国家相应管理部门核发的营业执照。

(3)公司具有法人资格。

①公司有自己的名称、组织机构和经营场所。公司是将一个组织人格化，如同一个自然人要有自己的姓名，公司也要有自己的名称。首先，公司的名称是公司成为独立民事主体的重要标志，通过公司的名称，将公司与公司的股东相区别，这是从法律上赋与公司独立人格的表现。其次，公司的名称是将公司法人人格特定化的标志，公司以自己的名称与其他民事主体相区别。再次，公司的企业名称也是自己的商誉的组成部分，是公司的无形资产。

公司具有独立的组织机构，这种组织机构使公司脱离了个人独资企业和合伙企业中出资人直接管理企业的模式，公司的组织机构对公司的内外部事务行使管理职能，使公司出资人的所有权与公司的经营权相分离，公司的出资人只有通过这些公司的组织机构间接管理公司。公司的管理机构对外代表公司进行业务活动，对内实行决策权、管理权和监督权的分离进而保护出资人的利益和社会公众利益。

公司具有独立的经营场所(住所)，这对于公司接受政府监管、对外履行合同、参加诉讼都是十分重要的。

②公司具有独立的与其生产经营规模相适应的财产。公司的财产来源于出资人，但与个人独资企业和合伙企业不同的是公司的出资人一旦将自己的资产投入公司，该资产在法律上就属于公司所有，出资人就丧失了直接处置该财产的权利，他们只能依据法律的规定按照出资比例享有一系列的权利，如参加股东大会享有投票权及分红权等。公司以自己的名义拥有所有出资人投入到公司的资产，公司的财产与每个出资人即股东的个人财产在法律上是分离的。

③公司以自己的名义进行经营活动。作为独立的法人,公司具有独立的权利能力和行为能力。公司实施自主经营、自负盈亏,并以其全部资产对公司的债务承担责任,公司的出资人、董事或其他经理人对公司的债务都不承担责任。公司在与他人发生纠纷时以自己的名义在法院起诉和应诉。

公司法定代表人依照公司章程的规定,可以由董事长、执行董事或者经理担任,并依法登记。

④公司的存续不受股东变化的影响。由于实施了所有权与经营权的分离,公司股东的死亡、丧失行为能力、退出、破产等原则上并不影响公司的存续。作为现代企业制度的以股份有限公司和有限责任公司为代表的公司制度已成为国民经济的主要支柱,对国民经济起到极其重要的影响。

(三)公司的分类

(1)根据公司股东对公司债务的责任、股东出资的方式等可将公司分成无限责任公司、有限责任公司、两合公司和股份有限责任公司。

①无限责任公司,又称无限公司,是指股东对公司的债务承担无限责任的企业法人。无限责任公司与合伙类似,但公司具有法人地位。最早出现的公司都是无限公司,其组织机构比合伙企业健全和完备,投资者之间的权利和义务也较明确具体。在资本主义发展的初期无限公司得到了很大的发展,但因无限公司的股东所面临的风险重大,所以在各国的经济发展中逐步被无限责任公司取代。

②有限责任公司,又称有限公司,是指公司的股东由法定人数的出资人组成,股东以其对公司的出资额为限对公司承担责任,公司以其全部资产对公司的债务承担责任的企业法人。

③两合公司是指公司的出资人分成承担无限责任的股东和承担有限责任的股东,有限责任股东仅以其出资额为限对公司承担责任,无限责任股东以其全部财产对公司的债务承担无限责任。两合公司仅见于大陆法系国家,因两合公司的公司股东有两种,不同的股东的权利和义务都不相同,因此关系复杂,公司的稳定性差,在现代经济发展中逐渐被淘汰,仅见于少数发展中国家。

④股份有限公司,又称股份有限责任公司或股份公司,是指公司的资本由若干等额的股份组成,公司通过发行股份筹集资本,股东仅以对公司的出资额对公司的债务承担责任,公司以其全部资产对公司的债务承担责任的企业法人。

股份有限公司的企业形式是欧洲商人为了适应大规模的海上贸易筹集资本的需要而在 17 世纪初形成的,早期的股份有限公司须由国王的特许才能成立,如荷兰东印度公司、英国东印度公司、哈得逊湾公司和西印度公司等。到 18 世纪末股份有限公司在银行、铁路、海运、航空、保险、钢铁和重化工等部门得到了极大的发展，极大地推进了社会经济的发展。随着现代企业制度的发展，股份有限公司和有限责任公司成为世界上最主要的两种企业形式。

(2)根据公司出资人的结合或资本的结合可将公司分成人合公司、资合公司和人合兼资合公司。

①人合公司是指公司的设立和运营主要是建立在股东个人之间互相信任与依赖关系的基础上的公司。无限公司就是最典型的代表。

②资合公司是指公司的设立和运营完全是以股东出资为基础而与股东个人的信用无关的公司。股份有限公司为典型的资合公司。

③人合兼资合公司是指公司的设立和运营既注重股东个人之间的信用，又依赖于股东共同出资的公司。有限责任公司即属于这一类。

(3)根据公司对另一个公司的股份或出资额的占有程度和控制程度可将公司分为母公司和子公司。

①母公司是指持有另一公司较大比例的股份或出资额，并能通过行使股权直接控制或影响另一公司经营活动的公司。

②子公司是指公司较大比例的股份或出资额为母公司所有，因而公司的管理机构及业务受到母公司控制的公司。子公司可以是有限责任公司、股份有限公司，也可以是无限责任公司等。但实践中，子公司绝大多数都是有限责任公司或股份有限公司。按照母公司对子公司的出资比例和控制程度的不同，又可将子公司分为全资子公司、控股子公司和参股子公司。

(4)根据公司管辖系统的不同可将公司分为总公司和分公司。

①总公司，又称本公司，是指依法设立的管辖系统内所属各分支机构的公司，它对公司系统内部的资金调度、人事安排等拥有统一的决定权。总公司在法律上必须具有法人资格。

②分公司是指由总公司设立的在经济上和法律上均无独立地位的分支机构。分公司通常不具有法人地位，仅在总公司规定的权限范围内从事特定的事务，并由总公司承担法律责任。

(5)根据公司所属国籍的不同可将公司分为本国公司和外国公司。

①本国公司是指在本国登记设立，具有本国法律认可的法人地位的公司。

②外国公司是指依照外国法律并在外国登记注册的具有外国国籍的公司。

对公司的国籍的认定标准很多，我国以注册登记地为准。

(四)公司的设立

(1)发起设立。发起设立是指由发起人认购公司发行的全部股份的公司设立的方式。因为有限责任公司、无限责任公司和两合公司的人合性强，资本具有封闭性，所以其设立的方式都是发起设立。

发起设立的认股是在发起人之间进行的，由发起人认购公司发行的全部股份或公司首次发行的股份，发起人须按照认购的股份数额向公司缴纳股款。这种设立方式的优点是设立程序简单，设立所需时间短，可以缩短公司设立的周期，减少公司设立的费用，降低公司设立成本。发起设立适合于规模不大的公司。发起设立的缺点是如果公司需要在设立中筹集较大的资本，而发起人又难以认购全部的股份，公司就无法设立。

(2)募集设立。募集设立是指发起人认购公司拟发行的一部分股份，其余部分向社会公开募集的公司设立方式。

股份有限公司具有很强的资合性，具有资本的开放性，可以向社会公众发行股票募集资金，所以股份有限公司既可以实行发起设立，也可以实行募集设立。募集设立的优点是可以在较短的时间内积聚巨额的社会闲散资金，但募集设立也有缺点，首先，募集设立需要对外募集股份，还需要召开创立大会，公司的审批程序较发起设立复杂的多。其次，为了保护投资人的利益，防止不法分子欺诈损害社会公众的利益，各国的公司法多采取一定的措施予以限制，如为了防止不具有规定经济能力的发起人完全凭借他人的资本来开办公司，各国的公司法都规定了发起人认购的股份的最低限额。我国的《公司法》规定，以募集设立方式设立股份有限公司的注册资本为在公司注册登记机关登记的实收股本总额，发起人认购的股份不得少于公司股份总额的35%。

(五)公司资本

(1)公司资本的概念。公司资本是公司成立时由公司章程所确定的由股东对企业进行的永久性投资构成的公司财产总额，在公司存续期间，股东不得退股。股东对公司的出资和公司经营的积累及其他所得构成了公司自有资本。公司资产是指公司用以从事经营、开展业务的所有资金和财产。公司资产包括自有资本和借贷资本。股份有限公司的资本主要是通过向社会公众公开发行股票而募集的，因此一般称为“股份资本”，简称“股本”。

(2)公司资本的基本原则。为了保护公司股东及债权人的利益，各国的公司法都确认了公司资本的三项基本原则。

①资本确定原则。资本确定原则是指公司在设立时必须拥有一定数额的资本，必须在公司的章程中对公司的资本总额做出明确的规定，资本总额不得低于法定最低资本额，且必须由股东全部募足和认缴，否则公司不能成立。

②资本维持原则。资本维持原则，又称资本充实原则，是指公司在其存续期间应经常保持与其资本额相当的实际资产，为了确保公司业务的发展和保护债权人

的利益，各国的公司法都确认以下七点：

a. 无利润不得分配股息；

b. 亏损必须先予弥补；

c. 不得折价发行股票，即股票的发行价格不得低于股票面额；

d. 股东债务不得抵消公司债权；

e. 按规定提取公积金；

f. 公司成立后，股东不得抽回出资；

g. 原则上不允许公司回购自己公司的股份，也不得接受以本公司股份提供的担保。

③资本不变原则。资本不变原则是指公司资本一经确定就不得随意改变，如确需增加或减少资本，必须严格依法定程序进行。公司的资本额必须在公司章程中予以载明，未经股东大会同意修改章程，公司资本不得随意增减。公司增减资本必须经股东会议决议通过，并依法办理变更登记。而且各国的公司法对于减少资本特别规定了保护债权人利益的程序，即在公司减少资本时，必须编制资产负债表和财产清单，向债权人发出通知，在30日内至少在报纸上公告三次，债权人有权要求清偿债务或要求提供相应的担保。

(3)公司资本的形式。

①货币。以货币作为对公司的出资是公司设立实务中最受股东欢迎的出资方式。货币也是公司经营中最需要的资本，它可以以最便捷的方式转化为其他形式的资本。为了保证公司资本中有足够的现金，多数国家的公司法对货币出资规定了最低的比例。如德国、法国都规定股份有限公司货币出资应占公司总股本的25%以上，意大利规定货币出资应占公司总股本的30%以上，瑞士、卢森堡规定货币出资应占公司总股本的20%以上。我国的《公司法》规定，全体股东货币出资额不得低于有限责任公司注册资本的30%。

②实物。各国的公司法都允许股东以实物作为对公司的出资，如厂房、建筑、车辆、原材料产成品或半成品等，但要一次付清，并办理实物出资的转移手续。由于实物的价值直接涉及投资人及其他股东的利益，所以各国的公司法都规定应由中立的专业资产评估机构进行评估作价。

在外国土地属于实物，可以作为股东的出资。在中国土地属于国家所有，不得买卖，但土地的使用权可以转让，所以在中国土地使用权也可以作为股东的出资形式。

③知识产权。各国的公司法均允许股东以知识产权作为对公司的出资，如工业产权或非专利技术等，但须由中立的专业资产评估机构进行评估作价。由于无

形资产在价值上的不稳定性和变现上的不确定性，公司资产中知识产权的比例过高可能会削弱公司债务清偿能力，所以有的国家对公司资本中无形资产的比例进行了限制。

(六)公积金

公积金是公司依法律或公司章程规定，从公司利润中提取的，在资本之外所保留的资金金额，又称附加资本或准备金。公积金分为法定公积金和任意公积金。

法定公积金是指法律规定必须提取的公积金。各国的公司法对公积金是否提取及提取比例的规定不同。如法国和德国规定公司必须从每年的纯利润中提取5%的公积金，直到达到资本总额的10%时止。美国的公司法不要求必须从利润中提取公积金。我国的《公司法》规定，公司分配当年税后利润时，应当提取利润的10%列入公司法定公积金。公司法定公积金累计额为公司注册资本的50%以上的，可以不再提取。法定公积金的用途主要是弥补公司亏损、扩大公司经营和增加公司注册资本。

任意公积金是公司根据公司章程和股东大会决议在法定公积金之外提取的公积金。任意公积金是否提取以及提取的比例均取决于股东大会的决定，法律没有强制性规定。

(七)公司的合并与分立

(1)公司的合并。公司的合并是指两个以上的公司依法达成协议合并为一个公司的法律行为。合并是参与合并的一方或各方在合并过程中终止，而一个新的法律实体从合并中产生。根据我国的《公司法》的规定，公司合并分为吸收合并或者新设合并。当两个以上公司的合并中，其中一个公司继续存在并吸收其他公司，被吸收的公司解散，这种合并为吸收合并。当两个以上公司合并，合并各方均解散，并且设立一个新的公司，这种合并为新设合并。

公司合并时，合并各方的债权、债务应当由合并后存续的公司或者新设的公司承继。

(2)公司的分立。公司的分立是指一个公司依据法定条件和程序分为两个或两个以上公司的法律行为。一些国家的公司法未设公司分立制度，将其置于公司的设立之中。我国的《公司法》规定，公司分立时应对其财产作相应的分割，并应当编制资产负债表及财产清单。公司应当自做出分立决议之日起10日内通知债权人，并于30日内在报纸上公告。公司分立前的债务由分立后的公司承担连带责任。但是，公司在分立前与债权人就债务清偿达成的书面协议另有约定的除外。

(八)公司的解散与清算

(1)公司的解散。公司的解散是指公司因法律或公司章程规定的解散事由出现而停止营业活动并终止其法人资格的行为。各国的公司法对公司解散的规定大同小异。我国《公司法》的规定,公司因下列原因解散:

①公司章程规定的营业期限届满或者公司章程规定的其他解散事由出现。

②股东会或者股东大会决议解散。

③因公司合并或者分立需要解散。

④依法被吊销营业执照、责令关闭或者被撤销。

⑤公司经营管理发生严重困难,继续存续会使股东利益受到重大损失,通过其他途径不能解决的,持有公司全部股东表决权10%以上的股东,可以请求人民法院解散公司。

(2)公司的清算。公司的清算是指公司在解散过程中了结公司债务,并向股东分配公司剩余资产,最终结束公司的所有法律关系的法律行为。

公司解散后首先应在规定的日期内成立清算组。有限责任公司的清算组由股东组成,股份有限责任公司的清算组由董事或者股东大会确定的人员组成。逾期不成立清算组进行清算的,债权人可以申请人民法院指定有关人员组成清算组进行清算。

清算组在清算期间行使的职权主要有:

①调查清理公司财产、分别编制资产负债表和财产清单。

②通知、公告债权人申报债权。

③处理与清算有关的公司未了结的业务。

④清缴公司所欠税款以及清算过程中产生的税款。

⑤收取公司债权、偿还公司债务。

⑥处理公司清偿债务后的剩余财产。

⑦代表公司参与民事诉讼活动。

清算组须在一定期限内施行清算工作,清算组在清理公司财产、编制资产负债表和财产清单后,应当制订清算方案,并报股东会、股东大会或者人民法院确认。公司财产在分别支付清算费用、职工的工资、社会保险费用和法定补偿金,缴纳所欠税款,清偿公司债务后的剩余财产,有限责任公司按照股东的出资比例分配,股份有限公司按照股东持有的股份比例分配。

清算组在清理公司财产、编制资产负债表和财产清单后,发现公司财产不足清偿债务的,应当依法向人民法院申请宣告破产。公司经人民法院裁定宣告破产后,清算组应当将清算事务移交给人民法院。

公司清算结束后,清算组应当制作清算报告,报股东会、股东大会或者人民法院确认,并报送公司登记机关,申请注销公司登记,公告公司终止。

二、有限责任公司

(一)有限责任公司的概念与特征

有限责任公司,又称有限公司,是指公司的股东由法定人数的出资人组成,股东以其对公司的出资额为限对公司承担责任,公司以其全部资产对公司的债务承担责任的企业法人。

有限责任公司主要有以下法律特征。

1.公司的股东人数有法律规定的限制

在不同的国家这个规定略有不同,我国的《公司法》规定,有限责任公司的股东人数不超过50人,国家投资的或者国家授权的部门可以单独投资设立国有独资的有限责任公司。法国、日本等国的公司法均规定股东人数不得超过50人,美国大多数的州则规定不得超过30人。

2.有限责任公司不发行股票

在股东完成出资义务后,由有限责任公司向股东签发出资证明书。出资证明书载明公司名称、公司成立日期、公司注册资本、股东的姓名或者名称、股东缴纳的出资额和出资日期。

3.股东的股权转让受到一定的限制

有限责任公司的股东之间可以相互随意转让其全部或者部分股权。股东向股东以外的人转让股权,应当经其他股东过半数同意。经股东同意转让的股权,在同等条件下,其他股东有优先购买权。

4.股东对公司的债务承担有限责任

有限责任公司的股东以其认缴的出资额为限对公司承担责任,公司以其全部财产对公司的债务承担责任。

(二)有限责任公司的设立

(1)有限责任公司的设立。由于有限责任公司不能向公众募集资本,因此只能采取发起设立的方式。

(2)订立公司章程。公司章程是公司设立过程中必须向公司注册机构提交的关于公司的名称、住所、宗旨、组织和经营规模等诸事项方面基本原则的最重要的文件。

公司章程的主要内容一般应包括:

①公司的名称、地址和宗旨。

②公司经营范围、公司注册资本总额。

③股东的姓名或者名称及住所。

④股东的出资额、出资方式和出资时间。

⑤公司的机构及其产生办法、职权、议事规则和公司法定代表人。

⑥盈余及亏损的分配比例和标准。

⑦股东转让出资的条件。

⑧公司解散事由及清算方法。

⑨公司章程的修改规则。

⑩订立章程的日期、公司公告的方式以及股东会会议认为需要规定的其他事项。

(3)缴纳出资。

①出资数额。我国的《公司法》规定，有限责任公司的注册资本的最低限额为人民币3万元。一人有限责任公司的注册资本最低限额为人民币10万元。法律、行政法规对有限责任公司注册资本的最低限额有较高规定的，要另从其规定。

②出资期限。公司成立时股东是否必须一次性缴清所有的出资额，各国的规定有所不同。如德国规定股东必须一次性交齐自己的所有出资，而英美法系国家对股东是否必须一次性缴齐出资额没有规定。我国的《公司法》规定，有限责任公司的注册资本为在公司登记机关登记的全体股东认缴的出资额，公司全体股东的首次出资额不得低于注册资本的20%，也不得低于法定的注册资本的最低限额，其余部分由股东自公司成立之日起两年内缴足，其中投资公司还可以在五年内缴足。

③注册登记。公司在股东订立章程、按规定认缴并缴清出资并经过法定的检验机构验资后，应向国家公司登记机关申请注册登记，我国的公司登记机关为工商行政管理机关。

(三)有限责任公司的组织机构

有限责任公司的组织机构主要包括公司的最高权力机构股东会、公司的执行管理机构董事会和公司的监督机构监事会。股东人数较少的和规模较小的公司可以不设董事会和监事会。

1.股东会

有限责任公司的股东会由全体股东组成，股东会是公司的权力机构。

(1)股东的权利和义务。股东是公司的出资人，股东基于缴纳出资而享有下列权利：

①参加股东会并按照出资比例行使表决权。

②选举或被选举为公司董事或监事。

③查阅股东会会议记录和公司财务会计报告。

④按照出资比例分取红利。

⑤依法或按照公司的章程转让出资,优先购买其他股东转让的出资。

⑥优先认购公司新增的资本。

⑦公司终止后,依法分得公司剩余财产。

⑧公司章程规定的其他权利。

股东的义务主要有:

①交纳所认缴的出资。

②以其出资额为限对公司承担责任。

③公司注册登记后不得抽回出资。

④公司章程规定的其他义务。

(2)股东会的职权。各国的公司法对股东会的职权的规定略有不同,我国《公司法》的规定,股东会行使下列职权:

①决定公司的经营方针和投资计划;

②选举和更换非由职工代表担任的董事、监事,决定有关董事、监事的报酬事项;

③审议批准董事会的报告;

④审议批准监事会或者监事的报告;

⑤审议批准公司的年度财务预算方案、决算方案;

⑥审议批准公司的利润分配方案和弥补亏损方案;

⑦对公司增加或者减少注册资本做出决议;

⑧对发行公司债券做出决议;

⑨对公司合并、分立、变更公司形式、解散和清算等事项做出决议;

⑩修改公司章程及公司章程规定的其他职权。

(3)股东会的召开。股东会不是公司的常设机构,需通过定期召开股东会会议或临时股东会会议的方式行使权利,股东会会议分为定期会议和临时会议。股东会定期会议应当按照公司章程的规定按时召开,一般是一年召开一次,因此也称股东年会。股东会临时会议需经代表 1/10 以上表决权的股东、1/3 以上的董事、监事或者不设监事会的公司的监事提议才召开。

股东会一般由董事会招集,董事长主持。董事长不能履行职务或者不履行职务的,由副董事长主持;副董事长不能履行职务或者不履行职务的,由半数以上董事共同推举一名董事主持。有限责任公司不设董事会的,股东会会议由执行董事召集和主持。董事会或者执行董事不能履行或者不履行召集股东会会议职责的,由监事会或者不设监事会的公司的监事召集和主持;监事会或者监事不召集和主持的，代表 1/10 以上表决权的股东可以自行召集和主持。

(4)股东会的决议。股东会通过表决的方式对公司的重大事项做出决议，由股东按照出资比例行使表决权；股东会的决议可分为特殊决议和普通决议。特殊决议是指股东会会议做出的诸如修改公司章程、增加或者减少注册资本的决议，以及公司合并、分立、解散或者变更公司形式的决议。对特殊决议，必须经代表 2/3 以上表决权的股东同意才能通过。除去以上的重大事项外，其他均属于普通决议，普通决议的表决则只需要代表资本过半数的股东同意即可通过。

2.董事会

(1)董事会的性质和组成。有限责任公司的股东会选举产生董事，董事组成董事会，董事会是股东会决议的执行机构，也是公司的常设经营决策机构，负责公司的业务管理，对外代表公司。对于股东较少、规模较小的公司可以不设董事会，由股东选举一名执行董事，由执行董事负责执行公司的业务管理。

各国对董事会人员组成的规定不尽相同，我国的《公司法》规定，有限责任公司设董事会，其成员为 3～13 人。董事会设董事长一人，可以设副董事长。董事长、副董事长的产生办法由公司的章程规定。

(2)董事的资格和期限。关于公司董事的资格，各国的规定也不相同，如法国、瑞士等国规定公司的董事必须由股东担任。但有些国家如英国、美国、德国和日本等国的公司法则允许非股东担任董事。我国的《公司法》对此未做强制性规定。

董事的任期由公司章程决定，但每届任期不得超过三年，董事任期届满可以连选连任。

(3)董事会的权限。董事会作为公司的管理机构一般都具有广泛的权利，许多国家的公司法都规定，除公司法或公司章程规定的应由股东大会决议的事项外，公司的全部业务均由董事会执行。我国的《公司法》规定，董事会对股东会负责，行使下列职权：

①召集股东会会议，并向股东会报告工作。

②执行股东会的决议。

③决定公司的经营计划和投资方案。

④制订公司的年度财务预算方案、决算方案。

⑤制订公司的利润分配方案和弥补亏损方案。

⑥制订公司增加或者减少注册资本以及发行公司债券的方案。

⑦制订公司合并、分立、变更公司形式、解散的方案。

⑧决定公司内部管理机构的设置。

⑨决定聘任或者解聘公司经理及其报酬事项，并根据经理的提名决定聘任或

者解聘公司副经理、财务负责人及其报酬事项。

⑩制定公司的基本管理制度以及行使公司章程规定的其他职权。

(4)董事会的召开和决议。董事会通过召开董事会会议实现其职权。董事会会议应由董事长召集和主持,董事长不能履行职务或者不履行职务的,由副董事长召集和主持;副董事长不能履行职务或者不履行职务的,由半数以上董事共同推举一名董事召集和主持。

董事会的议事方式和表决程序应按公司法的规定进行。公司法未做出相应规定的,可由公司章程规定。董事会应当对所议事项的决定做成会议记录,出席会议的董事应当在会议记录上签名。董事会决议的表决,实行一人一票。

3.监事会

(1)监事会的性质与组成。监事会是对公司业务和管理进行检查与监督的机构。有限责任公司应设立监事会,其成员不得少于三人。股东人数较少或者规模较小的有限责任公司,可以设一名至二名监事,不设立监事会。监事会应当包括股东代表和适当比例的公司职工代表,其中职工代表的比例不得低于1/3,具体比例由公司章程规定。监事会中的职工代表由公司职工通过职工代表大会、职工大会或者其他形式民主选举产生。监事会设主席一人,由全体监事过半数选举产生。监事会主席召集和主持监事会会议;监事会主席不能履行职务或者不履行职务的,由半数以上监事共同推举一名监事召集和主持监事会会议。董事、高级管理人员不得兼任监事。

(2)监事会的职权。监事会、不设监事会的公司的监事行使下列职权:

①检查公司财务。

②对董事、高级管理人员执行公司职务的行为进行监督,对违反法律、行政法规、公司章程或者股东会决议的董事、高级管理人员提出罢免的建议。

③当董事、高级管理人员的行为损害公司的利益时,要求董事、高级管理人员予以纠正。

④提议召开临时股东会会议,在董事会不履行公司法规定的召集和主持股东会会议职责时召集和主持股东会会议。

⑤向股东会会议提出提案。

⑥依照公司法的规定,对于董事、监事、高级管理人员执行公司职务时违反法律、行政法规或者公司章程的规定,给公司造成损失的对其提起诉讼。

⑦公司章程规定的其他职权。

(3)监事会会议。监事会每年度至少召开一次会议,监事可以提议召开临时监事会会议。监事会的议事方式和表决程序,除公司法有规定的外,由公司章程规定。监事会决议应当经半数以上监事通过。监事会应当对所议事项的决定做成会议记录，出席会议的监事应当在会议记录上签名。

此外，监事可以列席董事会会议，并对董事会决议事项提出质询或者建议。监事会、不设监事会的公司的监事发现公司经营情况异常，可以进行调查；必要时，可以聘请会计师事务所等协助其工作，费用由公司承担。

监事的任期每届为三年。监事任期届满，连选可以连任。

4. 经理

有限责任公司可以设经理，经理负责公司的日常经营管理工作。经理由董事会决定聘任或者解聘。经理对董事会负责，行使下列职权：

(1)主持公司的生产经营管理工作，组织实施董事会决议；

(2)组织实施公司年度经营计划和投资方案；

(3)拟订公司内部管理机构设置方案；

(4)拟订公司的基本管理制度；

(5)制定公司的具体规章；

(6)提请聘任或者解聘公司副经理、财务负责人；

(7)决定聘任或者解聘除应由董事会决定聘任或者解聘以外的负责管理人员；

(8)董事会授予的其他职权。

公司章程对经理职权另有规定的，从其规定。经理列席董事会会议。

三、股份有限公司

(一)股份有限公司的概念与特征

股份有限公司，又称股份有限责任公司或股份公司，是指公司的全部资本由若干等额的股份组成，公司通过发行股份筹集资本，股东仅以对公司的出资额对公司的债务承担责任，公司以其全部资产对公司的债务承担责任的企业法人。

股份有限公司主要有以下特征。

(1)公司的资本均分为等额的股份，股东根据其所拥有的股份比例对公司享有权利、承担义务。

(2)股份采用股票的形式，公司通过发行股票筹集资本，股票可以自由转让，无需通过公司或其他股东的许可。

(3)公司的股东人数不得低于法律规定的数目。

(4)公司独立的享有对公司财产的占有、使用及依法处分的权利，并以公司的财产对公司的债务承担责任。

(5)公司的所有权与经营权相分离，股东不负责公司的日常管理工作，公司的日常经营管理工作由董事会、经理等专职人员负责。

(6)公司须依法将财务账目及年度报告向政府主管机关、股东及社会公众公开。

(二)股份有限公司的设立

为了适应现代社会化大生产对资金募集的需要,股份有限公司的规模一般都较大,股东人数都比较多,对社会经济秩序有较大的影响,因而各国政府对于股份有限公司的监督和管理都比较严格。各国的公司法对设立股份有限公司的条件与程序的规定都略有不同。我国的《公司法》第77条规定:"设立股份有限公司,应当具备下列条件:

第一,发起人符合法定人数。

第二,发起人认购和募集的股本达到法定资本最低限额。

第三,股份发行、筹办事项符合法律规定。

第四,发起人制定公司章程,采用募集方式设立的经创立大会通过。

第五,有公司名称,建立符合股份有限公司要求的组织机构。

第六,有公司住所。

股份有限公司的设立,既可以采取发起设立的方式,也可以采取募集设立的方式。

1.发起人。股份有限公司的发起人是指订立创立公司的协议,提出设立公司的申请,向公司出资认购公司股份,并承办公司筹建事宜的公司的创立人。关于发起人的法定人数各国的规定不一,如德国规定至少为5人,法国规定至少为7人;美国的公司法认为发起人并不一定必须是认股人,所以虽大多数的州规定至少为3人,但并未作强制规定;英国规定上市公司的发起人至少为7人,非上市公司的发起人至少为2人。我国的《公司法》规定,设立股份有限公司,应当有2人以上200人以下为发起人,其中须有半数以上的发起人在中国境内需有住所。

发起人可以是自然人,也可以是法人,其任务就是负责公司筹备工作,包括:组织对所设立的公司进行可行性分析,认购公司股份并缴足出资,负责起草公司章程,办理公司设立申请等有关手续,主持召开创立大会等。发起人除履行前述的法定义务外还应当承担下列责任:

①公司不能成立时,对设立行为所产生的债务和费用负连带责任。

②公司不能成立时,对认股人已缴纳的股款,负返还股款并加算银行同期存款利息的连带责任。

③在公司设立过程中,由于发起人的过失致使公司利益受到损害的,应当对公司承担赔偿责任。

(2)公司章程。股份有限公司的公司章程由发起人起草，是规定公司的宗旨、资本、组织机构和名称等规范公司活动事务的法律文件。不同的国家对股份有限公司的公司章程的形式和结构要求有所不同。

在大陆法系国家，公司章程是由一份单一的文件构成的，其内容分成两部分：一部分是绝对必须记载的事项，包括公司的名称、法定地址、营业范围和资本总额等，缺少此项条款公司章程无效，公司不得成立；另一部分是相对必须记载的事项，这部分是法律不禁止的可由公司自由决定的事项。

英美法系国家的公司法由两个文件组成。一是公司的组织大纲，规定了公司对外关系的法律文件，目的是使公司的投资者及与公司进行交易的第三人了解公司的基本情况，如公司的名称、资本和经营范围等，公司的发起人必须将组织大纲报政府管理部门批准并登记注册，组织大纲只能经股东会决议才能修改或废除。另一个文件是公司内部细则，它是在组织大纲的基础上制定的，是决定公司内部各部门的设置及处理内部各部门关系的文件。内部细则一般由董事会制定、修改或废除。

关于股份有限公司章程的具体内容，各国的要求大同小异，我国的《公司法》规定，股份有限公司章程应当载明下列事项：

①公司名称和住所。

②公司经营范围。

③公司设立方式。

④公司股份总数、每股金额和注册资本。

⑤发起人的姓名或者名称、认购的股份数、出资方式和出资时间。

⑥董事会的组成、职权、任期和议事规则。

⑦公司法定代表人。

⑧监事会的组成、职权、任期和议事规则。

⑨公司利润分配办法。

⑩公司的解散事由与清算办法。

⑪公司的通知和公告办法。

⑫股东大会会议认为需要规定的其他事项。

(3)股份有限公司的资本。公司的资本是公司开展业务的物质基础，也是公司对第三人的最低财产担保。为了保护公司股东及债权人的利益，各国的公司法对公司的资本都做出了具体的规定，其中尤其是对股份有限公司的资本的最低限额做出了规定，我国的《公司法》规定，股份有限公司注册资本的最低限额为人民币五百万元。法律、行政法规对股份有限公司注册资本的最低限额有较高规定的，从其规定。以募集设立方式设立股份有限公司的,发起人认购的股份不得少于公司股份总额的35%。

英国、美国、荷兰等国采取"授权资本制",即公司必须在公司章程中规定授权资本的数额,但在公司设立时不必按授权资本的数额全部发行股份,而可以先发行一部分,其余则留待以后视公司业务发展需要决定是否发行。所以授权资本并不代表公司实际拥有的资产,而只是公司有权通过发行股份而募集资本的最高限额。这种方法可以使公司在财务方面有一定的灵活性,而且便于公司在日后发行新股时把认股权奖励给本公司的高管人员。

法国、德国等大多数的大陆法国家采取"法定资本制",即公司章程中所载明的公司资本额在公司设立时必须全部由认股人认购完毕,否则公司不得成立。公司如需增加资本,则必须修改公司章程。法定资本制有利于保证公司拥有充实的资本,防止利用公司进行欺诈,但对资本的要求过于严厉,不利于公司股本扩张的需要。

我国的《公司法》规定,股份有限公司采取发起设立方式设立的,注册资本为在公司登记机关登记的全体发起人认购的股本总额。公司全体发起人的首次出资额不得低于注册资本的20%,其余部分由发起人自公司成立之日起两年内缴足;其中,投资公司可以在五年内缴足。

(4)创立大会。股份有限公司发行股份的股款缴足后,必须经依法设立的验资机构验资并出具证明。发起人应当在30日内主持召开公司创立大会。创立大会由认股人组成。

发起人应当在创立大会召开15日前将会议日期通知各认股人或者予以公告。创立大会应有代表股份总数过半数的认股人出席方可举行。创立大会行使下列职权:

①审议发起人关于公司筹办情况的报告。

②通过公司章程。

③选举董事会成员。

④选举监事会成员。

⑤对公司的设立费用进行审核。

⑥对发起人用于抵作股款的财产的作价进行审核。

⑦发生不可抗力或者经营条件发生重大变化直接影响公司设立的,可以做出不设立公司的决议。创立大会对前款所列事项做出决议,必须经出席会议的认股人所持表决权过半数通过。

(5)注册登记。采取发起设立方式设立的公司登记注册,由发起人缴纳全部出资后，通过召开股东会，选举产生董事会、监事会，由董事会向公司登记机关申请设立登记。采取募集设立的方式设立的公司，应当在创立大会结束后一定期限内，由创立大会选举产生的董事会向公司登记机关申请设立执照。公司营业执照签发之日，即为公司成立之日。

（三）股份有限公司的股份与股票

1.股份与股票

股份是股份有限公司股东享受权利与承担义务的基础，股东对公司的出资即意味着拥有股份，享有股东权利和承担股东义务。股东享受权利和承担义务的大小取决于其所认购的公司股票的性质和数量。

股份有限公司的股份表现为股票，股东认缴公司的出资后，公司即应向股东交付股票。

股票是股份公司发给股东的证明其出资额及享有权利和承担义务的书面凭证。股票可以自由转让，因此股东的股份也可以自由转让，无需征得公司其他股东的同意。

2.股票的种类

(1)依据股票上是否记载股东姓名，可将股票分为记名股和无记名股。

记名股是指股票上记载有股东姓名或名称，并记载于股东名册的股份。记名股不仅要在股东认购股票时将股东姓名记载于股票票面，而且要求股东转让股票时须向公司办理过户手续，即将受让人的姓名或名称、住所等记载于股东名册，否则不产生转让的法律后果。

无记名股是指不在股票上和公司名册上记载股东姓名或名称的股份。无记名股的转让无需办理过户手续，只要将股票交付给受让人，即可产生转让的法律效力。任何合法持有无记名股票的人都是公司的股东，都可以对公司主张股东权利。

(2)依据股东所享有的权利和承担风险的不同，可将股票分为普通股和优先股。

普通股是指股份有限公司发行的在盈余分配或公司剩余财产分配方面没有优先权的股票，普通股的股利有无或多少完全取决于公司的经营状况，而且须在公司支付了公司债利息、到期本金、优先股股利后方可分得股息。普通股的股东在公司解散或清算时其参与分配公司剩余财产时也要位列于公司债权人和优先股股东之后。普通股的股东在参加股东会时均有表决权，可以参加选举公司董事及监事，从而对公司的经营管理有一定的发言权。

优先股是指在分派公司红利和在公司清算分配公司剩余资产时比普通股享有优先权的股票。不同的国家对优先股的发行规定不尽相同，有的国家规定优先股既可以在公司设立时发行,也可以在公司增资扩股时发行。但有些国家规定优先股只能在特殊情况下,如在公司增募股本清理债务时才能发行,为了吸引投资者公司给予投资者某种优先的权利。但优先股的股东一般在股东会上没有表决权,不能参与公司的经营管理。优先股的股息是固定的,一般都在股票发行时予以确定,以便在经营不佳时相比于普通股有更大的收益保障。

(3)依据股票是否有金额表示,可将股票分为有票面金额股和无票面金额股。

有票面金额股是指每股金额已在公司章程中规定,并在公司股票票面上明确标明了一定的金额股份。有票面金额股的发行价可以高于股票面额,即溢价发行,也可以等于股票面额,即等额发行,但决不能低于面额发行。

无票面金额股,也称份额股,是指股票上不标明每股股份的具体金额,股票上只注明其占公司资本总额的比例的股份。我国的《公司法》规定只允许发行有票面金额股。

3.股份的转让

股份有限公司的股份原则上都可以转让,但不同的国家对于股票的转让也有一定的限制,如有的国家规定公司的发起人在公司成立未满一年时不得出让自己持有的股票,也有的国家限制股东把股票转让给外国人。我国的《公司法》规定,发起人持有的本公司股份,自公司成立之日起一年内不得转让。公司公开发行股份前已发行的股份,自公司股票在证券交易所上市交易之日起一年内不得转让。公司的董事、监事、高级管理人员应当向公司申报所持有本公司的股份及其变动情况,在任职期间每年转让股份不得超过其所持有本公司股份总数的25%,所持本公司股份自公司股票上市交易之日起一年内不得转让。上述人员离职后半年内,不得转让其所持有的本公司股份。公司章程可以对公司董事、监事、高级管理人员转让其所持有的本公司股份做出其他限制性规定。

(四)股份有限公司的组织机构

1.股东大会

股份有限公司的股东大会是由全体股东组成的公司最高权力机构,享有对公司重大事务的决策权。股东大会是非常设机构,股东大会的召集人主要是董事会、监事会以及单独或联合持股达10%以上的股东。股东大会每年至少召开一次,特殊情况下还可召开临时股东大会。股份有限公司的股东大会的职权与有限责任公司股东会的职权相同。

股东出席股东大会会议,所持每一股份有一表决权。按照各国公司法的规定,股东大会必须达到法定持股比例才能开会,但各国对法定人数的规定要求不同,如美国大多数州的公司法规定股东年会的股东必须累积持有本公司50%以上的股份才能开会。而有些国家如法国则规定出席会议的股东只要累积持有公司股本总额25%以上即可开会。

股东大会做出决议,必须经出席会议的股东所持表决权过半数通过。但是,股东大会做出修改公司章程、增加或者减少注册资本的决议,以及公司合并、分立、解散或者变更公司形式的决议,必须经出席会议的股东所持表决权的3/2以上通过。

2. 董事会

股份有限公司的常设经营决策与业务执行机构是董事会,董事会对股东大会负责,行使公司的业务执行、经营决策和对外代表公司的权利。董事会是公司必备的常设机构,各国的公司法均规定股份有限公司须设董事会。

董事会的人数通常是由法律直接规定的,各国的公司法对董事的人数及资格都做出规定,关于董事的资格,有的国家如瑞士、法国的公司法规定董事必须由股东担任。也有的国家如英国、美国、德国及日本等规定董事可以是股东,也可以是非股东。我国的《公司法》对此没有强制性的规定,因此我国的董事可以是非股东。我国的《公司法》还规定,股份有限公司的董事会成员为5～19人,董事会设董事长1人,可以设副董事长。董事长和副董事长由董事会以全体董事的过半数选举产生。董事长召集和主持董事会会议,检查董事会决议的实施情况。董事会成员中应当有职工的代表。

董事会每年度至少召开两次会议,代表1/10以上表决权的股东、1/3以上董事或者监事会,可以提议召开董事会临时会议。董事会会议应有过半数的董事出席方可举行。董事会做出决议,必须经全体董事的过半数通过。董事会决议的表决,实行一人一票。董事应当对董事会的决议承担责任。

3. 监事会

监事会在不同的国家有不同的名称,如在日本被称为监察人,独立行使监察权,并不构成合议体制,在德国被称为监察人会。随着股份有限公司董事会权力的不断扩大,各国的公司法都采取各种不同的形式加强对公司业务执行的检查与监督,防止它们滥用职权,损害股东和第三人的利益。有的国家规定股份有限公司必须设立监察人会,有的国家规定设立监察人或审计人。

监事会的成员由股东大会选举产生,其成员不得少于三人。监事会应当包括股东代表和适当比例的公司职工代表,其中职工代表的比例不得低于1/3,具体比例由公司章程规定。监事会中的职工代表由公司职工通过职工代表大会、职工大会或者其他形式民主选举产生。监事会设主席一人,可以设副主席。监事会主席和副主席由全体监事过半数选举产生。监事会主席召集和主持监事会会议;监事会主席不能履行职务或者不履行职务的,由监事会副主席召集和主持监事会会议;

监事会副主席不能履行职务或者不履行职务的，由半数以上监事共同推举一名监事召集和主持监事会会议。董事、高级管理人员不得兼任监事。

我国的《公司法》规定，股份有限公司设立监事会，作为公司日常经营活动的监督机构，监事会的职责包括：检查公司财务，对董事、经理执行公司职务时违反法律法规或者公司章程的行为进行监督，要求董事或经理纠正其损害公司利益的行为，提议召开临时股东大会以及公司章程规定的其他职权。

各国对董事、监事、公司高层管理人员的任职资格规定并不一致，但大多并未规定他们任职资格的基本条件，但大多数国家均对他们的个人品德规定了下限。我国的《公司法》第 147 条第 1 款对公司董事、监事、高级管理人员的资格做出了消极条件限制，即有下列情形之一的，不得担任公司的董事、监事、高级管理人员。

(1)无民事行为能力或者限制民事行为能力。

(2)因贪污、贿赂、侵占财产、挪用财产或者破坏社会主义市场经济秩序，被判处刑罚，执行期满未逾五年，或者因犯罪被剥夺政治权利，执行期满未逾五年。

(3)担任破产清算的公司、企业的董事或者厂长、经理，对该公司、企业的破产负有个人责任的，自该公司、企业破产清算完结之日起未逾三年。

(4)担任因违法被吊销营业执照、责令关闭的公司、企业的法定代表人，并负有个人责任的，自该公司、企业被吊销营业执照之日起未逾三年。

(5)个人所负数额较大的债务到期未清偿。公司违反第 147 条第 1 款规定选举、委派董事、监事或者聘任高级管理人员的，该选举、委派或者聘任无效。董事、监事、高级管理人员在任职期间出现第 147 条第 1 款所列情形的，公司应当解除其职务。

本章小结

国际商事组织也称商事企业，是国际商贸关系中的主体，它包括个人独资企业、合伙企业及公司，这些企业的共同点是均需依法成立，以盈利为目的，并能够以自己的名义从事经营活动。现代企业制度是指以公司制度为代表的企业法人制度，其中最主要也是主要发展方向的就是有限责任公司和股份有限公司。他们在概念特征、设立条件、组织机构等方面均有区别。我国的合伙企业法、公司法等法律的制定完善了我国商事组织法律体系。本章的重点内容就是主要介绍了中国的商事组织的概念、商事组织的设立、商事组织的管理体制和资本结构，并重点介绍了有限责任公司和股份有限公司的设立、组织机构、解散和清算等相关的法律关系。

技能实训

1.腾飞合伙运输中心是一个由张腾飞及老李、老赵、老马、老王五个合伙人组成的合伙汽车运输企业，由于经营有方，业务蒸蒸日上，后来张腾飞又介绍其内弟小刘参加合伙。对于小刘的入伙老李、老马及老赵都没意见，唯独老王不同意。小刘就以少数服从多数为理由，驾车参加到公司营运，没想到次日出车后小刘因雨后路滑发生了交通事故，造成损失12 000元，小刘主张每家承担2 000元，张腾飞表示同意，老李、老赵和老马没表态，只有老王不同意，小刘诉至法院。

请你试分析一下小刘的入伙是否成立。

2.金风化工厂是一个由老刘、老王、老高、老宋、老赵、老李和老方等七人组成的普通合伙制的化工厂，经过几年的积累，工厂的规模不断扩大，积累丰厚。然而，在一次偶然的机会，老赵发现老刘利用为化工厂采购原财料的机会收受对方大量的回扣，给企业造成了很大的损失，为此老赵要求按《合伙企业法》将老刘除名，其他合伙人均表示同意。正当此时，工厂发生事故，老王与老宋受伤，老王因抢救无效而去世，老宋昏迷失去了行为能力。为此老王的继承人都表示不希望留在化工厂了，老方因为好友的去世和病残极度伤心，要求退伙，离开这个使他伤感的地方，老高、老李、老赵三人表示理解并同意。

请问：你认为化工厂还能否维持？应当怎样处理合伙人之间的关系？

3.出资人老杜、老窦、老马、老齐和刘大姐五人共同注册成立了一个有限责任公司，公司的注册资金500万元人民币，五人的份额各占20%，第一期每人出资50万元人民币，共200万元人民币。由于公司刚成立，一时开展不了很大的业务，并不需要很多的资金，刘大姐建议为了避免占压过多的资金，公司从总资本中先退还每个股东出资30万元人民币。老杜提议对原成立公司时拟定的公司章程进行一下修改，可是老马和老齐都不同意刚开了公司就修改公司章程的行动。老齐建议为了将来一旦几个出资人需要转让出资，应印一些标明企业股本总额及每人出资额等诸内容的股票。

请你分析一下这几个人的提议有什么问题？

4.中国内地、菲律宾、韩国及日本各一家公司筹划发起在中国香港设立一家名为“东方之珠”的股份有限公司，确定其资本总额为2 000万港币，这四家发起人公司以现金、厂房、土地等认购了1 000万港币的股份，其余部分向社会公开募集。由于作为投资的厂房及写字楼需要装修，于是这四家公司就以“东方之珠”股份有限公司筹备处的名义请妙心装修公司进行装修，共花费装修费40万港币。四个月以后，经有关部门批准，东方之珠股份有限公司筹备处在当地报纸上发布招股说明书，进行公开募股。但四个月募股期过去了，只筹集到400万港币，公司因此无法成立。此时妙心装修公司向前述四个发起人公司要求偿还装修工程款40万港币。但前述的四个企业都以“公司未能成立”为由拒绝偿还。为了维护自己的合法权益，妙心装修公司向法院提起诉讼。

请问：前述四家公司是否可以不赔偿装修款？

5. 某公司于2007年底召开股东大会，会上选举产生了董事、监事，在此后的董事会上又选聘了公司的总经理与总会计师等高层管理人员。然而在事后公司的一些董事、监事及其他一些人员对其中一些人的入选资格审查后提出了疑问，主要问题如下。

(1)公司总经理张三生于1990年，至董事会选聘其为总经理时刚17岁。董事拉尔兹是印度人，生于1991年，至股东大会选举其为董事时刚满16岁。监督委员会认为张三与李四至股东大会选举时和董事会选聘他们时尚未成年，无资格担任公司的总经理和董事。为此张三辩称自己虽尚未成年，但从14岁就随父亲做生意，南北打拼，至15岁时就自食其力了，至16岁就成立了自己的工厂，成立该公司其入股3%的股金也是自己挣的，他是股东当然有权当总经理。拉尔兹辩称自己是印度人，在印度14岁就属于成年人了，虽然他还在上中学，但他在公司有20%的股份，这么多的投资他不当股东当然不放心了，所以他一定要当股东。

(2)董事王先生曾担任某国有企业的董事长，后因收受贿赂于1999年12月被判刑3年，于2002年12月刑满。某些董事认为他经济上有污点不能担任公司的董事，对此王先生辩称他是公司里唯一获得过博士学位的人，并且自己有较强的管理能力，所以他当然应当担任董事。

(3)董事赵先生曾担任某公司的总经理兼总工程师，因2005年该公司被破产清算，于是来到该公司，因有一定的技术，被选聘为总工程师。为此赵先生辩称自己所领导的公司之所以破产是因为所在的地区发大水，导致公司的原料损失过大，加之产品无法运出，他在做出巨大的努力后虽仍未能避免公司的破产，但仍偿还了债权人的债务，并使股东分得了部分剩余资产，此外自己大学毕业，也有担任公司总工程师的相应资格证书。

(4)监事刘先生在股东大会上被选为公司监事，因其只有小学二年级文化，部分股东质疑其学历过低，没有管理能力。刘先生辩称自从这个公司成立之日起他就在这里工作，作为创始人和出资人，他对公司有深厚的感情，没有人能像他这样对公司忠心耿耿，他当然有资格当监事了。

(5)董事江先生在股东大会上被选为董事。他曾担任某公司的法定代表人，2005年年底他因违法经营被吊销营业执照，他也因应对此负有个人责任而被迫辞职。对此江先生辩称，当初之所以违法经营也是为了给公司多挣些钱，自己没有为此多装一分钱在自己的口袋中。更何况自己曾是党委书记，到现在也仍然是党员。

(6)董事长吴先生因个人投资期货市场失误导致负债累累，同时他于前年购房，欠下的巨额房贷也无力偿还。

请你综合以上情况做出分析并提出建议。

第三章 代 理 法

知识目标：

- 掌握代理的概念，理解代理的特征，了解不同法系对代理的分类
- 了解不同国家代理权产生的相关规定，理解无权代理和表见代理的成立条件
- 掌握代理权终止的相关规定
- 重点掌握中国和西方主要经济发达国家关于外贸代理制度的主要规则

技能目标：

- 能够拟写简单的代理协议

第一节 代理概述

一、代理的概念和特征

随着社会经济的发展，商品交换逐步发达，社会经济关系复杂多样，人们因为时间、空间、精力、能力等多方面的原因，对自己的事物的处理很难做到事事件件亲力亲为，在寻求家人、友人帮助处理的基础上，社会上逐渐产生了寻求他人代替自己处理事物，而后果由自己承担的现象，这就是早期的代理。

随着近现代国际贸易的扩大，代理制度也有了很大的发展，无论是在国际贸易或国内贸易中代理制度都得到了广泛的应用。在国际贸易中，许多的业务工作都是通过各种代理人进行的。代理制度扩大了人们从事商务活动的范围，降低了交易成本，为商务活动提供了巨大的便利。在现代社会里离开了这些代理人，国际贸易就无法顺利进行。为了维护本国的经济秩序，各国都制定了完善的代理法律制度。

(一)代理的概念

代理是指代理人以被代理人的名义,在代理权限范围内与第三人订立合同或实施法律行为,由此产生的权利和义务直接由被代理人承担的法律制度。

在代理关系中存在三方当事人,即被代理人或委托人又称本人、代理人和第三人。其中被代理人即称本人,是授权予他人代为自己从事某一法律行为的当事人。代理人是受本人委托或受法律授权替本人办事的人,第三人是泛指一切与代理人打交道的人。

代理具有以下特征。

(1)代理人是以被代理人的名义进行活动。在代理关系中,代理人与第三人实施某一法律行为,第三人有权知道自己的交易相对人是谁,从而保护自己的利益,代理人必须明确以被代理人的名义参与其中,从而使对方明确这一交易行为的后果将由哪一方承担。

(2)代理人必须在被代理人的授权或法律规定的范围内行使代理权。在商事代理中,代理人的权限大多数是来自被代理人即本人的授权委托。在某些情况下,代理人的权限直接来源于法律的规定,如法律规定无行为能力人或限制行为能力人的代理人就是他们的监护人。代理人在被代理人即本人的授范围内或法律规定的范围内行使代理权,其行为对被代理人就具有约束力。

(3)代理行为的法律后果由被代理人承担。代理是本人即被代理人在代理权限内通过代理人的活动取得民事权利或履行民事义务的方式。代理人在代理权限范围内的所行使的一切行为均代表被代理人的意志,其法律后果也就应当由被代理人承担。

(4)代理人的行为是自己独立的意思表示。代理人在代理被代理人实施某一法律行为时是以代理人个人的、独立的意思表示为主的。代理人在被代理人的授权范围内或法律规定的范围内有权依自己的意志独立做出决定的权利。

(二)代理的种类

依据不同的标准可将代理分为不同的种类。

(1)法定代理和意定代理。在大陆法系国家,根据代理权产生的途径可以将代理分为法定代理和意定代理。

法定代理是指代理人的代理权是依据法律的规定或由于法院的指定而产生的。法定代理主要是为了保护无行为能力人或限制行为能力人,或某些商事组织的利益而设立的代理方式。如很多国家的法律规定,对于无行为能力人或限制行为能力人,他们的监护人就是他们的法定代理人。法定代理人据此代替被代理人享有权利或承担义务,以被代理人的名义起诉、应诉及维护被代理人的利益，维护被代理人身心健康和经济利益。同时如作为法人的社会、经济组织本身不能进行活动，它只能通过代理人来处理自身的各种业务，法律通常规定公司的法定代表人就是公司的代理人。在合伙企业中，每个合伙人都有权作为其他合伙人的代理人。

意定代理是指基于被代理人的意思表示而产生的代理权。由于意定代理是根据被代理人的委托授权而形成的代理，所以又称委托代理。委托代理的意思表示可以采取口头方式或书面方式。如在国际商事交易中，委托代理人进行买卖、保险等商事合同的订立、履行以及委托律师代理进行诉讼等。

(2)显名代理、隐名代理和未披露代理关系的代理。根据代理人在与第三人签订合同时是否披露代理关系的存在，以及由谁最终承担合同义务，英美法系将代理分为显名代理、隐名代理和未披露代理关系的代理。

显名代理是指代理人在进行代理活动时既要表明被代理人的存在，又要公开被代理人的姓名的代理。

隐名代理是指代理人在进行代理活动时只公开被代理人的存在，而不公开被代理人的姓名的代理。

未披露代理关系的代理是指代理人在进行代理活动时根本不披露代理关系的存在，更不公开被代理人的姓名，而是以(代理人)自己的名义与第三人进行交易的代理。

(3)直接代理和间接代理。在大陆法系国家，根据代理人是以被代理人的名义还是以代理人自己的名义从事代理行为，将代理分为直接代理和间接代理。

直接代理是指代理人以被代理人的名义同第三人订立合同，其效力直接由被代理人承担。

间接代理是指代理人虽在事实上受被代理人委托并为被代理人谋取利益，但在向第三人为意思表示时，既不披露被代理人的姓名或名称，也不表明自己是代理人，而是以自己的名义与第三人订立合同，这在大陆法系的商法中又称行纪，其中的代理人又称行纪人。

(4)一般代理和承担特别责任的代理。代理人在授权范围内与第三人订立合同或实施某一法律行为后，其权利和义务完全由被代理人对第三人承担，代理人没有义务对第三人承担任何个人责任。但在实践中，为了保证被代理人的利益不受损害和对第三人负责，不同的国家在法律中或商务惯例中都规定，在一定条件下，代理人需对自己的代理行为向被代理人或第三人承担个人责任，这种代理就是承担特别责任的代理，如保险代理人、保付代理人、信用担保代理人和运输代理人等，承担特别责任的代理行为均需适用特别法的规定。

二、代理权的产生

(一)大陆法系的代理权的产生

大陆法系把代理权产生的原因分为两种：一种是由于委托人的意思表示而产生的，称为意定代理；另一种是由于法律的规定或法院的指定而产生的，称为法定代理。

(1)意定代理。意定代理是指基于被代理人的意思表示而产生的代理权。由于意定代理是根据被代理人的委托授权而形成的代理，所以又称委托代理。意定代理可以采取口头方式，也可以采取书面的形式。

(2)法定代理。法定代理是指代理人的代理权是依据法律的规定或由于法院的指定而产生的。大陆法系各国确定法定代理的目的是为了保护无民事行为能力人或限制民事行为能力人的权利和使他们承担应尽的义务，由特定的人代理他们享有权利和承担义务。法定代理权的产生主要有以下几种情况。

①根据法律的规定而直接享有代理权，如根据各国的民法规定，对于未成年人，其法定代理人就是监护人，而未成年人的第一顺序监护人就是其父母。因此父母对于未成年子女有法定的代理权。此外如对于有配偶的成年无行为能力人或限制行为能力人，配偶则是其法定代理人。

②根据法院的指定而取得的代理权，如由法院指定的法人清算人。

③因私人的选任而取得的代理权，如由亲属所选任的监护人及遗产管理人等。

此外，法人单位的法律活动是通过其代理人来实施的，大多数的法人单位的代理人也是要由法律规定的，有一些法人单位的代理人要由单位或公司的章程规定。

(二)英美法系的代理权的产生

英美法系的代理主要是契约代理，因此被代理人与代理人之间的关系可以通过委托协议产生，但在某些情况下即使被代理人未授权给代理人，只要被代理人的事后追认也可以形成代理关系。

(1)明示的授权。明示的授权是指由被代理人以明示的指定或委任方式授权某人为他的代理人。按照英美法系相关法律的规定，明示代理权的表达形式一般是授权委托书或在合同中的授权条款。在明示授权方式下，代理人所享有的代理权范围取决于被代理人的授权的真实的意思表示，但如果被代理人授权含糊或产生歧义，而代理人又做出了与被代理人的初衷不符的解释，只要这种解释是善意的，则被代理人仍然要受到代理人行为的约束。

(2)默示的授权。默示的授权是指在明示授权之外，被代理人以明确的言词以外的行为做出某一意思表示，从而使代理人有合理的根据相信自己有权代理本人，并以本人的名义与第三人实施代理行为。默示的授权主要包括以下几种情况。

①由默示而存在的代理权。即当事人在某一特定的场合的行为或从当事人之间的某种关系中可以推定当事人之间存在真实有效的代理关系。如配偶之间的默示代理和合伙人之间的默示代理。

②附带授权。由于被代理人的明示委任并不一定能详尽地说明代理人在实际行动中所应具有的一切权利,因此受托从事某种特殊任务的代理人可以享有合理地附属于其履行明示代理权所必不可少的默示行为的权利。

③习惯授权。在代理人被授权为被代理人在某一特殊市场进行活动的情况下,其享有按该市场的相关习惯进行活动的默示代理权,无论被代理人是否知晓该习惯,被代理人均受约束。

(3)表见授权。表见授权,又称表面代理权或不容否认的代理权,是指被代理人虽没有对代理人加以实际委托授权,但因为被代理人的行为使第三人基于善良的信用而有理由认为该代理人拥有代理权,从而形成的代理关系。表见授权的基础在于被代理人对第三人的有意识的行为或语言自然地导致第三人相信被代理人与代理人之间的代理关系的存在。表见授权与默示的授权的区别在于,表见授权中被代理人的言论或行为没有积极的、明确的授权,可能只是无意的,也可能是疏忽的,但足以使第三人相信或感觉到在被代理人与代理人两者之间存在着代理关系,从而接受代理人的代理行为。而默示的授权是被代理人以积极的、明确的行为做出接受代理人的代理行为的意思表示。

表见授权具体表现为以下情形。

①被代理人向第三人表示代理人有代理权或者代理人自己向第三人表示有代理权而被代理人不作反对的表示。

②被代理人对代理人的代理权限有限制,但未通知第三人。

③被代理人已撤回代理人的代理权限,但未通知第三人。

表见授权产生的表见代理虽然属于无权代理,但各国都规定,一旦表见代理成立,就产生与有权代理相同的法律效力,即在被代理人与第三人之间产生法律关系,被代理人对第三人承担授权责任。在表见代理中,如果被代理人拒绝对代理人的代理行为予以追认,被代理人可以起诉,要求代理人给予损害赔偿。如果第三人明知该代理人无权代理或超越代理权,但仍与其进行交易,则被代理人对该代理人与第三人的行为均不负责任。

(4)客观需要的授权。客观需要的授权,又称紧急处分代理权或客观必要的代理权,是指当某人受托照管他人财产,在特定紧急情况下,为了维护委托人的利益和保护财产而必须采取某种行动或实施的某种处分行为,其结果由被代理人承担。

虽然受托代理或管理财产的人没有得到采取此种行动的明示的授权，但由于客观情况的需要而应视为具有此种授权。紧急处分代理权在国际贸易中是时有发生的，如承运人在遇到紧急情况时，为了保护委托人的财产所必须实施的诸如出售易于腐烂或有损毁灭失可能的货物，或抵押船舶以清偿为完成航次所必需的修理费用等。英美法系各国都承认这种紧急处分代理权，但由于这种代理权可能使被代理人受到损失、失去财产或承担某种未经同意的责任，因此英美法系国家都不愿扩大这种代理权的适用范围。按英美法系国家的判例，行使这种紧急处分代理权必须同时具备以下四个条件。

①行使这种代理权的事由必须是实际的、确定的和商业上所必需的紧急情况。如果这种事由并不是紧急的、必需的，而只是假想的或只是可能的，则不能成为享有紧急处分代理权并做出紧急处理的理由。

②代理人在行使这种紧急处分代理权之前，无法同被代理人取得联系，以得到被代理人的指示。

③代理人所采取的措施必须是出于善意的并考虑到了所有相关当事人的利益。

④代理人必须是合理的而谨慎地实施代理行为。

三、无权代理

无权代理是指欠缺代理权的人所实施的代理行为。无权代理行为具备代理行为的表面特征，但却没有代理授权，各国根据无权代理的原因和后果将无权代理划分为狭义的无权代理和表见代理，并分别制定法律进行调整。

(一)狭义的无权代理

1.狭义的无权代理的概念和形成原因

狭义的无权代理是指行为人既没有委托人的实际授权，也没有足以使第三人善意误信其有代理权的表象事实和理由，而以被代理人的名义所进行的代理。

狭义的无权代理主要有以下形成的原因：

(1)行为人不具备明示授权或默示授权而实施的代理。

(2)委托人的授权行为无效或被撤销后的代理。

(3)代理人超越代理授权范围的代理。

(4)代理人在代理权终止后实施的代理。

2.狭义的无权代理的法律后果

无权代理的行为人在既无法律依据又无本人授权的情况下所为的行为应视为是该行为人自己的行为，其法律后果应由该行为人自己承担。

由于无权代理行为未必对被代理人或第三人不利，为了维护交易安全和保护被代理人及善意第三人的利益，各国的法律均认为无权代理行为并非绝对不能产生代理的法律效果，因而当无权代理出现时，法律将其置于效力待定的状态，以等待被代理人的决定。

(1)大陆法系的规定。大陆法系各国大多都在民法典中加以规定，无权代理人以他人的名义订立合同者，非经被代理人追认，概不发生效力。在被代理人追认以前，无权代理人所做的代理行为处于效力不确定的状态，在此情况下，大陆法系有以下三种处理方法。

①被代理人行使追认权。行使追认权是指被代理人对无权代理人的代理行为追认其效力的法律行为。被代理人行使追认权可以是明示的，也可以是默示的，甚至可以是从被代理人的行为中推断出来的。同时法律对被代理人行使追认权的期限也作了规定，追认权需在除斥期间内行使，否则将丧失追认权。追认权仅凭权利人的单方意思表示即可决定权利人与相对人之间的法律关系的变动。追认权的行使使无权代理行为成为合法的代理，产生的直接后果是被代理人直接对第三人负责，经过被代理人的追认，无效的代理行为即被认为是自始至终有效的法律行为。

②第三人行使催告权。催告权是指第三人可以自行规定一个合理的期限，催告被代理人明确地承认或否认无权代理人的代理行为，如果被代理人逾期不表态，则应视为否认该代理行为。

③第三人行使撤销权。撤销权是指在被代理人对无权代理行为进行追认之前，第三人有权撤回与无代理权的相对人所为的行为。即在被代理人未予承认之前，第三人可以通过行使撤销权，使不确定的权利义务关系直接归于消灭，避免第三人因被代理人拒绝或延迟追认而受到损失。

在无权代理的情况下，如果经过被代理人的承认，则该代理行为转化为真正的代理，原无权代理人和相对第三人之间便不产生直接的关系。如果被代理人对无权代理的行为不予追认，则无权代理人对善意第三人承担责任。

大陆法系国家对无权代理人的责任规定略有不同。如法国民法典规定，无权代理人应对善意第三人承担损害赔偿责任。但据德国民法典的规定，无权代理人以他人的名义订立合同时，如果被代理人拒绝追认，则无权代理人应当根据第三人的选择承担履行合同或赔偿损失的义务，即第三人既可以要求无权代理人赔偿损失，也可以要求其履行合同。

(2)英美法系的规定。英美法系把大陆法系的无权代理称为违反有代理授权的默示担保。英美法系认为，根据英美法系的解释，当代理人与第三人订立合同时，代理人对第三人有一项默示的担保，即保证他是有权代理的。因此如果某人冒充是别人的代理人，但实际上并没有得到被代理人的授权，或者越出了他的授权范围行事，则与其订立合同的第三人就可以其违反代理授权的默示担保对他提起诉讼。而该代理人就应当因自己的行为对第三人承担责任。

(二)表见代理

1.表见代理的概念和成立要件

表见代理是指行为人虽无代理权，但善意第三人客观上有充分理由相信该行为人具有代理权而与其为法律行为，该法律行为的后果直接由被代理人承担的无权代理。

大陆法系国家认为，在代理关系中存在两个契约关系：一个是被代理人对代理人的授权行为；另一个是代理人与善意第三人之间的契约关系。代理权的发生必须以被代理人的授权为前提，在表见代理之中被代理人并没有授权的意思表示，所以表见代理实质上是一个无权代理，但是由于与被代理人有关的各种原因，使善意第三人在客观上有充分的理由相信表见代理人具有代理权，为了保护善意第三人的利益，法律赋予了表见代理以代理的效力。在英美法系国家则认为表见代理是一种有效的代理，它和表见授权是相通的。被代理人虽没有对代理人加以实际委托授权，但因为被代理人的行为、态度等方面的瑕疵，使第三人基于善良的信用而有理由认为该代理人拥有代理权，从而导致形成了代理关系，因此被代理人应当为此承担责任。

表见代理除了应当具备被代理人、代理人和第三人的要件之外还应当具备以下特别要件。

(1)表见代理必须是表见代理人以被代理人的名义实施意思表示或者受领意思表示，即能够出示表明自己有代理权的相关文件或声称代理被代理人的行为，如被代理人的介绍信、盖有公章或合同专用章的空白合同。

(2)表见代理必须是被代理人以其行为表示授予行为人以代理权，这样的表示可以是作为的，也可以是不作为的，可能是消极的，也可能是疏忽的，只要有足以使善意第三人相信该行为人具有代理权的事实或理由就可以成立，如强调证明亲属关系或劳务合同。

(3)表见代理中的第三人在行为时必须是善意的和无过失的。第三人不知道也不应该知道无权代理人没有代理权，如果第三人明知该当事人无代理权而仍与其实施法律行为，则不能构成表见代理。而在判断第三人的态度是否善意时，则需以“客观上足以使他人相信”和“第三人主观上善意且无过失”这两个条件共同存在进行判断。英美法系国家对表见代理的认定原则是：当被代理人提供“信息”，并且第三人有理由相信，由此而受到损害时，即产生不容否认的代理或表见代理。

(4)表见代理必须是委托代理。在法定代理中由于不存在授权行为，所以也就不存在表见代理。

(5)无权代理人实施的行为不能是违法行为。

2.表见代理形成的原因

(1)因越权行为而产生的表见代理。因越权行为而产生的表见代理是指代理人有代理权，而第三人基于善意与代理人进行的超出代理人真实代理权限的行为。在实践中大多表现为被代理人的授权不明或代理人超越代理权限，而第三人并不知晓。

(2)因行为而产生授权表象的表见代理。因行为而产生授权表象的表见代理是指被代理人以自己的行为使第三人认为已授予某人代理权，或者知道他人表示愿意为其代理而本人未作反对表示。实践中多表现为：

①被代理人以口头形式或书面形式，直接或间接地向特定的或不特定的第三人表示以他人为代理人，但事实上本人并未对他人进行真实授权的意思表示；

②表达被代理人的授权意思、授权证明文书的借用(如盖有单位公章或合同专用章的空白合同、单位的介绍信等)；

③对于某人对他人假称自己拥有代理权或某人称被代理人对自己已有授权，而被代理人不作否认表示，客观上使第三人误信，因而构成有违被代理人真实意愿的表见代理。

(3)因行为延续而产生的表见代理。因行为延续而产生的表见代理是指代理人的代理权已终止或被撤销，但因被代理人的原因造成足以使第三人相信该原代理人的代理权仍然存在的假象而发生的表见代理。实践中多表现为代理权消灭后，被代理人未收回授权书或未以正常的方式直接通知第三人。

3.表见代理的法律后果

表见代理虽属于无权代理，但其发生有权代理的法律后果，被代理人不得以表见代理行为人属无权代理、该行为人具有故意或过失为理由而拒绝承担表见代理的后果，也不得以被代理人没有过错抗辩。对于表见代理中的第三人既可以主张无权代理，向无权代理人追究责任，也可以主张表见代理，要求被代理人承担责任。

四、承担特别责任的代理人

在通常情况下，代理人根据委托人的指示在授权范围内与第三人签订合同之后则退出该法律关系中，只要代理人勤勉、诚信地履行了代理义务，代理人对被代理人和第三人都不承担个人义务。

但是在现代国际贸易商事活动中，由于被代理人与第三人分处两国，双方对彼此的资信能力和经营作风都不了解，而对与他们经常交往的代理人则比较熟悉，所以他们在进行交易时往往对代理人的信任多于对交易对方的信任，所以他们往往会要求代理人对他们承担个人责任，使其能安心地同对方进行贸易，所以各国的法律和商业习惯中都承认，在一定的条件下，代理人需对被代理人和第三人承担个人责任，这样的代理人被称为承担特别责任的代理人

承担特别责任的代理人主要为信用担保代理人、保付代理人、保兑银行、保险经纪人和运输代理人，这些代理人有的需对被代理人承担特别责任，有的需对第三人承担特别责任。

(一)承担特别责任的代理人

(1)信用担保代理人。信用担保代理责任是当代理人所介绍的买方(第三人)不支付货款时，由他赔偿被代理人(或卖方)因此而受到的损失。这种代理方式产生于中世纪的地中海贸易，它实际包含了两个合同关系：一个是被代理人与代理人之间的代理合同；另一个是代理人就第三人的履约义务对被代理人承担的信用担保合同，代理人根据担保合同对被代理人承担个人责任。在国际贸易中，由于委托人对对方的情况不了解，无法判断买方的资信情况，有时由于竞争需要采用赊销的方式销售货物，一旦买方破产或拒付货款，委托人就会承受巨大的损失，如果代理人同意为对方保付，委托人就可以避免这种风险，同时由于代理人承担了信用担保责任，于是有利于防止代理人为了多揽生意、多赚佣金而忽视买方的资信。

在大陆法系国家，如瑞士、意大利、德国等都对信用担保人作了专门规定，并要求信用担保必须以书面的形式订立信用担保合同。在英美法系国家，已有的判例对代理人的信用担保也形成了一套完整的规定。

信用担保代理人只有当买方无力支付货款或其他的类似原因致使委托人不能收回货款时才有赔偿委托人的义务，同时这种责任也仅限于担保买方(第三人)的清偿能力，即只对买方无力支付货款负责，而不对合同的履行负责。如果卖方没有履行合同交付货物导致买方拒付货款，则代理人不承担责任。

在现代国际贸易中由于各国政府纷纷成立了出口信贷保险机构，并由这些机构专门办理承担国外买方无力清偿的保险业务，因而取代了信用担保代理。

(2)保付代理人。保付代理人是指代理人代表国外的买方(委托人)向国内的卖方(第三人)订货，并在买方的订单上加上“保付”或“担保”字样，担保如果国外的买方(委托人)不履行合同或拒付货款，保付代理人将向卖方(第三人)支付货款。

保付代理人的作用在于使本国的卖方不必顾虑国外买方的资信能力而接受订单，从而减少了出口货物收不到货款的潜在风险。

保付代理人通常发生两重法律关系:一方面是保付代理人和国外委托其购货的买方的关系,这是买方(委托人)和代理人的代理关系;另一方面是保付代理人与国内市场上的卖方(第三人)订立买卖合同的担保关系,即保付代理人以买方代理人的身份与卖方(第三人)订立买卖合同,并在合同中约定,在卖方按约履行合同后,若买方(委托人)不能承担付款责任时,保付代理人负责向卖方(第三人)支付货款。

信用担保代理人与保付代理人都承担着代理人和担保人的作用,但信用担保代理人是对被代理人承担责任,而保付代理人则是对第三人承担责任。

(3)保兑银行。在现代国际贸易中,使用商业跟单信用证成为一种普遍的支付货款方式。在采用这种支付方式时,卖方为了保证收款安全,往往要求买方通过银行对其开出保兑的、不可撤销的信用证。具体做法是:由国外的买方通过进口地的银行向出口地的往来银行或代理银行开出一份不可撤销的信用证,委托该出口地的代理行对其不可撤销的信用证加以保兑,即在信用证上加上"保兑"字样,并将该信用证通知卖方(即第三人,在银行业务上称为受益人)。卖方只要提交信用证所规定的单据就可以向设在出口地的保兑银行要求支付货款。在这个关系中,开证银行、保兑银行要对作为受益人的卖方承担义务,保证按信用证规定的条件付款或承兑汇票。在这个保兑关系中,开证银行是委托人(本人),保兑银行是代理人,卖方是第三人,其中保兑银行作为开证银行的特别责任代理人对第三人承担首先付款的义务。

(4)保险经纪人。在国际贸易中,许多国家都规定,进口方或出口方在投保货物运输保险时,一般不能直接同保险公司订立保险合同,而必须委托保险经纪人代为办理。

英国海上保险法规定,凡海上保险合同由经纪人替被保险人(被代理人)签订时,经纪人须对保险人(第三人)就保险费直接负责,保险人对被保险人就保险金额负责。如果被保险人不交纳保险费,保险经纪人须直接对保险人缴纳保险费。如果保险标的因承保范围内的风险而受损,则由保险人直接赔付被保险人。

在保险经纪关系中,保险经纪人是投保人(被代理人)的代理人,在接受投保人的委托后,代表投保人(被保险人)与第三人(保险公司)签订保险合同。在保险经纪人的代理关系中保险经纪人的佣金是由保险人(第三人)支付,这一点与其他的代理是不同的,在其他的代理关系中,代理人的佣金或报酬是由委托人支付的。

(5)运输代理人。运输代理人,也称货物运输代理人,接受客户(被代理人)委托以自己的名义向运输公司(承运人)办理货物运输。这些货物运输代理人精通海、陆、空货物运输业务,熟悉国内外海关手续、运费和运费回扣,熟知海关机场的业务和惯例，对海空货物集装箱运输的组织及出口货物的包装与装卸要求了如指掌。

根据国际运输行业的惯例，运输代理人受客户（被代理人）委托向运输公司（第三人）预订舱位，如届时客户未装运货物，代理人须向承运人（运输公司）支付空仓费。若客户欠付代理人的佣金、手续费或其他的费用，代理人有权留置被代理客户的货物。

（二）国际贸易代理

（1）独家代理与一般代理。独家代理是指在代理协议规定的地区和代理期间内，代理人对协议约定的商品享有专营权的代理方式。独家代理的委托人在专营地区和特定期间内只能委托一名代理人，并由该代理人同本地区的客户或消费者洽谈交易和代理业务及签订业务合同。在代理过程中，不论代理人是否参加交易或签订合同都有权获取佣金，且不承担合同义务和交易风险，除非代理协议另有约定。

一般代理是指委托人在同一地区和同一代理期限内可以委托多家代理人经销自己的商品或经营同一门类业务，委托人也可自己直接与客户交易。委托人不授予任何代理人独家专有的经营权，代理人只根据代理协议和自己的实际代理业绩向委托人收取佣金。

在国际贸易中，由于独家代理可以很好地调动代理人的积极性，一般来说独家代理人的责任感都较强。

（2）代理协议。在国际贸易中，国际贸易代理也非常常见。在代理过程中，被代理人与代理人双方通常应签订代理协议。代理协议一般应当包括以下内容。

①代理的商品的品名、品牌、规格、种类和范围等。

②代理的地区范围和代理期间。代理的地区范围应当写明具体的行政区划，而不能只写一般的范围，如中原地区、东部地区等。代理期间应当写明代理期间的年、月、日。

③代理权限。即代理是属于独家代理还是一般代理，代理人在代理地区范围和代理期间内是否可以经营与代理商品相同的或与代理商品有竞争性的商品，委托人是否可在代理地区自营代理商品。

④代理商品的数量与金额。委托人对代理人的业绩要求以及是否有权撤回代理权。

⑤佣金条款。佣金是代理人的劳动报酬，佣金的多少直接关系到双方的经济利益，在代理协议中应写明佣金的数额、币种和支付方式。佣金可以采取定期结算、累计总会和逐笔支付等多种方式。

⑥广告宣传、商标注册及维护、商情报道等活动的费用。在国际贸易代理中以上的费用大多由委托人支付，但也可在代理协议中约定由委托人与代理人共同承担。

五、代理权的终止

(一)大陆法系的有关规定

由于大陆法系将代理权的产生分为意定代理、法定代理两种情况，所以在上述两种情况中导致代理权产生的条件消失，也就会使代理权终止。

1. 委托代理权的终止

(1)被代理人取消委托或代理人辞去代理。大陆法系国家大多都允许被代理人单方面取消委托或代理人单方辞去代理，委托代理的代理权既然是基于本人的意愿，那么被代理人当然有权利改变自己的愿望，取消或变更授权，因而导致代理权的终止。代理是被代理人与代理人双方的合意才能形成的法律行为，因此当代理人辞去代理，代理权也就自然消灭。当然无论被代理人取消委托或代理人辞去代理都不能给对方及第三人造成损失，否则应承担相应的责任。

(2)代理人死亡，或代理人丧失行为能力，或作为代理人的法人单位被撤销或解散。

(3)代理期间届满或代理事项完成。在附条件或附期限的委托代理中，如果代理任务完成或代理期间届满等条件成就时则代理权终止。

对于被代理人死亡是否导致代理权终止，则不同的国家的规定不尽相同。法国民法典规定，由于被代理人的死亡或丧失行为能力可能导致代理权的终止。德国法律则认为被代理人死亡或丧失行为能力并不一定导致代理权的终止，关键要看委托事项的内容是否必须继续完成，如果被代理人在委托书中规定只有在代理事项完成后代理权才终止，则即使代理人死亡或丧失行为能力，则代理权仍有效。

2. 法定代理权的终止

(1)被代理人取得或恢复行为能力。大陆法系的法定代理权是为了保护无行为能力人或丧失行为能力人的利益而形成的，因此当被代理人取得或恢复行为能力使这种保护变得没有必要，因此代理权也就因此而终止。

(2)被代理人或代理人死亡。

(3)代理人破产或丧失行为能力。

(4)因其他原因导致的被代理人与代理人之间的特定关系的解除。

(二)英美法系中的有关规定

英美法系将代理权的终止分为基于法律程序而终止和基于当事人的行为而

终止。

(1)基于法律程序而终止。根据英美法系的规定,在发生下列法定事由时代理人的代理权依据法律程序自动消灭,代理关系自动终止:

①被代理人死亡。

②被代理人破产。

③被代理人精神失常(丧失行为能力)。

④被代理人成为敌对国臣民。

(2)基于当事人的行为而终止。根据英美法系的规定,对于基于代理合同形成的代理关系,在代理合同终止条件成就之前或代理合同期限届满之前,当事人之间可能通过协议终止代理关系,委托人也可通过单方行为随时撤销代理权。但如果为此给代理人或第三人造成损失的,则要为此承担责任。

英美法系规定,委托人撤销代理权的行为的效力不是绝对的,应受到以下两种特殊限制:一是表见代理权的撤销,当代理人具有表见代理权或代理人曾认可其假想代理权的情况下,委托代理人撤销其代理权的行为,只有在通知送达订约第三人之后才对第三人发挥效力;二是对附条件代理权的撤销,当委托人已经授予代理人某种与其利益相联系的代理权的情况下,该代理权不能基于委托人的单方行为而撤销。

第二节 被代理人、代理人和第三人的关系

代理关系涉及被代理人与代理人之间的关系,被代理人、代理人与第三人之间的关系这两个大的方面。

一、被代理人与代理人之间的关系

代理关系中的被代理人与代理人之间的关系是代理关系中的基本的法律关系,通常表现为法律的规定及委任、合伙雇佣等契约中所规定的权利义务关系,这种关系依赖于合同加以规范,在代理关系中被代理人与代理人的权利和义务在大陆法系和英美法系的规定中是基本一致的。

(一)被代理人对代理人的义务

(1)向代理人支付佣金的义务。虽然代理行为可以是有偿的,也可以是无偿的,但在国际商务中的代理大多都是有偿的,被代理人必须按照合同的规定,及时、足额地向代理人支付佣金或其他约定的报酬。若代理协议中无佣金条款或该条款约定不明,则应依据通常的惯例或习惯办理。如果被代理人拖欠代理人的佣金或

其他的费用，代理人可以对其交与管理的财产行使留置权，以便获得清偿。

在国际商事代理中关于代理人的佣金经常存在以下两个问题。

①被代理人未经代理人的介绍，直接与代理人代理区域内的第三人达成交易，被代理人是否仍需向代理人支付佣金。

②代理人引荐的客户日后连续直接同被代理人达成交易，被代理人是否仍应向代理人支付佣金。对此大陆法系国家与英美法系国家的规定有所不同。

大多数的大陆法系国家规定，只要代理合同中没有相反的规定，凡是在指定地区内，被代理人同任何第三人所达成的一切交易，不论该代理人是否参与其中，该代理人都有权要求佣金。为了保护商业代理人的利益，在被代理人单方终止代理合同时，代理人对其在代理期间为被代理人建立的商誉有权要求给予补偿。

英美法系国家规定，如果被代理人与第三人达成的交易是代理人努力的结果，代理人就有权获得佣金，否则无权获取佣金。如果经过代理人与买方(第三人)谈判，最后由买方直接与被代理人签订了合同，或代理人仅向被代理人推荐了买方，买方所付的价格或其他条款做出了变更，但只要被代理人接受了相应条款或价格，签订了合同，被代理人仍应向代理人支付佣金。此外，在代理合同终止后，被代理人与原代理过程中的第三人进行交易是否应向代理人支付佣金的问题，英美法系判例确定的原则是：如果代理合同规定了期限，则期限届满后，被代理人与原代理人引荐的第三人交易不需向原代理人支付佣金；如果代理合同没有规定期限，只要原代理人介绍的客户再次同被代理人达成交易，则被代理人就应当支付佣金，但支付仅限于代理合同终止后的第一次交易。

(2)支付代理人因履行代理义务而产生的费用和损失。代理人因履行代理义务而产生的费用属于代理人的正常业务支出，一般是不能要求被代理人偿还的，除非合同另有约定。但是如果代理人因执行被代理人指示的特殊工作或遇不可归责于己的事由而支出了费用或受到损失时，就有权要求被代理人予以补偿。

(3)被代理人有义务让代理人核查账目。为了便于代理人核对被代理人支付给自己的佣金是否准确无误，一些大陆法系国家的法律中强制性规定，代理人或其委托的会计师有权查对被代理人的账目，当事人不得在代理合同中做出相反的约定。

(二)代理人对被代理人的义务

(1)勤勉尽责的义务。代理人应服从被代理人的合法指示，在被代理人授权范围内从事代理事务，代理人在处理代理事务中应竭尽能力和经验努力地完成代理事务；代理人应尽到充分的注意义务。因代理人的疏忽、过失导致被代理人受到损失的，代理人应当承担赔偿责任。

(2)亲自履行代理职责的义务。代理关系是基于双方的信任关系而形成的,一般情况下,代理人不得将代理权转授于他人,但如果情况紧急,为了保护被代理人的利益,在被代理人事先有授权或贸易惯例允许的情况下,代理人方可将代理事项转托他人,并且要及时地通知被代理人。

(3)忠实诚信的义务。

①代理人需向被代理人公开其掌握的有关客户的一切必要的情况,以便于被代理人考虑是否可以与该客户进行交易。

②及时向被代理人申报账目。代理人有义务对一切代理交易保持清晰完整的账目,并根据代理合同的规定或被代理人提出要求时向被代理人申报账目。

(4)不滥用代理权的义务。

①不实施自己代理。代理人不得自己购买代理标的,也不得以代理人的身份为被代理人购买自己的财产。除非得到被代理人的同意,代理人不得以被代理人的名义与自己订立合同。

②不承担双方代理。除非经被代理人和第三人的同意,代理人不得在同一交易中代理双方当事人。

(5)为被代理人保守相关的商业机密的义务。代理人在代理期间和代理关系终止之后,不得将在代理过程中因代理行为得到的被代理人的商业机密泄露给他人,也不得利用这些商业机密同被代理人进行不正当竞争。

二、被代理人、代理人与第三人之间的关系

(一)被代理人对第三人的义务

被代理人对第三人的义务主要是履行因代理行为而发生的合同义务或其他的民事责任。对此大陆法系与英美法系的规定略有不同。

1. 大陆法系的规定

在大陆法系国家,根据代理人是以被代理人的名义还是以代理人自己的名义从事代理行为,将代理分为直接代理和间接代理。对于直接代理,被代理人直接对第三人承担义务。若代理人无权代理或超越代理权、超越代理期间代理,其责任直接由代理人承担。对于间接代理,由于代理人是以自己的名义与第三人订立合同,所以被代理人不能直接对第三人主张权利和承担义务,因此需要由代理人通过另一个合同将自己在合同中所取得的权利和义务转让给被代理人后,被代理人才能对第三人主张权利和承担义务。

2. 英美法系的规定

(1)对于显名代理,代理人在与第三人交易时已指明被代理人的存在并以被代

理人的名义订立的合同,第三人的权利和义务均由被代理人承担。

(2)对于隐名代理,代理人在同第三人签订合同时表明自己是代理人,但没有指出被代理人的姓名或名称,因此这种合同仍是被代理人与第三人之间的合同,合同的权利和义务仍应由被代理人承担。但如果代理人在合同上签署了自己的姓名又未注名"代理本人",即未注明自己是代理人,则代理人也要对此合同承担责任。

(3)对于未披露代理关系的代理,代理人有被代理人的委托,但在代理过程中既未指明被代理人的身份,也没申明代理关系的存在,因此代理人要对合同义务承担责任。

对于未披露代理关系的代理,英美法系认为被代理人拥有以其自身名义并为自身利益收回由代理人订立的合同的介入权,被代理人原则上拥有可以直接取得该合同的权利和义务,无需代理人与第三人再订立一个权利义务关系的转让合同。同时,由于第三人发现幕后的被代理人后拥有选择权,既可以选择由被代理人承担合同义务,也可以选择由代理人承担合同义务,既可以选择向代理人提起诉讼,也可以选择向被代理人提起诉讼。但第三人的这两项权利是相互对立和抵触的,所在其一旦选择了其中任何一方提起诉讼后就不能再改变。按照英美法系的规定,对于未披露代理关系的代理,必须确保代理人在订立合同时得到了被代理人的授权,被代理人才能行使介入权。同时,如果第三人可以证明其实际上只希望与代理人订立合同,则被代理人就不能介入该合同。

英美法系的未披露代理关系的代理类似于大陆法系的间接代理,但英美法系赋予了被代理人直接对第三人主张合同权利的介入权,也赋予了第三人的选择权,而不需要像大陆法系的间接代理那样通过订立另一个合同来转移合同的权利义务。

(二)代理人对第三人的义务

在代理关系中代理行为的法律后果由被代理人承担,代理人不承担任何后果,但在行使代理权时代理人对第三人负有两项默示担保义务,首先,代理人具有相应的民事行为能力和履行能力。其次,代理人拥有合法的、真实的代理权。如果代理人未经授权、超越代理权或超出代理期限仍然进行代理,因而给第三人造成损失的,代理人应承担责任。

按照大陆法系的规定,在直接代理中,代理人在代理权限范围内以被代理人的名义与第三人订立合同,合同双方当事人为被代理人和第三人,该合同的责任直接由被代理人承担。代理人只承担默示担保义务,不承担履行合同义务。在间接代理中,代理人以自己的名义同第三人签订合同,无论代理人事先是否得到被代理人的授权,该合同的双方当事人都是代理人和第三人。在代理人依法将合同的权利和义务给被代理人之前，代理人要按照合同约定承担责任。

按照英美法系的规定，在代理关系中，无论代理人是否披露了被代理人的身份，只要在其明确地表明是以代理人的身份与第三人订立合同，其所订立的合同即为被代理人与第三人之间的合同，代理人只承担权利担保义务，不承担履行合同义务。如果代理人的行为属于无权代理，则第三人有权向代理人提出默示担保之诉，要求代理人承担个人责任。

（三）第三人对代理人的义务

在代理活动中代理人在委托范围内以被代理人的名义与第三人订立合同，合同的权利与义务均属于被代理人与第三人之间，第三人与代理人之间没有法律上的权利义务关系。但当代理人无权代理或超越代理权，以及代理人在代理时没有明确自己的代理身份时，第三人与代理人所签订的合同实际上属于代理人与第三人之间的法律行为，因此在代理人与第三人之间发生了法律关系。对此两大法系有不同的规定。

（1）大陆法系的规定。在直接代理中，代理人在授权范围内与第三人签订合同，合同的双方当事人是被代理人与第三人，因此第三人应当向被代理人承担合同义务。但是如果代理人与第三人签订合同的行为属于无权代理且事后也未受到被代理人的追认，同时又不符合表见代理的情况，则合同的当事人就是该无权代理人和第三人，此时第三人对该代理人承担其应承担的义务。

在间接代理中，代理人以自己的名义同第三人签订合同，无论代理人事先是否得到被代理人的授权，该合同的双方当事人都是该代理人和第三人，第三人应当按照合同的约定对该代理人承担义务。只有当该代理人将其在合同中的权利和义务依法转让给被代理人之后，第三人才能解除对代理人的义务。

（2）英美法系的规定。代理人在代理活动中无论是否披露被代理人的身份，只要是明确以代理人的身份与第三人签订合同，所订立的合同就属于被代理人与第三人，与代理人无关，因此第三人无需对代理人承担义务。

代理人在代理活动中无论是否获得被代理人的授权，只要是以代理人自己的名义与第三人签订合同，所订立的合同的当事人就是该代理人与第三人，只要未被披露的被代理人事后未依法行使介入权，或者第三人未认可被代理人的介入权，则第三人仍需按照合同的约定对代理人承担义务。

（四）第三人对被代理人的义务

代理人在被代理人的委托范围内以被代理人的名义与第三人签订合同，其权利和义务属于被代理人，所以第三人应当对被代理承担合同规定的义务。如果代理人属于无权代理或超越代理权，而事后得到被代理人的追认，则第三人仍应对被代理人承担合同规定的义务。若代理人在代理事务中未披露代理关系，但事后被代理人行使介入权，而第三人也认可了被代理人的介入权，则第三人应对被代理人承担合同义务。此外，如果第三人与代理人串通损害被代理人的利益，则第三人与代理人应当向被代理人承担连带赔偿责任。

第三节　中国的代理法与外贸代理制

一、中国关于代理方面的法律规定

在我国现代民法中的“代理”概念首次出现在清末《民律草案》中，是中国从旧的中华法系中向西方学习的体现，由于清末的中国民法是在考察了欧洲法国民法典和德国民法典的基础上形成的，所以清末至民国时期的一些法律体系更近似大陆法系。但由于当时社会变革缓慢，经济不发达，代理制度并无发展。新中国成立后，由于实行了计划经济，代理制度也一直停滞不前。20 世纪 80 年代实行改革开放后，商品经济得到了较快的发展，社会迫切需要相应的法律制度的制定以维护经济的发展。1986 年《中华人民共和国民法通则》(以下简称《民法通则》)得以颁布实行，在《民法通则》中对代理制度做出了具体的规定。其中《民法通则》第 63 条规定：公民、法人可以通过代理人实施民事法律行为。代理人在代理权限内，以被代理人的名义实施民事法律行为。被代理人对代理人的代理行为，承担民事责任。代理包括委托代理、法定代理和指定代理。《民法通则》对代理权的产生、代理的种类、无权代理、代理人与第三人的责任以及代理权的终止都做出了相关的规定。但《民法通则》排除了隐名代理和未披露代理关系的代理，未规定表见代理。

1999 年 3 月 15 日通过的《中华人民共和国合同法》(以下简称《合同法》)在第 21 章“委托合同”中对建立在委托合同基础上的代理关系作了进一步明确的规定。其中我国的《合同法》借鉴了有关代理的国际公约和两大法系的法律制度，适度接受了表见代理，承认了间接代理制度，有条件地承认了隐名代理，规定了委托人的介入权和第三人的选择权。

二、中国的外贸代理制

(一)中国的外贸代理制度的概念和情形

长期以来中国的外贸公司在出口方面一直采取收购制度，即由外贸公司以自有资金向国内供货单位收购出口商品，然后由外贸公司以自己的名义出口，自负盈亏。为了推动对外贸易的发展，1991 年 8 月中国对外贸易部发布了《关于对外贸易代理的暂行规定》，以部门规章的形式对中国的对外贸易代理制度做出了比较系统的规定。1994 年 7 月中国正式实施了《中华人民共和国对外贸易法》(以下简称《对外贸易法》)，该法第 13 条规定：没有对外贸易经营许可证的组织或个人，可以在国内委托对外贸易经营者以其经营范围内代为办理对外贸易业务。由此开始了我国对外贸易的代理制度。

中国的外贸代理制度是由我国的外贸公司作为国内用户和供货部门的代理人，代被代理人签订进出口合同，并收取一定的佣金或手续费的代理行为。

(二)中国的外贸代理制度的主要规则

规范我国外贸代理活动的法律法规有《民法通则》和《合同法》，最直接的规定是 1994 年颁布的并于 2004 年修订的《对外贸易法》。

《对外贸易法》第 12 条规定：对外贸易经营者可以接受他人的委托，在经营范围内代为办理对外贸易业务。

《民法通则》第 63 条规定：公民、法人可以通过代理人实施民事法律行为。代理人在代理权限内，以被代理人的名义实施民事法律行为。被代理人对代理人的代理行为承担民事责任。这样的代理行为在大陆法系称为"直接代理"，在英美法系称为"显名代理"。

《合同法》第 402 条提及"受托人以自己的名义，在委托人的授权范围内与第三人订立的合同……"这样的代理在大陆法系中称为"间接代理"。因此可见我国也允许"间接代理"，而且规定"第三人在订立合同时知道受托人与委托人之间的代理关系的，该合同直接约束委托人和第三人，但有确切证据证明该合同只约束受托人和第三人的除外"。由此可见，在我国目前的外贸代理制度下，只要外贸企业明确是在实施代理，我国既允许"间接代理"，也接受"隐名代理"。而且，委托人或第三人应在合同纠纷时直接进行协商或提起诉讼、仲裁，外贸公司则可以此条作为抗辩，不再承担合同责任。

根据《合同法》第 403 条的规定，受托人以自己的名义与第三人订立合同时，而第三人不知道受托人与委托人之间的代理关系的，其后果可以发生以下两种情况。

(1)受托人因第三人的原因对委托人不履行义务，受托人应当向委托人披露第三人，委托人因此可以行使受托人对第三人的权利，但第三人与受托人订立合同时如果知道该委托人就不会订立合同的除外。

(2)受托人因委托人的原因对第三人不履行义务，受托人应当向第三人披露委托人，第三人因此可以选择受托人或者委托人作为相对人主张其权利，但第三人不得变更选定的相对人。由此可见是借鉴了英美法系的未披露代理关系的代理。

综上所述，我国的外贸代理制度基本与大陆法系和英美法系为代表的国际惯例接轨。

本章小结

在现代商贸活动中，大量的业务是通过代理人进行的。代理是指代理人以被代理人的名义，在代理权限范围内与第三人订立合同或实施法律行为，由此产生的权利和义务直接由被代理人承担的法律制度。依据不同的标准可将代理分为不同的种类，如法定代理和意定代理；显名代理、隐名代理和未披露代理关系的代理；直接代理和间接代理；一般代理和承担特别责任代理。大陆法系和英美法系的代理权的产生的规定有一定的差异，大陆法系的代理权主要产生于意定代理和法定代理；英美法系的代理权一般产生于明示的授权、默示的授权、表见授权、客观需要的授权等形式。

无权代理是指欠缺代理权的人所实施的代理行为。无权代理的行为人在既无法律依据又无本人委托授权的情况下所为的行为应视为是该行为人自己的行为，其法律后果应由该行为人自己承担。

表见代理是指行为人虽无代理权，但善意第三人客观上有充分理由相信该行为人具有代理权而与其为法律行为，该法律行为的后果直接由被代理人承担的无权代理。表见代理主要有：因越权行为而产生的表见代理和因行为而产生授权表象的表见代理和因行为延续而产生的表见代理等。

承担特别责任的代理主要有：信用担保代理人、保付代理人、保兑银行、保险经纪人和运输代理人等。

导致代理权终止的因素很多，由于代理权产生的两大法系的法律规定不同，相应的代理权消灭的原因也不同。

大陆法系和英美法系各种代理的方式有较大不同，本章分析了代理关系中当事人的权利和义务、代理法律关系的终止及我国的代理法律制度和外贸代理制度。

技能实训

1. 马来西亚的"东南亚兄弟"药业公司多年来一直委托"香港信使公司"为其代理向中国内地"百草厅"药业公司采购各种中药材的传统原料，每次均是由"百草厅药业"公司直接将药材发运到"东南亚兄弟"药业公司，经验收合格后，到每月的最后一个星期五再由"东南亚兄弟"药业公司结算。由于"香港信使公司"的服务费高于其他的公司，且近期又多次出现工作失误，2009 年 5 月 10 日"东南亚兄弟"药业公司解除了与"香港信使公司"的代理服务合同，并通知"香港信使公司"今后不得再以"东南亚兄弟"药业公司的名义实施代理业务。由于"东南亚兄弟"药业公司新来的部门经理认为既然已与"香港信使公司"解约，于是就另从其他的公司进口了药材。但 6 月底"百草厅"药业公司又按往常惯例向"东南亚兄弟"药业公司发来大批药材，并称"香港信使公司"于 5 月中旬仍发来了订货清单，"百草厅"药业公司也为此支付了代理费。因此要求"东南亚兄弟"药业公司按惯例验收并结算药费，而"东南亚兄弟"药业公司以"与'香港信使公司'已解约"为理由拒收货物。

请问：你认为"百草厅"药业公司应当怎样维护公司的权利？

2. 2002 年 7 月，深圳岭南制衣有限公司向加拿大布热尔兄弟公司出口一批精纺棉毛衫，但岭南制衣有限公司没有外贸经营权，于是双方找到有外贸经营权的深圳华南纺织品贸易有限公司要求合作，约定由华南纺织品贸易有限公司代理出口该批货物。同年 11 月初，加拿大布热尔兄弟公司与深圳华南纺织品贸易有限公司签订了进出口合同。合同中写明卖方为深圳华南纺织品贸易有限公司，买方为加拿大布热尔兄弟公司，装运期为 2003 年 1 月，付款方式为装运后 80 天电汇，质量以布热尔兄弟公司代表在岭南制衣有限公司的工厂验货为准。货到后布热尔兄弟公司认为货物存在质量问题，造成其经济损失，故拒不付款，并要求华南纺织品贸易有限公司赔偿；深圳华南纺织贸易有限公司则认为质量问题与己无关，是由布热尔兄弟公司代表在岭南制衣有限公司的工厂验货，应当由岭南制衣有限公司与布热尔兄弟公司解决，坚持要求布热尔兄弟公司依约付款。2003 年 8 月由中国进出口商品检验总公司加拿大分公司对货物进行了检验，认为货物的确存在质量问题，布热尔兄弟公司遂向华南纺织品贸易有限公司寄发检验报告，并以防止损失扩大为由低价处理了该批货物，尔后，布热尔兄弟公司向华南纺织品贸易有限公司提出索赔。2004 年 4 月布热尔兄弟公司向中国国际贸易仲裁委员会深圳分会提请仲裁，6 月，仲裁庭对本案进行了审理，华南纺织品贸易有限公司面临经济赔偿的要求。

请问:华南纺织品贸易有限公司公司是否有义务承担责任。

3.久居德国的德籍华人吴先生在德从事对华贸易多年。2004年2月吴先生有一批价值200万欧元的汽车轮胎欲转卖,于是他委托中国国内新东方贸易有限公司代理联系买方,并在代理合同中约定将支付3%的代理费给新东方贸易有限公司,新东方贸易有限公司的经理赵某觉得这批生意贸易独立完成有困难,于是将其中100万欧元的生意转托给了自然人张三,并将此事告知了吴先生,吴先生未反对。张三认为此项生意有利可图,于是将其中的50万元的生意转托给了李四,考虑到李四与新东方贸易有限公司的赵经理不和,可能会受到阻碍,于是对李四讲不要告知任何人。

吴先生妻子已亡,有子女四人,均在中国生活。由于吴先生患有较重的心脏病,吴先生恐有不测,于是找到好友冯先生,将委托书交与冯先生,对他讲:我在柏林有一套房产,我已年过古稀,一旦我有不测,子女可能会因这套房产发生争议,请代我把这套房产卖了吧,这样如我过世,可将房款作为遗产分与四子女。

2004年4月底,张三在外出联系业务时遇车祸,经抢救虽暂无生命危险,但已处于昏迷状态,由于代理轮胎的业务已近完成,其妻代替张三与某运输公司签订了轮胎生意合同。

2004年5月,吴先生因突发心梗去世。此时其四子女对遗产继承发生了争议,各继承人均认为:由于吴先生去世,没有遗嘱,吴先生的遗产应由四子女分,谁能继承哪一部分遗产尚不能确定,所以应当停止对吴先生的财产的处理,待各继承人各自的遗产份额确定后再行处理。而此时新东方贸易有限公司为代理出售轮胎付出了很大的努力,因而提出如停止代理,自己应得到补偿。李四已与某化工公司签订了轮胎销售协议,并称如不能按约转让轮胎,将向吴先生的继承人索赔。而此时冯先生出售吴先生在柏林的房产的事项正在进行,不知如何是好。

请问:你认为这一系列的代理关系应如何处理?

4.法国人德·瑞尔先生想请中国留学生小王帮助出售一批猪头和猪蹄,小王因工作出了点意外来不及替瑞尔先生卖猪头和猪蹄,于是找到同是中国留学生的小李,托小李帮助卖。小李正准备回国,也想联系一些回国所需的贸易关系也就答应了。小李觉得瑞尔先生的这批猪头和猪蹄价格很便宜,于是就自己买了下来。小李觉得小王很能干,就告诉小王自己这还有一些中国出口到德国来的睡衣,很便宜。小王早就听瑞尔先生讲想要从事对中国纺织品的贸易,于是自己做主替瑞尔先生买进了一批小李手中中国产的睡衣,事后他将此事告诉了瑞尔先生,得到了瑞尔先生的感谢。

请你分析这一系列的代理行为。

5.在俄罗斯留学的小王认识了一位皮货商人安得罗斯基，安得罗斯基手中有一批皮货，小王想到表哥王强在中国从事皮货贸易而这批皮货的价格较便宜，于是自作主张以表哥王强的名义与安得罗斯基签订了购入皮货的合同。此时皮货的价格已略有上升，王强得知后很高兴，而安得罗斯基有些后悔。

此时他们都得知小王的代理行为是未经过的王强委托，请问：他们可能会采取哪些法律手段维护自己的利益？

6.美国芝加哥机器公司是一家由一位张姓华裔开设的有限责任公司，受美国通月汽车股份有限公司委托，代理其从事从中国进口汽车配件业务。2007 年底芝加哥机器公司以自己的名义与中国上海某公司签订了大宗汽车零部件进口合同，但由于经济危机的爆发，芝加哥机器公司破产了，其所签合同无力履行。为此中方供货商面临巨大损失。在此期间中方得知美国通月汽车股份有限公司是被代理人。而通月汽车股份有限公司由于是世界著名的大公司，所以经营状况尚可。

请问：中方公司应当怎样保护自己的权利？

第四章 合 同 法

知识目标：

- 通过本章的学习使学生理解合同自由原则的重要意义
- 掌握合同的概念和合同成立的基本程序
- 熟悉合同的主要内容
- 掌握影响合同效力的主要因素，了解合同履行的主要规则，理解违约的主要救济方法

技能目标：

- 通过本章的学习使学生能够拟写简单合同

第一节 合同法概述

一、合同的概念和特征

（一）合同的概念

合同也称为契约，自古以来就被人们广泛使用。我国的《合同法》对合同的定义为："合同是平等主体的自然人、法人、其他经济组织之间设立、变更、终止民事权利义务关系的协议。"由此可见，我国合同法所指的合同既包括债权合同也包括物权合同，但不包括收养、监护等身份合同。

（二）合同的特征

尽管世界各国对合同的定义不尽相同，但纵观世界各国所赋予合同的特征基本相同，主要有以下几点。

(1)合同是平等主体之间的协议。合同的当事人之间的法律地位是平等的，合同是在双方平等自愿的基础上依法成立的，任何一方都不能把自己的意志强加给对方。

(2)合同是双方的法律行为。合同是双方当事人为了设立、变更、终止民事权利义务关系而成立的，是双方合意的表示。

(3)依法成立的合同受法律保护,对当事人具有相当于法律的约束力。

二、合同的分类

依据不同的标准,可以将合同作不同的分类,大致可以对合同作以下分类。

(一)双务合同和单务合同

按照大陆法系的规定,根据合同当事人之间是否承担对待给付的义务,可以将合同分为双务合同和单务合同。

双务合同是指当事人双方相互承担义务的合同。如买卖合同中买方的义务是支付货款,卖方的义务是给付货物,双方互有权利和义务,且权利和义务对等。

单务合同是一方只承担义务,而另一方只享受权利的合同。如赠与合同中,赠与方承担向受赠方提供赠品的义务,而受赠方则不需承担任何义务,只是享受接受赠品的权利即可。

(二)有偿合同与无偿合同

根据合同当事人是否可以从合同中获取利益,可以将合同分为有偿合同和无偿合同。

有偿合同是指合同的当事人双方在享受合同规定的权利的同时都必须付出一定的代价的合同。如买卖合同、租赁合同等。

无偿合同是指一方当事人向对方为某种利益给付或行为时,对方并不须为相应给付的合同。如赠与合同等。但是,对于无偿合同只是说享受权利的一方不需支付任何报酬,但并非不承担任何义务。如在借用合同中,借用人虽不用支付租金,但仍负有正当使用、保护借用品安全良好、按期归还原物等义务。

(三)诺成合同和实践合同

根据合同的成立是否以必须实践履行,可以将合同分为诺成合同和实践合同。

诺成合同是指只要当事人的意思表示一致并就合同条款依法达成协议,即可成立的合同。如买卖合同等。

实践合同又称要物合同,是指当事人双方意思表示一致以外,还需要实际交付标的物才能成立的合同。如赠与合同、借用合同。

诺成合同与实践合同的区别在于合同成立的时间,而不是合同的内容。诺成合同一经承诺即已宣告成立。而实践合同即使已经承诺,但只要标的物没有转移,合同仍然没有成立。于 1999 年 6 月 28 日在全国人民代表大会上通过的《中华人民共和国公益事业捐赠法》第 12 条规定:“捐赠人应当依法履行捐赠协议,按照捐赠协议约定的期限和方式将捐赠财产转移给受赠人。”从此文可以理解,公益捐赠协议一经成立,即应如约履行,因此可以理解为公益捐赠应属于诺成性合同。

(四)有名合同和无名合同

根据法律上对合同是否规定了一定的名称及规则,可以将合同分为有名合同和无名合同。

有名合同是指法律上已为其确定了一定的名称及规则的合同。

无名合同是指法律未对其确定一定名称与规则的合同。

将合同分为有名合同和无名合同的意义在于，两者适用法律的规范不同，对于有名合同就应直接适用有关该合同的专门规定，而对于无名合同则应适用合同法的一般规则。

（五）主合同与从合同

根据合同相互间的主从关系，可将合同分为主合同和从合同。

主合同是指不依赖于其他合同的存在即可以独立存在的合同。

从合同是指须依赖于其他合同的存在作为其存在前提的合同。如对于抵押合同而言，设立其所担保的主债的合同即为主合同，抵押合同即为从合同。

主合同与从合同是主从关系，主合同不依赖于从合同，而从合同却依赖于主合同。主合同无效，则从合同也无效。但从合同无效，一般不影响主合同的存在和效力。

（六）要式合同与不要式合同

根据合同是否要以一定的形式为成立或生效的要件，可以将合同分成要式合同和不要式合同。

要式合同是指法律规定必须具备一定形式的合同。

不要式合同是指当事人订立的合同无需采取特定形式的合同。

由此可见除法律特别规定者外，合同一般均为不要式合同，当事人可以自己决定所选择的合同格式。

三、合同法与合同法的基本原则

（一）合同法

(1)合同法的概念与特征。合同法是合同关系的法律规范的总称。它主要是规范合同的订立、成立、有效、无效、履行、变更、解除、撤销等方面的问题。由于合同法以调整交易关系为其主要内容，因此它具有以下三个特征。

①合同法具有任意性。合同法是以合同自由为其基本原则之一的，所以，它主要是通过任意性规范而不是强制性规范来调整有关交易关系。只要当事人的合同约定不违背法律的禁止性规定、社会公共利益和社会公德，法律一般都会承认其效力。

②合同法强调平等协商和等价有偿原则。由于合同法规范的对象是交易关系，所以必须体现交易关系上需要遵守的平等协商和等价有偿原则。

③合同法具有国内与国际的统一性。随着各国国内及国际市场的不断开放与

统一，作为市场经济基本法律的合同法不仅应反映国内统一市场的需要，同时也应与国际市场及国际惯例相衔接。近几十年来，合同法的国际化已成为法律发展的重要趋势，出现了一系列调整国际商事关系的国际性文件，如《国际货物买卖合同成立统一法公约》、《联合国国际货物买卖合同公约》和《国际商事合同通则》等。

(2)西方两大法系的商事立法。大陆法系国家的民法理论认为，合同是平等主体之间的合意，因而将其作为民法的一部分。如《法国民法典》的第三卷和《德国民法典》的第二篇，它们的合同法都是包含在民法典或债务法典中。大陆法系国家的民法理论将合同作为产生"债"的原因之一，把有关合同的法律规范与产生债的关系的其他原因作为民法的一部分，称为债务关系法或债编。为了适应经济社会发展的需要，一些大陆法系的国家也制定了用于国内、国际商事合同的单行法，如德国于1976年制定的《普通合同条款法》。

在英美法系国家，判例是规范商事合同的主要法律形式。这是几个世纪以来由法院以判例形式发展起来的。英美法系的各国(除印度以外)都没有一套系统的、成文的合同法。因此英美法系中合同法的渊源主要是判例法。然而英美法系国家的立法机构也制定了货物买卖、海上货物运输与保险等与合同有关的单行法，如美国各州广泛采用的《统一商法典》，英国的《货物买卖法》、《海上货物运输法》和《海上保险法》等。但它们只是对货物买卖合同及其他一些有关商事交易合同作了具体规定，对于合同法的基本原则，如合同成立的各项规则等仍须按照判例法所确定的规则来处理。

(3)中国的商事立法。与西方发达国家相比，由于我国在历史上形成的刑民不分的法律形式导致我国直到清末之前尚没有系统的合同法。清末的清政府和民国时期的国民政府在民事立法中对合同做出了较详尽的规定，主要集中在民法、商法两个法典中，其形式属典型的"大陆法系"的成文法典，其内容也近似于大陆法系，其主要的特点之一是实行民商分立的体例。

新中国成立以后，人民政府宣布废除国民党政府的法律体系，逐步制定了一些有关合同的法规，但主要的是以文件形式发布的行政条例。

改革开放以后，我国于1981年颁布了新中国第一部合同法——《中华人民共和国经济合同法》，此后于1985年颁布了《中华人民共和国涉外经济合同法》，于1986年颁布了《民法通则》，于1987年颁布了《中华人民共和国技术合同法》以及一系列合同法的实施细则。但是随着经济的发展，以上三个合同法并存的状态带来了不少问题，不能适应新的经济社会发展需要。我国又于1999年颁布了《中华人民共和国合同法》(以下简称《合同法》)并于1999年10月1日实施，以前的三大合同法同时废止。新的《合同法》从中国的实际出发，注重借鉴发达国家的立法的成功经验和有关国际公约、国际惯例，又结合中国以往的立法及司法实践，实现了科学性、先进性和可操作性的结合，达到了较高的水平。

(4)调整国际商事合同关系的国际规范。由于世界各国的合同法在法律形式及某些具体的法律原则方面存在一些差别，这些差别给国际商事活动带来了很多不便与纠纷。为此近一个世纪以来，国际统一合同法逐步产生和发展，形成了一系列的国际条约与惯例。1980 年 4 月通过的《联合国国际货物销售合同公约》吸取了两大法系有关立法的合理之处，总结了近半个世纪以来的国际贸易的惯常做法，调和与折中了各法系有关立法的分歧，受到大多数国家的好评。但是《联合国国际货物销售合同公约》只适用于一般货物销售合同，对其他类型的合同虽有一定的指导意义，但不能完全适用。为了进一步促进国际统一合同法的发展，国际统一私法协会于 1994 年颁布了《国际商事合同通则》，该文件的制定延续了 14 年，由十几个国家的法学家、律师经过反复讨论和修改，于 1994 年 5 月通过。它兼容了不同文化背景和不同法律体系的一些通用的法律原理、规则，吸收了国际商事活动中的某些惯例和公约的某些规则，因此，可以视为适用于所有类型的国际商事合同的综合性惯例。但《国际商事合同通则》只有经当事人明示选用，且不违反有关国家强行法的情况下才适用于当事人之间的商事合同。

此外，国际商会等组织在货物贸易和贸易结算等方面确认了一些具有普遍影响的国际惯例，如制定了适用于国际货物买卖合同的《2000 年国际贸易术语解释通则》等文件，这类惯例在特定的领域起到了十分重要的作用。

(二)合同法的基本原则

合同法的基本原则是指贯穿于整个合同法律制度和规范的、用于指导合同法的制定、解释、执行等各个方面的根本准则。虽然大陆法系与英美法系以及我国法律的合同法的表现形式不同，但其主要原则是基本相同的。

(1)合同自由原则。合同自由原则也称契约自由原则，是近代西方合同法的核心和精髓，并且被大陆法系国家奉为民法的主要原则之一。合同自由原则是指合同当事人依法享有自愿订立合同的权利，任何人都不得非法干涉。合同自由原则反映了商品经济的本质要求，所以被世界上不同法系和不同国家所共同接受。

合同自由原则包括以下五个方面的内容。

①缔约自由，即当事人有权自由决定是否与他人缔结合同。

②选择缔约相对人的自由，即当事人有权决定与何人缔结合同。

③合同内容自由，即合同的双方当事人在不违反法律和公序良俗的前提下，可以自由决定合同的内容。

④合同的变更和解除自由，即当事人在协商一致的前提下可以变更或解除合同。

⑤订立合同的方式自由，即当事人可以自由选择合同的形式。如决定合同采

取书面形式还是口头形式。

合同自由的原则意味着符合法定条件的合同将产生法律上的约束力。但合同自由不是绝对的,当事人在市场上进行交易还应注重社会公德,强调社会公平,维护社会公共利益等方面。

(2)诚实信用原则。诚实信用原则在合同法中是一项十分重要的原则,无论是在两大法系中还是在国际文件中都得到了充分的承认与体现。诚实信用原则是指合同的当事人应当诚实守信,以善意的方式签订和履行合同,依据公平和良心维持当事人之间及当事人与社会之间的利益平衡。

(3)平等原则。平等原则是指合同是建立在平等主体之间的协议。只有平等主体之间才能订立合同。也就是说,合同法赋予合同主体平等的民事主体地位和民事权利能力,同样平等主体也平等地受到法律的约束,这是合同法区别于其他部门法的主要标志。

(4)公平原则。公平原则是指当事人在设立权利义务、承担民事责任等方面要公正、公允。公平是合同法所追求的价值目标。

公平的原则主要表现在合同当事人的权利和义务要对等,要求双方当事人享有的权利和承担的义务大体相当。在双务合同中,任何一方的当事人既要享有权利,又要承担义务,在取得利益时要付出相应的代价。需要注意的是公平的原则是建立在合同自由、意思表达真实的基础上的,在当事人意思表达真实的基础上,当事人之间的权利与义务可以不对等,这并不等于不公平。如一方愿意将财产捐赠与另一方,而另一方却不必付出任何代价,只要一方真实愿意付出,另一方真实愿意接受,这就是双方的公平。

(5)合法和遵守公序良俗原则。合法和遵守公序良俗原则是指在合同法律关系中,合同的主体、合同的订立形式、订立合同的程序、合同的内容、履行合同的方式、变更或解除合同等诸方面都必须遵守所在国的法律、行政法规,应当遵守当地的社会公德,不得损害社会的公共利益,否则不仅不能达到当事人预期的目的,而且还会引起不利的法律后果。

第二节 合同的成立

一、当事人的缔约能力

(一)自然人的缔约能力

合同需由符合法律规定的主体订立,虽然世界各国对于订立合同的主体的解释略有不同,但大都认为合同的订立主体包括自然人、法人和其他组织。

自然人是因出生而取得民事主体资格的人，根据我国《民法通则》的规定，自然人包括我国公民(还包括个体工商户、农村承包经营户等个体经营者)、外国人及无国籍人。

(1)民事权利能力。民事权利能力是指法律关系的主体在民事法律关系中，能够以自己的名义享受权利、承担义务的资格。作为民事主体的自然人，在相应的民事法律关系中，必然要拥有法律所赋予的以自己的名义享受民事权利，承担民事义务的资格。民事权利能力是实施民事行为的前提。

根据《民法通则》的规定，自然人的民事权利始于出生，终于死亡。自然人的民事权利能力一律平等。

(2)民事行为能力。民事行为能力是民事法律关系主体以自己的行为享受权利、承担义务的能力。根据自然人的年龄和精神状况的不同，自然人的民事行为能力分为完全民事行为能力、限制民事行为能力和无行为能力。年满 18 周岁、精神正常的成年人，是完全民事行为能力人；年满 16 周岁不满 18 周岁的未成年人，如能以自己的劳动收入作为主要生活来源，视为完全民事行为能力人。完全民事行为能力人可以独立从事民事活动。因此完全民事行为能力人具有完全的缔约主体资格。年满 10 周岁以上的未成年人和不能完全辨认自己行为的精神病人，是限制民事行为能力人，可以订立与其年龄、智力和精神状况相适应的合同。其他的民事活动(包括合同行为)应当在征得其法定代理人同意下，由其本人实施或由其法定代理人实施。不满 10 周岁的未成年人和完全不能辨认自己行为的精神病人，是无民事行为能力人，不具有缔结合同的能力，不能成为缔约主体。但为了保护无民事行为能力人和限制民事行为能力人的利益，他们签订的纯享有权利不承担义务的合同或与其年龄智力相一致的合同不必经监护人追认，依法有效。

不同的国家对于自然人的行为能力的年龄规定略有不同，但大同小异。大陆法系国家通常也是根据是否具有正常的认识和判断能力或行为能力的程度，将自然人的行为能力区分为完全民事行为能力人、限制民事行为能力人和无民事行为能力人三种。如德国法律规定，未满 7 周岁的未成年人、因精神错乱不能自由决定其意志者、因精神病被宣告为禁治产者为无民事行为能力人。年满 18 周岁且精神正常的成年人为完全民事行为能力人。无民事行为能力人订立的合同不产生任何法律效力。具有完全民事行为能力的人才能独立订立合同。未成年人订立合同必须征得其法定代理人的书面同意，但未成年人在与其智力相适应的情况下，未经法定代理人同意，对属于其个人的金钱进行处分是有效的，这在德国民法中称为零用钱条款。而且德国法律还规定，对于未成年人订立的合同，既可以由其法定代理人追认，也可以由其本人在成年后追认。

英美法系对未成年人不进行分类，18 岁以下都是未成年人，一般规则是未成年人没有订立合同的行为能力。未成年人订立的合同对未成年人没有法律约束力。但未成年人购买生活必需品的合同是有效的。

(二)法人的缔约能力

法人是指依据法律的规定、履行法定程序成立的，有自己的名称、组织机构和经营场所，拥有独立的财产或经费，能够以自己的名义享受民事权利、承担民事义务的组织。

法人包括企业法人和非企业法人。其中非企业法人包括机关法人、事业单位法人和社会团体法人。

法人的民事权利能力和民事行为能力从法人成立时产生，到法人终止时消灭。法人的民事权利能力和民事行为能力与其经核准登记的经营范围(企业法人)或者法律、法规、章程等确定的职能、宗旨、登记核准的活动范围(机关法人、事业单位、社会团体法人)相一致。法人在自己的权利能力与行为能力范围内具有完全的缔约能力。法人的行为能力由法人的机关委托代理人行使，法人的机关就是办理法人一切事务的组织，由自然人组成。一般来说，最常见而且最典型的法人是公司。根据各国公司法的规定，公司必须通过其授权的代理人才能订立合同，而且其经营范围不得超出公司章程的规定，否则属于越权行为。越权签订的合同，该法人单位一律不承担责任，由行为人本人承担责任。

二、合同必须合法

合同必须合法包括两个方面的内容：一是合同的标的物必须合法，如在合同中以禁止流通物作为合同标的时，该合同就属违法，因此导致合同无效；二是合同所追求的目的和行使的范围必需合法。如以欺诈为目的的合同、资助违法犯罪分子的合同以及指使、胁迫他人犯罪的合同均属违法合同，一律无效。

纵观世界各国的法律规定或判例，凡是违反法律、法规，违反公共政策、破坏社会秩序、损害社会公共利益和公序良俗的合同一律无效。所谓违反法律的合同，是指凡合同中的标的物或合同追求的目的为法律不允许或禁止的合同。所谓违反公共政策的合同，按照英美法的解释，是指损害公众利益、违背某些成文法规定的政策或目标，旨在妨碍公众健康、安全、道德以及一般社会福利的合同。所谓违反公序良俗的合同，是指违反社会公认的道德标准，如果法院予以承认将会引起正常人愤慨的合同。当然，由于善良风俗是属于道德伦理的范畴，各国对道德标准的解释不同，即使同一国也可能由于时代的不同而对道德的标准算法各异。所以在审理有关是否违反道德标准的合同案件时，各国的法律都赋予法官很大的自由裁量权，法官可以根据具体案件的具体情况做出裁决。

违反法律的合同既属无效,因而也就不能产生权利与义务,当事人既无权要求对方履行合同,也不能要求损害赔偿。法院也不受理以无效的合同为依据而提起诉讼。

我国的《合同法》规定违反国家法律、行政法规的强制性规定的合同,恶意串通损害国家、集体或者第三人利益的合同,损害社会公共利益的合同,以合法的形式掩盖非法目的的合同等均为无效合同,凡在合同无效情况下取得的财产应当予以返还;不能返还的或者没有必要返还的,应当折价补偿;当事人恶意串通,损害国家、集体或者第三人利益而取得的财产,则收归国家所有或者返还集体、第三人。

英美法系规定,在违法合同中,即使一方当事人已履行了义务,也不能要求对方偿还,除非一方因为受骗或被胁迫或受到经济上的压力而被迫订立了该违法合同,只有在此前提下,当事人才能对己方已履行的部分要求对方返还。

此外,包括我国在内的大多数国家的合同法都规定,免除造成人身伤害和重大财产损害责任的合同条款都是有违社会公序良俗原则的,所以都是无效的。

三、合意必须真实

合意是指当事人必须有一致的意思表示。合意真实是指当事人的意思表示必须真实。如果由于错误、欺诈、胁迫、暴力、乘人之危或重大失衡等原因造成当事人意思表示不真实的,受损害的一方可以要求变更、撤销该合同或主张合同无效。

《国际商事合同通则》对以上做出了解释。

(一)错误

错误又称误解,是指当事人在订立合同时,对已存在的构成交易的基础事实存在认识上的错误,进而导致当事人的意思表示不真实。根据《国际商事合同通则》第 3.4 条的规定,错误是指在合同订立时对已存在的事实或法律所做出的不正确的假设。各国的法律都规定,当事人订立合同时已发生的错误能引起合同无效或得以撤销的法律后果。也就是说,做出错误的意思表示的一方可以主张合同无效或要求撤销合同,以避免使某些并非故意做出错误的意思表示的当事人承担过重的义务。但是能引起如此后果的错误需要具备一定的条件。对于这些具体条件各国的规定不尽相同。

大陆法系国家一般规定,只有在出现本质性的或重大错误的情况下才能导致合同无效或被撤销。但大陆法系国家对本质性错误的限定范围并不一致。如法国法规定,只有涉及合同标的物本质的错误和对合同当事人的错误,才能认定合同无效。

《法国民法典》规定,对合同标的物的本质产生错误可构成合同无效,所谓标的物的本质，按法国法官与学者的解释是指买方非此不买的品质。如以为买的是天然传统药材，但后来发现买到的是人工种植的药材，于是买方可以主张合同无效。此外，根据法国法，如果仅仅是在认定订立合同的对象上产生错误，则不能构成合同无效的原因，但如果对订约对象的考虑是订立合同的主要原因，而在订约时错认了对象，则可以作为合同无效的原因。但这仅限于对当事人本身具有特别重要意义的合同，如雇佣合同、承包合同和租赁合同等。因为在这些合同中，对方当事人的身份、能力、技能与品格对当事人决定是否与其订立合同具有重要的意义。

德国法规定，关于意思表示内容和意思表示形式上的错误均可以产生撤销合同的后果，但要以该项错误在交易上是否重要为条件。可见德国法更强调的是意思表示"内容"的错误，而不论错误是否涉及标的物的本质或对方当事人。德国法认为以下两种情况下可产生合同撤销的后果：

①意思表示内容错误，如当事人订约时是在错误的影响下做出表示的。

②意思表示形式上的错误，如把加拿大元误写成美元。

英美法系把错误分成共同错误和单方错误。共同错误是指当事人双方对构成他们之间交易基础的事实在认识上发生了同一性质的错误，即对合同的同一内容发生认识错误，如对合同的性质认识错误，或在认定合同的标的物上当事人双方都存在错误等。大多情况下只有共同错误才能导致合同无效或被撤销。单方错误是指合同一方对构成合同双方交易基础的事实在认识上发生错误，而对方不知道也没有理由应当知道该错误存在。如一方当事人对意思表示的错误；一方当事人在自身履约能力的估计方面发生错误；在凭说明的买卖中，一方当事人对说明中含义的理解错误等。原则上单方错误是不能主张合同无效的，也不能作为撤销合同的依据，除非主张无效的一方当事人能证明错误是对方导致的，或者能够证明对方在订立合同时已经知道或应当知道错误方的错误。

《国际商事合同通则》第 3.5 条规定当事人必须是在订立合同时发生重大错误，同时还必须满足以下四个条件之一才可宣告合同无效：

(1)双方当事人都犯了相同的错误。

(2)错误方的错误是由另一方造成的。

(3)另一方的当事人知道或理应知道错误方的错误，但有悖于公平交易的商业标准，使错误方一直处于错误状态。

(4)在宣告合同无效时，另一方当事人尚未依其对合同的信赖行事。

大多情况下，如果错误是由错误方的重大过失造成的，或者错误方已经意识到了这种错误的风险，而且这种风险是应由错误方承担的，即使错误是重大的，错误方也不得主张合同无效。

我国《合同法》第54条规定:因重大误解订立的合同可以撤销。所谓重大误解,是指当事人在做出意思表示对涉及合同的法律效果的重大事项存在着认识上的显著缺陷,其后果是使误解人受到重大的损失,以至于不能达到缔约目的。一般认为对合同的性质、对方当事人、标的物品种、产品质量、规格数量、交货日期、合同履行地等的误解为重大误解。根据我国《合同法》的规定,有撤销权的人应当自知道或者应当知道撤销事由之日起一年内行使撤销权,否则视为放弃行使撤销权。

(二)欺诈

欺诈是指一方当事人故意制造假象或隐瞒真相,致使对方陷入误解或发生错误的行为。由于在欺诈情况下所签订的合同是违背了一方当事人真实意愿,所以各国的法律都允许受欺诈的一方撤销合同或主张合同无效。

欺诈行为的构成要件包括:

(1)欺诈方存在欺诈的故意,过失不构成欺诈。

(2)欺诈方已实施欺诈行为。

(3)被欺诈一方因欺诈而陷入错误认识并基于错误的认识而订立了合同。

根据我国《合同法》的规定,因欺诈所订立的损害国家利益的合同无效,其他因欺诈而订立的合同属于可撤销的合同,受欺诈方享有撤销权。

大陆法系国家的民法典和《国际商事合同通则》都只简单地规定,欺诈与缔结合同有因果关系时,受欺诈方可以宣告合同无效或撤销合同。

英美法系国家把欺诈称为"欺诈性虚假陈述"。所谓虚假陈述,是指一方当事人在签订合同之前,为了诱使对方订立合同所作的不真实的陈述。不真实陈述既包括语言也包括行为。

此外,当一方当事人负有对某种事实提出说明的义务时,假如该当事人不做出此种说明或有意隐瞒该事实也构成欺诈。但若该当事人没有此种义务,则不能仅因其沉默而构成欺诈。

另外,当一方当事人知道或应当知道有欺诈情况,或其他欺诈行为可归责于该当事人时,即使该欺诈行为不是由该当事人所为,而是由其代理人或其他第三人所为的情况下,受骗的一方也可以以对方有欺诈行为为由要求撤销或变更合同内容。

(三)胁迫

胁迫是指一方当事人以不正当的手段或非法使用威胁、恐吓手段使对方发生恐惧并因此而订立合同的行为。世界各国的法律一致认为,在胁迫之下订立的合同,受胁迫的一方当事人有权撤销合同。因为以受胁迫的情况下所做的意思表示不是自由的意思表示或意思表达不真实,因此不能产生法律上有效意思表示的效果。一般来讲,胁迫既包括对当事人施加心理或精神上的压力,也包括对身体上的强制;既包括当事人一方直接对另一方施加的胁迫,也包括当事人一方聘请或默认第三方对另一方所施行的胁迫,还包括当事人本人和雇请或默认第三者对另一方的亲属所施行的胁迫。

根据《国际商事合同通则》及许多国家的法律规定,受胁迫的当事人宣告合同无效或撤销合同必须证明以下两点。

(1)胁迫采用的是非法威胁的方法。如果威胁是合法的,则不能以此为由宣告合同无效或撤销合同。如债务人不能按时支付货款,债权人威胁说如果债务人在三天之内不支付货款,他将向媒体披露债权人不诚信的情景,这不仅将使债权人面临更大的债务危机,而且会使债务人颜面扫地。受此威胁,债务人做出了书面保证,承诺在三天内归还欠款。事后,债务人不得以存在胁迫为理由主张书面承诺无效。

(2)胁迫使用的手段须是非常紧急、严重的,以致受胁迫者无其他合理的选择。如果威胁使用的手段很缓和或当事人可以有其他的选择,当事人就无权主张合同无效或撤销合同。

此外,在实践中当事人的抗威胁能力也是应当考虑的,所以很多国家的法律也都规定要考虑受胁迫者的年龄、性别及其他的具体情况。

(四)重大失衡

根据《国际商事合同通则》的规定,合同的重大失衡是指一方当事人违背诚实信用原则,利用对方当事人的某种依赖关系、经济困境、紧急需求、缺乏远见、无知、无经验或缺乏谈判技巧等,诱使其签订不合理的对自己有利的合同的行为。如医生与病人、监护人与被监护人、教师与学生之间所订立的合同如果有不公正的地方,即可推定为重大失衡。在此情况下,受损的一方可以主张撤销合同。

合同的重大失衡在大陆法系中称为“显失公平的法律行为”。如《德国民法典》第138条规定,显失公平的法律行为就是“甲方乘乙方的穷迫、轻率或无经验”而实施的法律行为。在这种情况下,受损方可以要求撤销合同。

我国的《合同法》也规定,乘人之危、显失公平的合同是可撤销的合同。而所谓显失公平,是指双方当事人的权利和义务明显不对等,使一方遭受重大不利的情形,一般是一方当事人处于紧迫或缺乏经验的情况下签订的明显对自己不利合同。

四、合同的形式

大陆法系把合同分为要式合同和不要式合同。所谓要式合同,是指法律规定必须要具备一定形式的合同。如设立抵押权合同等。这些合同必须要以公证人的文书作为合同有效成立的要件,否则将不产生法律上的强制力。不要式合同是指当事人订立合同无需采取特定形式的合同,合同订立的形式可以用口头的形式,也可以用书面的形式。

英美法系把合同分为签字蜡封合同和简式合同。签字蜡封合同是指法律规定必须经过签字、盖章、封闭和交存这些手续方能使合同有效成立,否则一概无效。如按英国的法律和判例,凡是没有对价的合同、转让地产或地产权益的合同、转让船舶的合同等,如不按照签字蜡封形式订立,均属无效。简式合同是指必须要有对价支持的普通合同。英美法系中的简式合同与大陆法系的不要式合同略有不同,它不仅包括大陆法系中的不要式合同,而且也包括一些依法必须以书面形式订立的合同,如保证合同、不动产合同和金钱借贷合同等。

我国的《合同法》第10条规定:当事人订立合同,有书面形式、口头形式和其他形式。法律、行政法规规定采用书面形式的,应当采用书面形式。当事人约定采用书面形式的,应当采用书面形式。因此,当事人应当根据不同种类合同的特点,依据法律、行政法规的规定选择具体的形式。

五、要约与承诺

(一)要约

1. 要约的概念和有效条件

要约是一方当事人向另一方提出的订立合同,且一旦要约被对方承诺,则己方即对要约承担责任的意思表示。其中提出要约的一方称为要约人,接受要约的一方称为受要约人。一项有效的要约必须具备以下四要件。

(1)要约人必须明确表示愿意按照要约的内容订立合同的意思。要约人应当在合同中明确表示一旦受要约人接受了要约,合同即告成立,己方将按照要约的条件与受要约人订立合同、接受要约约束并为此承担责任。在应用中,有些当事人的意思表示虽然是希望与他人订立合同,但同时又表明自己将不受己方提出的条件的约束,并在诸多接受方的接受意思表示中进行选择,那么这就不是要约,而是要约邀请。要约邀请也称要约引诱,其目的在于邀请他方向自己提出要约。要约邀请对双方当事人都不具备约束力。

(2)要约内容必须明确。要约的内容必须包括拟将签订的合同的主要条件,一旦受要约人表示承诺,则一项对双方当事人都具有约束力的合同即宣告成立。由于交易双方的熟识和默契程度以及交易环境和交易类别的不同,大多数国家的合同法以及《国际商事合同通则》中都未明确规定一般要约必须包含哪些内容才算具有明确性。我国的《合同法》对此也无明确规定。实际上要约人无须在要约中详细载明合同的全部条款,只要达到足以确定合同内容的程度即可。如在货物买卖合同中，要约一般至少须具体写明货物的名称、规格、数量、价格、交货时间和地点等。

(3)要约原则上应当向特定的受要约人发出。要约人有权利选择自己的交易对象，除非要约人有明确的相反的意思表示，否则要约应当向特定的受要约人发出，其中特定的受要约人是指要约人的主观意愿所指向的交易对象。英美法系国家的一些判例主张，要约既可以向特定的某一个当事人发出，也可以向不特定的交易对象群体发出。如果要约人的广告包含了合同的主要内容，而且内容明确，肯定即可视为要约。我国的《合同法》第 15 条第 2 款规定："商业广告的内容符合要约规定的视为要约。"由此可见在中国要约相对的受要约人并不要求是特定的当事人。

(4)要约于送达受要约当事人时生效。世界上大多数国家的法律和《国际商事合同通则》、《联合国国际货物销售合同公约》都规定，要约只有送达到受要约人处，方为有效。但要约的到达生效并不意味着受要约人收到要约且了解了要约的全部内容，仅要求要约到达受要约人的支配范围即可生效，至于受要约人是否理解要约的内容并不影响要约的到达生效。

在合同法中，需要区别的是要约和要约邀请这两个近似而又有本质区别的概念。要约是希望与他人订立合同的意思表示，它一经对方承诺，合同即告成立，要约人必须受其约束；而要约邀请则是希望他人向自己发出要约的意思表示，即使对方完全接受该要约邀请提出的条件，发出该要约邀请的一方仍然可不受其约束，除非其对此表示承诺或确认，否则合同并不能成立。两者的目的、法律后果不同，这在法律上是十分明确的。在具体行为中往往较难区分，一般来说，寄送的价目表、拍卖公告、招标公告和招股说明书等为要约邀请，商业广告的内容符合要约规定的视为要约。

2.要约的约束力

要约的约束力是指要约生效后的法律后果，包括对要约人的约束力和对受要约人的约束力。

(1)要约对要约人的约束力。要约对要约人的约束力涉及要约一经发出能否反悔、能否变更要约内容、能否撤回或撤销。

对于要约的撤回，各国的法律规定与《国际商事合同通则》、《联合国国际货物销售合同公约》的规定基本一致，即要约可以撤回，但撤回要约的通知必须于要约到达受要约人之前或与该要约同时送达受要约人。

要约的撤销是指要约生效后，要约人将要约取消，从而使要约的效力丧失的行为。

对于要约的撤销，英美法系认为：原则上要约对要约人没有约束力，在受要约人做出承诺之前，要约人任何时候都可以撤销要约或变更要约的内容，除非要约有对价支持或采取某种法律所要求的特定形式。如要约人在要约中声明该要约有效其为10天。在这种情况下,要约人在规定的期限内就不得撤销要约或变更要约内容。此外,由于英美法系将要约视为要约人所作的一项允诺,所以除非要约人采用签字蜡封式的要约,否则要约人就不受要约的约束。

德国法认为要约原则上对要约人有约束力,除非其在要约中注明有不受约束的词句,若在要约中约定了有效期,则在有效期内不得撤回或更改要约。

法国法原则上认为要约在受要约人承诺以前是可以撤销的,但如果要约人在要约中指定了承诺期限,要约人想在期限届满之前撤销要约,则必须承担损害赔偿的责任。

《国际商事合同通则》和《联合国国际货物销售合同公约》的规定基本一致,即在合同签订之前,如果撤销要约的通知在受要约人发出承诺通知之前抵达受要约人,要约得以撤销。但是如果有下述两种情况,要约则不能撤销:

①如果要约中明确载明了要约的有效期,或以某种方式表明要约是不可撤销的,则要约不得撤销;

②受要约人对要约有理由信赖其不可撤销,并且已按要约做出了某些行为时,要约人不得撤销。

我国的《合同法》也采纳了以上的观点。

(2)要约对受要约人的约束力。一般来说,在受要约人做出承诺之前,要约对受要约人没有约束力。受要约人在接到要约后,只是取得了对要约做出承诺的资格,并不因此承担必须承诺的义务。

3.要约的消灭

要约的消灭是指要约失去效力,无论是要约人还是受要约人都不再受要约的约束。

(1)要约因有效期届满而失效。如果要约规定了承诺的期限,则在该期限终了时自动失效。此后即使受要约人做出承诺,也不能成立合同,而只能把它看做是一项新的要约,须经原要约人表示承诺,双方才能成立合同关系。

如果要约人在要约中没有规定承诺的期限,则在合理的期限内,受要约人没有做出承诺,则要约随即失效。如果要约是以对话方式进行交易磋商,受要约人必须立即予以承诺或答复,如未即时承诺,要约即失去其效力。

(2)要约因被要约人撤回或撤销而失效。要约的撤回是指要约人发出要约后,在要约送达受要约人之前将要约收回,使其不发生效力。要约的撤销是指要约已经送达受要约人并已发生效力时,要约人消灭要约效力的行为。无论是大陆法系、英美法系还是我国的法律都规定要约可以撤回,但撤回要约的通知必须先于要约或与要约同时送达受要约人。但大陆法系规定要约在一般情况下不能撤销。英美法系和我国的法律都规定要约可以撤销,但撤销要约的通知必须在受要约人做出承诺之前送达受要约人。

(3)要约因被受要约人拒绝或实质更改而失效。拒绝要约是指受要约人把拒绝要约的意思表示通知要约人的行为。这种表示可以是明示的拒绝,也可以是暗示的拒绝,如受要约人在要约有效期内不予回复。所谓对要约的实质性变更,是指受要约人在承诺中对要约的主要条款进行了扩张、限制、更改或添加,因而构成了对要约内容的实质性的修改,其效果也视同对要约的拒绝,在法律上等于受要约人向要约人发出了一项反要约或新要约。反要约或新要约必须经过原要约人的承诺,合同才告成立。

(4)要约因某种法律事由的出现而归于终止。如政府发出了要约中所涉及的货物进出口的禁令,不可抗力的出现,要约人的破产、死亡等情况。

(二)承诺

1.承诺的概念

承诺是指受要约人完全接受要约约定的行为。承诺可以采取书面明示的方式,也可以用其他方式表示。如受要约人按照要约的要求收受货物或支付货款等行为。要约一经有效的承诺,合同即告成立,进而对双方均有约束力。

2.承诺的有效要件

(1)承诺必须由受要约人做出。受要约人包括其本人及其授权的代理人,除此之外任何第三人对要约做出的同意表示都不是承诺,都不能成立合同及产生相应的法律效力。

(2)承诺必须与要约内容一致。承诺是受要约人同意按照要约的内容与要约人订立合同的意思表示,如果受要约人在承诺中对要约的“重要内容”加以扩充、限制或变更,就不是承诺而是一项反要约,它被看做是既是对原要约的拒绝,又是提议出的新要约。因而它不能产生承诺的法律效力,而需要经原要约人的承诺才能成立合同。

对于什么是合同的“重要内容”,《联合国国际货物销售合同公约》第19条规定:有关货物的价格、付款、货物的质量和数量、交货地点和时间、一方当事人对另一方当事人的赔偿责任或解决争端的添加或不同条件,均视为实质上变更要约的条件。

我国的《合同法》第30条和第31条规定:承诺的内容应当与要约的内容一致。受要约人对要约的内容做出实质性变更的,为新要约。有关合同标的、数量、质量、价款或者报酬、履行期限、履行地点和方式、违约责任和解决争议方法等的变更,是对要约内容的实质性变更。承诺对要约的内容做出非实质性变更的,除要约人及时表示反对或者要约中已表明承诺不得对要约的内容做出任何变更的以外，该承诺有效，合同的内容以承诺的内容为准。

(3)承诺必须在要约有效期内做出。如果要约规定了有效期，则承诺必须在该期限内做出方为有效。如果要约中未规定有效期，则承诺必须在“依照常情可期待得到承诺的期间内”或“合理的期间内”做出。如果承诺的时间迟于要约有效期，这就构成“迟到的承诺”，迟到的承诺不是有效的承诺，而是一项新的要约或反要约，必须经原要约人承诺后方能使合同成立。《联合国国际货物销售合同公约》和《国际商事合同通则》还规定逾期的承诺如果得到要约人的接受，并及时通知承诺人，则该项承诺仍然有效；如果载有承诺的信件或其他书面文件表明它是因传递失误而被逾期送达的，则该项承诺仍然有效，除非要约人毫不迟延的将相反的意见通知受要约人(承诺人)。以上的规定区别在于前者是因为受要约人发出承诺太迟导致逾期送达，所以其逾期的承诺必须经原要约人再次确认，合同方可有效成立。如果要约人没有及时向受要约人做出表示接受其逾期承诺的通知，则该项迟到的承诺就不具有承诺的效力，只能视为新的要约。而后者是指由于传递延误而造成承诺逾期，其责任不能归咎于受要约人，所以要约人如不接受该项逾期的承诺，就必须毫不迟延地向承诺人发出拒绝该项逾期承诺的通知，否则，该项因传递延误而造成逾期的承诺仍然有效。

(4)承诺的传递方式必须符合要约所提出的要求。要约人在要约中可以对承诺的传递方式做出具体要求，受要约人必须按照要约中规定的方式传递承诺，如果要约人在要约中对承诺的传递方式没有做出具体规定，承诺人在发出承诺时，一般要按照要约所采用的方式或采用比要约更为快捷的方式。

3. 承诺的生效时间

在合同法中，承诺的生效的时间是一个十分重要的问题。按照各国的法律，承诺一经生效，合同即告成立，双方当事人就必须接受合同规定的权利与义务。如果承诺是以口头方式做出的，则承诺原则上应当于该承诺的意思表示传达给要约人时开始生效。如果承诺是以书信、电报等方式发出的，则在承诺何时生效的问题上各国存在很大的差别，主要有两种不同的主张，即“到达主义”和“投邮主义”。

大陆法系特别是德国法的规定，在承诺生效的时间问题上采用的是“到达主义”，即承诺于到达相对人的支配范围时始发生效力，不论要约人此时是否知悉承诺的内容，合同均于此时成立。也就是说，如果承诺在传递过程中遗失，承诺不发生效力，合同也不能成立。但是一旦承诺送达要约人的住所或营业地，即使要约人未收到承诺或未及时拆阅载有承诺的信件或在收到之后拆阅之前遗失等都不影响承诺的有效性，合同仍于承诺送达时成立。大陆法系的这一规定与大陆法系承认要约送达受要约人后对要约人有约束力,要约人不能随意撤销要约的规定相一致。

英美法系认为在以书信、电报做出承诺时,承诺一经投邮,即可生效,合同即告成立。即对承诺的表示采取"投邮主义"。除非要约人在要约中明确规定承诺必须到达要约人方可生效。根据"投邮主义"的规则,即使承诺的函电在传递中被遗失而延误,只要受要约人能证明他已在函电上写明了收件人的姓名、地址,并付足邮资和交到了邮电局,则合同仍可有效成立。这主要是因为英美法系对要约的规定,除有对价或签字蜡封的要约外,要约人在受要约人做出承诺前可以随时撤回要约,而"投邮主义"原则上可以减少要约人的随意性,缩短要约人发出要约后等待承诺的时间,以减少要约人撤回要约的可能性,进而保护受要约人的利益。但其弊端也很明显,如出现承诺的邮件、电报等在途中丢失等情况,要约人在不知受要约人已发出承诺的情况下仍须承担合同义务。

我国的《合同法》规定:"承诺通知到达要约人时生效。承诺不需要通知的,根据交易习惯或者要约的要求做出承诺的行为时生效"。可见,对承诺生效的时间的规定也采取了到达主义。

4.承诺的撤回

承诺的撤回是指承诺人阻止承诺发生法律效力的行为。受要约人在做出承诺后,承诺生效前,如果觉有不妥,可以撤回承诺,但一旦承诺生效,合同即告成立,承诺人就不能撤销自己的承诺了。按照德国等国的"到达主义",受要约人发出承诺后在承诺到达要约人处之前,仍可将其承诺撤回,但撤回承诺的通知必须先于承诺或与承诺同时到达要约人处方可阻止承诺生效。而按照英美法系的"投邮主义"对函电的撤回必须于承诺投邮之前,否则承诺一经投邮发出,承诺即开始生效了,合同也就成立了,承诺人必须接受合同的约束。我国的《合同法》第27条规定:承诺可以撤回。撤回承诺的通知应当在承诺通知到达要约人之前或者与承诺通知同时到达要约人。《联合国国际货物销售合同公约》第22条也做出了类似的规定。

5.合同成立的时间与地点

按照《联合国国际货物销售合同公约》和绝大多数国家的法律规定,承诺生效的时间与地点就是合同成立的时间与地点。即承诺一经生效,合同即告成立。合同成立是指合同订立过程的完成,是当事人合意的结果。合同成立证明的是合同的存在。然而,合同的存在不等于合同的生效,如果合同中约定了合同需在一定的条件成立时方可生效,则当条件不成立时合同仍不能生效,此外,如果合同不符合法律规定的生效要件也仍不能产生效力。按照《国际商事合同通则》中的注释主张,如果谈判过程漫长,特别是进行非常复杂的交易时,在经长期谈判后,当事人往往要签订一份非正式文件,如所谓"初步协议"、"意向书"等,该文件记载了双方当事人已达成的条款，但同时，当事人声明他们将在以后签署一份正式文件。在有些情况下，当事人认为他们的合同已经成立，签署意向书只是对已达成的协议的确认。这时合同的成立的时间就是“初步协议”、“意向书”等成立之时，而不是确认书签订之时。但如果当事人双方或一方声明，除非签订正式文件，否则他们将不受“意向书”、“初步协议”的约束，则在确认书等正式文件签署时方为合同成立的时间。我国的《合同法》第 32 和第 33 条规定：当事人采用合同书形式订立合同的，自双方当事人签字或者盖章时合同成立。当事人采用信件、数据电文等形式订立合同的，可以在合同成立之前要求签订确认书。签订确认书时合同成立。

六、约因与对价

许多国家的法律均要求一项法律上有效的合同，除了合法和当事人合意之外，还需要有对价或约因。对价是英美法系的概念，约因是法国等大陆法系国家的使用的概念。

（一）法国法中的约因

法国法对约因的解释，就是指订约人产生该项债务所追求的最接近的或最直接的目的，也就是订立合同的原因或目的。法国法把约因作为合同有效成立的要素之一。按照《法国民法典》第 1131 条的规定，凡属无约因的债、基于错误约因或不法约因的债不发生任何法律效力。法国法强调把约因与当事人的动机区别开来，认为动机是每个人订立合同时的具体目的，可能会因人而异，而约因则是法律上的目的，相同的合同订立人的动机是不同的，但约因却是相同的。如卖主订立合同的约因就是获取价金，而买主订立合同的约因却是取得标的物。

（二）英美法中的对价

对价是英美法系合同法中的特有概念，是指当事人之间存在的“相互给付”的关系。美国《第二次合同法重述》第 71 条将对价定义为“诺言人为获得它而做出许诺，受诺人为获得该许诺而提供的(代价)”。给付的内容包括某种利益、利润或者他方当事人克制自己不行使某项权利或遭受某项损失或承担某项义务。

英美普通法把合同分为两类：一类是签字蜡封式合同，其有效性不论其是否存在对价，完全是取决于所采取的形式；另一种类型是简式合同，包括口头合同和非以签字蜡封式作成的一般书面合同。这类合同必须要有对价，否则合同没有约束力。一项有效的对价应具备以下五个条件。

(1)对价必须是合法的。凡是以法律禁止的东西或行为作为对价的合同都是无效的。如在禁止赌博的州，以提供赌博服务作为对价的合同就是无效的。再如贩卖毒品的合同，因为作为对价的标的物是违法的，所以，这个合同也是无效的。

(2)对价必须具有某种价值,但不要求充足。对价必须是真实的,必须具有某种价值。但这种价值不一定是金钱上的价值,也可以是其他的东西,如提供某种服务或不行使某种权利等。对价不是等价,并不要求与对方的允诺相等。

(3)对价必须是待履行的对价或已履行的对价,而不能是过去的对价。所谓待履行的对价,是指双方当事人允诺在将来履行的对价。如双方当事人于某年10月签订一项合同,约定卖方于圣诞节前三周向对方交货,买方于卖方交货时付款。在这项合同中,交货与付款都属于待履行的对价,都是有效的对价。所谓已履行的对价,是指当事人中的一方以其作为要约可承诺的行为已经全部完成,即他已完成了根据合同所承担的义务,只剩下对方还没有履行其义务。如甲在报纸上刊登广告,许诺如果有人找到他所丢失的宠物将付给报酬若干美元。如果乙见报后找到走失的宠物交给甲,合同即告成立,乙的行为就属于已履行的对价,甲有义务支付约定的报酬。所谓过去的对价,是指一方在对方做出允诺之前应已经全部履行完毕的对价,它不能作为对方后来做出的该允诺的对价。这通常是指某人过去曾经为他人做某事从而使后者得到了某种好处,日后,后者为了表示感谢,允诺给予某种报答。但是这种允诺是缺乏对价的。因为过去做过的事情不能作为现在这种允诺的对价,所以这种允诺是没有约束力的。

(4)已经存在的义务或法律上的义务和责任不能作为对价。这是指不能以依据原合同的约定应当履行的义务作为另一项新的许诺的对价,也不能以依据法律规定应尽的义务作为一项许诺的对价。

(5)对价必须来自受允诺人。这是指只有对某项允诺付出了对价的人才能要求强制执行此项允诺。如甲向乙向许诺,若乙为他完成某项工作,他将付给丙一笔钱。在这种情况下,若乙完成了该项工作,甲拒绝把钱付给丙,则丙不能对甲起诉,要求法院强制执行向丙付钱的许诺。因为作为对甲的许诺的对价来自乙,而不是来自丙,丙没有提供任何对价。

随着时代的发展,英美法系中的传统的对价原则已经不能适应经济发展,特别是合同签订中的需要,因此很多国家出现了存废之争,《美国统一商法典》已对对价原则采取了一些灵活的方法。该法第二篇第2章第209条规定,关于改变现存合同的协议,即使没有对价也具有约束力,此外,美国法为了防止某些情况下,由于缺乏对价而出现不公平的结果,还形成了“不得自食诺言”的原则,即如果许诺时,应当合理地预料到受许诺人会信赖其许诺而做出某种实质性的行为或者放弃去做某种行为,并已在事实上引起了这种结果,只有强制执行该项许诺才能避免产生不公平的后果,则即使该项许诺没有对价,也应予以强制执行。由此可见,按照《美国统一商法典》的规定,在某些情况下,即使合同中没有对价,合同也是有效的。

第三节 合同的履行与责任

合同的履行是反映合同的双方当事人根据合同的规定完成各自所承担的义务的行为。各国的法律均规定,依法成立的合同,在订立合同的当事人之间具有相当于法律的效力,当事人各方都必须遵守,履行各自所承担的义务。如果违反合同约定的义务,则应承担相应的法律责任。

一、合同的履行

(一)合同履行的概念

合同的履行是指合同当事人实现合同内容的行为。当事人订立合同是为了一定的目的,这一目的包含在合同的内容中,只有当事人全面的、适当的履行自已的义务,才能使订立合同的目的得以实现。

大陆法系认为,当事人在订立合同之后必须受合同的约束,履行合同所规定的义务。《法国民法典》第1134条规定,依法成立的合同,在订立合同的当事人之间具有相当于法律的效力。《德国民法典》规定,债务人应依据诚实信用的原则,根据债务关系与交易惯例,向债权人履行其给付的义务。

根据英美法系的规定,在履行合同的过程中,有一个重要的步骤称为"提供"。所谓提供,是指合同当事人旨在履行其合同义务的一种表示。提供包括提供货物或其他财产,也包括提供应支付的货款。但是在提供应支付的款项时,如果债权人拒绝接受提供的款项时,虽不能解除债务人的债务,但是可以产生以下三种重要的法律后果。

(1)如果该债务有担保利益(如以抵押作为该项债务的担保等),则自债权人拒绝提供给他的款项时起,该项担保利益即告消灭。

(2)该项债务的利息自债务人提供款项之日起停止计算。

(3)如果债权人日后对该项债务提起诉讼,不能取得高于原来提供的金额时,则必须负担诉讼费用。但是,"提供"必须是无条件的,而且必须与合同规定的时间、地点和履约方式相一致。如果债务人在债务清偿期以前(或以后)做出提供,就都不能认为是适当的提供,债权人有权拒绝受领,在这种情况下,该项债务的利息仍应当照常计算。

(二)合同履行的基本原则

(1)全面履行明示和默示义务原则。明示义务是指由当事人明确规定的合同条款所构成的义务。默示义务是指由未被明确规定的条款构成的义务。默示义务有些可能是法定的，有些可能是惯例性质的。按照《国际商事合同通则》的规定，可据之确定当事人默示义务的因素有：合同的性质与目的；各方当事人之间确立的习惯法和惯例；诚实信用和公平原则；合理性。

(2)合作履行原则。合作履行原则是指当事人不仅适当履行自己的合同义务，而且基于诚实信用原则要求对方当事人协助其履行债务的原则。根据《国际商事合同通则》和很多国家的司法实践，如果一方当事人履行其义务时，有正当理由期待对方当事人合作，对方当事人应予以合作，否则，要承担违约责任。

(三)有关事项未明确规定的合同履行规则

根据意思自治的原则，各国的法律一般都规定，只要不违反本国的法律，当事人应按合同中明确约定的质量、价格、时间、地点、履约方式等条款履行各自的义务。但是在实践中由于种种原因，当事人经常对某些条款没有约定或约定不明确，在履行合同时又往往因协商不成发生纠纷。因此很多国家的合同法都对这些条款约定不明确的合同规定了履行规则。

(1)质量条款约定不明确的履行规则。根据《国际商事合同通则》的规定，如果合同对质量或质量的标准无明确规定，则义务方应使其义务履行的质量达到合适的标准，并不得低于此情况下的平均标准。我国的《合同法》第 61 条和第 62 条规定：合同生效后，当事人就质量等内容没有约定或者约定不明确的，可以协议补充；不能达成补充协议的，按照合同有关条款或者交易习惯确定；仍不能确定的，按照国家标准、行业标准履行；没有国家标准、行业标准的，按照通常标准或者符合合同目的的特定标准履行。

(2)价格标准约定不明确的履行规则。根据《国际商事合同通则》的规定，如果合同的定价明显不合理，该定价一概无效，义务方仅有义务按合理的价格履行。在价格或确定价格的方法不明确时，义务方应按订立合同时一般应支付的价格履行。如果没有可比的价格，则按合理的价格履行，依法应执行国家定价或政府指导价格的应按规定执行。

(3)时间标准约定不明确的履行规则。大陆法系国家和英美法系国家关于合同履行时间的确定规则存在一定的差别。合同当事人未明确约定合同履行时间的，大陆法系国家总的原则是义务人可以随时履行，权利人也可以随时要求履行，但必须给义务人必要的准备时间。我国的《合同法》也采用了这一原则。而英美法系国家的一般原则是在合同无明确规定的情况下，权利人可以要求对方当事人在合理的时间内履行合同义务。《国际商事合同通则》采用了与英美法系国家一致的规则。

(4)履行地点约定不明确的履行规则。各国关于履行地点的确定规则较为一致，即如果合同无相反规定，付款义务的履行地为权利人的营业地，其他义务的履行地为义务人的营业地。《国际商事合同通则》中也确认了上述规则，并进一步规定，义务人应承担在合同订立后因其营业地的改变而增加的履行费用。

(5)履行费用约定不明确的履行规则。包括中国在内的很多国家和《国际商事合同通则》都规定，当事人无明确约定的，履行费用由义务方承担。

(四)双务合同履行的抗辩权

抗辩权是指对抗他人请求自己为一定给付行为的权利。抗辩权主要是一种针对请求权的权利，其效力在于阻止请求权的效力，从而使抗辩权人能够拒绝向债权人履行债务。为了鼓励当事人履行合同、正确区分行使抗辩权行为与违约行为之间的差异，各国的法律均确立了抗辩制度。

1. 同时履行抗辩权

同时履行抗辩权是指没有先后履行顺序的双务合同的当事人一方，在另一方未履行债务之前或未按合同约定履行债务时，可以拒绝另一方要求自己履行债务的权利。

同时履行抗辩权的行使必须符合下列条件。

(1)由同一双务合同双方互负债务。首先，双方当事人之间的债务是根据同一个双务合同产生的；其次，双方当事人所负的债务互为条件、互为牵连，具有对价性。

(2)双方互负的债务均已届清偿期。因为同时履行抗辩权制度是为了使双务合同双方当事人的债务同时履行，所以，只有在双方的债务均已到履行期限时才能行使同时履行抗辩权。

(3)对方未履行债务或者未按约定履行债务。如果一方已履行，但其履行不符合合同的约定，构成迟延履行、部分履行或者履行有瑕疵，在此情况下，也可以主张同时履行抗辩权，但是如果此时主张同时履行抗辩权有违诚实信用和公平原则时则不得拒绝履行债务。

(4)须对方的履行是可能的。如果对方已经丧失履行合同的能力，则同时履行的目的已不能实现。在此情况下，只能适用债务不履行的法律规定获得补救，而不能援用同时履行抗辩权。若因不可抗力发生履行不能，则遭受不可抗力的一方履行合同债务的义务已依法被部分或全部免除，则另一方则不可主张同时履行。

同时履行抗辩权属于延期抗辩权，具有暂时性，当对方全面履行义务时，同时履行抗辩权消灭，自己也应同时履行义务。因而同时履行抗辩权只能暂时对抗对方的履约请求，而不能使自己的义务消灭。

同时履行抗辩权也仅能暂时阻止对方的请求权，从而使对方的请求权延期，但不能消灭对方的请求权。

2. 后履行抗辩权

后履行抗辩权是指有先后履行顺序的双务合同,先履行一方未履行之前,后履行一方有权拒绝其相应的请求。后履行抗辩权的设定是为了保护后履行一方的权利。后履行抗辩权是我国《合同法》首创的制度。

行使后履行抗辩权要符合以下条件:必须是同一双务合同产生的互负债务;当事人互负债务有先后顺序;有先履行义务的一方未履行或者履行债务不符合合同约定。

后履行抗辩权的行使使后履行一方可暂时中止履行自己的债务以对抗先履行一方的履行请求,从而保护自己的合法权益。在先履行一方采取了补救措施后,后履行一方应当及时履行自己的义务。后履行抗辩权的行使不影响后履行一方追究对方违约责任的权利。

3. 不安抗辩权

不安抗辩权是大陆法系的制度,是指当事人一方应先向他方给付,如发现他方财产于订约后明显减少,有可能难为给付时,在对方没有对待给付可提出担保之前,有权拒绝自己的给付。

(1)不安抗辩权在大陆法系国家的规定。不安抗辩权是大陆法系的概念,但大陆法系各国的法律对不安抗辩权的成立条件的规定不尽相同。《法国民法典》第1613条规定,在买卖合同成立后,买受人陷于破产或处于无清偿能力致使出卖人有丧失价金之虞时,即使出卖人曾同意给付,出卖人也不负交付标的物的义务。但买受人提出到期给付保证的不在此限。依此规则,法国民法中的不安抗辩权只限于买卖合同,而且只在买受人破产或处于无力清偿状态时才能成立。《德国民法典》则规定,因双务合同而负担债务,应当他方先为给付者,如对方的财产于合同订立后明显减少,危及债权实现时,在他方未为给付或提出担保之前,得拒绝自己负担的给付义务。其他的大陆法系国家也都对不安抗辩权做出了明确的规定。为了防止当事人滥用不安抗辩权,不安抗辩权的行使应当符合以下条件。

①由同一有效双务合同所产生的两项债务,并且相互为对价给付。

②互为对价给付的双务合同规定有先后履行顺序,应先履行债务的一方的履行期届至,而应后履行债务的一方履行期尚未到来。

③应后履行债务的当事人一方在合同依法成立后,出现丧失或有可能丧失对待履行债务的能力,并且应先履行债务的当事人一方对上述情况有确切的证据加以证明。

④后履行债务的当事人没有为主债务的履行提供适当担保。如果应当后履行

债务的当事人在双方订立合同时已为自己债务的履行设定了充分的担保，即使应后履行债务的当事人一方出现了“丧失或可能丧失对待履行债务能力的情形”，应先履行债务的当事人一方仍无权行使不安抗辩权，拒绝自己债务的履行。

(2)我国的《合同法》对不安抗辩权的规定。我国的《合同法》第68条规定，应当先履行债务的当事人，有确切证据证明对方有下列情形之一的，可以中止履行：

①经营状况严重恶化；

②转移财产、抽逃资金，以逃避债务；

③丧失商业信誉；

④有丧失或者可能丧失履行债务能力的其他情形。

由上可见我国的《合同法》规定的不安抗辩权的成立条件比其他国家要宽得多，一方当事人只要具备上述规定的任何一种情形，对方当事人就可以依法行使不安抗辩权。当事人行使不安抗辩权时，应当及时通知对方，不安抗辩权属于延期抗辩权，权利人有权中止履行，当对方提供适当担保后，不安抗辩权消灭，当事人应当恢复履行。在行使不安抗辩权，中止履行合同后，对方在合理期限内未提供担保又确无履行能力的，中止履行的一方可以解除合同，并要求对方赔偿损失。

(五)合同的保全

1.合同的保全的概念

合同的保全是指合同的债权人依据法律的规定，在债务人不正当处分其权利和财产，危及其债权的实现时，可以对债务人或者第三人的行为行使撤销权或者代位权的债权保护方法。

合同的保全制度是大陆法系国家普遍采取的制度。合同保全制度的确立在一定程度上扩充了合同的效力范围，使合同在特殊情况下产生对合同之外的第三人的效力，改变了以往债权人对债务人通过怠于行使或放弃到期债权，无偿或以非正常的低价转让财产的行为来损害债权人的利益的行为而束手无策的状况，使得债权人可以依保全制度来保持或恢复债务人的财产，确保自身债权的实现。

根据大陆法系和我国的《合同法》的规定，合同的保全制度有两种：一种是债权人的代位权；另一种是债权人的撤销权。

2.债权人的代位权

(1)代位权的概念和行使。债权人的代位权是指合同依法成立之后，在债务人怠于行使其(对次债务人的)到期债权并对债权人的债权实现构成妨害时，债权人为了保全自己的债权，可直接以自己的名义行使追偿债务人到期债权的权利。

我国的《合同法》第73条规定：因债务人怠于行使其到期债权，对债权人造成损害的，债权人可以向人民法院请求以自己的名义代位行使债务人的债权，但该债权专属于债务人自身的除外。

代位权的行使范围以债权人的债权为限。债权人行使代位权的必要费用由债务人负担。

专属于债务人的债权是指基于扶养关系、赡养关系、继承关系产生的给付请求权和劳动报酬、退休金、养老金、抚恤金、安置费、人寿保险、人身伤害赔偿请求权等权利。

债权人行使代位权,应当以自己的名义,以债务人的次债务人为被告向人民法院提起诉讼。

(2)行使代位权的法律效力。债权人行使代位权后会产生以下法律效力。

①债权人行使代位权所获得的清偿应当直接归属于债务人。如果债务人不积极受领,则债权人可代位受领,但债务人仍有权要求债权人归还所受领的财产。这就是代位受领的"入库规则"。

②对于次债务人(即债务人的债务人)来说,债权人行使代位权将产生的结果是:首先,在债权人行使权利的范围内,次债务人与债务人之间的债权债务关系归于消灭;其次,债务人对于债务人所享有的一切抗辩都可以用来对抗债权人。

③债权人代位行使的债权是债务人的债权,因此不能超过债务人的债权范围。债务人不积极受领时债权人虽然可以代位受领,但却无权将受领的财产供自己优先受偿或者用来抵消债务人的债务。如果债权人想用代位受领的财产清偿自己的债权,必须取得债务人的同意。

此外,债权人胜诉的诉讼费由次债务人承担,从实现的债权中优先拨付。

我国的《合同法》及其司法解释没有采取传统的"入库规则",而是规定了债权人的直接受领权和优先受偿权。这样的规定极大地提高了债权人行使代位权的积极性,更有利于保护债权人的利益。

3. 债权人的撤销权

(1)债权人的撤销权的概念。债权人的撤销权是指债权人在债务人无正当理由减少自身财产或妨害债权人的债权实现时,依法享有的请求法院撤销债务人减少自身财产的行为的权利。

我国的《合同法》第 74 条规定:因债务人放弃其到期债权或者无偿转让财产,对债权人造成损害的,债权人可以请求人民法院撤销债务人的行为。债务人以明显不合理的低价转让财产,对债权人造成损害,并且受让人知道该情形的,债权人也可以请求人民法院撤销债务人的行为。

撤销权的行使范围以债权人的债权为限。债权人行使撤销权的必要费用由债务人负担。

(2)为防止债权人滥用撤销权,行使撤销权应同时具备以下三个条件。

①债务人客观上实施了某种危害债权、损害债权人利益的行为。主要有:放弃到期债权;无偿转让财产;以明显不合理的低价转让财产。由于债务人是以其全部财产作为责任财产为自己的债务作担保的,如果债务人的责任财产减少则会损害债权人的利益。由此债权人才能行使撤销权。

②主观上债务人与第三人(受让人)具有恶意。如果债务人放弃到期债权或者无偿转让财产的行为没有恶意,而且不会妨碍债权人的到期债权的实现,则债权人不能行使撤销权。如果是因债务人放弃到期债权或者无偿转让财产而给债权人造成损害的,则不以债务人实施处分行为时的主观心理状态为要件,不论债务人对其行为损害债权利益是否有过错,均可予以撤销。

③债权人行使撤销权必须以自己的名义向法院提起诉讼,请求法院撤销债务人处分财产的行为。撤销之诉的被告应当是债务人。我国的《合同法》规定,撤销权自债权人知道或者应当知道撤销事由之日起1年内行使。自债务人的行为发生之日起5年内没有行使撤销权的该撤销权消灭。

(3)撤销权行使的法律效力。债务人与受让人之间的行为因被撤销而自始即为无效。受益人、受让人应当将取得的财产返还给债务人;原物不能返还的,折价赔偿;财产尚未向受让人交付的,受让人不得请求债务人交付。受让人、受益人已向债务人支付代价的,可请求债务人返还不当得利。为了保护善意第三人的利益,各国的民法均规定,在债权人行使撤销权情形下,如受让人为善意,则仅对因自己的过错所产生的毁损、灭失承担责任。

因撤销债务人不当处分财产的行为而返还的财产是债务人对全体债权人的担保,行使撤销权的债权人不得优先受偿,该债权人也不得请求受益人或者受让人直接对其清偿。债权人因行使撤销权所支付的律师代理费、差旅费等必要费用由债务人承担。

二、合同的变更、转让及终止

(一)合同的变更

合同的变更可分为广义的合同变更和狭义的合同变更。广义的合同变更是指合同主体和合同内容的变更。狭义的合同的变更仅是指合同的内容的变更,而不包括合同主体的变更。合同内容的变更是指合同成立后、履行前或者在合同开始履行后,尚未履行完毕之前,当事人就合同的内容进行的修改或补充。本节所称的合同的变更是指狭义的合同的变更。

(1)各国法律关于合同变更的基本规定。各国的法律规定普遍允许当事人通过协议或在出现法律规定的事由时变更合同。合同成立后，双方当事人通过协议的方式对合同的内容进行变更称为协议变更，也称为合意变更。这种变更体现了合同自由的原则，保证了当事人不仅可以自由地订立合同，也可以自由地变更合同的内容。合同成立以后，当发生法定的可以变更合同的事由时，经一方当事人的请求而对合同进行变更的称为法定变更。对法定变更的事由各国的法律规定不一，大致有不可抗力、情势变迁、重大误解和显失公平等。法定变更合同通常应当通过法院或者仲裁机构来实现。

按照法国法的规定，有关合同变更的法律规定可以分为两类。一类是直接对经济进行干预的规定。在某些情况下，法律的规定不是一般的指出可导致合同变更的某种事由，而是直接改变合同的具体内容，也就是说立法者干预合同关系的目的是直接引起某种经济后果。这样的规定并不是为了保护合同一方当事人或某一类合同当事人的利益，而是为了维护社会经济秩序，维护社会总体利益和根本利益。另一类是不以直接干预经济为目的的规定。在大多情况下，法律之所以允许变更合同或赋予法官以变更合同的权力，其通常所依据的都是所谓"情势变迁"，即虽然当事人意思表示一致，但自合同订立之日起情况发生重大变化。为了避免或减轻"情势变迁"给合同当事人造成的重大损失，法律允许当事人通过协商，以各种手段（包括提高给付价格等）使合同关系在新的形势下继续保持平衡。

按照传统的英美法系"对价理论"的原则，对已成立的合同加以变更，必须有新的对价的支持才能有效成立。如果没有新的对价，就不得改变原合同，即使有变更也不能生效。随着经济的发展，英美法系对对价理论也有了修改，美国的《统一商法典》第 2 章第 209 条明确规定："修改本篇范围的合同的协议，即使缺少对价，仍可具有约束力"。这一规定使商业实践中大量发生的修改合同的协议从无效变为有约束力，从而大大便利了当事人通过协议变更合同。

（2）《国际商事合同通则》关于合同变更的规定。根据《国际商事合同通则》的规定，合同的修改除需当事人的协议外，另无其他要求；如果合同规定对合同的任何变更必须以书面形式做出，则该合同不得以其他的形式变更。此外，《国际商事合同通则》还将重大失衡和艰难情形作为当事人主张变更合同的理由。《国际商事合同通则》规定，在重大失衡的情形下，依有宣告合同无效一方当事人或收到宣告合同无效通知的另一方当事人的请求，法庭可修改合同或其条款，以使其符合公平交易的合理的商业标准。《国际商事合同通则》还规定，如出现艰难情形，处于不利地位的当事人有权要求重新谈判；如果合同当事人不能在合理的时间内达成协议，任何一方当事人均可诉诸法庭，而法庭可以在认定确实存在艰难情形的条件下，为了恢复合同的均衡而修改合同。

(3)我国的《合同法》关于合同变更的规定。我国的《合同法》第77条规定:“当事人协商一致,可以变更合同。法律、行政法规规定变更合同应当办理批准、登记手续的,依照其规定”。由此可见,合同变更的基础是双方协商一致,在一般情况下,当事人协商一致即可以变更合同,但对于特殊合同,法律、行政法规规定变更合同应当办理批准、登记等手续的,依照规定要办理相应的手续,这些特殊手续是变更合同的有效要件,而不是成立要件,即如果违反这些规定则构成变更无效。

根据我国《合同法》第54条的规定,对于因重大误解而订立的合同或在订立时显失公平的合同,当事人一方有权请求法院或者仲裁机构变更合同;对于一方以欺诈、胁迫手段或乘人之危,使对方在违背真实意思的情况下订立的合同,受损害方有权请求法院或者仲裁机构变更合同。

合同的变更不影响当事人要求赔偿损失的权利。合同变更以前,一方当事人因可归责于自己的原因给另一方当事人造成损害的,另一方当事人有权要求损害赔偿;合同的变更本身给一方当事人造成损害的,该方当事人也有权要求损害赔偿。不得因为发生变更,或者以合同的变更是当事人自愿的为由对抗当事人请求损害赔偿的权利。

(二)合同的转让

合同的转让又称合同的让与,是指合同当事人一方将其合同的权利和义务的全部或部分转让给第三人。合同关系是一种债权债务关系,合同的转让的实质是合同主体的变更,即合同权利的受让人成为合同之债的新的债权人,合同义务的受让人(承受人)成为合同之债的新债务人,而合同的内容仍然保持不变。由此可见,合同的转让实际上是属于广义的合同的变更。

按照合同转让的权利和义务范围的不同,合同的转让可以分为合同权利的转让和合同义务的转让、合同权利义务的概括转让三种类型。

1.合同权利的转让

合同权利的转让也称为债权让与,是指债权人将其债权转让给第三人的行为。第三人基于合同权利转让行为成为新的债权人,从而取代了原债权人的地位。合同权利转让关系中的当事人有三方:

①让与人,即原债权人或称出让债权的当事人。

②受让人,即从合同转让中接受债权的当事人,也就是新的债权人。

③债务人。

合同权利的转让是让与人与受让人之间订立的合同或协议,但是由于该让与合同牵涉债务人,所以保护债务人的利益以及如何使受让人的权益不受损害就成为一个十分重要的问题。

(1)大陆法系关于合同权利让与的规定。大陆法系认为,债权的让与无须征得债务人的同意即可发生法律效力,但具体各国的规定也有不同。《德国民法典》规定:“债权让与无须征得债务人的同意,也无须通知债务人。此时,凡债务人不知情而向原债权人清偿的,其债务即行解除。但是若是债务人已知道债权让与的情况,不论他是从何种渠道获悉的,如果他仍向原债权人清偿,则不能解除合同。”同时为了保护债务人,《德国民法典》还规定,债务人在债权让与时对原债权人的抗辩均得向新债权人主张。

法国法也认为债权人有权不经债务人同意而把债权让与第三者。但法国法认为合同的让与是一种买卖行为,是一种具体的法律行为,双方必须有约因。而且债权让与合同或协议须以通知债务人或由债务人在公证文书上做出承诺作为对第三人发生效力的必要条件。

(2)英美法系关于合同权利让与的规定。英美法系原则上也承认债权让与,但对某种具有个人特色的合同权利不能让与,如果属于提供劳务的合同权利,除非经对方当事人的同意,否则不能让与。

英国法对债权让与有两种不同的处理方法:一种是按成文法的规定进行的债权让与;另一种是按衡平法的原则进行的债权让与。按成文法进行的债权让与必须符合 1925 年《财产法》所规定的以下条件。

①债权的让与必须以书面的形式并由让与人签字。

②债权让与必须是绝对的、无条件的,应包括全部债权,而不是债权的一部分。

③必须以书面的形式通知债务人。按成文法进行的合同权利让与不要求对价。在某些情况下,如果债权让与缺乏成文法所要求的让与条件,但如果当事人确有债权让与的意愿,则在衡平法基础上仍可认为是有效的。按照衡平法进行的债权让与不以通知债务人为必要条件。

美国大多数的州也允许债权的受让人直接以自己的名义向债务人提起诉讼。根据《美国统一商法典》的规定,除当事人另有约定外,买方或者卖方都可以把他们的权利让与给第三人。除非这种让与大大改变对方的义务或者大大增加对方的负担,或者严重损害对方获得履行的机会。

(3)我国的《合同法》关于合同权利让与的规定。我国的《合同法》第 79 条规定:债权人可以将合同的权利全部或部分转让给第三人。同时我国的《合同法》规定了三种不得转让合同权利的情况:

①根据合同的性质不得转让;

②按照当事人的约定不得转让;

③依照法律规定不得转让。

我国的《合同法》对合同转让的要件采取的是通知主义。根据《合同法》第80条的规定,债权人转让权利的应当通知债务人。未经通知,该转让对债务人不发生效力。可见,债权人让与权利时只需将其让与权利的情况通知债务人,而不必征得债务人的同意。

(4)权利转让合同的生效。各国的法律对合同权利转让协议的生效的规定差异较大,主要有以下两种:一种是以合同权利转让协议成立时生效,即让与协议的当事人就合同权利转让达成协议时,该让与协议即对债务人发生效力,属于此类的国家主要有德国和美国等国。另一种是以通知债务人时协议生效,即合同权利转让协议成立后,以通知债务人时方对债务人发生效力,属于此类的国家主要有中国、法国和英国等。

2.合同义务的承担

合同义务的承担又称债务承担,是指由新债务人代替原债务人履行债务的行为。合同义务的转让关系中包括三个当事人,即

①原债务人,即债务让与人。

②新债务人,即债务承担人。

③债权人。

债务承担只是变更了债务人,而债务的内容没有改变。各国的法律对债务的承担的规定不一。

(1)大陆法系国家的规定。大陆法系大多没有专门的法律规定合同义务的转移,而是在民法中规定了对债务的转移。《法国民法典》第1236条规定:“债务可由无利害关系人清偿,但以该第三人以债务人的名义并以消灭债务人的债务为目的者为限”。《法国民法典》第1271条规定:“债权人得解除旧债务人的债务由新债务人替代之。”由此可见,法国法对债务的承担是以消灭旧债成立新债的方式来达到债务承担的目的的。因此,在原债务人通过债务转让协议转让出自己的债务后,他就与原债务没有关系了,即使新债务人无力承担受让的债务,原债务人也没有再承担原债务的义务了。

(2)英美法系国家的规定。英国普通法认为,合同义务的移转非经债权人的同意是不能进行的。合同义务的移转只能通过更新而实现,而债的更新必须取得债权人的同意。

美国法原则上认为合同债务不可让与,但在一些情况下允许他人代替原债务人履行债务。但原债务人并不因此得以解除义务,如果代为履行一方没有履行义务,则原债务人仍应承担责任。

(3)我国的法律对合同义务承担的规定。我国的法律也承认合同义务的转移,

但要求必须征得债权人的同意。《合同法》第 84 条规定:“债务人将合同的义务全部或者部分转移给第三人的,应当经债权人同意”,并规定:“债务承担人可以援用原债务人对债权人的抗辩”。《合同法》第 86 条规定:“新债务人(债务承担人)应当承担与主债务有关的从债务,但从属于原债务人自身除外。”

3. 合同权利义务的概括转让

合同权利义务的概括转让是指合同一方当事人将自己在合同中的权利和义务一并转让给第三人,由第三人概括地继续承受这些权利和义务。由于合同义务的转让需要债权人的同意方为有效,所以,对合同权利义务的概括转让,各国的法律基本上都要求经另一方当事人同意方可生效。在取得合同另一方同意后,受让方将完全取代原合同一方当事人的地位,原合同当事人将完全退出合同关系。

我国的《合同法》不仅分别规定了合同权利和义务的转让,而且进一步规定了合同权利义务的概括转让。对此具体区分了合同权利义务概括转让的两种情形,即协议性的合同权利义务的概括转让和企业合并、分立引起的合同权利义务的概括转让。

协议性的合同权利义务的概括转让是指通过合同一方当事人与第三方当事人达成的协议的方式进行的转让。在合同当事人一方与第三人达成概括转让权利义务的协议后必须经原合同另一方当事人同意后方为有效。在债务的转让时与主债务有关的从债务要随主债务一同转让;新债务人可以主张原债务人对债权人的抗辩。法律法规规定转让权利或者义务应当办理批准登记手续的,应依其规定。

由企业合并、分立引起的合同权利义务的概括转让是指作为合同一方的当事人的企业在发生合并、分立时,将其合同权利义务概括转让给合并、分立后的企业。我国的《民法通则》第 44 条第 2 款规定:企业法人分立、合并,它的权利和义务由变更后的法人享有和承担。我国的《合同法》第 90 条也规定了,当事人订立合同后合并的,由合并后的法人或者其他组织行使合同权利,履行合同义务。企业合并、分立引起的合同权利义务的概括转让是依照法律的规定进行的概括转让,因而不需要相对人的同意,只需合并、分立后的企业做出通知或公司公告即可发生法律效力。

(三)合同的终止

合同的终止是指当事人双方依法或者依合同约定解除合同的权利与义务,使原合同关系不复存在的行为。

关于合同权利与义务的终止,世界各国的规定有所不同,但大陆法系国家与英美法系国家的许多做法很近似,我国的《合同法》由于颁布较晚,吸取了两大法系和《国际商事合同通则》的内容,建立了符合中国国情的并与国际惯例接轨的合同终止制度。

1.大陆法系对合同终止的规定

大陆法系各国通常将合同作为债的一种，在其民法典中也仅就债的消灭做出规定，对合同之债的终止的规定其实主要就是合同终止的规定。

(1)清偿。清偿是指当事人已按合同的约定实现了债权目的的行为。当事人双方各自履行了自己的义务，清偿了自己的债务享受到各自的权利，合同的目的已归于实现，合同即告终止。

在合同的清偿过程中，如当事人无特殊约定，清偿的费用应由债务人承担，但如果债权人的住所变更，导致清偿费用增加的部分应由债权人承担。

关于合同清偿的地点，一般合同清偿的地点即合同履行地，或即债务人义务履行地。主要有以下两点：

①如果合同对履行地已有明确约定，则按照约定的地点履行；

②如果合同对此没有做出规定，而债务属于特定物，则应于订约当时该特定物的所在地交付。

如果债务属于其他债务，则各国的规定不同，法国、瑞士称这种债务为"往取债务"，即以债务成立时债务人的住所为清偿地。而日本称这种债务为"赴偿债务"，即以债权人现时的住所地为清偿地。

关于清偿期间，如果合同已有约定，按合同规定；如合同没有规定，则称为未定期债务，在合同成立以后，债权人随时可以要求债务人清偿，债务人也随时可以要求向债权人清偿，但各方均必须给对方一定的准备期限。

关于清偿的顺序，《德国民法典》第366条规定：债务人对于债权人基于数宗债务关系负担同种类给付义务者，如债务人提出的给付不足以清偿全部债务时，债务人于给付时所指定的债务归于消灭，如债务人没有做出前述指定，则先抵偿已届清偿期的债务；若几个债务均已届清偿期，则应抵充对债权人担保最少的债务；如担保相等，应抵充债务人负担最重者；如负担相等，应抵充到期较早的债务；如到期相同者，应按各个债务数额比例消灭债务。

(2)合同被有效解除。在合同成立以后，当事人若依约或者依法有效解除合同，则该合同的权利与义务也随之终止。

合同的解除可以分为双方解除和单方解除。双方解除是指双方当事人经过协议自愿解除合同，双方当事人无论是在合同中约定解除条款，还是在合同成立后另行约定解除合同的协议，只要其内容不违反法律、行政法规的强制性规定，不损害社会公共利益，就应当是有效的。单方解除是指一方当事人单方面行使合同解除权的情形，单方解除权的行使可分为约定事由与法定事由。当事人在行使合同解除权时应当通知对方，合同自解除通知到达对方当事人时解除。对合同解除存有异议的可以请求法定机构裁定。但法律、行政法规规定解除合同应当办理批准、登记手续的，应当遵守其规定。合同解除后，尚未履行的义务终止履行；已经履行的义务根据履行情况和合同性质，当事人可以要求恢复原状或采取其他补救措施。当事人可以同时行使解除合同权和损害赔偿请求权。合同权利与义务的终止不影响合同中结算和清偿条款的效力。

(3)提存。提存是指由于债权人的原因而无法向其交付合同标的物时，债务人将该标的物交给提存部门而消灭合同的制度。提存原因包括以下三项。

①债权人无正当理由拒绝受领。

②债权人下落不明。

③债权人死亡或丧失行为能力，且未确定继承人或未确定监护人。提存的效力首先体现在债务人的责任免除，一旦合同标的物被寄存于提存部门后，债权人就只能向提存部门收取提存物。其次，提存物寄存期间其风险由债权人负担。此外，提存物寄存期间产生的一切费用均由债权人负担。不过债务人在提存后应立即将有关情况通知债权人。对于标的物不适宜提存或者提存成本过高的，债务人可依法拍卖或者变卖该标的物，提存拍卖所得的价款。债务人依法将标的物或价款提存后原合同的权利与义务即告终止。

(4)免除。免除是指债权人放弃债权，从而消灭合同关系及其他债务关系的单方行为。日本民法则认为合同之债的免除是单方的法律行为，只要债权人有免除债务的意思表示，无须债务人的同意即可使债的关系归于消灭。

(5)混同。混同是指债权人与债务人混为一人，即同一个人既是债权人也是债务人。在这种情况下，债的关系已无存在的必要，于是归于消灭。

混同的原因主要有以下三点。

①民法上的继受。在自然人死亡时如该死亡者是债权人或债务人，而由其债务人或债权人继承其债权或债务。

②商法上的继受。作为债权人和债务人的公司进行合并时，互负债务也归于消灭。

③特定继受。因债权或债务转让使债权人和债务人混同为一人。

(6)抵消。抵消是指双方互负债务时，各以其债权充当债务的清偿，而使其债务与对方的债务在对等额内相互消灭。抵消依其产生的根据不同，可以分为法定抵消、合意抵消及当事人单方表示抵消三种。抵消的功能，一方面是可节省给付的交换，降低交易成本；另一方面是确保债权的效力，即双方当事人互负债务时，如一方当事人只行使自己的债权而不履行自己的债务就会损害对方当事人，抵消正好克服了这一弊端。大陆法系各国对债的抵消主要有两种规定：一是法定抵消(又称当然抵消),如《法国民法典》第290条规定:“债务人双方虽无所知,依法律的效力仍然可以发生抵消”;另一种是单方意思表示抵消,当事人互负债务时,任何一方均得以意思表示通知对方进行抵消。

2. 英美法系对合同终止的规定

(1)合同因双方当事人协商而消灭。英美法系认为合同是依照双方当事人的协议而成立的,因此它也可以因双方当事人之间的协议而解除,从而使合同的权和利义务终止。以协议的方式实现合同消灭主要有以下四种情况。

①变更原合同的实质性内容。即双方当事人以协议的方式修改或增减原合同的实质内容,则原合同的相关权利义务即告终止。

②以新的合同代替原合同。即双方当事人以一个新的合同代替原来的合同,则新合同成立时,原合同当事人的权利和义务即告终止。

③合同自身规定终止条件成就而终止合同。如果双方当事人在订立合同时就规定了若遇到某种情况,如发生不可抗力、未申请到许可证等事由,合同即告消灭,则一旦约定的事由发生,则合同即告消灭。

④一方当事人依据合同履行了自己全部的义务,自愿放弃自己所享有的部分或全部权利,也可达到合同终止的效力。

(2)合同因依法终止而消灭。在英美法系中,有一些法律规定可以使合同的权利义务在某些情况下消灭,主要有以下四种情况。

①合同因履行而消灭。

②合同的权利义务归于一人或以一个更安全的合同代替原合同,原合同的权利义务消灭。

③破产:破产人宣告破产后,经破产清算程序,取得了法院的解除命令,即可解除原合同的一切债务及责任。

④擅自修改书面合同。如果一方未得到对方的同意,擅自对书面合同的重要部分做出任何利己性的修改,对方即可解除合同,且解除合同不妨碍追究擅改合同一方的违约责任。

(3)合同因违约而消灭。英美法系认为,在一方当事人严重违约时,可以使对方取得解除合同的权利,因此违约也是合同消灭的原因之一。违约包括两种情况:一种是合同约定的履行期限已到而未履行的违约;另一种是预先违约,即一方当事人在合同规定的履行期到来之前,即明确表示不履行合同或以自己的行动使履约成为不可能。但此种情况下合同通常不是自动解除的,而取决于未违约的一方是否愿意解除合同或是否要求违约方继续承担其义务,如果未违约的一方选择了解除合同,则其不但可以解除合同双方的权利和义务,而且还可以向违约方请求赔偿由此产生的一切损失。

3.我国的法律对合同终止的规定

我国基本采纳了大陆法系的观点，但也吸收融合了一些英美法系的内容。我国的《合同法》第91条规定：“有下列情形之一的，合同的权利义务终止：

①债务已经按照约定履行。

②合同解除。

③债务相互抵消。

④债务人依法将标的物提存。

⑤债权人免除债务。

⑥债权债务同归于一人。

⑦法律规定或者当事人约定终止的其他情形”。

中国将合同解除列为合同消灭的法定事由之一。《合同法》第93条规定：当事人协商一致，可以解除合同。当事人可以约定一方解除合同的条件。解除合同的条件成立时，解除权人可以解除合同。

《合同法》第94条规定：“有下列情形之一的，当事人可以解除合同：

①因不可抗力致使不能实现合同目的。

②在履行期限届满之前，当事人一方明确表示或者以自己的行为表明不履行主要债务。

③当事人一方迟延履行主要债务，经催告后在合理期限内仍未履行。

④当事人一方迟延履行债务或者有其他违约行为致使不能实现合同目的。

⑤法律规定的其他情形。

三、违约及违约责任

(一)违约及违约责任

1.违约的概念及归责原则。

(1)违约的概念。违约是指合同当事人无合法理由而不履行或不完全履行合同义务的行为。《国际商事合同通则》称违约为“不履行”。根据《国际商事合同通则》第711条的规定，不履行是指一方当事人未能履行其在合同项下的任何义务，包括瑕疵履行或迟延履行。

(2)违约的归责原则。大陆法系与英美法系对于违约构成存在着传统上的分歧，大陆法系国家以过错责任为原则，认为合同违约当事人须有过错才承担违约责任，过错包括故意和过失。仅仅因为债务人没有履行合同义务仍不足以构成违约，还必须同时证明或推定债务人不履行合同义务的行为有可归责于其的过错，才能使其承担违约责任。德国法认为,构成违约的情况必须有可以归责于该当事人的事由。《法国民法典》也以过失责任作为民事责任的基本原则,根据《法国民法典》第1147条的规定,凡是不履行合同是由于不能归责于债务人的外来原因造成的,债务人就可以免除损害赔偿责任。

英美法系国家以严格责任为原则,即只要当事人没有履行合同义务,即使其不存在任何过失,也构成违约,需要承担违约责任。《国际商事合同通则》和《联合国国际货物销售合同公约》都接受了严格责任原则。

在现代合同法中,常常采用过错推定原则。过错推定原则是指合同一方当事人在证明另一方当事人违约后,如果另一方当事人不能证明自己对此违约没有过错,则在法律上就应推定其具有过错,并应承担违约责任。

我国的《合同法》虽未明确规定,但实际上采纳了过错推定原则。《合同法》第109条、第110条规定:"当事人一方未支付价款或者报酬的,对方可以要求其支付价款或者报酬"。"当事人一方不履行非金钱债务或者履行非金钱债务不符合约定的,对方可以要求履行。"除非当事人有法律规定的免责的事由方可免除责任。

(3)催告。催告是指债权人向债务人请求履行合同的一种通知,这是大陆法系的一种制度。在合同没有明确规定履行日期的情况下,债权人必须首先向债务人发出催告,才能使债务人承担延迟履行的责任。否则债务人可在合同成立后的任何时间内履行而不承担违约责任。如果合同已明确规定了履约期,或者债务人已明确表示将不按期履约,则债权人可不作催告。至于催告的方式,法国法规定必须以书面的方式做成,并须由法警送达债务人;德国法则对催告的方式没有要求,只要求催告必须送交债务人。

英美法系认为,如果合同规定了履行期限,则债务人就必须履行;如果没有规定履行期限,则应当在合理的期限内履行合同,否则就构成违约。债权人无须催告即可请求债务人赔偿由于延迟履约所造成的损失。

2.违约的形式

违约的形式各种各样,既有全部违约,也有部分违约。违约的程度、范围决定了违约方的责任。

《法国民法典》以不履行和迟延履行债务作为违约的主要表现形式。但是法国判例认为:如果债务人在订立合同时已经知道或应当知道他所做的允诺是不可能履行的,债权人应当以侵权行为为由请求损害赔偿。

德国法将违约分为给付不能与给付延迟两种情况。

给付不能是指合同当事人出于某种原因不可能履行合同,而不是有能力履行而故意不履行。给付不能又可分为自始不能和嗣后不能两种情况。自始不能是指合同成立时该合同即不可能履行，对此，合同在法律上是无效的。但是，如果一方当事人在订约时就已经知道或可能知道该标的是不可能履行的，则对信任合同有效而蒙受损害的对方当事人应承担赔偿责任。嗣后不能是指在合同成立时，该合同是有可能履行的，但在合同成立后，由于出现了阻碍合同履行的情况，致使合同不能履行。对此，必须区别是否有可以归责于债务人的事由，因而形成以下三种处理办法。

①非因债务人的过失所引起的给付不能，债务人不承担违约责任，如在合同成立后，由于出现了不可抗力，致使合同不能履行，债务人可以免除履行合同的义务。

②因债务人的过失而引起的给付不能，债务人应当承担损害赔偿责任。

③不可归责于任何一方引起的给付不能，双方均可免除其履行合同的义务。

给付迟延是指债务已届履行期，而且是可能履行，但债务人没有按期履行其合同义务。根据《德国民法典》的规定，债务人未能按期履行合同义务，按过失原则承担责任。如果非因债务人的过失形成的给付延迟，则债务人不承担责任。

英美法系国家将违约分成违反条件和违反担保两种情况。所谓条件，是指合同中的重要条款。在商事合同中关于标的、价款、货物的品质与数量、合同履行的时间、地点等条款均属于合同的条件。而担保是指合同的次要条款或附属条款。违反条件的法律后果与违反担保的法律后果不同。违反条件即合同的主要条款，对方有权解除合同，并要求赔偿损失。而违反担保则受损害的一方不能解除合同，而只能向违约的一方请求损害赔偿，并且不能以此为事由拒绝履行其合同义务。由此，美国把违反条件称作重大违约，违反担保称作轻微违约。

《联合国国际货物销售合同公约》第 25 条规定："一方当事人违反合同的结果，如使另一方当事人蒙受损害，以至于实际上剥夺了他根据合同有权期待得到的东西，即为根本违反合同，除非违反合同的一方并不预知而且同样一个通情达理的人处于相同的情况中也没有理由预知会发生这种结果。"从上可见，《联合国国际货物销售合同公约》把违约分为根本违反合同与非根本违反合同。如卖方所交货物与合同不符，则构成根本违反合同时，买方可以采取以下救济办法：买方可以要求卖方交付替代货物；或者买方可以解除合同，并可请求赔偿损失。而且不论违约方的违约行为是否构成根本违反合同与否，受损害的一方都有权要求损害赔偿，而且即使违约方采取了其他的救济方法，如交付替代货物或解除合同等，都不影响受损方要求损害赔偿的权利。

(二)违约责任的免除

虽然违约会给合同的当事人带来损害，但并不等于对任何违约都要追究违约责任，世界各国的法律和《联合国国际货物销售合同公约》、《国际商事合同通则》都规定了一些对于违约责任的免除规定。

1.情势变迁或合同落空

(1)情势变迁或合同落空的概念。当合同成立后,作为该合同的基础情势,由于不可归责于当事人的原因发生了非当初所能预料的变化。如果继续履行合同,将会产生显失公平的结果,有悖于诚实信用的原则,因此应当允许变更或解除合同。为此大陆法系将其用情势变迁而英美法系将其用合同落空的概念去规范。由此可见,所谓情势变迁或合同落空,是指在合同成立后,由于事后发生的当事人虽无过错,但又致使合同双方在订约时所谋求的商业目的受到挫折的意外情况。因此,对于未履行的合同义务,当事人得予以变更或免除责任。

(2)构成情势变迁或合同落空的条件。构成情势变迁或合同落空的条件主要有:

①具有情势变迁的客观事实;

②情势变迁事实是发生在合同生效后至合同终止前;

③情势变迁的发生是双方当事人不能预见、无法避免、无法预防的;

④情势变迁不是由于任何一方当事人的过失或疏忽造成的,即情势变迁由不可归责于当事人的事由而发生;

⑤情势变迁后,致使履行合同将对一方当事人没有意义或者将造成重大的损害,若继续履行合同,有悖于诚实信用的原则,并会产生显失公平的结果。

在一起具体的案件中要判断合同是否已经落空,或者是否能适用情势变迁原则往往是十分困难的。因此,为了避免不测的风险,合同的当事人最好是在合同中订立一项条款,事先规定合同双方当事人在发生他们所不能控制的某些意外事故时,不论这种意外事故从法律看是否能构成合同落空或情势变迁,他们都可以延迟履行合同或解除合同义务。

由于情势变迁制度比较复杂,在实践中难以把握,因此我国的《合同法》中没有将其纳入。

(3)情势变迁或合同落空的法律后果。对于情势变迁或合同落空所引起的法律后果,两大法系的规定存在较大的差异。英美法系原则上认为合同落空的后果是合同本身归于终止,并且双方的义务得以自动解除。所以只要双方当事人在合同中就合同落空事由及其后果做出了明确的规定,法院在审理案件时原则上应该遵循。但如果双方当事人未在合同中就有关合同落空问题做出规定,则法院对于做出合同落空的判决所要求的条件将是十分严格的,故做出这种判决的情形也极少发生。大陆法系认为,情势变迁主要是免除债务人不履行义务本来应当负的损害赔偿责任,合同并非当然消灭。如果履行的障碍是暂时的,则合同仅在障碍存续期间得以中止履行，只有因情势变迁事由致使合同履行成为不可能或对债权人来说已无必要时，合同才得以解除。

2. 不可抗力

(1)不可抗力的概念和范围。不可抗力是指在合同成立后，而发生的双方当事人均无过错，而又不能预见、不能避免、不能预防的客观意外情况。不可抗力均属意外事故，这种意外事故包括两个方面：一种是由于自然原因引起的，如地震、火灾、旱灾、水灾和雪灾等；另一种是由社会原因引起的，如战争、封锁和禁运等。

凡在合同成立后，非由于当事人自身的过错，而是由于事后发生的意外情况致使当事人在订约时所谋求的商业目的无法实现，从而导致当事人的责任被免除的情事均应归属于不可抗力。而不可抗力事故的范围也可由当事人根据合同的具体情况在订立合同时加以规定。

(2)不可抗力的法律后果。关于不可抗力的法律后果，两大法系存在着较大的差异。

大陆法系认为，不可抗力主要是免除债务人不履行义务本来应负的损害赔偿责任，合同并非当然消灭。如果履行的障碍是暂时的，则合同仅在障碍存续期间得以中止履行，只有当不可抗力事由致使合同履行成为不可能或对债权人来说已无必要时，合同才得以解除。如果当事人双方在合同中已对不可抗力事由的范围、后果有了明确的规定，法院在审理案件时原则上也应遵循。

英美法系国家原则上认为，不可抗力的后果是合同本身归于终止，双方的义务得以解除。所以只要双方当事人在合同中就不可抗力事故的范围及其后果做出了明确的规定，法院在审理案件时，原则上应当遵循。

《联合国国际货物销售合同公约》关于不可抗力事由所引起的法律后果在很大程度上吸取了大陆法系的规定，根据《联合国国际货物销售合同公约》第 79 条第 5 款的规定，当事人因不可抗力的原因不履行义务时，仅得以免除损害赔偿责任，而任何一方行使其他救济方法的权利不受妨碍。由此意味着受损害的一方在不可抗力事由发生后，虽然不能得到损害赔偿金，但其仍有权向不履行义务的一方请求诸如实际履行(如果履行的障碍是暂时的，且履行仍有可能)、减价和解除合同等公约规定的救济方法。而且在解除合同后双方都有权要求另一方归还自己按照合同已支付货款或已交付的货物。

我国的《合同法》对不可抗力的规定基本上接受了《联合国国际货物销售合同公约》的有关规定。按照我国《合同法》的规定，因不可抗力不履行合同时，应及时通知对方，并应在适当的期限内提供证明。

由于各国的法律对不可抗力事由的有关规定不尽相同，而且法院在当事人未在合同中明确规定不可抗力事由的有关条款时要判断哪些意外事故属于不可抗力也十分困难，因此，为了不测的风险，目前各国当事人通常的做法是，在合同中订立一条称为“不可抗力”的条款，明确规定哪些意外事故属于不可抗力范围，以及不可抗力事故所引起的法律后果。

四、违约的救济方法

违约救济方法是指合同一方当事人的合法权利被他方侵害时，法律上给予受损害一方的补偿方法。根据《国际商事合同通则》和很多国家合同法的规定，违约的救济方法主要有以下几种。

（一）实际履行

实际履行是指债权人要求债务人按合同的规定履行合同，也称实际标的履行。大陆法系国家原则上采取以实际履行作为不履行合同义务的主要救济方法。凡是债务人不履行合同时，债权人都有权要求债务人实际履行。法院在债权人有此请求且履行合同尚属可能的情况下，原则上也应做出实际履行的判决，只有在具体履行成为不可能时，法院才会做出不需实际履行的判决。

德国法将实际履行作为一种主要的救济方法，而法国法将实际履行作为一种可选择的救济方法，或者在履行合同尚有可能时请求实际履行，或者解除合同请求损害赔偿。

英美法系国家则认为对违反合同的主要救济方法是损害赔偿，实际履行只是一种在例外现况下才采用的辅助性救济方法。对于一般性的货物买卖合同如果通过损害赔偿方法足以补偿债权人的损失，法院原则上不会做出实际履行的判决，除非买卖的标的物是特定物或者特别珍贵稀有，在市场上不容易买到的；或者涉及不动产买卖，法院才会考虑判决实际履行。

我国的《合同法》也将实际履行作为一种主要的救济方法，按照我国《合同法》的规定，当事人一方不履行非金钱债务或者履行非金钱债务不符合约定的，对方可以要求实际履行，但是下列三种情形除外：

①法律上或者事实上不能履行。

②债务的标的不适应强制履行或者履行费用过高。

③债权人在合理期限内未要求履行。

在此情况下法院或仲裁员不得裁决实际履行。

（二）损害赔偿

损害赔偿是指当事人一方违反合同规定，不履行或不完全履行合同义务而给对方造成损失，依法或根据合同约定应承担的损害赔偿责任。它是对违约的一种主要的救济方法，为各国的法律所普遍采用。但是在损害赔偿的成立、赔偿的方法以及范围等方面两大法系有不同的规定和要求。

(1)承担损害赔偿责任的条件。大陆法系规定，关于损害赔偿责任的成立必须具备三个条件：首先，要有损害事实，其次，要有归责于债务人的原因(即损害行为人有过错)，再次，损害发生的原因与损害之间必须在因果关系。

大陆法系在确定损害赔偿责任时采取过错责任原则。因此凡不履行、不完全履行或迟延履行合同的一方当事人只有在因过错构成违约事实，并给债权人造成损害时，债权人才能向其请求损害赔偿。

损害赔偿的方法有恢复原状和金钱赔偿两种。恢复原状是指恢复到损害发生前的原状，这种方法可以完全达到损害赔偿的目的，但实施起来很不方便，有时甚至不可能做到。如在特定物买卖关系中，如果特定物灭失，则往往无法找到与其完全相同的物品作为替代。金钱赔偿是指以支付金钱来弥补对方的损害，这种方法便于实施，但是有时不能完全满足损害赔偿的本旨。所以，各国的法律对这两种方法一般都予以考虑，如德国法以恢复原状为原则，以金钱赔偿为辅助，而法国法则以金钱赔偿为原则，以恢复原状为辅助。

对于违约的成立，英美法系采用严格责任原则，即只要一方当事人违反了合同，无论有无损害或违约一方有无过失，对方当事人均可提出损害赔偿。这主要是因为英美法系认为，合同的一切义务都是当事人所做出的承诺，因此只要当事人没有全部履行合同而给对方造成损害，就应当承担损害赔偿责任，即使违约的结果并没有造成损害，债权人仍可以要求名义上的损害赔偿。除非存在着法律规定的、合同约定的或惯例俗成的免责事由。

在英美法系中损害赔偿的方法只有金钱赔偿一种，法院对损害赔偿之诉一般都是判令债务人支付违约金或赔偿金。

(2)损害赔偿范围。损害赔偿范围是指在发生违约情事后，在请求损害赔偿时，应依据什么原则来确定损害赔偿的金额以及确定损害赔偿的范围。

对于合同违约的损害赔偿范围，各国法律的规定基本相同，即应当包括违约所造成的全部损失。全部损失包括直接损失和可得利益损失。直接损失，也称实际损失或积极损失，是指既有财产或既存利益因违约行为而减少，如收入的减少或支出的增加等。可得利益损失，也称间接损失或消极损失，是指如果债务人不违约，债权人本来能够取得的，但因债务人违约而丧失的利益。但是不论是直接损失的赔偿还是可得利益的损失的赔偿都须有一个限制，即一般不超过违约方在订立合同时预见到或者应当预见到的因违约可能给对方造成的损失。

大陆法系认为损害赔偿的范围包括违约所造成的实际损失和所失利益两个方

面。实际损失就是合同所规定的合法利益，由于可归责于债务人的原因而蒙受的损失。所失利益是指如果债务人不违反合同，债权人本应能够取得，但因债务人违约而丧失的利益。如某企业为已经购入的并预计于某时交付的机器承揽了大批的加工业务，但是因为机器制造商违约，没有按合同规定的计划交付机器，以致企业损失了机器加工收入，则此项损失可以作为所失利益。

英美法系关于损害的基本原则是，因违约而蒙受损害的一方应在经济上恢复到合同得以正常履行时其本应处的地位。美国法认为，损害赔偿范围应限于违约方有理由预见到的违约后果，如果在合同订立时，违约方没有预见到所发生的损失是违约很可能发生的结果，损害赔偿金就不能获得。《美国统一商法典》对损害赔偿的计算作了具体的规定，根据该法典的规定，损害赔偿范围还包括附带的损失和间接损失。

此外，在计算损害赔偿的范围时还要注意损益相抵。所谓损益相抵，是指受害人基于损失发生的同一原因，而获得利益时，在其应得的损害赔偿额中应扣除其所获得的利益部分。

我国的《合同法》和《联合国国际货物销售合同公约》对损害赔偿范围的规定与上述的原则基本一致。

(3)减损义务。很多国家的合同法及《国际商事合同通则》都规定在发生违约时，受损害的当事人有义务采取合理措施防止损害扩大，如果是由于受损害的一方的疏忽没能采取合理的措施减少违约所造成的损失，则受损害的一方对于违约发生之后本来可以合理避免的损失不能要求给予赔偿。受损害的当事人为防止损害扩大而采取的合理措施而发生的合理费用可以要求违约方赔偿。

(三)违约金

违约金是指以保证合同履行为目的，由双方当事人事先约定，当一方违约时，应当向另一方支付的金钱。

大陆法系国家与英美法系国家对违约金的认识略有不同。在法国，由于当事人的意思自治的原则的神圣地位，当事人之间的有关违约金的规定都是有效的，如果当事人已经约定了违约金，则这种约定将具有确定赔偿金额的依据，违约金是对违约方的一种制裁，具有惩罚性质，因此，受害方除了请求违约金外，还可以要求损害赔偿。然而，英美法系认为，一方违约，另一方只能要求赔偿，而不能惩罚，但允许当事人预先确定损害赔偿的金额。

根据《国际商事合同通则》的规定，如果合同规定不履行的一方应就该不履行而向受损害方支付一定的金额，受损害方有权获得这一金额，不论实际损害如何；

但金额显然过高,可将其减少至一个合理的数额,无论有无与之相反的约定。

我国的《合同法》第 114 条在违约金问题上做出了与《国际商事合同通则》相一致的规定。

联合国国际贸易法委员会制定了《关于在不履行合同时支付约定金额的合同条款的统一规则》(以下简称《规则》)于 1983 年联合国大会通过决议,建议各国采用。根据《规则》的规定,当事人一方不履行合同应当承担违约责任时,另一方当事人有权取得约定的违约金。同时,除非约定的违约金额与债权人所受到的损失很不相称,否则,法院或者仲裁机关均不得减少或者增加合同约定的违约金额。如果损失大大超过约定的违约金额,则对于约定的违约金额所不能补偿的部分,债权人有权请求损害赔偿,并且在延迟履行的情况下,债权人在取得违约金的同时,仍有权要求对方履行合同义务。

(四)解除合同

解除合同是指在合同尚未履行或尚未完全履行的情况下,合同当事人依约或者依法行使解除权,消灭合同的效力,从而解除合同当事人约定的权利和义务的行为。

(1)大陆法系的有关规定。大陆法系认为当合同双方的一方当事人不履行合同时,对方即有权解除合同。法国法规定,在双务合同中,当一方当事人不履行债务时,另一方当事人可以宣告解除合同,但合同并不是当然解除,债权人要求解除合同时,应向法院提出,法院得根据情况给予债务人一定的期限。

德国法在合同的解除问题上规定,除有特别规定外,债务人于履行到期时仍未履行合同,债权人必须为债务人规定适当的履行期间,在此期间届满后债务人仍不履行合同义务的才可以解除合同。但如果违反义务的行为影响轻微,则不能行使解除权。如果出现了履行不能的情况也可以解除合同。解除合同的同时可以要求损害赔偿,主张解除合同的一方当事人,只需把解除合同的意思通知对方即可,不必经过法院的判决。

(2)英美法系的有关规定。英国法把违约的情形分为违反条件与违反担保两种情况。违反条件即合同的主要条款,对方有权解除合同,并要求赔偿损失。而违反担保则受损害的一方不能解除合同,而只能向违约的一方请求损害赔偿,并且不能以此为事由拒绝履行其合同义务。由此美国把违反条件称做重大违约,违反担保称做轻微违约。判断是否为严重违约,要看违约方的违约行为是否侵害了对方的主要利益或是违反了合同实质性内容。

此外,在英美法系还有预期违约制度,预期违约,又称提前违约,是指一方当事人在合同规定的履行期到来之前就表示其不履行合同的行为。预期违约包括明示的预期违约和默示的预期违约。明示的预期违约是指合同一方当事人在合同履行期到来之前明确表示其将不履行合同义务。默示的预期违约是指合同一方当事人在合同履行期到来之前以自身的行为或客观事实暗示其将不履行合同规定的义务。如加工承揽合同的交货期限已临近,但加工方尚未开工等。根据美国《统一商法典》第 2 章第 609 条的规定,在具备下列条件时,可以构成预期违约:

①一方有适当的理由要求另一方对其违约做出适当的保证;

②另一方在收到此种要求后未能在合理的期限内,依合理的方式对其履行做出保证。

当一方当事人预期违约时,另一方当事人可以解除自己的义务,并可以立即要求损害赔偿,也可以拒绝接受对方提前违约的表示,坚持合同的存在,待合同规定的履行期届满,对方又确未履约时,再决定采取何种法律手段。

(3)我国《合同法》的有关规定。根据我国的《合同法》第 94 条的规定,有下列情形之一的可以解除合同:

①因不可抗力致使不能实现合同目的。

②在履行期限届满之前,当事人一方明确表示或者以自己的行为表明不履行主要债务。

③当事人一方迟延履行主要债务,经催告后在合理期限内仍未履行。

④当事人一方迟延履行债务或者有其他违约行为致使不能实现合同目的。

⑤法律规定的其他情形。由此可见,当事人违反了合同的约定义务及当事人的违约行为使对方的合同目的无法实现时,权利人有权解除合同。

我国的《合同法》也有关于预期违约的规定,同样包括明示的预期违约和默示的预期违约,但与英美法系国家关于预期违约规定不同的是英美法系国家的预期违约是在合同履行期到来之前的明示或暗示的违约行为,而我国的预期违约则是在履行期届满之前的明示或暗示的违约行为。在一方当事人提前违约时,对方当事人可以解除合同或采取其他的救济方法。

(五)禁令

禁令是由法院做出的强制执行合同所规定的某种消极义务,即由法院判令被告不许做某种行为。禁令是英美法系所采取的一种特殊的救济方法,英美法系只有在以下两种情况时才会给予以禁令作为救济的:首先,采取一般损害赔偿的救济方法不足以补偿债权人所受的损失;其次,禁令必须符合公平合理的原则。

本章小结

合同是平等主体的自然人、法人、其他经济组织之间设立、变更、终止民事权利义务关系的协议。西方大陆法系国家将合同作为民法的一部分,以《法国民法典》和《德国民法典》作为规范合同行为的法律文件的代表,英美法系国家则以判例为规范商事合同的主要法律形式,同时也形成了一些成文法,如美国的《统一商法典》和英国的《货物买卖法》等。我国则以1986年颁布的《民法通则》以及于1999年颁布了《合同法》作为规范合同的法律文件。

国际统一合同法经过逐步产生和发展,形成了一系列的国际条约与惯例。1980年4月通过的《联合国国际货物销售合同公约》吸取了两大法系的合理之处,调和与折中了各法系有关立法的分歧。国际统一私法协会于1994年颁布了《国际商事合同通则》,它兼容了不同文化背景和不同法律体系的一些通用的法律原理、规则,吸收了国际商事活动中的某些惯例和公约的某些规则,因此,可以视为适用于所有类型的国际商事合同的综合性惯例。

合同法的基本原则主要有合同自由原则、诚实信用原则、平等原则、公平原则、合法和遵守公序良俗原则。

合同的成立,首先,要求当事人具备相应的权利能力和行为能力;其次,合同的内容必须合法;再次,当事人的合意必须真实,对于由于错误、欺诈、胁迫、暴力、乘人之危或重大失衡等原因造成当事人意思表示不真实的,受损害的一方可以要求变更、撤销该合同或主张合同无效;最后,合同的形式也必须符合法律的规定。

要约是一方当事人向另一方提出的订立合同,且一旦要约被对方承诺,则己方即对要约承担责任的意思表示。承诺是指受要约人完全接受要约约定的行为。许多国家的法律都要求一项法律上有效的合同,除了合法和当事人合意之外,还需要有对价或约因。对价是英美法系的概念,是指当事人之间存在的"相互给付"的关系。约因是法国等大陆法系国家使用的概念,就是指订约人产生该项债务所追求的最接近的或最直接的目的。

抗辩权是指对抗他人请求自己为一定给付行为的权利。抗辩权主要是一种针对请求权的权利,其效力在于阻止请求权的效力。从而使抗辩权人能够拒绝向债权人履行债务。抗辩权主要有同时履行抗辩权、后履行抗辩权和不安抗辩权三种。

合同的保全是指合同的债权人依据法律的规定，在债务人不正当处分其权利和财产，危及其债权的实现时，可以对债务人或者第三人的行为行使撤销权或者代位权的债权保护方法。

合同的变更可分为广义的合同变更和狭义的合同变更。广义的合同变更是指合同主体和合同内容的变更。狭义的合同的变更仅是指合同内容的变更。对于合同内容的变更，各国的法律都允许合同的双方当事人经过协商变更合同，《国际商事合同通则》也将重大失衡和情势变更作为合同变更的条件。我国的《合同法》也对因重大误解而订立的合同作为合同可变更或可撤销的条件。

对于合同权利的转让世界各国的合同法律大多规定，除了某种具有个人特色的合同权利不能让与，大多的合同权利的转让不需征得债务人的同意，但对于合同义务的承担问题，大多数国家都规定合同义务的承担需经债权人的同意。

违约是指合同当事人无合法理由而不履行或不完全履行合同义务的行为。大陆法系国家以过错责任为原则，认为合同违约当事人须有过错才承担违约责任。英美法系国家则以严格责任为原则，即只要当事人没有履行合同义务，即使其不存在任何过失，也构成违约，需要承担违约责任。《国际商事合同通则》和《联合国国际货物销售合同公约》都接受了严格责任原则。在现代合同法中，常常采用过错推定原则。过错推定原则是指合同一方当事人在证明另一方当事人违约后，如果另一方当事人不能证明自己对此违约没有过错，则在法律上就应推定其具有过错，并应承担违约责任。

虽然违约会给合同的当事人带来损害，但如果出现情势变迁或合同落空及不可抗力等情况时均可免除合同责任。此外，本章还对合同的解除做出了介绍。

技能实训

1.张先生有位于北京西直门外的公寓一套，经同事介绍，结识了李先生，经双方商定，张先生将该公寓租给了李先生并签下合约，然而事后张先生发现租住自己公寓的不是李先生，而是某外国人冯·贝尔先生，贝尔先生喜欢养小动物，在家中豢养了一只猫、两只狗和数只豚鼠，而张先生和妻子都不喜欢养动物，而且厌恶动物脱下的毛及动物的气味。张先生要求贝尔先生一家不要养动物，而贝尔先生以合同中没有不可养动物一条抗辩，张先生找到李先生，要求李先生禁止贝尔一家养动物，李先生以同样的理由抗辩，张先生要求李先生赶走贝尔一家，李先生称贝尔一家是自己在国外学习期间交下的朋友，自己租下的房子就是为了帮助朋友居住。张先生要求收回自己的公寓，但李先生又以租房合同尚未到期为由拒绝提前终止合同。

请问：张先生怎样才能维护自己的权利？

2. 某餐饮公司下属圣彼得堡餐厅因厅堂装修的需要，与外资巴黎装修公司签订了装修合同，合同规定装修公司为餐厅无偿设计装修图纸，在餐厅同意设计并由装修公司进入施工现场时，由餐厅支付30%的装修费，在工程完成水电路工程时，餐厅再支付30%的装修费，当工程完成墙面和地面石材、地砖粘贴和铺设后，餐厅支付清所有余款，同时合同约定，所有施工工程完工后1年由装修公司无偿维护一次，装修公司无偿保修5年。然而，当工程进行到完成墙面和地面石材、地砖粘贴和铺设后已届年底，装修公司向餐厅工程部追讨余款。然而，餐厅的工程负责人发现，装修公司没有在原写字楼续租，在其他的写字楼也没有租办公室，该公司的外国控股公司已濒于破产，装修公司也可能被清盘。一旦出现这种情况，餐厅的其余工程无法完成，工程的维护和保修也无法保证。但此时餐厅的付款期已到。

请问：餐厅如何才能保护自己的利益？

3. 外资企业金星饲料公司生产对虾养殖用饲料，由于资金周转不灵，拖欠金穗粮油公司的玉米款100万美元，被金穗粮油公司多次追讨，但金星饲料公司均以公司无钱偿还，恳予宽限为由拒不偿还，经金穗粮油公司调查，经营状况良好的泰国东南之星养殖公司尚欠金星饲料公司的120万美元的货款已到期，于是就要求金星饲料公司去讨还饲料款以归还自己的玉米款，但金星饲料公司回答："东南之星公司的经理对我们公司的老板有救命之恩，我们不能去逼债。"于是拒绝了讨货款，这也使得金穗粮油公司的玉米款讨不回来了。同时金星饲料公司还拖欠了当地电厂的40万元电费，在电厂追讨电费时，金星饲料公司要求再延期两个月偿还电费，并答应将一辆奔驰小汽车做抵押。过了两个星期，电厂听说金星饲料公司已将那辆抵押给自己的汽车无偿转让给了大韩星服装公司。

请问：面对这种情况，你认为：

(1)金穗粮油公司可以通过怎样的法律手段维护自己的合法权益？

(2)电厂可以通过怎样的法律手段维护自己的合法权益？

4. 加州布鲁林游船公司与加得利旅游用品公司签订合同，布鲁林游船公司为后者订制游艇两艘，于2007年圣诞节前25天交货，不得延误。然而至2007年10月中旬，加得利旅游用品公司从北海圣地旅行社得知，布鲁林游船公司已经答应在同样的时间内和在同一地点为北海圣地旅行社制造两艘游艇。而经过调查，布鲁林游船公司只有两个船台，每艘游艇的制造工期至少50天。由此加得利旅游用品公司判断，布鲁林游船公司无论如何也不可能如期交付自己订制的游艇了。

请问：加得利旅游用品公司应如何维护自己的权益？

5. 中国飞天歌舞团与美国圣乐大剧院签订派遣演员苏某某参与该剧院东方舞蹈演出的合同，双方约定：在合同的两年有效期内，该剧院不得再邀请任何中国舞蹈演员参与演出，同时，该中国演员只能在该剧院演出，不得在其他的剧院中演出。然而，由于此后的演出获得巨大成功，为了增加演出场次，圣乐大剧院又与中国香港和台湾的两名演员签订了演出合同，邀请这两位演员到该剧院演出。

请问：在这种情况下，中国飞天歌舞团应当怎样维护自己的权利？

第五章　国际货物买卖法

知识目标：

- 理解国际货物买卖法的概念、特征及渊源；国际货物买卖合同中的风险转移问题；违反合同的补救措施；《2000年通则》的主要内容
- 掌握国际货物买卖合同中的主要条款；《联合国国际货物销售合同公约》的适用范围；国际货物买卖合同中的双方的义务；FOB、CIF、CFR和FCA、CPT、CIP六种贸易术语

技能目标：

- 能够在国际货物买卖活动中灵活运用相关法律保护当事人的合法权利，妥善运用交易过程中的违约救济手段避免遭受不必要的损失
- 结合所学的内容分析案例、解决实际问题
- 熟练掌握《联合国国际货物销售合同公约》的运用及六种主要贸易术语的运用

第一节　国际货物买卖法概述

一、国际货物买卖法概述

(一)国际货物买卖法的概念和特征

国际货物买卖法是调整所有营业地点位于不同国家的当事人之间发生的货物买卖行为的法律规范。它具有以下三个特征。

(1)国际货物买卖法行为的法律主体的营业地点位于不同国家。判断是否属于国际货物买卖行为的标准是法律主体的营业地而不是它的国籍。如果当事人双方具有同一国籍，但其营业地位于不同国家，他们之间的买卖行为属于国际货物买卖；如果其营业地位于同一国家，尽管当事人的国籍不同，但仍属于国内货物买卖。

(2)国际货物买卖法的客体是跨国流通的特定货物。作为国际买卖行为标的物的货物是非私家用的货物。凡属向国外购买供个人、家人或家庭使用的消费物品,有价证券、公债、股票、投资证券及货币买卖以及船舶、飞机、电力供应等都不属国际货物买卖。而只有原料、半成品、工业设备以及专为销售而买卖的商品才是国际货物买卖。

(3)国际货物买卖行为涉及多重法律关系并受其调整。国际货物买卖行为要受进口国和出口国有关国内法的调整,同时也要受到进口国和出口国缔结的国际公约以及有关国际惯例的调整。

(二) 国际货物买卖法的法律渊源

(1)国内立法。各国为了便于进行对外贸易,往往参照国际上通行的做法,结合本国的实际,制定调整国际货物买卖关系的国内法。但各国采用的立法形式不尽相同,大陆法系国家习惯于将这类条款订入民法典中,如《法国民法典》第三篇第六章即为这类法律规范。英美法系国家则制定调整买卖关系的单行法规,如美国的《统一商法典》即为一例。我国调整国际货物买卖的法律是《民法通则》和《合同法》。

(2)国际公约。目前调整国际货物买卖的最重要的国际统一实体法是《联合国国际货物销售合同公约》。该公约由联合国国际贸易法委员会起草,于 1980 年联合国维也纳外交会议上正式通过,1988 年正式生效。截至 2007 年 5 月,核准和参加该公约的共有 70 个国家,具体包括:阿根廷、澳大利亚、奥地利、白俄罗斯、比利时、波斯尼亚—黑哥维那、保加利亚、布隆迪、加拿大、智利、中国、哥伦比亚、克罗地亚、古巴、塞浦路斯、丹麦、厄瓜多尔、埃及、萨尔瓦多、爱沙尼亚、芬兰、法国、加蓬、格鲁吉亚、德国、加纳、希腊、几内亚、洪都拉斯、匈牙利、冰岛、伊拉克、以色列、意大利、吉尔吉斯斯坦、拉脱维亚、莱索托、利比里亚、立陶宛、卢森堡、毛里塔尼亚、墨西哥、摩尔多瓦、蒙古、黑山、芬兰、新西兰、挪威、巴拉圭、秘鲁、波兰、韩国、罗马尼亚、俄罗斯联邦、圣文森特和格林纳丁斯、塞尔维亚、新加坡、斯洛伐克、斯洛文尼亚、西班牙、瑞典、阿拉伯叙利亚共和国、前南斯拉夫的马其顿共和国、乌干达、乌克兰、美国、乌拉圭、乌兹别克斯坦、委内瑞拉(玻利瓦尔共和国)、赞比亚。但应注意,英国和日本没有参加该公约。

(3) 国际贸易惯例。国际贸易惯例不是法律,它是在国际贸易的长期实践中逐渐形成的一些有较为明确和固定内容的贸易习惯和一般做法。它对合同当事人没有普遍的强制性,只有当事人在合同中规定加以采用时才对合同当事人有法律约束力。但是,由于国际贸易惯例本身具有含义明确、使用方便的特点,所以国际商人大都乐意采用和遵守。调整国际货物买卖的重要国际惯例是由国际商会制定的《国际贸易术语解释通则》,该通则最初于1936年制定,以后经数次修改。现行文本是2000年的修订本。

第二节　国际货物买卖合同

一、国际货物买卖合同的概念

国际货物买卖合同是指营业地位于不同国家的当事人之间就有关货物买卖的权利义务关系而达成的协议。它是合同的一种,凡是合同法的原理原则,对于国际货物买卖合同同样是适用的。

关于国际货物买卖合同的含义,主要从以下三个方面理解。

(1)国际货物买卖合同的国际性以当事人的营业地位于不同国家为标准,不考虑当事人的国籍。

(2)国际货物买卖合同强调的是合同的标的物需要进行跨越国境的运输。因此,即使是不同国家的当事人在同一国境内订立的货物买卖合同也不是国际货物买卖合同。

(3)国际货物买卖合同的标的是货物,货物是指有体动产。但适用于1980年的《联合国国际货物销售合同公约》的货物并非所有的有体动产,用于个人消费的合同被排除在外;另外,船舶与飞机等虽在物理属性上属于动产,但是这类动产其本身标的巨大且一般价值很高,因此,各国对其转让一般都进行了特别的规定,公约也不对此类货物适用。

二、国际货物买卖合同的主要条款

国际货物买卖合同的条款主要包括约首、正文和约尾三部分。约首是合同的开头部分,包括合同的名称、合同的编号、订约日期、订约地点、双方当事人的名称和地址以及合同的序言等内容。约首部分的内容同样具有一定的法律意义而不应被忽视,如订约的日期在法律上表明,除非合同中对合同生效的时间另有不同的规定,否则应以该日期为合同生效的日期。再如订约地点,如果合同中对合同所应适用的法律没有做出明确的规定,则合同订立地对确定合同的法律适用会起到一定的作用。正文部分是合同的主体部分,包括合同的实质性条款,即规定双方当事人权利义务的条款。约尾主要载明合同以何种文字做成,以及各种文本的法律效力、正文的份数、附件及其效力,双方当事人的签名等。正文部分的内容如下。

(一)品质规格条款

品质规格条款是合同的主要条款,由于国际货物买卖的双方分处不同的国家,因此双方在合同中对货物品质的约定就更加重要。依某些国家的法律规定,买卖合同中有关货物品质的说明是合同的要件,如果卖方所交货物的品质与合同的约定不符,买方有权拒收货物,并可以要求损害赔偿。国际货物买卖中,不同种类的货物有不同的品质表示方法,主要有以下几种。

(1)凭样品确定货物品质的买卖。它是指交易双方约定以样品作为交易的品质依据的买卖。一般适用于以科学方法表示品质比较困难的商品,如纺织品、服装、皮鞋、工艺品和土特产品等,但应注意食品、化工产品等不能采用凭样品买卖方式。在国际贸易中,凭样品买卖的种类很多,不过根据提供样品方的不同,可将其分为凭卖方样品买卖、凭买方样品买卖和凭对等样品买卖。

①凭卖方样品买卖。它是凭卖方样品作为交货的品质依据。合同中应订明"品质以卖方样品为准"。

②凭买方样品买卖。它是由买方出样,凭买方样品作为交货的品质依据,在我国又称"来样成交",在合同中应订明"品质以买方样品为准"。另外,为防止卷入侵犯第三者工业产权的纠纷,合同中还应明确规定:如果发生由买方来样引起侵犯第三者工业产权的事情,概由买方负责,与卖方无关。

③凭对等样品的买卖。它是指卖方根据买方提供的样品加工复制出一个类似的样品交买方确认,这种经确认后的样品称为"对等样品"或"回样",这实际上是把凭买方样品买方转变为凭卖方样品买卖。为了避免买卖双方在履约过程中产生质量争议,必要时还可使用封样,即由第三方或由公证机关在一批货物中抽取同样质量的样品若干份,由第三方或公证机关留存一份备案,其余供当事人使用。

根据《联合国国际货物销售合同公约》第35条的规定,货物的质量应与卖方向买方提供的货物的样品或样式相同。否则,即为与合同不符,卖方须承担此种不符合合同的责任。由于凭样品的买卖多属于品质难以规范化或标准化的货物,有时很难做到货物的品质与样品完全相同,因此在凭样买卖时,如果由于所买卖商品的特性或生产加工技术的原因,卖方难以保证交货质量与样品完全相同,则应在磋商订约时与买方约定交货质量与样品相似或大致相同,并在合同中做出明确规定。如"品质与卖方于××日提供的样品相似"、"所交货物须与卖方第××号样品大致相等"等。

(2)凭规格、等级或标准确定货物品质的买卖。商品的规格是指反映商品品质的一些主要指标,如重量、成分、含量、纯度、长短、大小和粗细等。用商品的规格来确定商品质量的方法称为"凭规格买卖",这种表示质量的方法简单方便、准确具体，在国际贸易中使用最为广泛。商品的等级是指同类商品按其品质差异或精度、纯度不同所作的级别分类，如桑蚕丝共分 12 个品级，用简明符号表示为：6A、5A、4A、3A、2A、A、B、C、D、E、F、G。又如皮蛋按重量、大小分为奎、排、特、顶、大五级。奎级为每千只 75 千克以上，其后每差一级，减 5 千克。标准是指商品的规格、等级标准化，并以一定的文件正式公布出来。世界各国都有自己的标准。另外，还有国际标准和国外先进标准。国际标准是指国际标准化组织（ISO）标准，国际电工委员会（IEC）制定的标准以及其他国际组织规定的某些标准。国外先进标准是指发达国家的国家标准，如英国为 BS，美国为 ANSI，法国为 NF，德国为 DIN，日本为 JIS、JAS 等。这些国际标准和国外先进标准均在国际贸易中被广泛采用。我国有国家标准、行业标准、地方标准和企业标准。但应注意，同一组织颁布的某类商品的标准往往有不同年份的版本，版本不同，质量标准内容也不相同。在合同中援引标准时，应注明采用标准的版本名称及其年份。如“利福平（甲哌利福霉素）英国药典 1993 年版”。

除了等级和标准外，目前还有一些初级产品的交易，由于长期形成的习惯或出口的国家尚未对产品予以等级化和标准化，也可采用下列两种方法说明其品质。

①良好平均品质（Fair Average Quality，或 F. A. Q.）。它是指一定时期内某地出口货物的平均品质水平。在我国出口的农副产品中也有用 F. A. Q. 来说明其品质的，习惯上我们称其为“大路货”，其交货品质一般以我国产区当年生产该项农副产品的平均品质为依据而确定。如“东北大豆 2001 年，大路货，含油量最低 18%”。

②上好可销品质（Good Merchantable Quality ，或 G. M. Q.）。它是指卖方交货品质只需保证为上好的、适合于销售的品质即可。一般只适用于木材或冷冻鱼类等物品。这种表示方法的含义笼统，难以掌握，容易引起争议，因此，我国在对外贸易中很少使用。

(3)凭商标或牌名确定货物品质的买卖。商品的牌名是指厂商或销售商所生产或销售商品的牌号，又称“品牌”。商标则是牌号的图案化，是特定商品的标志。生产厂商或销售商凭牌名或商标来表示商品的质量，与买方达成交易，这种方法称为“凭牌名或商标的买卖”。在国际贸易中，对于某些品质稳定并树立了良好信誉的商品，可以采用凭商标或牌名特别是良好信誉的商标或牌名代表了一定规格的商品品质，因此，此种买卖可以不再凭具体标准或提供样品。但由于同一商标或牌名的产品可能在不同的国家生产，也会存在规格上的差异，因此，有些凭商标或牌名的买卖除规定了货物的牌名或商标外，也会对产品的具体规格进行规定。

(4)凭说明书确定货物品质的买卖。商品的说明书是说明商品的性能、构造等的文字材料。在国际贸易中，买卖一些构造和性能复杂的设备时，有时须凭详细的说明书具体说明其构造、用材、性能和使用方法等。在凭说明书的买卖中，有的合同除说明书外，还有规定品质保证的条款，用以保证卖方出售的货物品质在一定期限内符合说明书上的技术指标，如买方在保证期限内发现品质与说明书不符，则可以要求退货。

(5)凭产地名称或凭地理标志买卖。有些地区的产品，尤其是一些传统农副产品具有独特的加工工艺，在国际上享有盛誉。对于这类商品的销售可以采用产地名称或地理标志来表示其独特的品质。如以一个国家为标志的如"法国香水"、"德国啤酒"等，以某个国家某一地区的某一地方为标志的如"四川榨菜"、"景德瓷器"、"西湖龙井茶"等。

(二)数量条款

国际货物买卖合同中的数量通常用重量、体积、长度、面积等单位来表示。合同中数量条款必须规定明确。数量条款是确定卖方交货数量的依据。国际贸易中的不同商品需要采用不同的计量单位。按重量计量的单位有克、千克、公吨、长吨、短吨、磅、克拉；按个数计量的单位有件、双、套、打、罗、令、卷；按长度计量的单位有米、英尺、码；按面积计量的单位有平方米、平方英尺、平方码；按体积计量的单位有立方米、立方英尺、立方码；按容积计量的单位有公升、加仑、夸脱。由于社会历史背景的差异，世界各国的度量衡制度大不相同，以致造成同一计量单位所表示的数量不一。在国际贸易中通常采用公制、英制、美制和国际标准计量组织在公制基础上颁布的国际单位制。我国的《计量法》规定，我国采用国际单位制。上述不同的度量衡制度导致同一计量单位所表示的数量有差异。如就表示重量的吨而言，实行公制的国家一般采用公吨，每公吨为1 000千克；实行英制的国家一般采用长吨，每长吨为1 016千克；实行美制的国家一般采用短吨，每短吨为907千克。因此，在签订合同时应注明。

对于有些农产品货物或矿产品货物，由于货物本身的特性，或受包装和运输工具的限制，或由于蒸发的原因等，使货物的重量和数量很难与合同相同，对于此类货物，国际惯例也允许在合同规定的数量与实际交货的数量之间有一定的机动幅度。通常有两种规定机动幅度的方法。

(1)在合同中规定"溢短装条款"，允许卖方按一定的机动幅度多交或少交一定数量的货物。《跟单信用证统一惯例》(国际商会第600号出版物)第30条b项规定："在信用证未以包装单位件数或货物自身件数的方式规定货物数量时，货物数量允许有5%的增减幅度，只要总支取金额不超过信用证金额。"在数量机动幅度范围内，多装或少装货物，一般都按合同价格计算多交或少交的货款，即多交多收，少交少收。但对于价格波动频繁、幅度较大的商品，为防止对方利用机动幅度故意增加或减少数量以取得额外利益，也可规定增减部分以装运时某种市场的价格计算。

(2)在货物的数量上规定一个约数。如规定“约 1 000 公吨”，则货物的数量可以在一定的幅度内机动。根据《跟单信用证统一惯例》(国际商会第 600 号出版物)第 30 条 a 项的规定，“约”或“大约”用于信用证金额或信用证规定的数量或单价时，应解释为允许有关金额或数量或单价有不超过 10%的增减幅度。

(三)包装条款

包装条款主要包括包装的种类和性质、包装材料、包装尺寸、包装费用和运输标志等内容。在国际贸易中，除一些货物因其自身特点不需要包装外，多数货物都需要有一定的包装。包装的费用计入成本之中。货物的包装主要分为以下两类。

(1)运输包装，又称大包装或外包装，它是将货物装入特定容器或以特定方式成件或成箱包装，主要作用是为了保护货物的安全运输，便于装运和储存。运输包装可以分为单件运输包装和集合运输包装。集合运输包装又分为集装箱、托盘、集装包和集装袋。

(2)销售包装，又称小包装或内包装，是随着商品进入零售环节和消费者直接见面的包装，其作用除了具有保护商品的作用外，还有美化和宣传商品的作用。

世界各国在长期的贸易实践中对运输包装作了很多规定，有的形成了一些习惯做法，如果不符合规定或惯例，则严格限制进口或课以重税。如英国禁用玻璃、陶瓷材料制作运输包装；美国、日本、加拿大、新西兰和毛里求斯等国禁用稻草、木丝、报纸等作为包装衬垫；埃及禁用原棉、葡萄枝、旧材料或易于滋生害虫、寄生虫的植物材料作衬垫物等。许多国家对运输包装的重量也有限制性规定，如智利规定粮食每包重 80 千克以下，以便于用人工搬运；叙利亚规定油脂产品每件重量不得超过 10 千克；有些国家的港口为了提高装卸速度和码头使用率，规定进口货物必须使用集合运输包装，否则不准进口卸货；还有的国家规定，港口装卸必须使用托盘，否则港口拒绝卸货，如孟加拉国的吉大港，沙特阿拉伯的吉达、达曼等。

(四)价格条款

价格条款主要规定货物的计价货币、计价单位、单位价格金额等。国际贸易术语常常被用来表示货物的单价，如规定“每公吨 500 美元 CIF 纽约”的单价中，重量的单位是公吨，计价货币是美元，单位价格金额是 500 美元，目的港是纽约，价格构成是货物的成本加运费加保险费。货物买卖合同的总价是以单价乘以交易商品的数量。价格条款是确定买方支付义务的主要依据。在国际货物买卖中，合同作价通常采用以下方法。

(1)短期交货合同可采用固定价格。即是由买卖双方商定的在合同有效期内不得变更的价格。

(2)对长期交货合同,如大型成套设备、机器的买卖合同,为避免受商品国际市场价格变动的影响,可采用滑动价格,即买卖双方同意在合同中暂定价格,在交货时再根据行情及生产成本增减做相应的调整。

(3)后定价格。即在合同中不规定商品的合同价格,只规定确定价格的时间和方法,如规定以某年某月某日伦敦商品交易所价格计价。

(4)对分批交货合同,可采用部分固定价格、部分滑动价格的方法。对近期交货部分采用固定价格,对远期交货部分按交货时的行情或另行协议作价。

(五)商检条款

商检条款通常规定商品检验所应依据的标准、检验机构、检验期间及商检权等内容。商检条款的作用是提供一个确定卖方所交货物是否符合合同的依据,关系到合同的履行、索赔、诉讼等许多法律问题。商检条款主要包括以下内容。

(1)关于商检权问题。商检权关系到买卖双方由哪方、数量或包装是否符合合同的问题。在国际贸易中,对商检权一般有下列三种不同的规定方法。

第一,以离岸品质、重量为准。在此种条款下,买方在货物离岸后原则上不能对货物的品质和数量提出异议。这种做法对卖方比较有利。

第二,以到岸品质、重量为准。在此种条款下,买方可以根据目的港检验机构签发的商检证书向卖方提出品质、数量方面的异议。这种做法显然对买方有利。

第三,以装运港的检验证书作为议付货款的依据,但在货到港后允许买方有复验权。如复验后发现货物的品质、数量与合同不符,买主可根据复验的结果向卖方提出索赔。这种做法比较公平合理,兼顾到买卖双方的利益,在国际贸易中使用比较普遍。

(2)关于商检机构。在国际贸易中,进行商品检验的机构主要有以下三类。

①由国家设立的商品检验机构。国际上比较著名的官方商品检验机构有美国粮谷检验署(FGES)、美国食品药品管理局(FDA)、法国国家实验室检测中心、日本通商产业检验所等。在我国,商检机构是国家质量监督检验检疫总局即国家质检总局。

②由私人或同业公会、协会开设的公证行,国际上比较著名的民间或社会团体检验机构有美国保险商实验室(UL)、瑞士通用公证行(SGS)、英国劳合氏公证行、日本海事鉴定协会(NKKK)、中国香港天祥公证行等。

③生产制造厂商或产品的使用部门设立的检验机构。

(3)关于商检的期限。商检的时间一般就是品质、数量索赔的期限。在检验条款中通常都规定，买方必须于货物到达目的港后若干天内（如60天内）进行检验。或规定买方应于货物在目的港卸货后若干天内进行检验，如果超过规定的期限不进行检验，就是货物良好的证据。

（4）关于商检的标准和方法，各国对同种商品的品质规定的标准不完全一致，而且每个国家的标准（包括各同业公会的标准）各年的版本又可能不同，内容也有差异，因此，在签订合同时，如按标准确定商品的品质，不仅要规定是按哪个国家的标准，而且还须规定是按照哪个版本的标准。有些商品在检验时常因所采用的检验方法不同而出现不同的结果。所以在签订合同时，对于可能有检验方法检验的商品应明确采用哪一种。

（六）装运条款

装运条款主要规定装运时间、装运港或装运地、装运通知等事项。装运是指将货物装上运输工具。装运港和目的港的规定不明确就有可能出错而造成大的经济损失。

（七）保险条款

合同中的保险条款是指具体规定由哪方当事人负担货物运输的保险责任及应投保的险别等内容的条款，其目的在于把保险责任具体化。如在CIF的合同中，投保人是卖方，而被保险人是买方，如果双方没有在合同中约定应投保的险别，那么卖方通常就投一个最低险，即平安险。如果买方需要一个更高的险别，就要在合同的该条款中明确约定。

（八）支付条款

支付条款是合同中有关买方支付货款内容的条款，包括以下内容：

（1）支付与结算使用的货币的币种。

（2）支付工具，即是货币还是票据，一般是采用票据中的汇票。

（3）支付方式，指是采用汇付、托收还是信用证，合同中经常采用的是跟单信用证付款方式，有些情况下也采用托收的方式。

（4）支付的时间与地点。

支付时间不但涉及利息问题，而且对买卖双方尽快实现各自的利益有重大关系。还有卖方为取得货款应提供的单证等各项规定。

（九）不可抗力条款

不可抗力条款是规定在合同订立后发生当事人在订立合同时不能预见、不能避免、不可控制的意外事故，以致不能履行合同或不能如期履行合同时，遭受不可抗力的一方可以免除履行合同责任的条款。构成不可抗力的意外事故应具备以下条件：

(1)意外事故是在签订合同以后发生的；

(2)意外事故是当事人所不能预见、不能避免和不可控制的；

(3)意外事故的引起没有当事人疏忽或过失等主观因素。

不可抗力的法律后果包括以下两种情形。一是解除合同。一般来说，如果不可抗力事故使合同的履行成为不可能，则合同可以解除。如在买卖特种粮食的交易中，该特种粮食的产地因水灾而歉收，在这种情况下，可以解除合同。二是迟延履行。如果不可抗力只是暂时阻碍了合同的履行，则只能迟延履行。如由于不可抗力使交通受阻，可能迟延履行，等通车后再履行。

(十)仲裁条款

仲裁条款，又称仲裁协议，是指双方当事人愿意将其争议提交某仲裁机构进行裁决的意思表示。仲裁是国际贸易中解决争议时最常用的方法，它以双方订有仲裁协议为前提。

(十一)法律适用条款

法律适用条款是当事人依意思自治原则经过双方的协商选择的适用于合同的法律。我国的司法解释要求当事人对法律的选择应当是明示的，当事人的选择一般应与合同有一定的联系。当事人可以选择适用某国的国内法，也可以选择适用国际公约或国际惯例，但不得违反我国法律中的强制性规定。

第三节 《联合国国际货物销售合同公约》

《联合国国际货物销售合同公约》于1980年在维也纳的外交会议上通过，于1988年正式生效。我国于1986年加入该公约。《联合国国际货物销售合同公约》(以下简称公约)共有101条，分四部分：第一部分是使用范围和总则；第二部分是合同的订立；第三部分是货物销售，主要包括买卖双方的义务以及风险转移的内容；第四部分是最后条款，主要是关于公约的批准、生效、保留和退出等内容。需要指出的是，关于合同的订立已在第四章“合同法”中予以介绍，本节将不再介绍。

一、公约的适用范围

(一)适用公约的货物销售合同

依公约第1条的规定：本公约适用于营业地在不同国家的当事人之间所订立的货物销售合同：(a)如果这些国家是缔约国；或(b)如果国际私法规则导致适用某一缔约国的法律。此条包含以下几点内容。

1.适用公约的货物销售合同

(1)公约只适用于国际货物销售合同,国际因素以当事人的营业地位于不同国家为标准,而不考虑当事人的国籍。如果当事人有两个以上营业地时,依公约第10条的规定,应以与合同及合同的履行关系最密切的营业地为其营业地,但要考虑到双方当事人在订立合同前任何时候或订立合同时所知道或所设想的情况。如果当事人没有营业地,则以其惯常居住地为准。

(2)依国际私法规则的扩大适用,依a款的规定,本来公约只适用于双方营业地所在国均为缔约国的情况,双方均不位于缔约国或只有一方位于缔约国均不适用公约。而依b款的规定,即使双方或一方的营业地不在缔约国,但只要依国际私法规则应适用缔约国的法律,则适用公约。考虑各国加入公约时的态度,公约允许对此项扩大适用进行保留。我国加入该公约时即对此进行了保留。

2.不适用公约的合同

并非所有的国际货物销售合同都适用公约,公约在第2条从合同种类上排除了六种不适用公约的合同:(a)购供私人、家人或家庭使用的货物的销售,除非卖方在订立合同前任何时候或订立合同时不知道而且没有理由知道这些货物是作任何这种使用;(b)经由拍卖的销售;(c)根据法律执行令状或其他令状的销售;(d)公债、股票、投资证券、流通票据或货币的销售;(e)船舶、船只、气垫船或飞机的销售;(f)电力的销售。

公约第3条还排除了对提供货物与提供服务相结合的合同的适用,根据公约的规定,下列两种合同排除适用。

(1)供应尚待制造或生产的货物的合同应视为销售合同,除非订购货物的当事人保证供应这种制造或生产所需的大部分重要材料。

(2)该公约不适用于供应货物一方的绝大部分义务在于供应劳力或其他服务的合同。

依公约的规定,下列两种合同排除适用:一是通过劳务合作方式进行的购买,如补偿贸易;二是通过货物买卖方式进行的劳务合作,如技贸结合。这两项的不适用反映了公约适用范围的一条原则,即公约适用于货物的国际销售,而不适用于劳务或服务合同。但是,合同中提供劳务或服务没有构成供货方绝大部分义务的,仍被公约视为买卖合同而适用该公约。再者,如果合同是由买卖和劳务两部分组成的,则公约只适用于买卖合同部分。

3.公约未涉及的法律问题

该公约并没有对所有涉及国际货物销售的法律问题均进行了规定,公约的规定仅限于因合同而产生的双方的权利义务关系问题,下列几个方面的问题均由于各国法律的规定分歧较大，很难统一，因此，公约没有涉及的法律问题主要有：

(1)公约不涉及有关销售合同的效力或惯例的效力问题；

(2)公约不涉及销售合同对所售出的货物的所有权转移问题；

(3)公约不涉及卖方对货物引起的人身伤亡的责任问题。

(二)公约适用的任意性

根据公约第 6 条的规定，双方当事人可以不适用该公约，或在第 12 条的条件下，减损该公约的任何规定或改变其效力。本条表明公约的适用并不是强制性的，主要表现为下列两点。

(1)当事人可以通过选择其他法律而排除公约的适用。也就是说，即使在买卖合同的双方当事人的营业地两个缔约国本应适用公约，但如果他们在合同中约定适用其他的法律，则排除了公约的适用。但如果当事人只是一般性地选择适用了某一缔约国的法律，则公约仍然得以适用，只有在当事人明确适用该国的什么法律时才能排除公约的适用。如如果当事人选择适用《美国统一商法典》，则可以排除公约的适用。

如果双方没有排除公约的适用，则公约自动适用于他们之间的买卖合同。如果当事人在合同中选择适用了某一国际惯例，如某一国际贸易术语，则不能认为排除了公约的适用，因为贸易术语主要是解决买卖双方在交货方面的责任、费用及风险划分等问题，而没有涉及违约及违约救济等方面的问题，贸易术语和公约在内容上是相互补充的，因此，公约仍应对合同适用。

(2)当事人可以在买卖合同中约定部分地适用公约，或对公约的内容进行改变。但当事人的此项权利是受到一定限制的，即如果当事人营业地所在国在加入公约时已提出保留的内容，当事人必须遵守，而不得排除或改变。

(三)我国加入公约时的保留

我国于 1986 年 12 月向联合国秘书长递交了《联合国国际货物销售合同公约》的核准书，成为了公约的缔约国，该公约于 1988 年 1 月 1 日对包括我国在内的各参加国生效。但我国在核准公约时提出了下列两项保留。

(1)合同形式的保留。合同形式的保留针对的是公约第 11 条。根据该条的规定，销售合同无须以书面订立或书面证明，在形式方面也不受任何其他条件的限制。销售合同可以用包括人证在内的任何方法证明。我国在核准公约时对此进行了保留，即认为国际货物买卖合同应采用书面的方式，公约有关口头或书面以外的合同也有效的规定对我国不适用。尽管我国于 1999 年 10 月 1 日通过的合同法已允许涉及合同采用口头形式，但在我国没有撤销有关的保留前，该保留仍然有效，即仍应采用书面形式。当然，营业地在我国的当事人与营业地在非缔约国的当事人订立的涉外合同则可以采用口头的形式,因为不涉及公约的适用。

(2)扩大适用的保留。扩大适用的保留针对的是公约第 1 条第 1 款 b 项的规定。该条允许通过国际私法的引用而使公约适用于非缔约国。对此,我国在核准公约时也提出了保留,即我国仅同意对双方的营业地所在国均为缔约国的当事人之间订立的国际货物销售合同才适用公约。

二、国际货物买卖合同双方的义务

(一)卖方的义务

在国际货物买卖合同中,虽然双方的权利和义务是对等的,但提供货物的一方的义务比买方的义务要复杂,主要包括交付货物、交货必须与合同相符、移交单据、转移货物的所有权。由于各国有关货物所有权转移的规定分歧较大,因此,公约对此问题采取了回避的态度,未进行具体的规定。因此,本节只涉及交付货物、质量担保、权利担保、交付单据等几项内容。

1. 交付货物

交付货物既是卖方的主要义务,也是其行使收取货款的权利的前提条件。依公约的规定,卖方应依合同规定的地点、时间及方式完成其交货义务。

(1)交付货物的地点。关于交付货物的地点,双方当事人有约定的依约定,如果没有约定具体的交付地点,依公约第 31 条的规定确定卖方的交付地点,即(a)如果销售合同涉及货物的运输,卖方应把货物移交给第一承运人,以运交给买方;(b)在不属于上款规定的情况下,如果合同指的是特定货物或从特定存货中提取的或尚待制造或生产的未经特定化的货物,而双方当事人在订立合同时已知道这些货物是在某一特定地点,或将在某一特定地点制造或生产,卖方应在该地点把货物交给买方处置;(c)在其他情况下,卖方应在他于订立合同时的营业地把货物交给买方处置。

(2)交货的时间。根据公约第 33 条的规定,卖方必须按以下规定的日期交付货物:(a)如果合同规定有日期,或从合同可以确定日期,应在该日期交货;(b)如果合同规定有一段时间,或从合同可以确定一段时间,除非情况表明应由买方选定一个日期外,应在该段时间内任何时候交货;或者(c)在其他情况下,应在订立合同后一段合理时间内交货。

2. 质量担保

货物的质量担保义务是指卖方必须保证其交付的货物与合同的规定相符。根据公约第 35 条第 1 款的规定,卖方交付的货物必须与合同所规定的数量、质量和规格相符,并须按照合同所规定的方式装箱或包装。在合同没有对数量、质量、规格和包装做出明确规定的情况下，则应依公约第 35 条第 2 款的规定。

(1)货物适用于同一规格货物通常使用的目的。这种情况是指买方订货时，是依一般的规格订货，而没有向卖方指出货物的任何用途。公约所指的是同一规格货物通常使用的用途，如购买商品通常是为了消费和转卖，购买机器通常是用于生产，购买粮食一般是既能用于人类消费又能喂牲畜，如卖方提供的货物只能用于喂牲畜则没有达到适合于一般用途。关于一般用途的标准又可能产生问题，是依买方国家的标准，不是依卖方国家的标准，一般认为，既然买方有机会将其特定用途告知卖方而没有告知，则在出现争议时应适用卖方国家的标准，公约也是将保证货物适合于一般用途的责任加给了卖方，由卖方来确定其货物是否能够适合该种货物的所有一般用途。

(2)适用于任何特定目的。货物适用于订立合同时明示或默示地通知卖方的任何特定目的。如果买方对该特定用途所需要的货物的规格不很了解，其可将购买该货物的特定用途告知卖方。如告知卖方需要购买的是专门用于钻碳钢板的某个尺寸的钻头，则卖方提供的钻头就应达到钻碳钢板的硬度要求。

(3)与样品或样式相符。货物应与样品或样式相符，即货物的质量与卖方向买方提供的货物样品或样式相同。当订立的合同是以样品或样式为基础时，卖方即应保证货物符合样品或样式的质量。

(4)在包装上的要求。货物按照同类货物通用的方式装箱或包装，如果没有此种通用方式，则按照足以保全和保护货物的方式装箱或包装。某些国家不认为包装属于货物相符的义务，而公约则将包装作为卖方保证货物相符的义务之一，因为在国际货物买卖中，货物通常要经过长距离的运输，卖方对货物的包装是否合理会对运输产生影响。一般认为，因卖方包装不符而造成的货损应由卖方承担责任。

公约除了规定卖方对货物质量的担保责任外，还规定了卖方对质量责任的免除。根据公约第 35 条第 3 款的规定，如果买方在订立合同时知道或者不可能不知道货物不符合合同，卖方就无须按上述四项负不符合合同的责任。在国际货物买卖中，有时买方已经知道了货物在品质上有缺陷，但由于急需该货物等原因而同意以减价为条件接受货物，在这种情况下，一旦买方知道了货物缺陷的事实而接受货物，则卖方不承担对此种缺陷的品质担保责任。

3. 权利担保

(1)权利担保的内容。权利担保可以概括为所有权担保和知识产权担保两个方面。

①所有权担保。所有权担保是指卖方保证对其出售的货物享有完全的所有权，必须是第三方不能提出任何权利或要求的货物，如不存在任何未向买方透露的担保

物权等。虽然公约并不调整国际货物买卖中的所有权转移问题，有关所有权转移的问题由国内法调整。但是，如卖方对其出售的货物不享有完全的所有权，就会对合同的履行产生影响，为此，公约要求卖方必须对其出售的货物拥有完全的所有权。

②知识产权担保。知识产权担保指卖方所交付的货物必须是第三方不能依工业产权或其他知识产权主张任何权利或要求的货物。知识产权是包括工业产权的，公约之所以将两者并列是为了避免不同国家在使用这两个概念时的分歧。如果在买方接受货物后，任何第三人通过司法程序指控买方所购的货物侵犯了其知识产权，卖方应承担代替买方辩驳第三人的指控。

(2)对知识产权担保义务的限制。由于国际贸易中，货物通常是销往卖方以外的国家，特别是还有转卖的情况，要求卖方了解所有国家有关的法律是不可能的，因此，公约对卖方的知识产权担保义务进行了某些限制，主要表现在以下几个方面。

①地域限制。公约虽然规定了卖方的知识产权担保义务，但并不是其出售的货物不得侵犯全世界任何一个知识产权人的权利。公约第 42 条规定了限制标准。

第一，依货物销售目的国的法律，即第三人的请求必须是依货物使用地或转售地国家的法律提出的。如果双方在订立合同时没有规定货物的最终使用地或转卖地，则卖方对买方不承担向不知明的转卖地转卖的知识产权的担保义务。

第二，依买方营业地所在国法律，即第三人的请求必须是依买方营业地所在国的法律提出的。也就是说，如果双方没有确定货物的最终使用地或转卖地，则卖方只对那些依买方营业地所在国的法律提出的请求向买方负责。如果买方有一个以上的营业地，则依公约的规定，以与合同及合同的履行关系最密切的营业地为其营业地。如果没有营业地，则以其惯常居住地为准。

②主观限制。公约在确定卖方的知识产权担保上还规定了时间的标准，依公约第 42 条第 2 款的规定，卖方在下列两种情况下，免除其知识产权担保的义务：(a)买方在订立合同时已知道或不可能不知道此项权利或要求；或者 (b)此项权利或要求的发生，是由于卖方要遵照买方所提供的技术图样、图案、程式或其他规格。

(3)买方的及时通知义务。公约第 43 条规定了买方的及时通知义务，即当买方已知道或理应知道第三方的权利或要求的性质通知卖方，否则就丧失了买方依公约本来可以得到的权利，即要求卖方承担辩驳第三方的权利。至于什么是“合理时间”，则要依个案而定，不同的案情，合理时间的长短不同。

4. 交付单据

在国际贸易中，单据对买方而言是十分重要的，特别是在象征性交货的情况下。象征性交货是区别于实际交货的一种方式，即由卖方控制货物的单据交给买方，由买方在指定地点凭单据向承运人提货。在象征性交货时，单据可能影响到买方是否能及时提取货物和转卖货物，也会影响到买方办理相关的海关手续。公约第 34 条对卖方交付单据的义务进行了规定，依该条规定，如果卖方有义务移交与货物有关的单据，他必须按照合同所规定的时间、地点和方式移交这些单据。如果卖方在那个时间以前已移交这些单据，其可以在那个时间到达前纠正单据中任何不符合合同规定的情形，但是，此一权利的行使不得使买方遭受不合理的不便或承担不合理的开支，买方保留公约所规定的要求损害赔偿的任何权利。

(二)买方的义务

1.支付货款。

(1)准备步骤。根据公约第 54 条的规定，买方支付价款的义务包括根据合同或任何有关法律和规章规定的步骤和手续，以便支付价款。买方付款义务所必需的一切准备步骤是其付款义务不可分割的组成部分，与支付货款本身一起构成了买方支付货款的义务。如果买方没有依合同或有关法律的规定为使支付成为可能而完成一切必要的步骤和手续也构成违约，将引起相应的违约赔偿。这些准备步骤包括申请信用证或银行的付款担保，在实行外汇管制的国家获得必要的外汇及将货款汇出的政府许可等。应该指出的是，公约只是规定买方应依合同或有关规定的要求采取这些步骤，并没有要求买方保证其努力的结果，如保证一定能获得政府的批准，因此，买方的此项义务不是绝对的，只要买方已采取了一切合理的步骤，但由于其不能控制的障碍仍不能获得所需的批准时，根据公约第 79 条的规定，买方可以免除其责任。

(2)支付的地点。由于各国在外汇管制上的规定不同，因此，支付的地点会对支付的顺利完成产生影响。国际货物买卖的双方通常也会在合同中对支付方式和地点做出约定。根据公约第 57 条的规定，支付的地点首先应以当事人在合同中的约定为准，在合同对此没有规定的情况下，公约对支付地点进行了以下补充规定。

①卖方的营业地为支付地，在卖方有一个以上营业地的情况下，买方的支付地点为卖方与合同及合同的履行关系最密切的营业地确定支付地。

②如凭移交货物或单据支付价款，则支付地点为移交货物或单据的地点。

(3)支付的时间。依公约第 58 条的规定，支付货款的时间首先应依当事人在合同中的约定为准，如果双方当事人未在合同中具体约定付款的时间，则买方应依以下时间支付货款。

①在卖方将货物或单据置于买方控制下时付款。依公约的规定，卖方可以买方支付货款作为移交货物或单据的条件，不付款则不交货或不交单据。

②在买卖合同涉及运输时，在收到银行的付款通知时付款。在涉及运输时，即在买方支付货款后才能取得代表货物所有权的装运单据，即以付款交单为支付条

件，在此种情况下，买方必须在接到银行的付款通知时支付货款。

③买方在没有机会检验货物前无义务支付价款，除非这种机会与双方当事人议定的交货或支付程序相抵触。但是，如果买方这种检验货物的机会与双方约定的交货或付款程序相抵触的，则买方丧失其在付款前检验货物的权利。在此种情况下，买方应按①②规定的时间付款。如在 CIF 贸易条件的情况下，买方只有在付款赎单后才能提货，才能对货物进行检验，此时不能以检验作为付款的条件。

2. 接收货物

根据公约的规定，买方接收货物的义务由两部分组成，其一为“采取一切理应采取的行动”，其二为“提取货物”。

(1)采取一切理应采取的行动。在国际货物买卖中，一方当事人应当采取与另一方当事人相适应的步骤，即双方有相互合作的义务。为了使卖方能交付货物，买方应当采取的行为包括为卖方指定准确的发货地点、委托代理人接收货物、依贸易术语的要求做出相应的运输安排等。为此，公约第 60 条 a 项规定，买方应采取一切理应采取的行动，以期卖方能交付货物。

(2)提取货物。提取货物要求买方将货物置于自己的实际控制下，买方提货虽然是自身利益的所在，也会对卖方产生一定的影响。如在 CIF 的情况下，卖方是通过承运人依运输合同交付货物，如买方不按时从承运人占有下提取货物，就会引起滞期费等费用，此笔费用如在买卖合同中没有相应的安排，就只能由与承运人订立运输合同的卖方承担。因此，买方一定要按时提取货物。如果买方在提取货物上不配合即违反了接收货物的义务。应注意的是，接收不同于接受，接受表明买方认为货物的质量符合买卖合同的规定；而接收并不表明买方对货物的质量没有异议，如货物在目的港经复验与合同不符，买方也应接收货物，然后再进行索赔。根据公约第 77 条的规定，声称另一方违反合同的一方，必须按情况采取合理措施，减轻由于该另一方违反合同而引起的损失，包括利润方面的损失。如果他不采取这种措施，违反合同一方可以要求从损害赔偿中扣除原可以减轻的损失数额。

三、风险转移

货物发生损失的原因很多，因双方责任导致的损失由责任方承担。因风险造成的损失则应由承担风险的一方当事人来承担。风险涉及双方无责任的外部事件造成的损失的分担。风险在国际货物买卖中一般指的是货物因自然原因或意外事故所致的损坏或灭失的危险。公约没有列出风险事件的范围，此类事件一般包括不可抗力、意外事故和第三方的不当行为造成的损失。确定风险转移的目的是为了明确这些损坏或灭失由谁来承担。根据公约第 66 条的规定，货物在风险移转到买方承担后遗失或损坏,买方支付价款的义务并不因此解除,除非这种遗失或损坏是由于卖方的行为或不行为所造成。

(一)风险分担的原则

(1)以交货时间确定风险的原则。在风险转移的时间上各国有不同的规定,一类是将风险转移与货物的所有权联系在一起,一类是将两者分开,公约采用的是后者。公约在确定货物的风险转移上基本上采取的是以交货时间确定风险转移的原则,根据公约第69条的规定,从买方接收货物时起,风险移转到买方承担。这样可以由向保险人或承运人求偿处于较好地位的一方当事人承担风险。

(2)国际惯例优先原则。在国际货物买卖实践中,对于货物风险的转移,一些惯例也有明确的规定。公约第9条的规定:

①双方当事人业已同意的任何惯例和他们之间确立的任何习惯做法,对双方当事人均有约束力。

②除非另有协议,双方当事人应视为已默示地同意对他们的合同或合同的订立适用双方当事人已知道或理应知道的惯例,而这种惯例在国际贸易上已为有关特定贸易所涉同类合同的当事人所广泛知道并为他们所经常遵守。如根据《2000年国际贸易术语解释通则》的规定,FOB、CIF、CFR合同的风险是以装运港的船舷为界,即风险的划分是以船舷为界,此时就要优先适用合同选择的这些贸易术语,而不是公约所确定的以交付单据的时候划分。

(3)过失划分的原则。根据公约的规定,风险自交货时间起,从卖方转移至买方。但是,假若货物的损坏或灭失是由于卖方违约行为所致,则上述原则不予适用,即此时货物损坏或灭失的风险还是由卖方承担。根据公约第66条的规定,货物在风险移转到买方承担后遗失或损坏,买方支付价款的义务并不因此解除,除非这种遗失或损坏是由于卖方的行为或不行为所造成。

(4)特定化(划拨)是风险发生转移的前提条件。划拨也称特定化,是指将某一笔货物确定在某一个合同项下,使合同中的标的物是确定的,该标的物就是用来履行合同的,不能挪为他用。根据公约的规定,货物在划拨到合同项下前,风险不发生转移。

(二)风险转移的时间

(1)合同中有运输条款的货物买卖的风险转移。对于合同中有运输条款的货物买卖的风险转移,根据公约第67条的规定应依下列方式转移风险。

①如果销售合同涉及货物的运输,但卖方没有义务在某一特定地点交付货物,自货物按照销售合同交付给第一承运人以转交给买方时起,风险就移转到买方承担。如果卖方有义务在某一特定地点把货物交付给承运人,在货物于该地点交付给承运人以前,风险不移转到买方承担。卖方授权保留控制货物处置权的单据,并

不影响风险的移转。

②但是，在货物以货物上加标记、或以装运单据、或向买方发出通知或其他方式清楚地注明有关合同以前，风险不移转到买方承担。

(2)对于在运输中销售的货物的风险转移。对于在运输中销售的货物的风险，根据公约第 68 条的规定，对于在运输途中销售的货物，从订立合同时起，风险就移转到买方承担。但是，如果情况表明有此需要，从货物交付给签发载有运输合同单据的承运人时起，风险就由买方承担。尽管如此，如果卖方在订立合同时已知道或理应知道货物已经遗失或损坏，而他又不将这一事实告之买方，则这种遗失或损坏应由卖方负责。

(3)其他情况下货物的风险转移。公约第 69 条的规如下。

①在不属于第 67 条和第 68 条规定的情况下，从买方接收货物时起，或如果买方不在适当时间内这样做，则从货物交给他处置但他不收取货物从而违反合同时起，风险移转到买方承担。

②但是，如果买方有义务在卖方营业地以外的某一地点接收货物，当交货时间已到而买方知道货物已在该地点交给他处置时，风险方始移转。

③如果合同指的是当时未加识别的货物，则这些货物在未清楚注明有关合同以前，不得视为已交给买方处置。

四、违反合同的补救办法

违约补救办法是指在一方当事人违反合同时，另一方当事人依法获得补偿的办法，也称救济方法。违约的救济方法可分为债权的救济方法和物权的救济方法。债权的救济方法是对当事人行使的，如实际履行、宣告合同无效、损害赔偿、减价等。物权的救济方法是对货物本身行使的，如停止交货等。公约规定的救济方法以债权救济方法为主。在国际货物买卖中，卖方的违约表现为不履行交货义务、不适当履行交货义务，如所交货物与合同不符，所交单据与合同不符，交付的货物违反了卖方的权利担保等情况。买方的违反则主要表现为不付款，或不依合同的约定付款，或不依合同的约定提取货物。公约分别对卖方违反合同的救济办法与买方违反合同的救济办法进行了规定。

(一)卖方违反合同时适用于买方的补救办法

(1)要求实际履行。根据公约第 46 条第 1 款的规定，买方可以要求卖方履行义务，除非买方已采取与此一要求相抵触的某种补救办法。公约以实际履行作为第一种补救办法，目的是为了保证合同履行的稳定性。另外，公约第 47 条还规定一个合理的履约宽限期，即买方可以规定一个合理时间的额外时间，让卖方履行其义务。

(2)交付替代物。公约第 46 条第 2 款规定了交付替代物的补救办法,即要求卖方替代交付与合同相符的货物。如果货物不符合合同,买方只有在此种不符合合同情形构成根本违反合同时才可以要求交付替代货物,而且关于替代货物的要求必须与说明货物与合同不符的通知同时提出,或者在该项通知发出后一段合理的时间内提出。

(3)修理。公约第 46 条第 3 款对修理的补救办法进行了规定。修理是卖方对所交付与合同不符的货物进行的修补、调整或替换有瑕疵部分等。买方请求修理的要求须与发出的货物不符的通知同时提出,或在该通知发出后一段合理的时间内提出。

(4)减价。根据公约第 50 条的规定,如货物与合同不符,不论货款是否已付,买方都可以减低价格。减价按实际交付的货物在交货时的价值与符合的货物在当时的价值两者之间的比例计算。

(5)宣告合同无效。根据公约第 49 条的规定,当卖方在完全不交付货物或不依合同规定交付货物构成根本违反合同时,卖方可以宣告合同无效。根据公约第 49 条的规定,买方有权在下列情况下宣告合同无效:

(1)卖方根本违反合同;

(2)卖方在买方规定的宽限时间内没有交货或声明不交货。

根本违反合同是指因一方当事人违反合同而使另一方当事人遭受损害,实际上剥夺了其依合同规定期待取得的东西,即合同的存在对他期待的利益已没有什么意义了,此时买方可以宣告合同无效。如卖方只交付了一部分货物或交付的货物中只有一部分相符,则前述有关实际履行、交付替代物、修理、减价等补救办法适用于未交付的部分和不符合合同规定部分的货物。公约第五节规定了宣告合同无效的法律效果,主要是使双方要回复到原来的地位。对买方来说,这意味着他不必继续履行合同义务,如买方可撤销付款安排及接货安排等。

买方宣告合同无效的权利由于下列情况而丧失:

(1)对于迟延交货,买方没有在迟延交货后的一段合理的时间内宣告合同无效;

(2)对于其他情况的违约,在他已经知道或应当知道后的一段合理的时间内没有宣告合同无效;或者,当卖方对自己的不履行义务向买方声明将在额外期限内进行补救,而该期限已经越过或买方不接受卖方的补救的情况下,买方仍没有宣告合同无效。

(二)买方违反合同时适用于卖方的补救办法

(1)要求履行义务。根据公约第 61 至第 63 条的规定,如果买方不履行其在合同中和公约中规定的任何义务,卖方可以要求其履行义务,卖方可以要求买方支付货款、收取货物以及其他应履行的义务,只要卖方没有采取与此要求相抵触的某种补救办法。卖方可以要求买方支付价款、收取货物或履行他的其他义务,除非卖方已采取与此一要求相抵触的某种补救办法。

①卖方可以规定一段合理时限的额外时间让买方履行义务。

②除非卖方收到买方的通知,声称他将不在所规定的时间内履行义务,卖方不得在这段时间内对违反合同采取任何补救办法。但是,卖方并不因此丧失他对迟延履行义务可能享有的要求损害赔偿的任何权利。

(2)宣告合同无效。根据公约第 64 条的规定,卖方在下列情况下可以宣告合同无效:

①买方不履行其在合同或本公约中的任何义务,等于根本违反合同;

②买方不在卖方规定的额外时间内履行支付价款的义务或收取货物,或买方声明他将不在所规定的时间内这样做。但是,如果买方已支付价款,卖方原则上就丧失宣告合同无效的权利。

(三)适用于买卖双方的一般规定

上述是适用于买方或卖方的特殊规定,此外,公约还规定了适用于买卖双方的一般规则,主要有预期违反合同、分批交货合同、损害赔偿、支付利息、免责、宣告合同无效的效果和保全货物等。

1. 预期违反合同

预期违反合同是指在合同订立后,履行期到来前,一方明示拒绝履行合同,或通过其行为推断其将不履行。由于这种预期违反合同的情况既可能出现在买方身上,也可能出现在卖方身上,因此,公约将其作为买卖双方都可以采用的救济方法,专列一条加以规定。

(1)预期违反合同的救济方法。根据公约第 71 条的规定,对预期违反合同的救济方法是中止履行合同义务。如果订立合同后,另一方当事人由于下列原因显然将不履行其大部分重要义务,一方当事人可以中止履行义务:①他履行义务的能力或他的信用有严重缺陷;②他在准备履行合同或履行合同中的行为显示他将不履行其主要的义务。公约第 72 条还规定,如果在履行合同日期之前,明显看出一方当事人将根本违反合同,另一方当事人可以宣告合同无效。所以,对预期违反合同须视其是否构成根本违反合同而分别采取中止合同或撤销合同两种不同的救济方法。

(2)援用中止履行合同或撤销合同采取的通知程序。根据公约第 71 条第 3 款的规定,中止履行的一方当事人不论是在货物发运前还是发运后,都必须通知另一方当事人,如经另一方当事人对履行义务提供充分保证,则他必须继续履行义务。根据公约第 72 条第 2 款的规定,在时间许可的情况下,准备宣告合同无效的一方应向对方发出合理的通知,使其可以对履行义务提供充分保证。

2. 分批交货合同

分批交货合同是指一个合同项上的货物分成若干批交货。公约第 73 条对此进行了明确的规定,主要有以下三种情况。

(1)对于分批交付货物的合同,如果一方当事人不履行对任何一批货物的义务,便对该批货物构成根本违反合同,则另一方当事人可以宣告合同对该批货物无效。即宣告撤销合同对这一批交货的效力,但不能撤销整个合同。

(2)如果一方当事人不履行对任何一批货物的义务,使另一方当事人有充分理由断定对今后各批货物将会发生根本违反合同,该另一方当事人可以在一段合理时间内宣告合同今后无效。即撤销合同对今后各批货物的效力,但对在此以前已经履行义务的各批货物不能予以撤销。

(3)买方宣告合同对任何一批货物的交付为无效时,可以同时宣告合同对已交付的或今后交付的各批货物均为无效,如果各批货物是互相依存的,不能单独用于双方当事人在订立合同时所设想的目的。如大型设备分批装运交货的情况,可以宣告撤销整个合同。

3. 损害赔偿

损害赔偿是指对由于一方当事人违反合同而给另一方当事人造成的损害或损失给予金钱上的补偿。损害赔偿是公约违约补救制度中运用最广泛的一种补救办法,买方或卖方所进行的其他补救并不妨碍其同时提出损害赔偿。如宣告合同无效,虽已终止了买卖双方当事人在合同中的义务,但其中受损害一方当事人请求损害赔偿的权利并不受此影响。

(1)赔偿金额的计算。赔偿金额的计算是损害赔偿的中心内容,根据公约第 74 条的规定,赔偿金额计算的原则是:一方当事人违反合同应负的损害赔偿额应与另一方当事人因他违反合同而遭受的包括利润在内的损失额相等。这种损害赔偿不得超过违反合同一方在订立合同时依照他当时已知道或理应知道的事实和情况,对违反合同预料到或理应预料到的可能损失。

(2)要求损害赔偿的一方减少损失的责任。根据公约第 77 条的规定,声称另一方违反合同的一方必须按情况采取合理措施,减轻由于该另一方违反合同而引起的损失,包括利润方面的损失。如果他不采取这种措施,违反合同一方可以要求从损害赔偿中扣除原可以减轻的损失数额。

4. 支付利息

公约第 78 条是关于支付利息的补救办法的规定,支付利息是指拖欠价款或其他金额的一方当事人支付上述款项的利息。支付利息有两种:一种是货款的利息;另一种是拖欠金额的利息。采用了支付利息的补救办法后仍然可以要求损害赔偿。

5.免责

根据公约第79条第1款的规定，当事人对不履行义务，不负责任，如果他能证明此种不履行义务是由于某种非他所能控制的障碍，而且对于这种障碍，没有理由预期他在订立合同时能考虑到或能避免或克服它或它的后果。

(1)免责的条件。

①不履行必须是由于当事人不能控制的障碍所致。如战争、禁运、风暴或洪水等。

②这种障碍是当事人不能预见的。

③这种障碍是当事人不能避免或不能克服的。公约所称的“不能控制的障碍”实际上就是“不可抗力”，公约没有采用“不可抗力”这一传统用语的原因是由于各国对该用语的理解有一定的差异，沿用传统用语可能会引起不必要的误解。

(2)免责的通知。根据公约第79条第4款的规定，不履行义务的一方必须将障碍及其对他履行义务能力的影响通知另一方。如果该项通知在不履行义务的一方已知道或理应知道此一障碍后一段合理时间内仍未为另一方收到，则他对由于另一方未收到通知而造成的损害应负赔偿责任。

(3)免责的后果。根据公约第79条第5款的规定，免责一方所免除的是对另一方损害赔偿的责任，但受损方依公约采取其他补救措施的权利不受影响。

6.宣告合同无效的效果

宣告合同无效的效果指合同无效对买卖双方当事人基于合同产生的权利和义务的影响。宣告合同无效的效果涉及终止买卖双方当事人的哪些权利与不终止哪些权利义务，以及哪些权利义务因合同被宣告无效才开始。根据公约的规定，宣告合同无效的效果主要有以下三个。

(1)宣告合同无效解除了双方在合同中的义务，但应负责的任何损害赔偿仍应负责。宣告合同无效不影响合同关于解决争端的任何规定，也不影响合同中关于双方在宣告合同无效后权利和义务的任何其他规定。

(2)已全部或局部履行合同的一方，可以要求另一方归还他按照合同供应的货物或支付的价款，如果双方都须归还，他们必须同时这样做。买方如果不可能按实际收到货物的原状归还货物，他就丧失宣告合同无效或要求卖方交付替代货物的权利。

(3)合同宣告无效后，买卖双方必须归还因接受履行所获得的收益。即卖方应归还所收取的货款的利息，买方应归还由于使用货物或转卖货物所得的收益。

7.保全货物

(1)保全货物的概念。保全货物是指在一方当事人违约时，另一方当事人仍持有货物或控制货物的处置权时，该当事人有义务对他所持有的或控制的货物进行保全。保全货物的目的是为了减少违约一方当事人因违约而给自己带来的损失。

(2)履行保全货物义务的条件。买卖双方都有保全货物的义务，但条件不同。

①卖方保全货物的条件是买方没有支付货款或接受货物，而卖方仍拥有货物或控制着货物的处置权。

②买方保全货物的条件是买方已接收了货物，但打算退货。

(3)保全货物的方式。

①将货物寄放于仓库。有义务采取措施以保全货物的一方当事人可以将货物寄放于第三方的仓库，由对方承担费用，但该费用应合理。

②将易坏货物出售。对易于迅速变坏的货物保全会发生不合理费用的货物可以出售货物，并应将出售货物的打算在可能的范围内通知对方。出售货物的一方可从出售货物的价款中扣除保全货物和销售货物发生的合理费用。

第四节《国际贸易术语解释通则》

一、《国际贸易术语解释通则》概述

(一)国际贸易术语的概念

国际贸易术语是在国际贸易中逐渐形成的，表明在不同的交货条件下，买卖双方在交易中的费用、责任及风险划分的以英文缩写表示的专门用语。一般来说，每一个国际贸易术语都包含了以下三方面的内容。

(1)责任划分问题。责任划分问题包括买卖双方如何交货、收货、从卖方交货到买方收货过程中涉及的一些相关工作由谁负责，买卖双方需要交接哪些有关的单据等。

(2)费用负担问题。费用负担问题指买卖双方在交接货物过程中需要支付的相关费用由谁负担。

(3)风险划分问题。风险划分问题指买卖双方在交接货物过程中，尤其是长途运输过程中，货物可能遇到的风险由谁承担。

国际贸易术语的作用在于简化交易手续，缩短了洽商时间，节省了费用，促进交易尽快达成；有利于买卖双方核算价格和成本；明确了买卖双方的权利和义务，有利于履约中争议的解决，促进国际贸易的发展。

(二)有关国际贸易术语的国际贸易惯例

在国际上有较大影响的有关贸易术语的惯例有三种，分别是 1932 年《华沙—

牛津规则》、《1941 年美国对外贸易定义修订本》和《国际贸易术语解释通则》。

(1)《1932 年华沙—牛津规则》(*Warsaw-Oxford Rules* 1932)。国际法协会于1928 年在华沙举行会议,制定了关于 CIF 买卖合同的统一规则,共 22 条,称为《1928 年华沙规则》。后又经过 1930 年纽约会议、1931 年巴黎会议和 1932 年牛津会议修订为 21 条,定名为《1932 年华沙—牛津规则》。这一规则对于 CIF 的性质,买卖双方所承担的风险、责任和费用的划分以及所有权转移的方式等问题都作了比较详细的解释。《1932 华沙—牛津规则》在总则中说明,这一规则供交易双方自愿采用,凡明示采用《1932 年华沙—牛津规则》者,合同当事人的权利和义务均应援引本规则的规定办理。经双方当事人明示协议,可以对本规则的任何一条进行变更修改或增添。

(2)《1941 年美国对外贸易定义修订本》(*Revised American Foreign Trade Definitions* 1941)。1919 年,美国九大商业团体在纽约以美国贸易惯用的 FOB 价格为基础制定了《美国出口报价及其缩写条例》。1941 年美国对这一条例进行了修订,改称为《1941 年美国对外贸易定义修订本》。该修订本同年被美国商会、全国进出口商协会和全国对外贸易协会所采用。它对六种贸易术语作了解释,即 Ex (Point of Origin)(产地交货)、FOB(Free on Board)(在运输工具上交货)、FAS (Free Along Side)(在运输工具旁边交货)、C&F(Cost and Freight)(成本加运费)、CIF(Cost, Insurance and Freight)(成本加保险费、运费)和 Ex Dock(Named Port of Importation)(目的港码头交货)。《1941 年美国对外贸易定义修订本》主要在北美国家采用。由于它对贸易术语的解释,特别是对第二种和第三种术语的解释与国际商会《国际贸易术语解释通则》有明显的差异,所以,在同北美国家进行交易时应加以注意。

(3)《国际贸易术语解释通则》(*International Rules for Interpretation*)。国际上使用最为广泛的是国际商会于 1936 年编纂的《国际贸易术语解释通则》,为了适应国际贸易实践的发展,先后于 1953 年、1967 年、1976 年、1980 年、1990 年和 2000 年进行了六次修订,目前实行的是《2000 年国际贸易术语解释通则》,亦简称为《2000 年通则》(*INCOTERMS*2000)。

二、《2000 通则》的主要内容

《2000 通则》保留了 1990 年通则的术语种类,共规定了十三种贸易术语(表 5-1),这十三种贸易术语的排列顺序是从卖方承担费用、风险和责任最小的工厂交货(EXW),到卖方承担费用、风险和责任最大的目的地完税后交货(DDP),这十三个术语分别依其特点共分为四组。

表 5-1 《2000 通则》中十三种贸易术语

名称	交货地点	风险转移	运输	保险	运输方式	清关手续
EXW 工厂交货	卖方工厂	交货时	买方	注 1	各种运输	进出口手续全由买方办理
FCA 货交承运人	交承运人	交货时	买方	注 1	各种运输	卖方办理出口买方办理进口
FAS 船边交货	装运港船边	交货时	买方	注 1	海运;内河	
FOB 船上交货	装运港船上	装运港船舷	买方	注 1	海运;内河	
CFR 成本加运费	装运港船上	装运港船舷	卖方	注 1	海运;内河	卖方办理出口买方办理进口
CIF 成本运费保险费	装运港船上	装运港船舷	卖方	卖方	海运;内河	
CPT 运费付至	交承运人	交货时	卖方	注 1	各种运输	
CIP 运费保险费付至	交承运人	交货时	卖方	卖方	各种运输	
DAF 边境交货	边境指定地点	交货时	卖方	注 2	陆上运输	卖方办理出口买方办理进口但 DDP 术语的进出口手续全由卖方办理
DES 目的港船上交货	目的港船上	交货时	卖方	注 2	海运;内河	
DEQ 目的港码头交货	目的港码头	交货时	卖方	注 2	海运;内河	
DDU 未完税交货	指定目的地	交货时	卖方	注 2	各种运输	
DDP 完税交货	指定目的地	交货时	卖方	注 2	各种运输	

注 1:在《2000 年通则》中,E 组、F 组和 C 组中,除了 CIF 和 CIP 以外,在保险合同的项目下,卖方和买方的义务中均注明"无义务",而在其解释中,称"无义务"指一方对另一方不承担义务的情况。但在一方对另一方无义务的情况下,并不意味着履行该任务不符合本方的利益,如在 FOB 的情况下,价格构成中没有保险一项,因此卖方对买方"无义务",同样买方对卖方亦无保险的义务,可是如不保险,风险在装运港就转移,买方的利益受损,因此买方本身要去投保。因此,在 E 组、F 组和 C 组中,除了 CIF 和 CIP,有关的保险应由买方为了自身的利益来办理。

注 2:在《2000 年通则》中,D 组术语中在保险合同的项目下,卖方和买方的义务中均注明"无义务",但是由于 D 组是到货合同,卖方是在目的地才完成交货,自然在交货以前的风险是卖方的,如果货物灭失了,卖方就无法完成交货,因此,卖方为了自己安全交货的目的应自费办理保险,因此,在 D 组中,应由"卖方"为了完成交货而自行办理保险。

(一)E 组(内陆交货合同)

E 组贸易术语中只有一个贸易术语,即 EXW,全称 Ex Works,意为工厂交货(指定地点),此术语为卖方义务最小的贸易术语,卖方只要将货物在约定地点,通常是卖方所在地交给买方处置即可,此约定的地点指卖方的工厂或仓库等,由于是在卖方的内陆完成交货,因此又称"内陆交货合同"。在此贸易术语下,货物的风险自交货时转移。

依该贸易术语,卖方的义务是:

①履行交货义务,即在其所在地(一般为工厂或仓库)将货物交给买方。

②承担交货前的风险和费用。

买方的义务是:

①买方必须承担在卖方所在地受领货物的全部费用和风险。

②办理出口清关手续。本贸易术语适用于各种运输方式。

(二)F组(主要运费未付)(装运合同)

F组共有三个术语,即FCA[全称 Free Carrier,意为"货交承运人(指定地点)]、FAS[全称 Free Alongside Ship,意为"船边交货(指定装运港)"]、FOB[全称 Free on Board,意为"船上交货(指定装运港)]。F组术语均为装运合同,即卖方均在货物的装运地或启运地或出口地完成其在销售合同中的交货义务,因此,主要运费应是由买方来承担的,对于卖方来说则是"主要运费未付"。

在双方的义务方面,卖方的义务是:

①履行交货义务,即在出口国承运人所在地或港口将货物交承运人。

②办理出口清关手续。

③向买方提交与货物有关的单证或相等的电子单证。

买方的义务是:

①办理货物的运输并为自己的利益投保。

②办理货物的进口手续。

在风险和费用的划分上,三种术语是不同的。在FCA的情况下,是以货交承运人的时间和地点为界线。在FAS的情况下,是以装运港船边为界线。在FOB的情况下,是以装运港船舷为界线。在适用的运输方式上,FAS和FOB只适用于海运和内河运输,而FCA则可以适用于各种运输方式。

(三)C组(主要运费已付)(装运合同)

C组由四个术语组成,即CFR[全称 Cost and Fright ,意为"成本加运费(指定目的港)]、CIF[全称 Cost Insurance and Freight ,意为"成本加运费加保险费(指定目的港)"]、CPT[全称 Carriage Paid to,意为"运费付至(指定目的地)"]、CIP[全称 Carriage and Insurance Paid to,意为"运费和保险费付至(指定目的地)]。其特点是卖方须订立运输合同和承担运费,因此称为"主要运费已付",尽管卖方承担了到目的港或目的地的运费,但其交货义务仍然是在卖方一边的装运地完成的,因此C组术语仍属于装运合同。

在双方的义务上,卖方的义务是:

①办理运输的手续和承担运费,在CIF和CIP术语中,卖方还须办理投保手续和承担保险费。

②办理出口清关手续。

③提交与货物有关的单据或相等的电子单证。

④办理出口手续。

买方的义务是办理进口手续，在CFR和CPT术语下投保虽然不是买方的合同中的义务，但买方为了自己的利益应当办理投保并支付保险费。

在风险的划分上，四种术语是不同的，在CFR和CIF的情况下，货物的风险在装货港船舷转移，在CPT和CIP的情况下，货物的风险在货交第一承运人时转移。

在适用的运输方式上，CFR和CIF适用于海运和内河运输，而CPT和CIP则适用于各种运输方式。

(四)D组(到货合同)

D组由五个贸易术语组成，即DAF[全称 Delivered at Frontier，意为"边境交货(指定地点)]、;DES[全称 Delivered Ex Ship，意为"目的港船上交货(指定目的港)"]、DEQ[全称 Delivered Ex Ship，意为"目的港码头交货(指定目的港)"]、DDU[全称 Delivered Duty Unpaid，意为"未完税交货(指定目的地)"]、DDP[全称 Delivered Duty paid，意为"完税交货(指定目的地)]。其特点是卖方须承担把货物交至目的地所需的全部费用和风险。卖方是在目的地，如边境、港口、进口国内地履行交货义务，因此称为到货合同。

在双方的义务上，卖方的义务是：

①将货物运至约定地点或目的地交货。

②承担在目的地交货以前的风险和费用。

③由卖方办理出口手续，在DDP情况下，卖方不但要办理出口手续，还要办理进口手续。

买方的义务是：

①承担货物在目的地交付后的风险和费用。

②除DDP术语外，买方应办理进口手续。

在风险的转移上，D组的五个术语均为在交货时风险转移。

在适用的运输方式上，DES和DEQ适用于海运及内河运输，DDU适用于各种运输方式，DAF可用于陆地边界交货的各种运输方式。

三、几种主要贸易术语

FOB、CIF、CFR和FCA、CPT、CIP是国际贸易中使用较多的贸易术语。以《2000年通则》为依据，掌握六种主要贸易术语的买卖双方的权利和义务及在使用中应注意的问题非常重要。

(一)FOB(船上交货)

FOB术语是指当货物在指定的装运港越过船舷，卖方即完成交货，货物的风险自船舷转移。此术语适用于海运及内河运输，在采用滚装船和集装箱运输的情况下，船舷已失去了其意义，因此，《2000 年通则》建议使用 FCA 贸易术语。FOB 术语后标出的是装货港的名称，如 FOB 汉堡，表明该批货物的装货港是汉堡。

1. 在 FOB 术语下买卖双方的义务

(1)卖方的义务。

①在合同规定的时间或期限内，在装运港，按照习惯方式将货物交到买方指定的船上，并及时通知买方。

②卖方必须自担风险和费用，取得任何出口许可证或其他官方许可，并在需要办理海关手续时，办理货物出口货物所需的一切海关手续。

③负担货物在装运港越过船舷前的一切费用和风险。

④自负费用向买方提供交货的通常单据，如买卖双方约定采用电子通信，则所有单据均可被具有同等效力的电子数据交换(EDI)信息所代替。

(2)买方的义务。

①负责租船或订舱，支付运费，并给予卖方关于船名、装船地点和要求交货时间的充分的通知。

②买方必须自担风险和费用，取得任何进口许可证或其他官方许可，并在需要办理海关手续时，办理货物进口和在必要时从他国过境所需的一切海关手续。

③负担货物在装运港越过船舷后的一切费用和风险。

④接受卖方提供的有关单据，受领货物，并按合同规定支付货款。

2. 使用 FOB 术语时应注意的问题

(1)"装上船"的要求和风险转移。按照《2000 年通则》的规定，FOB 合同的卖方必须及时在装运港将货物"装上船"。当货物在装运港超过船舷时，货物灭失或损坏的风险从卖方转移至买方。但是，《2000 年通则》作为惯例的规定并不是强制性的，它允许买卖双方按实际业务的需要对该规定的任何规定作必要的改变。因此，在实际业务中，如 FOB 合同的买方要求卖方提交"清洁已装船提单"，而卖方也同意提供此种运输单据，则该 FOB 合同的交货点已从"船舷"延伸到了"船舱"。这就是说，卖方必须负责在装运港将货物安全地装入船舱，并负担货物装入船舱为止的一切灭失或损坏的风险。

(2)船货衔接。在 FOB 合同中，买方必须负责租船或订舱，并将船名或装船地点和时间通知卖方，而卖方必须负责在合同规定的时间和地点将货物装上买方指定的船上。这就涉及一个船货衔接的问题。如果船只按时到达装运港，卖方因货未备妥而未能及时装运，则卖方应承担由此而造成的空舱费或滞期费。反之，如果买方延迟派船，使卖方不能在合同规定的装运期内将货物装船，则由此而引起的卖方仓储、保险等费用支出的增加，以及因迟收货款而造成的利息损失，均需由买方负责。

在以FOB贸易术语签订合同进行贸易时，买卖双方在合同签订后仍然要注意加强联系，密切配合，防止船货脱节。另外，采用FOB术语时，买卖双方可以协商，由买方委托卖方安排运输，办理租船或订舱，这是代办性质，买方仍要负担运费。

(3)装船费用的负担。在按FOB条件成交时，卖方要负责支付货物装上船之前的一切费用。但各国对于“装船”的概念没有统一的解释，有关装船的各项费用由谁负担，各国的惯例或习惯做法也不完全一致。如果采用班轮运输，船方管装管卸，装卸费计入班轮运费之中，自然由负责租船的买方承担；而采用程租船运输，船方一般不负担装卸费用。这就必须明确装船的各项费用应由谁负担。为了说明装船费用的负担问题，双方往往在FOB术语后加列附加条件，这就形成了FOB的变形，主要包括以下四种。

①FOB Liner Terms(FOB班轮条件)。这一变形是指装船费用按照班轮的做法处理，即由船方或买方承担。所以，采用这一变形，卖方不负担装船的有关费用。

②FOB Under Tackle(FOB吊钩下交货)。这一变形是指卖方负担费用将货物交到买方指定船只的吊钩所及之处，而吊装入舱以及其他各项费用，概由买方负担。

③FOB Stowed(FOB理舱费在内)。这一变形是指卖方负责将货物装入船舱并承担包括理舱费在内的装船费用。理舱费是指货物入舱后进行安置和整理的费用。

④FOB Trimmed(FOB平舱费在内)。这一变形是指卖方负责将货物装入船舱并承担包括平舱费在内的装船费用。平舱费是指对装入船舱的散装货物进行平整所需的费用。

在许多标准合同中，为表明由卖方承担包括理舱费和平舱费在内的各项装船费用，常采用FOBST(FOB Stowed and Trimmed)方式。

FOB的上述变形只是为了表明装船费用由谁负担而产生的，并不改变FOB的交货地点以及风险划分的界限。《2000年通则》指出，《2000年通则》对这些术语后的添加词句不提供任何指导规定，建议买卖双方应在合同中加以明确。

(4)《1941年美国对外贸易定义修订本》对FOB的解释。《1941年美国对外贸易定义修订本》对FOB的解释分为六种，其中只有：指定装运港船上交货”(FOB Vessel，“named port of shipment”)与《2000年通则》对FOB术语的解释相近。所以，《1941年美国对外贸易定义修订本》对FOB的解释与运用同国际上的一般解释与运用有明显的差异，这主要表现在以下三个方面。

①美国惯例把FOB笼统地解释为在某处某种运输工具上交货，其适用范围很广，因此，在同美国、加拿大等国的商人按FOB订立合同时，除必须标明装运港名

称外，还必须在FOB后加上"船舶"(Vessel)字样。如果只订为"FOB SanFrancisco"而漏写"Vessel"字样，则卖方只负责把货物运到旧金山城内的任何处所，不负责把货物运到旧金山港口并交到船上。

②在风险划分上，不是以装运港船舷为界，而是以船舱为界，即卖方负担货物装到船舱为止所发生的一切丢失与损坏。

③在费用负担上，规定买方要支付卖方协助提供出口单证的费用以及出口税和因出口而产生的其他费用。因此，我国的外贸企业在与美国和其他美洲国家出口商按FOB术语洽谈进口业务时，应明确提出由对方(卖方)负责取得出口许可证，并支付一切出口税捐及费用。

(二)CIF(成本加保险费、运费)

CIF术语是指在装运港当货物越过船舷时卖方即完成交货，但卖方须支付将货物运至指定目的港所需的运输，并办理运输中的保险。此贸易术语适用于海运及内河运输。与FOB不同，CIF术语后标明的是卸货港的名称，如CIF大连，表明该批货物的卸货港是大连。

1.在CIF贸易术语下买卖双方的义务

(1)卖方的义务。

①在合同规定的期限内，在装运港将符合合同的货物交至运往指定目的港的船上，并给予买方装船通知。

②负责办理货物出口手续，取得出口许可证或其他核准证书(原产地、商检证书等)。

③负责租船或订舱并支付到目的港的海运费。

④负责办理货物运输保险，支付保险费。

⑤负责货物在装运港越过船舷前的一切费用和风险。

⑥自负费用向买方提供交货的通常单据，如买卖双方约定采用电子通讯，则所有单据均可被具有同等效力的电子数据交换(EDI)信息所代替。

(2)买方的主要义务。

①负责办理进口手续取得进口许可证或其他核准书。

②负担货物在装运港越过船舷后的一切费用和风险。

③接受卖方提供的有关单据，受领货物，负责按合同规定支付价款。

2.使用CIF术语时应注意的问题

(1)CIF属于装运合同。在CIF术语下，卖方在装运港将货物装上船即完成了交货义务。因此，采用CIF术语订立的合同属于"装运合同"。但是，由于在CIF术语后所注明的是目的港(如"CIF伦敦")，在我国曾将CIF术语译作"到岸价"，所以CIF合同的法律性质常被误解为"到货合同"。为此必须明确指出,CIF以及其他C组术语(CFR、CFr和CIP)与F组术语(FCA、FAS和FOB)一样,卖方在装运地完成交货义务,采用这些术语订立的买卖合同均属"装运合同"性质。按此类术语成交的合同,卖方在装运地(港)货物越过船舷后,对货物可能发生的任何风险不再承担责任。

(2)保险问题。在CIF合同中,卖方是为了买方的利益办理货运保险的,因为此项保险主要是为了保障货物装船后在运输途中的风险。《2000年通则》对卖方的保险责任规定:如无相反的明示协议,卖方只需按《协会货物保险条款》或其他类似的保险条款中最低责任的保险险别投保。如买方有要求,并由买方负担费用,卖方应在可能情况下投保战争、罢工、暴动和民变险。最低保险金额应为合同规定的价款加10%(即110%),并以合同货币投保。在实际业务中,为了明确责任,我国的外贸企业在与国外客户洽谈交易采用CIF术语时,一般都应在合同中具体规定保险金额、保险险别和适用的保险条款。

(3)卸货费用负担。在国际贸易中,大宗商品的交易通常采用程租船运输,在多数情况下,船公司一般是不负担装卸费的。因此,在CIF条件下,买卖双方容易在卸货费由何方负担的问题上引起争议。按照《2000年通则》的规定,通常要求买方支付卸货费。为了明确在使用租船运输方式中卸货费用到底由谁来负担,在国际贸易实践中产生了CIF的四种变形。

①CIF班轮条件(CIF Liner Terms),它是指卸货要按班轮条件办理,即由卖方负担卸货费。

②CIF卸到岸上(CIF Landed),它是指由卖方负担将货物卸到目的港岸上的费用,包括驳船费和码头费。

③CIF吊钩下交货 (CIF Ex Tackle),它是指专访负责将货物从船舱吊起,卸离吊钩。如果船舶靠不上码头,那么应由买方自费租用驳船,卖方只负责将货卸到驳船上。

④CIF舱底交货(CIF Ex Ship's Hold),它是指货物运抵目的港后,自船舱起吊直到卸到码头的卸货费用由买方负担。

上述CIF术语后加列各种附加条件只是为了明确卸货费由谁负担,并不影响交货地点和风险转移的界线。

(4)象征性交货的问题。从交货方式来看,CIF是一种典型的象征性交货。所谓象征性交货,是针对实际交货而言。象征性交货是指卖方只要按期在约定地点完成装运,并向买方提交合同规定的包括物权凭证在内的有关单证,就算完成了交货义务,而无须保证到货。实际交货则是指卖方要在规定的时间和地点将符合合同规定的货物提交给买方或其指定人，而不能以交单代替交货。在象征性交货方式下，卖方是凭单交货，买方是凭单付款，只要卖方按时向买方提交了符合合同规定的全套单据，即使货物在运输途中损坏或灭失，买方也必须履行付款义务，但他可凭卖方提供的有关单据向船方或保险公司提出索赔。反之，如果卖方提交的单据不符合要求，即使货物完好无损地运达目的地，买方仍有权拒付货款。由此可见，CIF 交易实际上是一种单据的买卖。所以，装运单据在 CIF 交易中具有特别重要的意义。当然，买方凭单付款后，对抵运目的港的货物仍保留复验权，如检验结果发现货物不符合合同规定，仍有依合同向卖方索赔或拒收货物的权利。

(三)CFR(成本加运费)

CFR 术语是指在装运港货物越过船舷卖方即完成交货，卖方须支付将货物运至指定目的港所需的运费。但货物的风险是在装运港船舷转移的。该术语适合于海运或内河运输。与 CIF 术语相比，CFR 术语在价格构成中少了保险费，因此，除了保险是由买方办理外，其他的双方的义务与 CIF 术语基本相同。

1. 在 CFR 贸易术语下买卖双方的义务

(1)卖方的义务。

①负责办理租船或订舱，并支付至目的港的正常运费，在合同规定的日期或期间内，在装运港将符合合同的货物交至船上，运往指定目的港，并给予买方充分的通知。

②负责办理货物出口手续，取得出口许可证或其他核准证书。

③负担货物在装运港越过船舷为止的一切费用和风险。

④自负费用向买方提供交货的通常单据，如买卖双方约定采用电子通信，则所有单据均可被具有同等效力的电子数据交换(EDI)信息所代替。

(2)买方的义务。

①负责办理货物进口手续，取得进口许可证或其他核准证书。

②负责货物在装运港越过船舷后的一切费用和风险。

③接受卖方提供的有关单据，受领货物，负责按合同规定支付价款。

2. 使用 CFR 术语时应注意的问题

(1)租船或订舱的责任。CFR 合同的卖方只要安排了通常的船只和惯常的行驶航线就尽到了自己的责任。因此，如果买方提出关于限制船舶的国籍、船型、船龄或指定某班轮公司的船只等要求，卖方有权拒绝。但在实际业务中，若国外买方所提的上述要求能够办到且不会增加费用，我方可以考虑接受。

(2)装卸费用的负担。在班轮运输的情况下，运输费用包括装运港的装货费用和目的港的卸货费用，卸货费用由卖方负担。但是，如果采用租船方式运输，则需在合同中订明卸货费用由何方负担。规定的方法可以在合同中用文字具体说明，也可采用CFR术语的变形来表示。CFR术语的变形主要有以下四种。

①CFR班轮条件(CFR Liner terms)，它是指卸货费用按班轮条件处理，由船方负担。

②CFR舱底交货(CFR Ex ship's hold)，它是指买方负担将货物从舱底吊卸到码头的费用。

③CFR吊钩交货(CFR Ex tackle)，它是指卖方负担将货物从舱底吊至船边卸离吊钩为止的费用。

④CFR卸到岸上(CFR Landed)，它是指卖方负担将货物卸到目的港岸上的费用。

(3)关于装船通知。按CFR订立合同需特别注意装船通知问题。CFR术语装船是卖方而投保却是买方，卖方在装船后应给买方以充分的通知，以便买方办理货运保险。否则，因此而造成买方漏保引起的货物损失应由卖方承担。

(四)FCA(货交承运人)

FCA术语是指卖方只要将货物在指定地点交给由买方指定的承运人，并办理了出口清关手续，即完成交货。该术语适用于各种运输方式，包括多式联运。"承运人"是指在运输合同中承诺通过铁路、公路、空运、海运、内河运输或联合方式履行运输或由他人履行运输的任何人。需要说明的是，交货地点的选择对于在该地点装货和卸货的义务会产生影响。若卖方在其所在地交货，则卖方应负责装货，若卖方在任何其他地点交货，卖方不负责卸货。

1.在FCA贸易术语下买卖双方的义务

(1)卖方的义务。

①自负风险和费用，取得出口许可证或其他官方批准证件，在需要办理海关手续时，办理货物出口所需的一切海关手续。

②在合同规定的时间、地点将货物交买方指定的承运人，并给予买方已交付的充分通知。

③承担将货物交给承运人之前的一切费用和风险。

④自负费用向买方提供交货的通常单据，如买卖双方约定采用电子通信，则所有单据均可被具有同等效力的电子数据交换(EDI)信息所代替。

(2)买方义务。

①自负风险和费用，取得进口许可证或其他官方证件，在需要办理海关手续时，办理货物进口和经由他国过境的一切海关手续，并支付有关费用及过境费。

②签订从指定地点承运货物的合同，支付有关的运费，并将承运人名称及有关

情况及时通知卖方。

③承担货物交给承运人之后所发生的一切费用和风险。

④接受卖方提供的有关单据，受领货物，负责按合同规定支付价款。

2.使用FCA术语时应注意的问题

(1)关于承运人和交货地点。在FCA条件下，通常是由买方安排承运人，与其订立运输合同，并将承运人的情况通知卖方。交货地点的选择直接影响到装卸货物的责任划分问题。如果双方约定的交货地点是在卖方所在地，卖方负责把货物装上买方安排的承运人所提供的运输工具即可；如果交货地点是在其他的地方，卖方就要将货物运交给承运人，在自己所提供的运输工具上完成交货义务，而无须负责卸货。如果没有约定特定的地点，或者有几个交货点可供选择，卖方可在交货地选择一个最适合其意图的地点交货。

(2)买方安排运输。FCA合同的买方必须自负费用订立自指定地运输货物的合同。但是，如果买方提出请求或如果按照商业惯例，在与承运人订立运输合同时(如在铁路或航空运输的情况下)需要卖方提供协助的话，卖方可代为安排运输，但有关费用和风险由买方负担。反之，如果卖方不愿按买方的请示或商业惯例协助买方订立运输合同也必须及时通知买方，否则，遗漏安排运输，也将引起额外费用和风险。

(3)货物集合化的费用负担。FCA合同的卖方在完成交货义务之前所发生的一切费用都须由卖方负担，而在其后所发生的费用则由买方负担。鉴于在采用FCA术语时货物大都作了集合化或成组化，如装入集装箱或装上托盘，因此，卖方应考虑将货物集合化所需的费用也计算在价格之内。

(五)CPT(运费付至)

CPT是指卖方向其指定的承运人交货，但卖方还必须支付将货物运至目的地的运费。货物的风险自货物交给第一承运人时转移，此术语适用于各种运输方式，包括多式联运。

1.在CPT贸易术语下买卖双方的义务

(1)卖方的义务。

①自负风险和费用，取得出口许可证或其他官方批准证件，在需要办理海关手续时，办理货物出口所需的一切海关手续。

②订立将货物运往指定目的地的运输合同，并支付有关运费。在合同规定的时间、地点，将合同规定的货物交给承运人，并及时通知买方。

③承担将货物交给承运人之前的一切风险。

④自付费用向买方提供交货的通常单据，如买卖双方约定采用电子通信，则所有单据可被同等效力的电子数据交换(EDI)信息所代替。

(2)买方的义务。

①自负风险和费用,取得进口许可证或其他官方证件,在需要办理海关手续时,办理货物进口所需的海关手续,支付有关关税及从他国过境的费用。

②承担自货物在约定交货地点交给承运人之后的风险。

③接受卖方提供的有关单据,受领货物,并按合同规定支付货款。

2.使用CPT术语应注意的事项

(1)风险划分的界限问题。按照CPT术语成交,虽然卖方要负责订立从启运地到指定目的地的运输契约并支付运费,但是卖方承担的风险并没有延伸至目的地。按照《2000年通则》的解释,货物自交货地点至目的地的运输途中的风险由买方承担,卖方只承担货物交给承运人控制之前的风险。在多式联运情况下,卖方承担的风险自货物交给第一承运人控制时即转移给买方。

(2)责任和费用的划分问题。采用CPT术语时,由卖方指定承运人,自费订立运输合同,将货物运往指定的目的地并支付正常运费。正常运费之外的其他有关费用一般由买方负担。卖方将货物交给承运人之后,应向买方发出货物已交付的通知,以便于买方在目的地办理货运保险和受领货物。如果双方未能确定买方受领货物的具体地点,卖方可以在目的地选择最适合其要求的地点。

(六)CIP(运费和保险费付至)

CIP是指卖方向其指定的承运人交货,并须支付将货物运至目的地的运费,办理买方货物在运输途中丢失或损坏风险的保险和支付保险费,而买方承担卖方交货之后的一切风险和额外费用。该术语可适用于各种运输方式,包括多式联运。

1.在CIP贸易术语下买卖双方的义务

(1)卖方的义务。

①自负风险和费用,取得出口许可证或其他官方批准证件,在需要办理海关手续时,办理货物出口所需的一切海关手续。

②订立将货物运往指定目的地的运输合同,并支付有关运费,在合同规定的时间、地点,将合同规定的货物交给承运人,并及时通知买方。

③负责办理货物运输保险,支付保险费。

④承担将货物交给承运人之前的一切风险。

⑤自付费用向买方提供交货的通常单据,如买卖双方约定采用电子通信,则所有单据可被同等效力的电子数据交换(EDI)信息所代替。

(2)买方的义务。

①自负风险和费用,取得进口许可证或其他官方证件,在需要办理海关手续时,办理货物进口所需的海关手续,支付有关关税及从他国过境的费用。

②承担自货物在约定交货地点交给承运人之后的风险。

③接受卖方提供的有关单据，受领货物，并按合同规定支付货款。

2.使用CIP术语应注意的事项

(1)风险和保险问题。按CIP术语成交的合同，卖方要负责办理货运保险，并支付保险费，但货物从交货地点运往目的地的运输途中的风险由买方承担。所以，卖方的投保仍属于代办性质。一般情况下，卖方要按双方协商确定的险别投保，如果双方未在合同中规定应投保的险别，则由卖方按惯例投保最低的险别，保险金额一般是在合同价格的基础上加成10%(即110%)，并以合同货币投保。

(2)应合理确定价格。CIP条件下卖方要承担较多的责任和费用，要负责办理从交货地至目的地的运输，承担有关运费；办理货运保险，并支付保险费。这些都反映在货价之中。所以，卖方对外报价时要认真核算成本和价格。在核算时应考虑运输距离、保险险别、各种运输方式和各类保险的收费情况，并要预计运价和保险费的变动趋势等方面问题。

四、FCA、CPT、CIP和FOB、CFR、CIF贸易术语的区别

(一)适用的运输方式不同

FOB、CFR和CIF三种贸易术语仅适用于海运和内河运输，其承运人是船公司；而FCA、CPT和CIP适用于各种运输方式，包括海洋、内河、铁路、公路和航空运输等，也适用于多式联运，其承运人是船公司、铁路、公路部门和航空公司或海运船公司及多式联运经营人。

(二)货物运输区间不同

FOB、CFR和CIF等贸易术语只适用海运和内河运输，所以货物运输区间是从装运港至目的港，属于"港口交货"。而FCA、CPT和CIP贸易术语适用于各种运输方式和多式联运，货物运输区间是卖方内陆任何地点至买方内陆任何地点，扩大了运输区间，可以实行"门到门交货"。

(三)交货地点和风险转移地点不同

FOB、CFR和CIF交货地点是装运港，将货物装到指定的船上。风险划分均以装运港船舷为界。而FCA、CPT和CIP的交货地点需视不同的运输方式和不同的约定而定，它可以在卖方所在地点，也可以在铁路、公路、航空、内河、海洋运输承运人或多式联运经营人的运输或其他收货地点。风险划分是卖方将货物交给承运人或其他人接管时，即风险自卖方转移至买方。

(四)运输单据不同

在FOB、CFR和CIF贸易术语条件下，卖方一般应向买方提交已装船清洁海

运提单,它是物权凭证,可以质押和背书转让。而在 FCA、CPT 和 CIP 条件下,卖方提交的运输单据则视运输方式而定。除使用海运外,其他运输方式,如铁路运单、公路运单、航空运单或多式联运单据等都不是物权凭证,不能背书转让。

(五)装卸费用负担不同

FOB、CFR 和 CIF 贸易术语,卖方承担货物在装运港越过船舷为止的一切费用。但由于货物装船是一个连续作业,各港口的习惯做法又不尽相同,所以在使用程租船运输的 FOB 合同中应明确装货费由何方负担,在 CFR 和 CIF 合同中,则应明确卸货费用由何方负担。而在 FCA、CPT 和 CIP 的条件下,如涉及海洋运输并使用程租船时,卖方将货物交给承运人时对所支付的运费(CPT 或 CIP)或由买方支付的运费(FCA 术语)已包含了承运人接管货物后在装运港的装货(装船)费用和目的港的卸货(卸船)费用。这样,在 FCA 合同中的装船费的负担和在 CPT、CIP 合同中的卸货费的负担问题就不存在了。

本章小结

国际货物买卖法是调整所有营业地点位于不同国家的当事人之间发生的货物买卖行为的法律规范。它的法律渊源主要有国内立法、国际公约和国际贸易惯例等三种。

国际货物买卖合同是指营业地位于不同国家的当事人之间就有关货物买卖的权利义务关系而达成的协议。它的条款主要包括约首、正文和约尾三部分。其中正文部分包括品质规格条款、数量条款、包装条款、价格条款、商检条款、装运条款、保险系款、支付条款、不可抗力条款、仲裁条款和法律适用条款等内容。

公约于 1980 年在维也纳的外交会议上通过,于 1988 年正式生效。我国于 1986 年加入该公约。它主要包括公约的使用范围和总则、合同的订立、买卖双方的义务以及风险转移以及关于公约的批准、生效、保留和退出等内容。

国际货物买卖合同双方中卖方的义务主要体现在交付货物、质量担保、权利担保和交付单据等方面;买方的义务主要体现在支付货款和接收货物等方面。根据公约的规定,货物在风险转移到买方承担后遗失或损坏,买方支付价款的义务并不因此解除,除非这种遗失或损坏是由于卖方的行为或不行为所造成的。卖方违反合同时适用于买方的补救办法有要求实际履行、交付替代物、修理、减价、宣告合同无效等；买方违反合同时适用于卖方的补救办法有要求履行义务、宣告合同无效等；适用于买卖双方的一般规定主要有中止合同、损害赔偿、支付利息、免责、宣告合同无效、货物保全等。

国际贸易术语是在国际贸易中逐渐形成的，表明在不同的交货条件下，买卖双方在交易中的费用、责任及风险划分的以英文缩写表示的专门用语。国际上使用最为广泛的贸易术语是国际商会于1936年编纂的《国际贸易术语解释通则》，它经过六次修订，目前实行的是《2000年通则》。它一共规定了十三种贸易术语，这十三种贸易术语的排列顺序是从卖方承担费用、风险和责任最小的工厂交货(EXW)，到卖方承担费用、风险和责任最大的目的地完税后交货(DDP)。其中FOB、CIF、CFR和FCA、CPT、CIP是国际贸易中使用较多的贸易术语。

技能实训

1. 我国某公司与美国进行一笔铁矿砂交易，合同规定"成交我国铁矿砂1 000公吨，5%增减，由卖方选择，增减部分按合同价格结算"。货运抵美国后，经海关检查发现实际吨数为1 050公吨。据此美商提出降价5%的要求，否则拒收多交的50公吨铁矿砂。

请问：美商的做法是否合理？

2. 我国某公司外售杏脯1.5公吨，合同规定纸箱装每箱15千克(内装15小盒，每小盒1千克)。交货时，此种包装的杏脯无货了，于是该公司便将小包装(每箱仍为15千克，但内装30小盒，每盒0.5千克)货物发出。到货后，对方以包装不符为由拒收货。卖方则认为数量完全相等，要求买方付款。

请问：你认为此种情况我方应如何处理？

3. 我国某出口公司向外商出口一批苹果。合同及对方开来的信用证上均写的是三级品，但卖方交货时才发现三级苹果的库存没有了，于是该出口公司改以二级品交货，并在发票上注明：二级苹果扔按三级计价不另收费。

请问：卖方的这种做法是否妥当？为什么？

4. 某公司以FOB条件向境外出售一级大米300吨，装船时经公证人检验，货物符合合同规定的品质要求。卖方在货物装船后及时发出装船通知，但由于运输途中海浪过大，大米被海水浸泡，当货物到达目的港后，只能按三级大米的价格出售，故买方要求卖方赔偿大米质量下降造成的损失。

请问：卖方是否应对该项损失负责？为什么？

5. 某德国公司与我国某公司签订一份 CFR 合同，由德国公司向我国出口化工原料。合同规定：德国公司在 2006 年 4 月交货。德国公司按合同规定时间交货后，载货船于当天起航驶往目的港青岛。5 月 10 日，德国公司向我国某公司发出传真，通知货已装船。我国某公司于当天向保险公司投保。但货到目的港后，经我国某公司检验发现，货物于 5 月 8 日在海上运输途中已经发生损失。

请问：上述期间发生的损失应由哪一方承担？为什么？

第六章　国际货物运输法

知识目标:

- 理解国际货物运输的概念、特征,租船合同,国际航空货物运输,国际铁路运输
- 掌握班轮运输的概念、特征,提单的概念、特征及种类,调整班轮运输的三个国际公约,国际货物多式联运的概念及责任

技能目标:

- 能够根据货物特点选择运输方式,能够掌握提单的实际运用
- 结合所学的内容分析案例、解决实际问题
- 熟练掌握海牙规则的运用

第一节　国际货物运输概述

一、国际货物运输的概念及特征

国际货物运输是指采用一种或多种运输工具,把货物从一个国家的某一个地点运至另一个国家的某一个地点的运输。它是国际商品贸易流通中必不可少的重要一环。相对于国内货物运输来说,国际货物运输具有以下特点。

(1)在整个国际商品贸易流通中,国际货物运输是相对独立的一环,尽管国际货物买卖合同一般都订有运输条款,但各种国际货物运输方式通常都是通过承运人和托运人签订和履行专门的运输合同来进行的。

(2)由于货物的地理移动跨越一国的国界,国际货物运输具有运输路程远、经历时间长、风险大、运输方式复杂、中间环节多以及易受国际局势和有关国家国内政策影响的特点。

(3)调整国际货物运输所产生的各种法律关系的主要法律形式是国际条约、国际惯例和有关国家的国内立法。而体现在国际条约中的统一实体法规范已成为调

整国际货物运输的主要规范,并推动各国的国内立法逐渐趋于一致。

二、国际货物运输方式

(一)海洋运输

海洋运输,又称海上运输,是国际贸易的主要运输方式,每年大约有80%以上的国际贸易货物都是通过海洋运输来完成的。它具有运输量大、运费低廉、续航能力强等优点,同时又具有运输速度慢、风险较大等缺点。依运输方式的不同,海上货物运输又分为班轮运输和租船运输两种主要形式。

(二)陆上运输

按照运输工具的不同,陆上运输可分为铁路运输和公路运输两种。铁路运输具有运输速度快、运载量大、受气候因素影响较小和运费较低等优点,但缺点是铁路运输必须在陆地相邻、有铁路线相连的前提下才能进行等。公路运输具有机动灵活、简捷方便、覆盖面大、实现了“门到门”的运输等优点,但也具有载运量小、安全性差等缺点。

(三)航空运输

航空运输是比较年轻的一种运输方式,它具有运送速度快等优点,但也具有运价高等缺点。

(四)邮政运输和管道运输

(1)邮政运输。邮政运输是一种较简便的运输方式。国际邮件可分为函件和包裹两大类。国际上邮政部门之间签订有协定和《万国邮政公约》,通过这些协定和公约,邮件的递送可互相以最快的方式传递,从而形成一个全球性的邮政运输网。

国际邮政运输具有国际多式联运和“门到门”运输的性质。托运人只需按邮局章程办理一次托运、一次付清足额邮资,取得邮政包裹收据,交货手续即告完成。邮件在国际间的传递由各国的邮政部门负责办理,邮件到达目的地后,收件人可凭邮局到件通知向邮局提取,手续简便,费用不高,适用于重量轻、体积小的货物的传递。

我国与很多国家签订有邮政包裹协议和邮电协议,对这些国家的邮政运输可按照协议规定办理。我国也参加了万国邮政联盟,简称“邮联”。“邮联”的宗旨是:组成一个国际间邮政领域,相互交换邮件;组织和改善国际邮政业务,有利于国际合作的发展;推广先进经验,给予会员国邮政技术援助。

按照“邮联”的要求,为方便运输和递送,各国的邮政部门对包裹的重量和体积均有严格限制,以我国为例,每件不得超过20千克,长度不得超过150厘米,长度和长度以外最大横周合计不得超过300厘米。所以通常只适宜运送仪器、机器零件、金银首饰、贸易样品和工程图纸等量轻体小的零星贵重物品。

(2)管道运输。管道运输是一种特殊的运输方式,它是货物在管道内借助于高压气泵的压力输往目的地的一种运输方式,主要适用于运输液体和气体货物。管道运输具有投资大、建成后运输成本低的特点。

管道运输在美国、欧洲的许多国家以及石油输出国组织(OPEC)的石油运输方面起到了积极的作用。如中东和北非输往欧洲的石油有很大部分是通过管道运输,俄罗斯输出原油的管道输油能力也很强。

我国的管道运输起步较晚,但随着石油工业的发展,为石油运输服务的石油管道也迅速地发展起来。迄今为止,我国不少的油田均有输油管道直通海港。我国至朝鲜也早已敷设管道,以供应朝鲜石油之用。为了配合石油工业发展的需要,新的管道将不断兴建,一个纵横贯通全国的石油管道网不久定将实现。

管道运输费用按油类不同的品种和规格规定不同的费率,在计算时多数按传统做法,以桶为计费单位,但也有以公吨为单位来计算运费的。

三、与货物运输有关的机构

(一)进出口商

在商品买卖中,国际货物买卖合同签订后,买卖双方即必须根据合同条款的规定办理进出口商品的运输事宜。进出口商是运输工作中的托运人或收货人,是运输合同的当事人。

(二)交通运输部门

交通运输部门是专门经营水上、铁路、公路和航空等货物运输机构,它们一般都拥有大量的运输工具,为货主提供运输服务,是货物运输工作中的承运人。

(三)运输代理

运输代理是根据委托人的要求代表委托人办理货物运输业务的机构。运输代理主要有以下四种类型。

(1)租船代理。租船代理是指以船舶为商业活动对象而进行经纪业务的代理,其主要业务是在租船市场上为租船人寻找合适的运输船舶或者为船东寻找货运对象,以中间人的身份使租船人或船东双方达成租赁交易,从中赚取佣金。

(2)船务代理。船务代理是指接受船公司(承运人)的委托,代办与船舶有关的一切业务的代理。船务代理的业务范围很广,主要有船舶进出港的装卸安排、船舶供应以及船员服务等业务。

(3)货运代理。货运代理是指接受货主的委托，代表货主办理有关货物报关、交接、仓储、调拨、检验、包装、转运、租船以及订舱等业务的代理。

(4)咨询代理。咨询代理是专门从事咨询工作，按委托人的需要，以提供有关国际贸易运输情报、情况、资料、数据和信息服务而收取一定报酬的代理。

四、国际货物运输的对象

国际货物运输的对象是货物。货物可从它的形态、包装、重量和运量大小等不同的角度进行分类。

(一)湿货和干货

这是从货物形态的角度进行的分类。湿货，又称液体货物，主要有石油、化工品、食用油和酒等。液体货物一般需用专门的船舶或专门的集装箱来装运。干货是指除湿货以外的其他货物。

(二)包装货物、裸装货物和散装货物

这是从货物包装的角度进行的分类。包装货物是指为了便于货物的装卸和运输，减少货损货差，货物装运前必须进行适当的包装。货物包装按其包装材料和形态又可分为箱装、桶装、袋装、捆装、卷装，以及坛装、罐装、瓶装等。一般日用百货、电器、药品和食品等商品均需包装后才能运输。裸装货物是指不加包装而成件的货物，如钢材、车辆及一些设备等，它们在运输时可以不加包装。散装货物是指一般规格一致、每次成交数量大的低值货物，为了有利于采用机械化、自动化装卸，在货物运输过程中对其不加任何包装。散装货物包括干质散装货物，如煤炭、矿石、小麦和豆类等，散装液体货物，如油、酒等。

(三)重量货物和体积货物

这是按货物的重量和体积的比率进行的分类。重量货物是指重量为1吨、体积小于1立方米或40立方英尺的货物(1立方英尺＝0.028 3立方米)。体积货物，又称轻泡货物或尺码货物，是指重量为1吨、体积大于1立方米或40立方英尺的货物。

(四)大宗货物和件杂货

这是按货物的运量大小及托运时是否按件进行的分类。大宗货是指每次成交数量大、价值低，其标准、规格一致，运输过程中一般不需要包装的货物，包括粮食、矿砂、化肥、煤炭和石油等。件杂货是指在运输过程中一般需要进行包装，在承托双方办理货物交接时一般以“件”为单位的货物，以日用百货、电器、纺织品和服装等为主。

第二节 国际海上货物运输

一、班轮运输

(一)班轮运输的概念和特征

班轮运输是国际海洋货物运输中的主要运输方式,它是由航运公司以固定的航线、固定的船期、固定的运费率、固定的停靠港口组织的将托运人的件杂货运往目的地的运输。由于班轮运输的书面内容多以提单的形式表现出来,所以此种运输方式又被称为提单运输。班轮运输的固定性决定了其比较适合于件杂货的运输,即是将不同的托运人运输量比较小的货物组织在一起的运输。班轮运输具有以下三个特点。

(1)."四固定"。即船公司按固定航线、固定停靠港口、固定的航行时间表航行,和按相对固定的运费率计收运费。

(2)"一负责"。货物由承运人负责配载装卸并负担装卸费用。简言之,即承运人管装管卸,装卸费用包括在运费内转嫁给运费的承担方。

(3)承运人和托运人双方的权利和义务与责任豁免以班轮公司签发的提单条款为依据。

(二)班轮运输的当事人

班轮运输的当事人是承运人和托运人,承运人即承担运输工作的航运公司,托运人即与承运人订立海上货物运输合同的当事人。此外,海上运输合同还会涉及实际承运人和收货人。当订约承运将部分的运输或全部的运输交由另一航运公司来完成的情况下,另一航运公司即为实际承运人,尽管实际承运人不是运输合同的当事人,但也须对其承运的那一段期间货物的损坏承担责任,也有运费的请求权。又由于班轮运输的书面凭证提单会转移给第三人,如收货人,收货人不是运输合同的当事人,但如货物在运输中受损,收货人也有索赔的权利,在运输合同约定运费到付的情况下,收货人有支付运费的义务。可见,合同的效力往往及于合同当事人以外的第三人是运输合同的特点之一,除了承运人和托运人外,合同的效力会及于实际承运人和收货人等。

(三)提单的概念及其法律特征

提单是班轮运输中的重要法律文件。依《汉堡规则》第 1 条第 7 款的规定,提单是指用以证明海上运输合同和由承运人接管或装载货物,以及承运人保证据以交付货物的单证。单证中关于货物应按记名人的指示或者不记名人的指示交付，或者交付给提单持有人的规定便是这一保证。我国的《海商法》也采用了《汉堡规则》有关提单的定义。从上述定义中可以看出，提单具有以下法律特征。

(1)提单是海上运输合同的证明。提单只是运输合同的证明而非运输合同本身。首先，从理论上说，合同是以当事人双方一致为生效的主要条件，而提单只是由一方当事人签发的。其次，从时间上说，运输合同是在提单之前成立的。提单是运输合同的证明只是就承运人与托运人之间的关系而言，而提单的受让人没有参加运输合同的缔结，他对托运人与承运人之间在订舱时有什么约定也不清楚，因此对运输合同的内容只能依提单上的记载，各国的法律及学说也一般认为提单在承运人与提单的受让人之间就不仅是运输合同的证明，而且是运输合同本身。

(2)提单是承运人出具的接收货物的收据。提单是在承运人收到所交运的货物后向托运人签发的，提单的下面记载了许多收据性的文字，如货物的标志、货物的包装、数量或重量及货物的表面状况等。提单的证明作用在托运人手中和托运人以外的第三方持有人手中的效力是不同的。提单在托运人手中时只是初步证据，所谓初步证据，是指如承运人有确实的证据证明其收到的货物与提单上的记载不符，承运人可以向托运人提出异议。但在托运人将提单背书转让给第三人的情况下，对于提单受让人来说，提单就成了终结性的证据。因为提单的受让人是根据提单上的记载事项受让提单的，他对货物的实际情况并不知情，如提单中的记载不实是由于托运人的误述引起的，承运人可以提出抗辩。但承运人不得以此对抗提单的受让人，这样可以保证提单的流通性。

(3)提单是承运人交付货物的凭证。提单代表的是物权，提单持有人对在途货物有处分权，提单的转移也就代表了货物的转移。承运货物的船舶到达目的港后，提单的合法持有人有权凭提单要求承运人交付提单所载明的货物。承运人应向提单的合法持有人交货。

(四)提单的种类

1.按照货物是否已经装船划分

(1)已装船提单。已装船提单是指货物已经全部装进货舱或装在甲板(如集装箱)后，由承运人或其代理人向托运人签发的、表明货物已经装船的提单。该提单除了载明其他通常事项外，还须注明装运船舶名称和货物实际装船完毕的日期。银行一般也只接受已装船提单。

(2)收货待运提单。收货待运提单，又称备运提单，是指承运人在收到货物后，在货物装船以前应托运人的要求签发的提单。备运提单不填船名和装船日期。买方一般不愿意接受这种提单，银行结汇一般也不接受备运提单。但是在货物装船后，托运人可以凭备运提单换取已装船提单或由承运人在备运提单上加注船名和装船时间并签字盖章使之成为已装船提单。在集装箱运输中，签发备运提单的做法比较常见，在集装箱进入集装箱货场或集装箱货运站后，承运人会签发备运提单。因为货物装入集装箱后没有特殊情况，一般货物质量不会受到影响，在集装箱运输中银行还是可以接受以这种提单办理货款的结汇的。

2.按照收货人的不同抬头划分

(1)记名提单。记名提单是指提单下面载明收货人名称的提单。在这种情况下，承运人只能向该收货人交付货物。该提单一般不能转让，因而银行不愿意接受这种提单，提单的流通受到很大限制，给贸易商带来很大的不便，所以在国际贸易中使用并不多，一般只在运输展览品或贵重物品时使用。

(2)不记名提单。不记名提单指是提单下面未载明收货人名称，只填写“持有人”字样的提单。这种提单的转让十分简便，无须背书，只要将提单交给受让人即可，但是这种提单若丢失或被窃，风险极大，极易引起纠纷，故国际上较少使用这种提单。

(3)指示提单。指示提单是指在提单正面“收货人”一栏内填上“凭指示”或“凭某某指示”字样的提单。这种提单经过背书可以转让给第三者，具有一定的流通性，在国际贸易中给贸易商带来了极大的方便，是使用最为广泛的一种提单。指示提单可以作不记名指示和记名指示。不记名指示可理解为不标明指示人，记名指示可理解为标明指示人，指示人可以是托运人、收货人或者是银行。

3.按照提单有无批注划分

(1)清洁提单。在装船时，货物外表状况良好，承运人在签发提单时，未在提单上加注任何有关货物残损、包装不良、件数、重量和体积，或其他妨碍结汇的批注的提单称为清洁提单。银行在结汇时一般只接受清洁提单。

(2)不清洁提单。不清洁提单是指在提单上批注有表明货物表面状况有缺陷的提单。银行除非在信用证规定可以接受该类提单的情况下，一般会拒绝接受不清洁提单办理结汇。

4.按照运输方式划分

(1)直达提单。直达提单是指表明中途不经转船直接将货物运往目的地的提单。使用直达提单，货物由同一船舶直运目的港，既可以节省费用、减少风险，又可以节省时间，及早到货。因此，通常买方只有在无直达船时才同意转船。在贸易实务中，如信用证规定不准转船，结汇时必须使用直达提单。

(2)转船提单。转船提单是指货物从起运港装载的船舶不直接驶往目的港,需要在中途港口换装其他船舶转运至目的港时承运人签发的提单。由于货物中途转船,增加了转船费用和风险,并影响到货时间,故一般信用证内均规定不允许转船,但直达船少或没有直达船的港口,收货人也只好同意可以转船。

(3)联运提单。联运提单是指在通过海运和其他运输方式联合运输时由第一承运人签发的覆盖全程的提单。联运提单虽然覆盖全程运输,但是签发联运提单的承运人一般都在提单中规定只承担他负责运输的一段航程内的货损责任。

5.按照签发提单的时间划分

(1)倒签提单。倒签提单是指承运人或其代理人应托运人的要求,在货物装船完毕后,以早于货物实际装船日期为签发日期的提单。承运人应托运人的要求倒签了提单,实际上就隐瞒迟延交货的责任,日后须对因此而引起的损失负责。

(2)预借提单。预借提单是指货物尚未装船或尚未装船完毕时,应托运人的要求而由承运人或其代理人提前签发的已装船清洁提单,即托运人为了能及时结汇而从承运人那里借用的已装船清洁提单。签发这种提单承运人要承担更大的风险,不少国家的法律规定和判例表明,在签发预借提单的情况下,承运人不但要承担货损赔偿责任,而且会丧失享受责任限制和援引免责条款的权利,即使该票货物是因免责事项原因受损的,承运人也必须赔偿货物的全部损失。

(3)过期提单。过期提单有两种含义:一种是指提单晚于货物到达目的港,这种提单也称为过期提单;另一种是指出口商在装船后延滞过久才交到银行议付的提单。国际商会600号出版物《跟单信用证统一惯例》2007年修订本第14条c规定:"……正本运输单据须由受益人或其代表在不迟于本惯例所指的发运日之后的二十一个日历日内交单,但是在任何情况下都不得迟于信用证的到期日。"

(4)顺签提单。顺签提单是指在货物装船完毕后,由承运人或其代理人应托运人的要求而签发的提单,但是,该提单上记载的签发日期晚于货物实际装船完毕的日期。由于顺填日期签发提单,所以称为"顺签提单"。承运人顺签提单的做法也掩盖了真实的情况,因此也要承担由此而产生的风险责任。

6.按照运费支付的时间划分

(1)运费预付提单。运费预付提单是指托运人在装货港提交货物时即支付运费。承运人在提单中载明"运费付讫",在CIF和CFR合同中要求运费预付提单。

(2)运费到付提单。运费到付提单是指货物到达目的地,托运人或收货人支付运费,提单上载明"运费到付"。

(五)提单的内容

提单分正反两面,提单的正面是提单记载的事项,提单的背面为关于双方当事人权利和义务的实质性条款。

(1)提单正面的记载事项。关于提单正面的记载事项,各航运公司拟制的提单大致相同,一般包括下列各项:

①承运人的名称和主营业所。

②托运人的名称。

③收货人的名称。

④通知方。

⑤船舶名称。

⑥装货港和卸货港。

⑦货物的品名、标志、或者件数、重量或者体积。

⑧提单的签发日期、地点和份数。

⑨运费的支付。

⑩承运人或者其代表的签字。

(2)提单背面的条款。海运提单的背面通常载有关于双方当事人权利和义务的条款。各种提单格式的条款虽不尽相同,但主要内容基本上是一致的:

①管辖权和法律适用条款。

②承运人责任条款。

③承运人的免责条款。

④承运人责任期间条款。

⑤赔偿责任限额条款。

⑥特殊货物条款。

⑦留置权条款。

⑧共同海损和新杰森条款。

⑨双方有责碰撞条款。

此外,提单中还有关于战争、检疫、冰冻、罢工、拥挤和转运等内容的条款。

二、调整班轮运输的国际公约

在班轮运输中承运人与托运人的谈判地位是不平等的,且提单往往会转移到并非订立运输合同当事方的第三方手中,即会对第三方产生约束力,因此各国的法律一般对班轮运输进行强制性的调整，国际上调整提单运输的国际公约主要有三个，即1924年《统一提单的若干法律规则的国际公约》（以下简称《海牙规则》）、1968年《修改统一提单的若干法律规则的国际公约的议定书》（以下简称《维斯比规则》）和1978年《联合国海上货物运输公约》（以下简称《汉堡规则》）。《海牙规则》目前仍被大多数国家所采用。该规则从1924年通过，1931年6月生效以来，世界各国船运公司制定的提单条款大都以《海牙规则》为依据。1968年通过的《维斯比规则》只是对《海牙规则》作了枝节修改和补充，有关承运人的责任基础和免责条款等根本性问题丝毫未加变动。该规则于1977年6月生效，但只有少数国家参加，成为缔约国。《汉堡规则》则对《海牙规则》作了较大的实质性修改，对货方和承运人双方的权益作了比较公平合理的调整。该公约于1978年3月通过，并于1992年11月1日生效。我国未参加上述三个公约，但我国的《海商法》在有关班轮运输的法律规定上是以海牙—维斯比体系为基础的，同时还吸收了《汉堡规则》的内容。

（一）《海牙规则》

《海牙规则》的全称为1924年《统一提单的若干法律规则的国际公约》。由于该公约第一次是在海牙起草的，因此又被称为《海牙规则》。它于1931年6月2日生效，共16条，其主要内容如下。

（1）承运人最低限度的义务。《海牙规则》规定了承运人的两项最低限度的义务，这两项义务是强制性的，在提单中解除或降低承运人的这两项义务的条款均属无效。

第一项是适航义务，根据《海牙规则》第3条的规定，承运人在开航前与开航时必须谨慎处理，以便：

①使船舶具有适航性。

②适当地配备船员、设备和船舶供应品。

③使货舱、冷藏舱和该船其他运载货物的部位适宜并能安全地收受、运送和保管货物。承运人提供适航船舶的义务是指不但船舶本身要适于航行，证书齐全，符合安全航行和各项技术要求，而且船员要配备齐全，配足燃料供应品等，货舱也要适货。但是，《海牙规则》并不要求船舶在任何时间都必须处于适航状态，仅要求在“开航前和开航时”。关于“谨慎处理”不仅包括承运人的“谨慎处理”，还应包括其雇员或代理人的“谨慎处理”。关于适航，《海牙规则》没有明确的定义。在司法实践中认为适航是指船舶的各个方面可经得起预定航线中可能遭遇的一般风险。

第二项是管货的义务，指承运人应适当和谨慎地装载、操作、积载、运送、保管、照料和卸载所承运的货物。承运人在上述七个阶段均应做到“适当和谨慎”,“适当”是带有技术性及具备一定的业务水平,“谨慎”就是要认真。“积载”是指承运人应适当地配载货物。“运送”是指承运人应尽速、直接、安全地将货物运至目的地,不得进行不合理的绕航。

(2)承运人的责任期间。承运人的货物运输责任期间为从货物装上船起至卸完船为止的期间。在实践中,一般理解为:在使用船舶吊杆装卸货物时为钩至钩责任,即货物挂上船舶吊杆的吊钩时起到脱离吊钩时为止。在使用岸上吊杆或起重机装卸时则以船舷为界,亦即“舷至舷”期间。

(3)承运人的免责。《海牙规则》规定的承运人的免责共有17项,依第4条第2款的规定,对由于下列原因引起或造成的货物的灭失或损害,承运人不负责任:

①船长、船员、引水员或承运人的雇用人在驾驶或管理船舶中的行为、疏忽或不履行职责。

②火灾,但由于承运人实际过失或私谋所造成者除外。

③海上或其他可航水域的风险、危险或意外事故。

④天灾。

⑤战争行为。

⑥公敌行为。

⑦君主、统治者或人民的扣留或拘禁或依法扣押。

⑧检疫限制。

⑨货物托运人或货主、其代理人或代表的行为或不行为。

⑩不论由于何种原因引起的局部或全面的罢工、关厂、停工或劳动力受到限制。

⑪暴乱和民变。

⑫救助或企图救助海上人命或财产。

⑬由于货物的固定瑕疵、性质或缺陷所造成的容积或重量的损失,或任何其他灭失或损害。

⑭包装不当。

⑮标志不清或不当。

⑯尽适当的谨慎所不能发现的潜在缺陷。

⑰不是由于承运人的实际过失或私谋,或是承运人的代理人或受雇人员的过失或疏忽所引起的任何其他原因。

(4)赔偿责任限额。根据《海牙规则》第4条第5款的规定,承运人对货物的灭失或损失的赔偿责任,在任何情况下每件或每单位不得超过100英镑,但托运人于装货前已申明该货物的性质和价值,并在提单上注明者不在此限。

(5)托运人的义务和责任。《海牙规则》规定,托运人应对其所提供的资料不正确所造成的损失负赔偿责任。对于危险品,如托运人隐瞒货物的危险性,承运人只要发现后可立即将货物抛弃而无须负责,且托运人还应赔偿船东及受害的第三方因载此货而引起的损失。如托运人已表明了货物的危险性,则承运人只有在面临危险的情况下才可抛弃货物而无须负责。此时,托运人也无须对由运此货而引起的损失负责。

(6)索赔通知与诉讼时效。《海牙规则》第3条第6款规定,收货人在提货时应检查货物,如发现短卸或残损,应立即向承运人提出索赔。如残损不明显,则在3天内提出索赔通知。如在提货时或提货后3天内没有提出索赔通知,就是交货时货物的表面状况良好的初步证据。在联合检验的情况下,不需出具索赔通知。关于诉讼时效,《海牙规则》第3条第6款规定,货方对承运人或船舶提起货物灭失或损害索赔的诉讼时效为1年,自货物交付之日起算。

(7)公约的适用范围。《海牙规则》第10条规定,本公约各项规定适用于在任何缔约国所签发的一切提单。《海牙规则》第5条规定,本规则中的各项规定不适用于租船合同,但如果提单是在船舶出租情况下签发,便应符合本规则中的各项规定。

(二)《维斯比规则》

《维斯比规则》的全称为1968年《修改统一提单的若干法律规则的国际公约的议定书》。《海牙规则》签订时承运人的势力强大,使《海牙规则》带有偏袒承运人利益的倾向。就《海牙规则》本身而言,有一些规定比较粗糙,在适用时常常感到规定已不能适应发展的要求了。因此,海运国家也认为应对《海牙规则》进行修改。于是,1968年产生了《维斯比规则》,该规则于1977年6月23日生效,共17条。《维斯比规则》的内容主要是对《海牙规则》的补充和修改。该规则的主要内容如下。

(1)明确规定提单对于善意受让人是最终证据。根据《海牙规则》的规定,提单记载的内容为该提单所载货物的初步证据。初步证据是相对于最终证据而言的,提单的记载事项如仅仅是初步证据,承运人就有提出反证否定提单记载真实性的余地。提单记载对托运人来说是所载货物的初步证据这一点一般无争议,因为提单上的记载是托运人提供的。但提单对于受让人来说是否也是初步证据却存在着分歧。以往的一些案例多判提单对于提单受让人来说也是初步证据。受让人并不知道提单记载的货物的实情,如提单中记载的内容对他来说仅仅是初步证据就会降低受让人对提单的信任程度,减弱提单的流通性。有鉴于此,《维斯比规则》第1条对《海牙规则》第3条第4款的内容进行了补充,规定提单对托运人来说是初步证据,而对善意的提单受让人来说则是最终的证据。

(2)承运人的责任限制。《维斯比规则》采用了双重责任限额制,即承运人对货物的灭失或损害责任以每件或每单位1万金法郎或每千克30金法郎为限,两者以高者计。在采用货币币种问题上,《维斯比规则》吸取了《海牙规则》因采用某国货币则引起贬值问题的教训,未使用某国的货币单位,而是采用了金法郎。金法郎并非法国货币单位,而是一种含金量的计算单位。金法郎为含纯度为900/1 000的黄金65.5毫克的计算单位。关于成组运输工具的责任限制问题,《海牙规则》并未涉及,因为当时还没有这种方式的运输。为了适应使用集装箱等成组运输工具运输的发展,《维斯比规则》增加了关于在该类运输中件数的确定方法的规定。该规则规定如果货物是以集装箱、托盘或类似的运输工具集装的,则提单中载明的内装件数就是计算赔偿限额的件数。如提单上未注明内装件数,则以成组运输工具的件数为计算赔偿限额的件数。

由于金法郎是以金作为定值标准的,使得承运人的责任限制金额可能随着黄金价格的涨落而无法保持稳定。有鉴于此,1979年12月21日在布鲁塞尔的外交会议上通过了修订《海牙—维斯比规则》的议定书,该议定书于1984年4月生效。该议定书旨在将承运人的责任限制计算单位由金法郎改为特别提款权。按15金法郎等于1特别提款权计算。依议定书的规定,承运人的责任限制金额为每件或每单位666.67特别提款权,或按货物毛重每千克2特别提款权计算,两者之中以较高者为准。

(3)承运人的雇佣人或代理人的责任限制。《海牙规则》未明确规定承运人的雇佣人或代理人是否也能享受责任限制的保护。另外,损害赔偿的请求可以通过两个途径进行,即违约之诉和侵权之诉。货方为了避开合同中有关承运人责任限制的规定,在损失是由承运人的雇用人或代理人引起的时候往往不是去诉承运人,而是通过侵权之诉告雇用人或代理人。对此《维斯比规则》进行了明确规定:

①对承运人提起的货损索赔诉讼,无论是以合同为依据,还是以侵权行为为依据,均可以适用责任限制的规定。

②承运人的雇用人或代理人也可以享受责任限制的保护。

(4)诉讼时效。《维斯比规则》对《海牙规则》第66条作了两点修改:

①诉讼时效为1年,双方协商,可以延长时效。

②对第三者的追偿诉讼，在1年的诉讼时效期满后，仍有3个月的宽限期。

(5)公约的适用范围。《海牙规则》仅适用于在缔约国签发的提单，《维斯比规则》将其适用范围扩大了，规定有下列情况之一，即可适用该公约：

①提单在缔约国签发。

②从一个缔约国的港口起运。

③提单中列有首要条款。

首要条款就是法律选择条款，即合同双方当事人合意选择适用该公约。

(三)《汉堡规则》

《汉堡规则》的全称为1978年《联合国海上货物运输公约》，已于1992年11月生效，共34条。它根本性地改变了《海牙规则》，在船货双方走向均衡的承担风险方面跨了一大步，是在国际航运领域内建立新的国际经济秩序的一项成就。但海运大国均未加入该规则，尚缺乏国际普遍接受性。《汉堡规则》的主要内容如下。

(1)承运人的责任基础。《汉堡规则》在承运人的责任基础上采用了完全的过失责任制。《海牙规则》和《汉堡规则》规定的承运人的责任均为过失责任，但由于《海牙规则》有关于承运人航行过失免责的规定，因此是一种不完全的过失责任制。《汉堡规则》取消了承运人对航行过失的免责，因而是完全的过失责任制。同时，《汉堡规则》还采用了推定过失责任制，即在货损发生后，先推定承运人有过失，如承运人主张自己无过失，则必须承担举证的责任。

(2)承运人的免责。《汉堡规则》取消了承运人对船长、船员等在加强船舶或管理船舶及火灾中的过失免责。但在火灾的举证责任上进行了妥协。根据《汉堡规则》的规定，承运人对火灾所引起的灭失、损坏延迟交付负赔偿责任，但索赔人需证明承运人、其受雇人或代理人有过失。然而，由于货物在承运人的掌管之下，特别是当船舶在航行途中时发生的火灾，货方是很难举证的。因而，可以说承运人仍然可以间接享受到火灾的免责。

(3)承运人延迟交货的责任。《海牙规则》没有规定延迟交货的责任，《汉堡规则》规定了承运人应对延迟交货负责。延迟交货是指未在约定的时间内交付，或在无约定的情况下，未在合理的时间内交付。承运人对延迟交货的赔偿责任限额为迟交货物应付运费的2.5倍，但不应超过应付运费的总额。

(4)承运人的责任期间。《海牙规则》规定的责任期间一般理解为“钩至钩”期间，有时承运人是在陆上收受货物，并也在陆上仓库向收货人交货的，在收受货物至装船及卸下货物至交付这两个期间中，货物是在承运人的掌管之下，而根据《海牙规则》的规定，承运人对装船前和卸货后的货损又不负责任。为此，《汉堡规则》规定承运人的责任期间为货物在装货港、运送途中和卸货港在承运人掌管下的全部期间。

(5)承运人的责任限额。《汉堡规则》提高了承运人的最高赔偿限额，规定承运人对货物灭失或损坏的赔偿责任限额为每件或每单位 835 特别提款权(SDR)，或每千克 2.5 特别提款权，以高者为准。为了解决货币贬值问题，《汉堡规则》采用特别提款权为计算责任限额的单位。此外，《汉堡规则》还规定，如货损是由于承运人、其雇用人或代理人故意造成的，则将丧失责任限制的权利。

(6)关于保函的效力。保函是托运人为了换取清洁提单而向承运人出具保证赔偿承运人因此而造成的损失的书面文书。由于保函常常带有欺诈的意图，以往的惯例通常判保函无效。《汉堡规则》第一次在一定范围内承认了保函的效力，这主要是考虑到在托运人与承运人对货物的数量等有分歧而又无从查验时，保函可以免去许多的麻烦，也是商业上的一种习惯的变通做法，但为了抑制保函的作用，《汉堡规则》规定：托运人为了换取清洁提单可向承运人出具保函，但保函只在托运人与承运人之间有效。如保函有欺诈意图，则保函无效，承运人应赔偿第三者的损失，且不能享受责任限制。

(7)货物的适用范围。《海牙规则》不适用于舱面货和活牲畜。关于舱面货，《汉堡规则》规定，承运人依协议、惯例、法律的要求，有权在舱面装货，否则承运人应对将货物装在舱面上造成的损失负赔偿责任。关于活牲畜，《汉堡规则》规定，活牲畜的受损如是因其固有的特殊风险造成的，承运人可以免责，但承运人须证明已按托运人的特别指示办理了与货物有关的事宜。

(8)索赔通知和诉讼时效。根据《汉堡规则》的规定，索赔通知应在收货后的第一个工作日内提交。在损害不明显时，在收货后十五日内提交。延迟交付的索赔通知应在收到货后连续六十日内提交。《汉堡规则》规定的诉讼时效为两年。

(9)《汉堡规则》的适用范围。

①根据《汉堡规则》第 2 条的规定，《汉堡规则》适用于两个不同国家之间的海上运输合同证明的其他单证在某一缔约国签发。

②提单或作为海上运输合同证明的其他单证中载有适用《汉堡规则》或采纳该规则的任何国内法的首要条款。

③装货港或卸货港或备选卸货港位于缔约国。

④公约不适用于租船合同，但适用于租船合同项下的提单。

(四)关于提单的三大公约的对比

关于提单的三大公约的对比见表 6-1。

表 6-1 关于提单的三大公约对比表

	《海牙规则》	《维斯比规则》	《汉堡规则》
共同点	承运人的最低义务:适航义务(开航前和开航时) 管货义务(适当谨慎地进行装载、运输、卸载等) 承运人的免责事项:天灾、意外事故;战争行为、公敌行为;罢工、暴乱;救助或企图救助海上人命或财产;货方过错(货物的固有缺陷造成的损失、包装不当等)		
责任期间	钩至钩 (岸吊时,以船舷为责任的起止点)		收到交(承运人掌管下的全部期间:从收到货物至交付货物)
承运人的免责	不完全的过失责任 (1)航行过失免责(船长、船员、引航员或承运人的雇佣人,在驾驶船舶或管理船舶上的行为、疏忽或过失引起的货物损坏或灭失) (2)火灾免责(但由于承运人实际过失或私谋所引起的除外)		完全的过失责任 (取消航行过失免责和火灾免责)
延迟交货的责任	未规定		(1)最高不超过:迟交货物应付运费的 2.5 倍 (2)且不应超过:所有货物应付运费的总额
诉讼时效	1 年	(1)1 年;双方协商可以延长; (2)对第三者的追偿诉讼,还有 3 个月的宽限期	2 年
货物的适用范围	无舱面货、活牲畜		有舱面货、活牲畜
保函的效力	不承认		一定范围内承认: (1)善意保函 (2)只在托运人和承运人间有效,不能对抗第三人

注:摘自《2009 年司法考试记忆通》,迟公化、王晓燕等,2009。

(五)我国的《海商法》关于海上货运合同的主要规定

1. 承运人的义务

(1)适航义务。承运人在船舶开航前和开航当时应当谨慎处理,使船舶处于适航状态,妥善配备船员、装备船舶和配备供应品,并使货舱、冷藏舱、冷气舱和其他载货处所适于并能安全收受、载运和保管货物。

(2)管货义务。承运人应当妥善地、谨慎地装载、搬移、积载、运输、保管、照料和卸载所运货物。

(3)不作不合理绕航义务。承运人应当按照约定的或者习惯的或者地理上的航线将货物运往卸货港。船舶在海上为救助或者企图救助人命或者财产而发生的绕航或者其他合理绕航,不属于不合理绕航。

(4)签发提单的义务。货物由承运人接收或者装船后,应托运人的要求,承运人应当签发提单。提单可以由承运人授权的人签发。提单由载货船舶的船长签发的,视为代表承运人签发。

2.承运人的责任期间

承运人对集装箱装运的货物的责任期间是指从装货港接收货物时起至卸货港交付货物时止,货物处于承运人掌管之下的全部期间,即"收到交"。承运人对非集装箱装运的货物的责任期间是指从货物装上船时起至卸下船时止,货物处于承运人掌管之下的全部期间,即"钩到钩"。在承运人的责任期间,货物发生灭失或者损坏,除《海商法》另有规定外,承运人应当负赔偿责任。但是,不影响承运人就非集装箱装运的货物,在装船前和卸船后所承担的责任,达成任何协议。

3.迟延交付的定义和责任

与《汉堡规则》不同的是,考虑到司法实践的可操作性,我国的《海商法》没有规定所谓的"合理交付时间",仅规定了货物未能在明确约定的时间内,在约定的卸货港交付的,为迟延交付。除依照《海商法》第四章规定承运人不负赔偿责任的情形外,由于承运人的过失致使货物因迟延交付而灭失或者损坏的,承运人应当负赔偿责任。由于承运人的过失,致使货物因迟延交付而遭受经济损失的,即使货物没有灭失或者损坏,承运人仍然应当负赔偿责任。

承运人对货物因迟延交付造成经济损失的赔偿限额,为所迟延交付的货物的运费数额货物的灭失或者损坏和迟延交付同时发生的,承运人的赔偿责任限额适用承运人对货物的灭失或者损坏的赔偿限额。

4.承运人免责

我国《海商法》沿袭《海牙规则》的不完全过失责任原则。在责任期间货物发生的灭失或者损坏是由于下列原因之一造成的,承运人不负赔偿责任:

①船长、船员、引航员或者承运人的其他受雇人在驾驶船舶或者管理船舶中的过失。

②火灾,但是由于承运人本人的过失所造成的除外。

③天灾,海上或者其他可航水域的危险或者意外事故。

④战争或者武装冲突。

⑤政府或者主管部门的行为、检疫限制或者司法扣押。

⑥罢工、停工或者劳动受到限制。

⑦在海上救助或者企图救助人命或者财产。

⑧托运人、货物所有人或者他们的代理人的行为。

⑨货物的自然特性或者固有缺陷。

⑩货物包装不良或者标志欠缺、不清。

⑪经谨慎处理仍未发现的船舶潜在缺陷。

⑫非由于承运人或者承运人的受雇人、代理人的过失造成的其他原因。

承运人依照前述规定免除赔偿责任的，除第2项规定的原因外，应当负举证责任。即对火灾造成的货物灭失或损坏，货方要求承运人赔偿的，货方应举证证明该损害系由承运人的过失造成的，而承运人要以其他免责事项要求免责的，承运人应付举证责任。

另外，因运输活动物的固有的特殊风险造成活动物灭失或者损害的，承运人不负赔偿责任。但是，承运人应当证明业已履行托运人关于运输活动物的特别要求，并证明根据实际情况，灭失或者损害是由于此种固有的特殊风险造成的。承运人在舱面上装载货物，应当同托运人达成协议，或者符合航运惯例，或者符合有关法律、行政法规的规定。承运人将货物装载在舱面上，对由于此种装载的特殊风险造成的货物灭失或者损坏不负赔偿责任。承运人违反与托运人的协议将货物装载在舱面上，致使货物遭受灭失或者损坏的应当负赔偿责任。

5.承运人的责任限额

货物灭失的赔偿额，按照货物的实际价值计算；货物损坏的赔偿额，按照货物受损前后实际价值的差额或者货物的修复费用计算。货物的实际价值，按照货物装船时的价值加保险费加运费计算。货物的实际价值，赔偿时应当减去因货物灭失或者损坏而少付或者免付的有关费用。

承运人对货物的灭失或者损坏的赔偿限额，按照货物件数或者其他货运单位数计算，每件或者每个其他货运单位为666.67计算单位，或者按照货物毛重计算，每千克为2计算单位，以两者中赔偿限额较高的为准。但是，托运人在货物装运前已经申报其性质和价值，并在提单中载明的，或者承运人与托运人已经另行约定高于本条规定的赔偿限额的除外。货物用集装箱、货盘或者类似装运器具集装的，提单中载明装在此类装运器具中的货物件数或者其他货运单位数视为前款所指的货物件数或者其他货运单位数；未载明的，每一装运器具视为一件或者一个单位。装运器具不属于承运人所有或者非由承运人提供的，装运器具本身应当视为一件或者一个单位。

但是，经证明，货物的灭失、损坏或者迟延交付是由于承运人或其受雇人、代理人的故意或者明知可能造成损失而轻率地作为或者不作为造成的，承运人或其受雇人、代理人不得援用《海商法》关于限制赔偿责任的规定。

6. 货物交付

承运人向收货人交付货物时，收货人未将货物灭失或者损坏的情况书面通知承运人的，此项交付视为承运人已经按照运输单证的记载交付以及货物状况良好的初步证据。货物灭失或者损坏的情况非显而易见的，在货物交付的次日起连续七日内，集装箱货物交付的次日起连续十五日内，收货人未提交书面通知的，适用前述规定。货物交付时，收货人已经会同承运人对货物进行联合检查或者检验的，无需就所查明的灭失或者损坏的情况提交书面通知。

承运人自向收货人交付货物的次日起连续六十日内，未收到收货人就货物因迟延交付造成经济损失而提交的书面通知的，不负赔偿责任。

7. 托运人的义务和责任

(1)托运人的包装和申报义务。托运人托运货物，应当妥善包装，并向承运人保证，货物装船时所提供的货物的品名、标志、包数或者件数、重量或者体积的正确性；由于包装不良或者上述资料不正确对承运人造成损失的，托运人应当负赔偿责任。

承运人依照前述规定享有的受偿权利，不影响其根据货物运输合同对托运人以外的人所承担的责任。

(2)办理有关法定手续的义务。托运人应当及时向港口、海关、检疫、检验和其他主管机关办理货物运输所需要的各项手续，并将已办理各项手续的单证送交承运人；因办理各项手续的有关单证送交不及时、不完备或者不正确，使承运人的利益受到损害的，托运人应当负赔偿责任。

(3)托运危险货物的义务。托运人托运危险货物，应当依照有关海上危险货物运输的规定妥善包装，做出危险品标志和标签，并将其正式名称和性质以及应当采取的预防危害措施书面通知承运人；托运人未通知或者通知有误的，承运人可以在任何时间、任何地点根据情况需要将货物卸下、销毁或者使之不能为害，而不负赔偿责任。托运人对承运人因运输此类货物所受到的损害应当负赔偿责任。承运人知道危险货物的性质并已同意装运的，仍然可以在该项货物对于船舶、人员或者其他货物构成实际危险时将货物卸下、销毁或者使之不能为害，而不负赔偿责任。但是，本规定不影响共同海损的分摊。

(4)支付运费的义务。托运人应当按照约定向承运人支付运费。托运人与承运人可以约定运费由收货人支付；但是，此项约定应当在运输单证中载明。

8.诉讼时效

就海上货物运输向承运人要求赔偿的请求权,时效期间为一年,自承运人交付或者应当交付货物之日起计算;在时效期间内或者时效期间届满后,被认定为负有责任的人向第三人提起追偿请求的,时效期间为九十天,自追偿请求人解决原赔偿请求之日起或者收到受理对其本人提起诉讼的法院的起诉状副本之日起计算。有关航次租船合同的请求权,时效期间为两年,自知道或者应当知道权利被侵害之日起计算。

三、租船合同

租船合同是订约双方就船舶的出租和承租以从事货物运输而规定相互间权利义务和责任豁免条款的一种海上运输契约。租船合同包括航次租船合同、定期租船合同和光船租凭合同三种基本类型。租船合同都必须以书面形式订立。租船合同的订立在实践中需要经过询租、报价、还价、接受等几个步骤。合同的签订通常是通过电报、电传和传真来进行。

(一)航次租船合同

1.航次租船合同的概念及特征

航次租船合同,又称航程租船合同或程租合同,是指航次出租人向承租人提供船舶或者船舶的部分舱位装运约定的货物,从一港运至另一港,由承租人支付约定的运费的合同。在航次租船合同下,出租人保留船舶的所有权和占有权,并由其雇用船长和船员,船舶由出租人负责经营管理,由出租人承担船员工资、港口使用费、船用燃料和港口代理费等费用。承租人除依合同规定负担装卸费等费用外,不直接参与船舶的经营。与班轮运输合同相比,航次租船合同有如下特征。

(1)航次租船合同的当事人称为出租人和承租人。班轮运输合同的当事人称为承运人和托运人。班轮运输中的班轮是定船期、定航线,向所有的托运人开放的,称为公共承运人;航次租船合同中的出租人只承运与其签订了租船合同的承租人所提供的货物,有关船期和航线的安排均由双方当事人约定,故称为私人承运人或专门承运人。

(2)航次租船合同的双方当事人的谈判地位完全平等,因此西方国家特别是英美国家都无制约租船合同的成文法,就是大陆法系海商法中有关租船合同的条款也都属于非强制性条款或弹性条款,即当事人双方可以协议排除或修改后适用。而在班轮运输中,托运人要利用班轮服务就必须同意提单上的条款,双方当事人谈判地位不平等,为了对付这种谈判地位的不公平,平时主张合同自由的国家也都通过国内强行法制约提单条款,这就是说,班轮运输的提单不是完全根据双方自由意思协议的。

(3)出租人负责船舶营运并负担费用。船舶出租人通过其雇用的船长、船员占有控制船舶，除货物装卸费有可能另有约定外，其他船舶营运费用，如燃料费、港口费以及船舶的维持费用，包括船员工资、伙食、船舶维修保养、保险、检验等费用，均由出租人负担。承租人对船舶或舱位有使用权，即使货未装满、出租人也无权装运第三人的货物。

(4)运费计算方面，班轮公司制定了承运人的运价表，按所运货物吨数或体积乘以费率来计算运费。租船合同的运费按协议确定，按市场供求情况由双方洽定。运费计算办法有按约定的吨位计算和包干运费两种，前者按约定吨位及每吨约定运价计算。后者只规定个总金额。一般在承租人租用整船时才以包干运费计算，称为整舱运费租船或包船。此时，不论承租人装运多少货物，都要支付合同中规定的运费数额。

(5)航次租船合同规定用于货物装卸的期限和装卸时间计算办法，并计算滞期费和速遣费。班轮运输一般由承运人负责安排泊位进行装卸，以适应定期班轮的要求，因此提单上大多没有装卸时间及滞期费、速遣费条款，一般只规定托运人或收货人要按船舶所能够收受或交付的速度尽快提供或接收货物。如果港口拥挤，可能要托运人支付港口拥挤附加费。

2. 航次租船合同的主要内容

为了简化租船合同的谈判过程，国际上的航运民间组织制定的租船合同格式是《统一杂货租船合同》，租约代号 GENCON，简称“金康合同”，该格式由波罗的国际航运公会制定。航次租船合同的主要内容如下。

(1)船舶说明条款。船舶说明是出租人对船舶的情况在合同中扭伤的陈述。该陈述使船舶特定化，它是承租人决定是否租用该船的重要依据。该条款包括下列内容：船名、船舶国籍或船旗、船级、船舶吨位和船舶动态等项。

(2)预备航次条款。船舶在上一个卸货港时达成一项租船合同，则船舶驶往下一个租船合同的装货港的空放航次被称为预备航次。船方在预备航次中应尽责速遣，否则，船方须对因延迟而造成的承租人的损失负赔偿责任。此外，预备航次还涉及下列两项内容。

①受载日。受载日是指租船人可以接受船舶并进行装货的最早日期。

②解约日。解约日是指合同中规定的船舶应到达装货港的最迟日期。船舶如迟于解约日到达装货港，租船解除合同的选择权。

(3)有关货物的条款。合同中应规定货物的货类、货名、包装等内容。对于货物的数量通常只规定一个约量，如规定“10 000 吨，±5%，船方选择”。在装货前，船长须根据将要履行的航次情况向承租人宣布本航次载货物的数量。

(4)装卸期间。装卸期间是合同当事人双方约定的货物装船或卸船而无须在运费之外支付附加费的期间，航次租船合同中有装卸期间的规定是因为航次租船下的时间损失在船东。如租船人未能在装卸期间内装货或卸货完毕，则须按超过的时间向船方支付滞期费。如租船人在装卸期间届满前提前完成装货或卸货，则由船方向租船人支付速遣费。速遣费率一般是滞期费的一半。

(5)运费条款。运费是对出租人提供的服务所支付的报酬。运费的表现形式主要有以下两种。

①运费率。如每公吨35美元或每40立方英尺35美元。

②整船包价。整船包价是指按所提供的船舶规定的一笔整船运费。在整船包价的情况下，不管实际装货多少，一律照付全部运费。

(6)出租人的责任条款。船舶合同不受《海牙规则》的管辖，因此，航次租船合同中有关货物损害责任的条款，得由出租人和租船人双方协商确定，法律上无强制的规定。如“金康合同”所规定的出租人的义务就低于《海牙规则》的有关规定。在实践中，更多的作法是删除上述条款，用附加条款说明出租人对货物的责任与免责适用《海牙规则》。

此外，航次租船合同中还有责任终止和留置权条款、装卸港口、装卸费用、绕航条款、罢工条款、战争条款和冰冻条款等内容。

(二)定期租船合同

(1)定期租船合同的概念及特征。定期租船合同是指船舶出租人向承租人提供约定的由出租人配备船员的船舶，由承租人在约定的期限内按约定用途使用，并支付租金的合同。与航次租船合同相比，定期租船合同具有以下三个特征。

①在船舶管理方面，船东负责配备船长和船员，以及船舶航行和内部管理事务，并负担有关费用，承租人负责船舶调度和营运管理，承租人除了负责装卸费用外，还应负责燃油、港口使用费等营运费用。船东为了保证其船舶的安全，就在合同中加入了有关燃油消耗量、航速、航区、可装运货物范围等航次租船合同中没有的规定。

②在定期租船合同中，出租人收取的租金按承租时间计算，并非按照货物的数量计算，在租用期内，船舶的营运时间损失原则上由承租人承担，合同内不规定滞期费和速遣费。

③在定期租船合同中，出租人对船舶的维修义务较重，如船舶不能正常营运连续满24小时，对因此损失的营运时间，承租人不付租金。而在航次租船合同中，如果出租人在开航前和开航时已尽适航义务，则在运输过程中因船舶故障或其他原因出现延迟，承租人一般没有拒付或收回运费的权利。

(2)定期租船合同的主要内容。目前，国际上最常用的定期租船合同格式主要是《定期租船合同》，租约代号“Produce Form”(土产格式)，又被称为“NYPE”(纽约格式)。定期租船合同的条款主要如下。

①船舶说明条款。有关船舶的说明称为船舶规范,主要的船舶规范包括船舶名称、船籍、船级、吨位和容积、船速和燃料消耗。

②租期条款。租期是租船人使用船舶的期限。租期可以用日、月或年来表示。由于租期届满很难与租船人安排的最后航次的结束相吻合,常常会出现“超期”还船的现象。一般认为承租人经合理计算有权超期还船,以完成最后航次。对于超期期间的租金,承租人应当按合同约定的租金率支付租金;如市场的租金率高于合同约定的租金率的,也可约定承租人应按市场租金率支付租金。

③租金支付条款。定期租船合同的租金通常按每月每载重吨若干金额计收,一般规定每隔半个月预收一次。租船人须准时和如数支付租金,否则,出租人有权撤回船舶。在租船市场行情看涨的情况下,出租人随时都想寻找时机将船撤回,以比原合同高的租金将船另行出租。

④停租条款。定期租船合同的时间损失在租船人,租船人是按时间交付租金的,而不是按航次交付租金的,如果租船人将船舶搁置不用,他仍需向船方支付租金。但有时船舶不能使用是由于发生了某些影响租船人使用船舶的情况,此时,租船人可以停付租金。可以停付租金的事项由双方协商决定,通常包括船体、机器及设备的故障或损坏,因海损事故而引起的延滞,等待补充船长或船员或物料的期间,船舶入坞修理等事项。

⑤运送合法货物条款。定期租船合同中规定可以装运的货物被称为合法货物。不准装运的货物通常由双方在合同中列明除外。对于租船人要求装运除外货物的命令,船长可以拒绝。船方接受装运了除外的货物并不等于弃权,日后船舶所有人仍然可以拒绝装运此类除外的货物。另外,因装运了除外货物而引起的船舶所有人的损失也可以向租船人提出赔偿请求。

⑥航区条款。定期租船合同的经营权在租船人,如合同中没有限制性的规定,租船人是可以环球航行的。这样一来,船舶所有人的船舶就要冒很大的风险。因此,合同中一般都规定租船人可以使用船舶的范围,如租方驶离约定的范围而造成船舶的损失,则须承担损害的赔偿责任。船舶所有人除去的航行区一般有战区、冰区和不合法贸易区等。

除了上述条款以外,定期租船合同中还有交船与还船条款、租船人指示条款、留置权条款、转租条款、法律适用条款、仲裁条款、共同海损条款、新杰森条款、留置权条款、双方互碰责任条款、佣金条款和战争条款等条款。此外,双方当事人在谈判中还可以另行附加其他的条款。

(三)光船租赁合同

光船租赁合同的概念和特征。光船租赁合同是指由船舶所有人提供不配备船员的光船,由租船雇用船员,在约定期限内占有、使用船舶,并支付约定租金的租船合同。光船租赁合同具有财产租赁合同的性质,从上述定义可以看出,在光船租赁合同下,出租人只提供船舶,并不配备船员。船舶出租人只保留船舶的所有权,船舶的占有权、使用权和营运权均转移给了承租人。由承租人雇用船员,并在合同规定的范围内进行船舶的经营,经营中发生的风险和责任也由承租人承担。承租人从出租人那时获得的是对船舶的"占有"权和"使用"权,而不是出租人提供的劳务服务。因此,光船租赁合同具有财产租赁合同的性质。由于光船租凭合同的财产租赁性质使得船东的责任与一般运输合同中的责任有很大的不同。在光船租凭合同中,船东除了提供适航船舶和有关船舶的文件外,不再承担其他的责任。他只对其提供的财产负责,不对运输业务中产生的责任负责。

光船租赁合同通常是在事先拟订的格式基础上达成的。光船租赁合同的主要内容应包括:出租人和承租人和名称、船名、船籍、船级、吨位、容积、航区、用途、租船期间,交船与还船的时间和地点以及条件、船舶检验、船舶的保养维修、租金及其支付、船舶保险、合同解除的时间和条件,以及其他有关事项。

第三节 其他方式的国际货物运输

一、国际航空货物运输

航空货物运输作为国际贸易运输的一种方式是在第二次世界大战后出现的。由于国际航空运输具有速度快、安全性高、破损率低、不受地面条件限制等特点,近年来在世界范围内有了蓬勃发展。我国采用航空运输进口的货物主要是贵重物品、电子设备、照相器材、精密仪器和药品等。以航空运输出口的货物主要有鲜活商品、中药材、服装和高价工艺品等。

(一)国际航空货物运输概述

(1)国际航空货物运输的种类。国际航空运输的方式主要有班机运输、包机运输和集中托运。班机运输是指飞机按固定的时间、固定的航线、固定的始发站、目的站进行定期航行的货物运输。包机运输又分为整架包机和部分包机。整架包机是指航空公司按照事先约定的条件和费率,将整架飞机租给租机人,从一个或几个航空站装运货物至指定目的站的运输方式。它适合于运输大宗货物。部分包机是指由几家航空货运公司或发货人联合包租整架飞机,或者由包机公司把整架飞机的舱位分租给几家航空货运代理公司。部分包机适于一吨以上不足整机的货物运输,运费率较班机为低,但运送时间较班机要长。集中托运是指航空货运代理公司将若干单独发运的货物组成一整批货物,用一份总运单将货物整批发运到目的地的航空运输。这种运输方式可争取较低的运价,在航空运输中使用较为普遍。

(2)国际航空货物运输合同的当事人。国际航空货物运输合同是由航空运输公司或其代理人托运人签订的关于由航空公司将托运人的货物由一国的航空站运至另一国的航空站而由托运人支付约定运费的运输合同。它的当事人为承运人和托运人。承运人即从事航空运输业务的航空公司,托运人即为货主。由于航空运输是一项专业性较强的运输业务,因此一般货主会委托国际航空货运代理来办理有关航空货物运输的事宜。

(3)航空运单。航空运单是由承运人出具的证明承运人与托运人已订立了国际航空货物运输合同的运输单证。航空运单须由托运人或其代理和承运人或其代理签署后方能生效。航空运单与海运提单不同,它不是货物的物权凭证,因为航空运输速度快,没有必要通过转让单证来转移货物的所有权。在实际业务中,航空运单一般都印有“不可转让”的字样。航空运单的作用有:

①航空运单是运输合同的证明。

②航空运单是承运人接收货物的证明。

③航空运单是记载收货人应负担费用和代理费用的记载凭证。

④航空运单是办理报关手续时的基本单证。

⑤当承运人承办保险或托运人要求承运人代办保险时,航空运单即可用来作为保险证书。载有保险条款的航空运单又被称为红色航空运单。

(二)有关国际航空货物运输的国际公约

目前有关国际航空货物运输的国际公约主要有1929年《关于统一国际航空运输某些规则的公约》(以下简称《华沙公约》),修改《华沙公约》的1955年《海牙议定书》,1961年《统一非缔约承运人所办国际航空运输某些规则以补充华沙公约的公约》(以下简称《瓜达拉哈拉公约》)。我国是前两个公约的参加国。《华沙公约》于1933年12月生效,是目前国际上有关航空运输量主要的也是最基本的公约,已有100多个国家和地区加入了该公约。我国在1958年加入了该公约。由于国际航空运输的不断发展,《华沙公约》的某些内容已不能适应时代的需要了,于是各国代表于1955年在海牙召开的会议上对《华沙公约》进行了修改。我国已于1975年加入了修改《华沙公约》的《海牙议定书》。《瓜达拉哈拉公约》的适用是以适用《华沙公约》和《海牙议定书》为前提的。在这三个公约中,《华沙公约》是基础,《海牙议定书》和《瓜达拉哈拉公约》是对《华沙公约》的修改和补充,但均未改变《华沙公约》的基本原则。现以《华沙公约》为主线，介绍一下三个公约的基本内容。

(1)航空货运单。根据《华沙公约》的规定，航空货运单是订立合同、接受货物和运输条件的初步证据。航空运单的缺损、不合规定或灭失不影响运输合同的存在和有效。货物承运人有权要求托运人填写航空货运运单，托运人有权要求承运人接受这项凭证。《海牙议定书》对《华沙公约》在航空运单上的修改主要有两点：其一，将航空运单改为空运单；其二，对《华沙公约》规定的航空运单应记载的事项进行了删减。

(2)承运人的责任。根据《华沙公约》的规定，承运人应对货物在航空运输期间发生的因毁灭、遗失或损坏而产生的损失负责。航空运输期间包括货物在承运人保管下的整个期间，不论在航空站内、在航空器上或在航空站外降停的任何地点。航空运输期间不包括在航空站以外的任何陆运、海运或河运，但如果该项运输是为了履行航空运输合同而进行的装载、交货或转运空运货物的运输，如发生损失，也应视为是在航空运输期间发生的，除非有相反的证据，承运人也应对该损失负责。承运人还应对在航空运输中因延误而造成的货物的损失负责。

(3)承运人责任的免除与减轻。根据《华沙公约》的规定，承运人在下列情况下可以免除或减轻其责任。

①如承运人能证明他和他的代理人或雇用人为了避免损失，已经采取了一切必要的措施，或不可能采取这种措施时，承运人对货物的损失可不负责任。

②如承运人证明损失的发生是由于驾驶中、航空器的操作中或航行中的过失引起的，并证明他和他的代理人已经在其他一切方面已经采取了一切必要的措施以避免损失时，承运人对货物的损失可不负责任。

③如承运人证明受害人自己的过失是造成损失的原因或原因之一，则法院可依法免除或减轻承运人的责任。

(4)承运人的责任限额。《华沙公约》规定的承运人对货物灭失、损害或延迟交货的责任，以每千克 250 金法郎为限，但托运人特别声明货物价值并已缴付必要的附加费的不在此限。同时又规定如货物损失的发生是由于承运人或其代理人的故意的不当行为或过失引起的，则承运人无权免除或限制其责任。《海牙议定书》将“故意的不当和行为”改为“故意造成或明知可能造成而漠不关心的行为或不行为”。

(5)索赔期限和诉讼时效。根据《华沙公约》的规定，在货物损坏、灭失的情况下，收货人应在收到货物后 7 日内提出异议，在延迟交付的情况下，应在货物由收货人支配起 14 日内提出异议。《海牙议定书》延长了索赔期限，将前者延长为 14 日，后者延长为 21 天。《华沙公约》规定的诉讼时效是自航空器到达目的地或应该到达之日起两年。

二、国际铁路货物运输

(一)国际铁路货物运输概述

国际铁路货物运输是指使用统一的国际铁路联运单据,由铁路部门经过两个或两个以上国家铁路进行的运输。铁路运输比海上运输的风险小,时间短,但比航空运输时间长。我国同周边国家的进出口货物多数采用铁路货物运输方式。关于国际铁路货物运输的公约主要有两个,即 1961 年《关于铁路货物运输的国际公约》(以下简称《国际货约》)和 1951 年《国际铁路货物联运协定》(以下简称《国际货协》),我国是《国际货协》的参加国。

(二)《国际货协》的主要内容

(1)运输合同的订立。在进行国际铁路货物运输时,发货人应对每批货物按规定的格式填写运单,由发货人签字后向始发站提出,从始发站承运货物时起,运输合同即成立。在发货人提交全部货物和付清费用后,发站在运单上加盖发站日期戳记,加盖货物从始发站附送至终点站,最后交给交货人。运单不具有物权凭证的作用,不能流通。

(2)承运人的责任及责任期间。承运人应依货物运输合同的规定将货物安全地运至目的地。根据《国际货协》公约的规定,按运单承运货物的铁路部门应对货物负连带责任。承运人的责任期间为从签发运单时起至终点交付货物时止。在此期间,承运人对货物因全部或部分灭失、毁损或逾期造成的损失负赔偿责任。

(3)承运人的留置权。根据《国际货协》的规定,为了保证核收运输合同项下的一切费用,铁路当局对货物可行使留置权。留置权的效力以货物交付地国家的法律为依据。

(4)承运人的免责。《国际货协》第 22 条规定了承运人可以免责的情况,主要包括:

①铁路不能预防和不能消除的情况。

②货物的自然性质引起的自燃、损坏、生锈、内部腐坏及类似结果。

③由于发货人或收货人的过失或要求而不能归咎于铁路者。

④因发货人或收货人装、卸车原因造成损失。

⑤由发送铁路规章许可,使用敞车类货箱运送货物。

⑥由于发货人或收货人的货物押运人采取保证货物完整的必要措施。

⑦由于承运时无法发现的容器或包装缺点。

⑧发货人用不正确、不确切或不完全的名称托运违禁品。

⑨货物在规定标准内的途耗等。

(5)承运人的赔偿责任。《国际货协》在货损的赔偿上基本采用了贵客赔偿的方法，根据《国际货协》的规定，铁路对货物损失的赔偿金额在任何情况下不得超过货物全部灭失时的金额。在货物受损时，铁路的赔偿应与货价减损金额相当。在逾期交付的情况下，铁路应按逾期长短，以运费为基础向收货人支付规定的逾期罚金。

(6)发货人和收货人的权利和义务。

①支付运费的义务。发送国的运费由发货人支付，过境的运费可由发货人支付，也可由收货人支付，到达国的运费由收货人支付。

②收货人有收受货物的义务。

③变更合同的权利。依公约的规定，发货人可对运输合同作下列变更：

a. 在发站将货物领回；

b. 变更到站，此时，在必要的情况下应注明货物应通过的国境站；

c. 变更收货人；

d. 将货物返还始发站。

收货人可对运输合同作下列变更：

a. 在到达国范围内变更货物的到站；

b. 变更收货人。

(7)诉讼时效。根据《国际货协》的规定，当事人依运输合同向铁路提出的赔偿请求和诉讼，以及铁路对发货人和收货人有关支付运费、罚款和赔偿损失的要求和诉讼应在 9 个月内提出；有关货物逾期的赔偿请求和诉讼应在两个月内提出。

三、国际货物多式联运

(一)国际货物多式联运概述

国际货物多式联运是联运经营人以一张联运单据，通过两种以上的运输方式将货物从一个国家运至国一个国家的运输。这种运输是在集装箱运输的基础上产生发展起来的新型运输方式，它以集装箱为媒介，将海上运输、铁路运输、公路运输、航空运输和内河运输等传统的运输方式结合在一起，形成了一体化的门到门运输。这种运输方式的速度快、运费低、货物不易受损。由海陆海组成运输的形式又被称为大陆桥运输。

传统的各种运输方式有各自不同的运输责任制度，如陆上运输适用有关公路运输和铁路运输的法律，海上运输则适用《海牙规则》的规定。那么，多式联运的承运人应采用什么责任制度呢？有人主张可先由经营人包下来，再由其与各承运人按各自的责任制度分别处理。也有人提出采用区段责任制度，即由各段承运人分别对其承运区段的货损负赔偿责任。问题是无法判明责任区段。为了解决这一问题，国际商会于 1963 年制定了《联运单证统一规则》，该规则采用了区段制度和统一责任制相结合的制度。即在确知货物损失或灭失的运输区段时，适用区段责任制，由参加联运的各区段实行分段负责。在未能确知货物损失或灭失发生的运输区段时，采用统一责任制，由联运经营人对联运期间任何地方发生的货损对托运人负赔偿责任。

国际商会制定的《联运单证统一规则》并没有根本解决在多式联运中存在的问题。因为该规则不是强制性的法规，且该规则的规定也很不完善。为了促进国际多式联运的发展，在联合国贸发会的主持下，于1980年通过了《联合国国际货物多式联运公约》，公约目前尚未生效。

(二)《联合国国际货物多式联运公约》的主要内容

(1)公约的适用范围。公约适用于两国境内各地之间的所有多式联运合同，条件是：

①多式联运合同规定的多式联运经营人接管货物的地点是在一个缔约国境内。

②多式联运合同规定的多式联运经营人交付货物的地点是在一个缔约国境内。

根据该公约的定义，"国际多式联运"是指由多式联运经营人以至少两种以上运输方式，将货物从一国境内接管货物的地点运至另一国指定交付货物的地点的运输。"多式联运经营人"是指其本人或通过其代表订立多式联运合同的人，他是合同的当事人，而不是发货人的代理人或代表或参加多式联运的承运人的代理人或代表，并负有履行合同义务的责任。"多式联运合同"是指多式联运经营人凭以收取运费、负责完成或组织完成国际多式联运的合同。

(2)多式联运单据。多式联运单据是多式联运合同的证明，是多式联运经营人收到货物的收据及凭其交货的凭证。多式联运单据应记载多式联运经营人的名称和地址，发货人及收货人的名称，多式联运经营人接管货物的地点和日期，交付货物的时间和地点，单据签发的时间和地点，货物的表面状况等事项。发货人应保证其在多式联运单据中提供的有关货物资料的准确性。

多式联运单据应是该单据所载货物由多式联运经营人接管的初步证据。但当多式联运单据以可转让方式签发，而且转给正当的依赖该单据所载明的货物状况的包括收货人在内的第三方时，该单据就成了最终证据。

(3)多式联运经营人的责任期间。该公约规定的多式联运经营人的责任期间为从其接管货物之时起至交付货物时止的期间。具体来说是自多式联运经营人从下列各方接管货物之时起：

①发货人或其代表。

②根据接管货物地点适用的法律或规章，货物必须交其运输的当局或其他第三方。

直到多式联运经营人以下列方式交付货物时为止：

①将货物交给收货人。

②如果收货人不提取货物，则按多式联运合同或交货地适用的法律或特定行业惯例，将货物置于收货人支配之下。

③将货物交给根据交货地点适用的法律或规章必须向其交付的当局或其他第三方。

货物在上述期间被视为是在多式经营人的掌管之下。

(4)多式联运经营人的赔偿责任原则。该公约在赔偿责任上采用了完全推定责任原则，即除非经营人证明其一方为避免事故的发生已采取了一切合理的措施，否则，即推定损坏是由经营人一方的过错所致，并由其承担赔偿责任。

(5)多式联运经营人的赔偿责任限额 。该公约规定的两种赔偿限额分别适用于下列两种情况：第一，如在国际多式联运中包括了海运或内河运输，多式联运经营人的赔偿责任限额为每件 920 特别提款权，或货物毛重每千克 2.75 特别提款权，以较高者为准；第二，如在国际多式联运中未包括海运或内河运输，多式联运经营人的赔偿责任限额为毛重为每千克 8.33 特别提款权。此外，因延迟交付造成损失的赔偿限额为延迟交付货物的应付运费的 2.5 倍，但不得超过多式联运合同规定的应付运费的总额。在确知发生货损的区段时，如该区段适用的公约或国家法律规定的赔偿责任限额高于该公约的规定，则适用该公约或国家法律的规定。

(6)索赔与诉讼时效。对于货物一般性的灭失或损坏通知，收货人应在货物交给他的次一工作日提出，否则此种货物的交付即为多式联运经营人交付多式联运单据所载货物的初步证据。当货物的损坏不明显时，收货人应在货物交付后连续 6 日内提出索赔通知。对于延迟交付的货物，收货人应在货物交付后连续 60 日内提出索赔通知。该公约规定的诉讼时效为两年，但如果在货物交付之日或应交付之日起 6 个月内，没有提出书面索赔通知，则在此期限届满后即失去诉讼时效。

(7)管辖。该公约规定，原告可选择在下列之一法院进行诉讼：

①被告主要营业所，如无主要营业所，则为被告的经常居所。

②订立多式联运合同的地点，且合同是通过被告在该地的营业所、分支或代理机构订立。

③接管国际多式联运货物的地点或交付货物的地点。

④多式联运合同中为此目的所指定并在多式联运单据中载明的任何其他地点。

本章小结

国际货物运输是指采用一种或多种运输工具，把货物从一个国家的某一个地点运至另一个国家的某一个地点的运输。它包括海上运输、陆上运输和航空运输三种运输方式。

国际海上货物运输包括班轮运输和租船运输两种方式。班轮运输是国际海洋货物运输中的主要运输方式，它是由航运公司以固定的航线、固定的船期、固定的运费率、固定的停靠港口组织的将托运人的件杂货运往目的地的运输。提单是班轮运输中的重要法律文件，依照不同的标准提单有不同的分类。国际上调整提单运输的国际公约主要有《海牙规则》、《维斯比规则》和《汉堡规则》三个。《海牙规则》目前仍被大多数国家所采用。它们都对承运人的责任原则、责任期间、责任限额、免责以及诉讼时效等问题进行了规定。租船合同包括航次租船合同、定期租船合同和光船租赁合同。

国际航空货物运输具有速度快、安全性高、破损率低、有受地面条件限制等特点。铁路运输比海上运输的风险小、时间短，但比航空运输时间长。国际货物多式联运是在集装箱运输发展的基础上产生并发展起来的新型运输方式，它以集装箱为媒介，将海上运输、铁路运输、公路运输、航空运输和内河运输等传统的运输方式结合在一起，形成了一体化的门到门运输，这种运输方式的速度快、运费低、货物不易受损。

技能实训

1. 某轮将15 000袋咖啡豆从巴西的巴位那瓜港运往中国上海。船长签发了两张清洁提单，载明每袋60千克咖啡豆，其状况良好。货到目的港卸货后，发现其中930袋有重量不足或松袋现象，经过磅约短少25%。于是，收货人提起诉讼，认为承运人所交货物数量与提单的记载不符，要求承运人赔偿短卸损失。承运人则认为，首先，在装船时，未对所装货物一一进行核对，所以承运人不应对此负赔偿责任。

请问：承运人应否负责？为什么？

2. 被告某土产公司在湛江港将其出口的木薯片交原告某远洋公司所属的A轮承运，货物装完后，被告申请水尺公估，测得木薯片重量16 443吨，并将其申报承运人载于提单。为了防止货物霉损，被告请求船长在航行途中开舱晒货。船长担心晒货会发生短重，为此，欲将大副收据中的“至卸货港发生短重，船方概不负责”的批注转入提单，为取得清洁提单，被告向原告出具了保函，保证承担短重责任。航行中船长多次开舱晒货。船抵达目的港后，木薯片短重567吨，原告向收货人赔偿70万法郎。为此，原告依保函向被告提出索赔，但被告拒绝。原告向法院起诉。

请问：本案中，被告某土产公司应否承担赔偿责任？为什么？

3. 货方将5 000箱铁皮装上承运人的货轮，货轮由于大雨等原因，在经停港不幸与码头相撞。由于货舱受损，需要进行修理。在修理过程中，由于船员和修理人员的疏忽没能用防水帆布罩盖紧货舱，使雨水注入货舱。当该轮到达目的港时，铁皮发生锈损现象。

请问：根据《海牙规则》的规定，该损失应由谁承担？为什么？

4. Hoyanger轮将一批苹果从布宜诺斯艾利斯运往温哥华，承运人签发了清洁提单。货物到达目的港时发现处于毁损状态。货方认为，货损是由于货箱推装的间隔不充足也不统一，影响了冷藏舱内的冷气流通，因而导致货损，并向承运人提出索赔。船方认为，货物装船、堆存及冷藏均依适当程序和标准办理，舱内冷气流通也充足，到货情况不佳属于苹果在装船时过熟所致。货方则称，苹果在装船之前已作过数次检验，其结果显示苹果情况良好，并无过熟现象。经查，苹果到港时的不良状况是其装船前过熟无法承受为期45天的海上航程所致。

请问：本案中承运人应否免责？依据是什么？

5. 我国甲公司从日本乙公司以每台400美元CIF天津价格条件购进电冰箱200台。日本乙公司将货交承运人装船，承运人发现其中有20箱包装破损，欲签发不清洁提单。乙公司向承运人出具承担赔偿责任保函，承运人遂发清洁提单。乙公司持清洁提单按信用证结汇。甲公司收货后，发现20箱货物有严重的质量问题，于是向承运人索赔。

请问：承运人应否承担责任？如果甲公司向乙公司索赔，你认为索赔能否成立？

第七章　国际货物运输保险法

知识目标：

- 了解保险的概念和特征，了解国际货物运输保险法的现状及主要保险条款
- 理解国际货物运输保险合同的订立、变更和终止程序
- 掌握国际货物运输保险的基本原则，掌握关于国际海洋货物运输保险的CIC条款和ICC条款中的主要险别

技能目标：

- 能够依法签订、履行国际货物运输保险合同
- 能够运用国际货物运输保险的基本原则处理保险索赔相关事宜
- 能够在处理国际货物运输保险实务中灵活运用本章的知识维护自身的合法权益

第一节　国际货物运输保险概述

一、保险的概念与特征

国际间买卖的货物必须通过长途辗转运输才能从出口国运往进口国收货人所在地。货物在长途运输过程中往往会遭遇各种各样的自然灾害和意外事故，而承运人可以依据运输合同免除承担相当数量危险所引起的货物损失责任。所以，货物的买卖双方为了在一旦发生不属于承运人责任的货物损失时不至于遭受巨大损失并使国际贸易能够正常进行下去，他们一般会根据买卖合同中采用的贸易术语的有关规定办理保险，把一定的损失转嫁给保险人。

（一）保险的概念

在人类社会的历史进程中，自然灾害和意外事故始终是客观存在的，这使得社

会生产和人的生活一直面临遭到破坏的风险，而随着风险因素的增加，损失的程度也在增加，这时仅仅依靠个人力量显然是难以承担的，有组织的经济补偿是十分必要的，因此保险应运而生。

保险是指保险人通过收取保险费的形式建立保险基金，用于补偿被保险人因自然灾害和意外事故所造成的经济损失（财产保险）或在人身保险事故（包括因死亡、疾病、伤残、年老、失业等）发生时给付保险金（人身保险）的一种经济补偿制度。从性质上说，保险是一种经济补偿制度。保险在英文中最初的意思是“Safeguard against loss in return for regular payment”，即以经常性的缴纳一定费用（保费）为代价来换取在遭受损失的补偿。虽然这样对保险的定义不够完整，但是在一定程度上还是反映了保险的特征。

（二）保险的特征

（1）经济性。保险是一种经济保障活动，是整个国民经济活动的一个有机组成部分。其保障的对象财产和人身都直接或间接属于社会再生产中的生产资料和劳动力两大经济要素；其实现保障的手段最终都必须采取支付货币的形式进行补偿或给付；其保障的根本目的，无论从宏观的角度还是从微观的角度都是为了发展经济。

（2）互助性。保险具有“我为人人，人人为我”的互助特性。它在一定条件下分担了个别单位和个人所不能承担的风险，从而形成了一种经济互助关系。这种经济互助关系通过保险人用多数投保人缴纳的保险费建立的保险基金对少数遭受损失的被保险人提供补偿或给付而得以体现。

（3）法律性。从法律角度看，保险是一种依法而行的合同行为。保险双方当事人要建立保险关系，其形式是保险合同；保险双方当事人要履行其权利和义务的依据也是保险合同。没有保险合同，保险关系就无法成立。

（4）科学性。保险是一种科学处理风险的有效措施。现代保险经营以概率论和大数法则等科学的数理理论为基础。保险费率的厘定、保险准备金的提存等都是以精密的数理计算为依据的。

二、国际货物运输保险的概念与基本原则

国际货物买卖中买卖双方地处异国，货物需要作长距离运输，所以面临的风险远远大于国内买卖合同，因此，国际货物运输保险是安全进行和完成国际货物买卖交易所不可缺少的环节。

(一)国际货物运输保险的概念

国际货物运输保险是指投保人按一定金额投保一定的险别，保险人在同意承保并由投保人缴纳保费后，保险人在保险标的遭受保险责任范围内的损失时对被保险人承担经济赔偿责任。

国际货物运输保险属于财产损害保险，即由于保险事故的发生而根据货物的实际损害额支付保险金的保险。国际货物运输保险的保险标的包括有形物（如货物），也包括无形的利益、责任（如预期利润、运费和保险费）等。它与货物运输过程中所发生的人身伤害等无关，这种情况由人身保险加以处理。

(二)国际货物运输保险的基本原则

(1)最大诚信原则。在保险活动中，最早以法律形式出现的最大诚信原则是英国1906年《海上保险法》规定的"海上保险是建立在最大诚信原则的保险合同，如果任何一方不遵守这一原则，他方可以宣告合同无效"。

最大诚信原则是指保险合同当事人在订立合同时及合同有效期内应依法向对方提供影响对方是否缔约以及缔约条件的重要事实，同时绝对信守合同缔结的认定与承诺；否则，受害方可主张合同无效或解除，甚至要求对方赔偿因此而受到的损失。

(2)保险利益原则。保险利益是指投保人或被保险人对投保标的所具有的法律上承认的、可以确定的利益。非法的利益，非现有的、不能合理期待或不能用金钱计算的利益都不能作为保险利益。保险利益原则是保险合同成立以及事后保险索赔的一项基本原则，为尽量降低为牟取利益而故意或放任保险事故发生的道德风险，保障保险业的健康发展，保险利益原则要求被保险人对保险的标的物必须具有保险利益才能投保，否则保险合同无效。

财产保险的保险利益一般要求从保险合同订立时到保险事故发生时始终要有保险利益。如果保险合同订立时具有保险利益，而当保险事故发生时不具有保险利益，则保险合同无效。而海上货物运输保险比较特殊，投保人在投保时可以不具有保险利益，但当保险事故发生时必须具有保险利益。这种规定是为了适应国际贸易的习惯做法，已被世界各国的保险公司所效仿和接受，成为国际上办理保险的准则。

(3)近因原则。保险合同是一种限定性赔偿合同，保险人在保险合同中的赔偿责任范围并不是保险标的发生的全部损失、费用和责任，而是由一定原因造成的特定损失、费用和责任，而这种原因被称为近因。近因并不是在时间上最接近损失的原因，而是指引起保险标的损失的最直接、最有效、起决定作用的因素。依据近因原则在处理赔偿案时，赔偿的条件是造成保险标的损失的近因必须属于保险责任，反之，若造成保险标的损失的近因属于责任免除，则保险人不负赔付责任。

(4)损失补偿原则。损失补偿是指当保险事故发生时，被保险人从保险人所得到的赔偿应正好填补被保险人因保险事故所造成的保险金额范围内的损失。损失补偿原则是保险中理赔的基本原则。财产保险的根本目的是赔偿被保险人因保险事故而遭受的经济损失，即被保险人通过订立保险合同将其承担的风险转移给保险人，在保险事故发生后，被保险人有权力要求保险人按合同给予补偿，保险人则有义务向被保险人对其损失进行补偿。通过补偿使被保险人的保险标的在经济上恢复到受损前的状态，好像保险事故没有发生一样，但不允许被保险人因损失而获得额外的利益。保险人在运用补偿原则时应把握以下两个限度。

①经济补偿以实际损失为限。若在超额保险条件下，由于保险金额超过保险价值，因此当保险标的发生保险事故时，被保险人遭受的实际损失最大为保险价值，不可能等于或超过保险金额。因而，按照补偿原则，被保险人的保险标的在经济上恢复到损失前的状态，保险人只能以发生损失时的市场价格来确定赔偿金额，不得超过损失金额，以防被保险人获得额外利益。

②经济补偿以保险金额为限。保险金额是保险人承担赔偿或给付保险金责任的最高限额，投保人因保险标的受损所获得的经济补偿也就只能以保险金额为限。在保险标的发生全部损失时，若投保的不定值保险，当保险金额等于或小于保险价值时；或若投保定值保险时，则补偿金额应以保险金额为限，以便填补被保险人的损失。

三、国际货物运输保险合同的订立

(一)国际货物运输保险合同的订立程序

国际货物运输保险合同属于财产保险合同的一种，是指从事国际货物运输保险业务的保险人与以国际运输中货物为保险标的的投保人之间达成的、由投保人按险别支付约定保险费，在风险事故出现致使保险货物遭受损失时由保险人负责向被保险人或其他保险受益人支付赔偿损失的合同。国际货物运输保险合同的订立是指投保人与保险人之间就国际货物运输保险合同的条款基于意思表示一致而达成协议的法律行为。

(1)订立方式。国际货物运输保险合同的订立与其他合同的订立一样，必须经过要约与承诺两个阶段。由于该合同是保险人与被保险人之间权利和义务的凭证，因此一般应由保险人与被保险人双方直接签订。但是，在英美等国家的保险实务中，被保险人同保险人并不直接接触，而是委托保险经纪人代其向保险人投保。

在英美等国家，一般的投保手续是，由被保险人提出投保申请，并在经纪人提供的表格上填明保险标的物、投保的险别以及其他有关内容后交给经纪人。经纪人通常被授权在一定的保险费率范围内投保，并把投保内容写在一张"承保条"(The Slip)上，交给保险人或保险公司。如果保险人愿意承保，即在承保条上签名，并注明其承保的金额。保险人在承保单上签名，保险合同即告成立，至于日后是否出具保险单并不重要。最后，被保险人将保险费交给经纪人，由经纪人交给保险人，并由保险人从保险费中取出部分金额付给经纪人作为佣金。

我国国际货物运输保险的投保手续比较简单，主要有以下两种不同的做法。

①如果收货人直接投保的，应填制投保单一式两份，列明货物名称、保险金额、运输路线、运输工具、投保险别等事项。其中一份由保险公司签章后交还给被保险人作为承保的凭证，另一份则留在保险公司凭以出具保险单。

②如果是由外贸进出口公司投保的出口货物运输保险，由于业务量大，为节省手续，一般不填制投保单，而是利用有关出口单据的副本，如出口货物明细单、货物出运分析单等来代替投保单。

(2)投保时间。国际货物运输保险合同的承保风险具有或然性，已经发生或不能发生的危险就不能成为保险危险，因此，国际货物运输保险合同应当在保险事故未发生前订立，如果保险事故已经发生就不能投保。在国际贸易中，卖方或买方投保货物运输保险的时间通常是在货物装运以前或装运之时。但是由于买卖双方分处两国，货主对货物在运输过程中发生的情况无法完全掌握，有时可能出现货物虽已遭受损失或灭失，但货主因不知情而仍向保险公司投保的情况。针对这种现象，保险单上通常都载有"不论灭失与否"(Lost or Not Lost)条款，即不论保险标的物在投保时是否已经灭失，保险人仍须按合同承担赔偿责任。但这并不是说被保险人就可以明知标的物已经灭失之后再去投保仍能订立有效的保险合同。

(二)国际货物运输保险合同的表现形式

国际货物运输保险合同的表现形式是国际货物运输保险单据，这类单据主要以下几种。

(1)投保单。投保单，又称要保单，是投保人向保险人申请保险、请求订立保险合同的一种书面文件。投保单由保险人制定，并列明订立保险合同所必需的项目，要求投保人按所列项目逐一如实填写。保险人根据投保人所填项目考虑是否接收投保。投保单一经保险人盖上承保的印章或经其业务人员签字盖章，即成为保险合同的一种书面形式。

(2)暂保单。暂保单，又称临时保险单，即保险单或保险凭证签发之前保险人发出的临时单证。暂保单的内容比较简单，只载明被保险人的姓名、承保危险种类、保险标的等重要事项，有关保险人的责任及双方当事人的权利和义务等都以保险单的规定为准。如果暂保单所依据的保险单是标准化的，那么暂保单的内容还可以简单，只须说明保险人的责任以正式保险单为准即可。倘若某种保险无标准保险单，则暂保单尤为重要，足以证明保险人在正式保险单签发前所负的责任范围。

使用暂保单一般限于保险代理人在争取到业务而尚未向保险人办妥保险单手续前给被保险人开出的证明；出口贸易结汇时，保险人在出具保险单或保险凭证前先出具暂保单，以资证明出口货物已经办理保险，作为结汇的凭证。

暂保单的法律效力一般与保险单完全相同，不过有效期较短，通常为三十天以内。保险单发出后，暂保单自动失效。暂保单也可在保险单发出之前中止效力，但保险人必须提前通知投保人。暂保单也常被保险双方所滥用。就被保险人而言，由于保险费可在出立保险单时支付，而暂保单又与保险单效力相同，这就等于享受了免费保险。而保险人为争取顾客，亦不注意选择良好的投保人，而依赖暂保单可自动失效，往往因此产生纠纷。

(3)保险单。保险单，简称保单，是保险人与投保人之间订立的保险合同的正式书面形式。保险单应将包括保险人的责任和双方当事人的权利和义务在内的保险合同的全部内容明确详尽地载明其中。如果出具保险单前有投保单或暂保单的，还应将其内容也载入保险单中。

在保险实务中，保险单和保险合同往往相互通用。但严格来说，两者是有区别的。保险单只是当事人经过口头或书面协商一致而成立的保险合同的正式凭证而已。在通常情况下，只要保险条件谈妥，双方当事人意见一致，保险合同即告成立。即使保险事故发生在正式保险单签发之前，也不影响该保险合同的法律效力。

(4)保险凭证。保险凭证，又称小保险单，是一种简化的保险单，它与保险单具有同等的法律效力。一般载有正式保险单正面的条款，如被保险人名称、保险货物名称、运输工具种类与名称、投保险别、保险期限、保险金额等，而对保险单背面有关保险人和被保险人权利和义务的条款则不予登载。在当事人采用流动保单或预约投保单投保时,保险人还必须对每笔运输货物单独出具保险凭证,被保险人得不到正式保单,只能得到保险凭证。

四、国际货物运输保险合同的内容

保险合同的内容即为保险合同条款的内容,主要由法律进行规定同时,亦允许当事人对合同内容进行约定。

(1)基本条款。基本条款是标准保险单的背面印就的保险合同文本的基本内容,即保险合同的法定记载事项,也称保险合同的要素。它主要明示保险人和被保险人的基本权利和义务,以及依据有关法规规定的保险行为成立所必需的各种事项和要求。保险合同基本条款至少应当包含以下内容。

①保险人名称和住所。

②投保人、被保险人名称和住所。

③保险标的。保险标的是指被保险人所要转嫁危险和取得保险保障的对象。

④保险价值。保险价值指被保险财产的实际价值,也是发生保险事故时所遭受的最大损失。

⑤保险金额。保险金额是指被保险人的实际投保金额,也是保险人对保险标的的最高赔偿限额。

⑥保险责任和除外责任。保险责任是指保险合同载明的危险发生造成保险标的损失时,保险人所承担的赔偿责任。除外责任是指依照法律或海上保险合同的规定,保险人不负赔偿责任的范围。

⑦保险费以及支付办法。

⑧保险期间。保险期间是指保险合同的有效期限,也叫保险责任的起讫期限。

⑨违约责任和争议处理。

⑩合同订立的时间。

投保人和保险人可以在上述内容的基础上就与具体保险标的和保险风险的有关事项做出约定。

(2)附加条款。附加条款是对基本条款的补充性条款,是对基本责任范围内不予承保而经过约定在承保基本责任范围基础上予以扩展的条款。

(3)法定条款。法定条款是法律规定合同必须列出的条款。

(4)保证条款。保证条款是保险人要求被保险人必须履行某项规定所制定的内容。

(5)协会条款。协会条款是专指由伦敦保险人协会根据实际需要而拟定发布的有关船舶和货运保险条款的总称。

五、国际货物运输保险合同的变更

已经订立的国际货物运输保险合同在履行过程中,由于某些情况的变化需要对其进行补充或修改。国际货物运输保险合同的变更是指在合同的有效期内,基于一定的法律事实而改变合同内容的法律行为。

国际货物保险合同的变更通常包括合同主体的变更和合同内容的变更。

1.保险合同主体的变更。保险合同主体的变更通常是因保险标的转让或出售而使权利发生转移而引起的,因而,合同主体的变更实际是合同的转让,变更保险合同的结果是产生新的权利义务关系。在保险合同中,作为保险人的一方是不允许变更的。投保人只能选择退保来变更保险人。而其他的合同主体如被保险人、投保人的变更,经保险人的同意是允许的。被保险人通常都可以采用在保险单上背书的方式转让给受让人,这是国际贸易的习惯做法,也是各国的法律所允许的。

保险合同的转让需要考虑以下三个问题。

第一,转让与保险人的同意。保险合同的转让与保险人的同意密切相关,但是存在着两种状态:一种是必须有保险人的同意;另一种是可以有保险人的同意。

第二,转让的方式。保险合同的转让可以采取由被保险人在保险合同上背书或其他方式进行。

第三,转让的后果。在保险合同转让时,无论损失是否已发生,只要被保险人对保险标的仍具有保险利益,则保险合同均可有效转让。

(2)保险合同内容的变更。保险合同内容的变更表现为在主体不变的情况下保险合同中保险标的种类的变化、数量的增减、存放地点、保险险别、风险程度、保险责任、保险期限、保险费和保险金额等内容的变更。

依照我国法律的规定,保险合同的内容变更须经过下列主要程序:投保人向保险人及时告知保险合同内容变更的情况;保险人进行审核,若需增加保险费,则投保人应按规定补交,若需减少保险费,则投保人可向保险人提出要求,无论保险费增减或不变,均要求当事人取得一致意见;保险人签发批单或附加条款。上述程序使保险合同内容的变更完成,变更后的保险合同是确立保险当事人双方权利义务关系的依据。

六、国际货物运输保险合同的终止

国际货物运输保险合同的终止是保险合同成立后因法定的或约定的事由发生,法律效力完全消灭的法律事实。

导致保险合同终止的原因:

(1)自然终止。自然终止是指已生效的保险合同因发生法定或约定事由导致合同的法律效力当然地发生不复存在的情况。这些情况通常包括:

①保险合同期限届满。

②合同生效后承保的风险消失。

③保险标的因非保险事故的发生而完全灭失。

④合同生效后,投保人未按规定的程序将合同转让,由于投保人或被保险人已失去保险利益,使保险合同自转让之日起原有的法律效力不再存在。

(2)因履约导致终止。因保险合同得到履行而终止是指在保险合同的有效期内,约定的保险事故已发生,保险人按照保险合同承担了给付全部保险金的责任,保险合同即告结束。

(3)因解除导致终止。保险合同的解除是指在保险合同期限尚未届满前,合同一方当事人依照法律或约定行使解除权,提前终止合同效力的法律行为。保险合同的解除一般分为法定解除和意定解除两种形式。法定解除是指当法律规定的事项出现时,保险合同当事人一方可依法对保险合同行使解除权。意定解除是指保险合同双方当事人依合同约定,在合同有效期内发生约定情况时可随时注销保险合同。在协议解除保险合同时,保险人应按日计算未到期的保险费,并退还给被保险人,在航程保险中,保险责任一经开始,除非保险合同另有规定,被保险人不得要求退还保险费。

七、委付与代位求偿

(一)委付

1.委付的概念与条件。委付是指国际货物运输保险合同的被保险人在发生保险事故造成保险标的推定全损时,将保险标的物的一切权利连同义务移转于保险人而请求保险人赔偿全部保险金额的法律行为。

委付必须具备一定的条件才能成立,其条件是:

①委付必须以保险标的推定全损为条件。

②委付必须就保险标的的全部提出要求。

③委付必须经保险人承诺方为有效。

④被保险人必须在法定时间内向保险人提出书面的委付申请。

⑤被保险人必须将保险标的的一切权利转移给保险人,并且不得附加条件。

2.委付的效力。委付一经依法成立便对保险人和被保险人产生法律约束力。一方面,被保险人在委付成立时有权要求保险人按照保险合同约定的保险金额向其全额赔偿;另一方面,被保险人必须在委付原因产生之日将保险标的的一切权利和义务转移归保险人。

(二)代位求偿

(1)代位求偿的含义。有时保险标的所遭受的保险事故是由第三人的行为引起的,被保险人当然有权利向肇事者就其侵权行为所致损失进行索赔。代位求偿是指因第三者对保险标的的损害而造成保险事故的,保险人自向被保险人赔偿保险金之日起,在赔偿金额范围内取代被保险人的地位行使被保险人对第三者请求赔偿的权利。即保险人在代第三者向被保险人支付赔款后,取代被保险人的地位向第三者索赔的权利。我国的《海商法》第 252 条第 1 款规定:“保险标的发生保险责任范围内的损失是由第三人造成的,被保险人向第三人要求赔偿的权利,自保险人支付赔偿之日起,相应转移给保险人。”这就确立了我国海上保险业务中的代位求偿原则,符合国际上通行的做法。保险人的代位求偿权是由被保险人处传来的,应严格局限于被保险人原有的对第三人的权利,不能由于代位求偿而得到被保险人本没有的权利。如同属被保险人的两艘船相撞,即使全部责任应由另一艘船承担,保险人也无权起诉另一艘船。

坚持该原则的目的在于:维护补偿原则,有利于防止被保险人因保险事故得到双重赔偿(既从保险人得到赔偿,又从第三者得到赔偿),有利于被保险人迅速得到保险赔偿,有利于维护保险人自身的合法利益,也可使有关责任方承担事故赔偿责任。

(2)代位求偿的条件。

①保险标的所遭受的风险必须属于保险责任范围。

②保险事故的发生应由第三者承担责任。

③被保险人要求第三者赔偿。这既是保险人赔偿的条件,也是代位的条件。

④保险人必须事先向被保险人履行赔偿责任。

⑤保险人只能在赔偿金额限度内行使代位求偿权。若保险人向第三者实际取得的赔偿金额大于赔偿给被保险人的金额,则保险人必须将超过部分的金额退给被保险人。这是代位求偿的权限。

(3)代位求偿的适用范围。代位求偿权只适用于财产保险,而不适用于人身保险。因为财产保险的保险价值是可以确定的,财产保险合同是补偿合同。按照损失补偿原则，财产保险的保险标的发生保险事故时，被保险人只能得到补偿，而不能获得双重赔偿。而人身保险的保险金额是保险当事人双方约定的，其保险价值无法衡量，只存在保险金的给付，而财产保险的保险价值是可以确定的。

(4)委付与代位求偿的区别。

第一，代位求偿权只是一种纯粹的追偿权，取得这种权利的保险人无须承担其他义务；而保险人接受委付时，既取得了保险标的的所有权，也要承担该标的产生的义务。

第二，保险人得到的权利不同。在代位求偿中，保险人最多只能取得保险赔偿金额范围内的权利；而在委付中，保险人则可享有该项标的的一切权利，保险人可以接受大于其赔偿金额的利益。因为被保险人提出委付时已放弃了对保险标的的所有权，保险人取得了对保险标的处分权，并可取得因处置而取得的额外利益。

第二节　国际海洋运输保险条款

一、我国海洋货物运输保险条款

国际货物运输保险按照运输方式的不同分为海洋货物运输保险、陆上货物运输保险和航空运输保险等。其中以海洋货物运输保险起源最早，其他运输方式的货物保险都是在其后逐渐发展起来的。关于海洋运输保险的法律，因目前国际上还没有一个海洋保险公约，在国际上使用最为广泛、影响最大的海洋运输保险条款是由英国伦敦保险业协会所制定的《协会货物条款》，许多国家所制定的保险条款基本上是参照伦敦协会条款的内容制定的，其适用与解释亦大致相同。在我国按CIF或CIP条件成交的出口交易中，国外商人有时要求按伦敦保险业协会货物险条款投保，我国的出口企业和保险公司一般均可接受。

我国海洋货物运输保险条款主要有中国人民保险公司1981年1月1日修订的海洋运输货物保险条款(简称CIC条款)，是我国进出口贸易中投保货物保险时的重要依据，也就是保险公司办理海运货物保险业物的重要依据。海洋运输货物保险条款分为一般保险条款和特殊保险条款。

(一)基本险

一般保险条款有三种基本险别，即平安险、水渍险和一切险，包括责任范围、除外责任、责任起讫、被保险人义务、索赔期限等五项内容。除第一项责任范围对三个基本险别分别做出具体规定外，其余四项是三个基本险共用的内容。三个基本险别责任范围的规定采用的是对平安险列出八条条款的办法，而水渍险和一切险则是在平安险基础上的扩大说明，并未列出具体条款。

1. 责任范围

(1)平安险(Free From Particular Average，简称F. P. A.)。平安险原意为“单独海损不赔”，即最初平安险的保险人只负责赔偿货物的全损。但是，经过不断发展，目前的平安险已大大超过只赔偿全部损失的范围。简而言之，平安险是保险人负责赔偿因自然灾害造成的货物全损和部分意外事故造成的货物损失(包括全损和部分损失)及费用的一种海洋货物运输保险。平安险的责任范围如下。

①被保险货物在运输途中由于恶劣气候、雷电、海啸、地震、洪水等自然灾害造成整批货物的全部损失或推定全损。当被保险人要求偿付推定全损时，须将受损货物及其权利委付给保险公司。被保险货物用驳船运往或运离海轮的，每一驳船所装的货物可被视作一个整批。

推定全损是指被保险货物的实际全损已经不可避免，或者恢复，修复受损货物以及运送货物到原订目的地的费用超过该目的地的货物价值。

②由于运输工具遭到搁浅、触礁、沉没、互撞、与流水或其他物体碰撞以及失火、爆炸等意外事故造成货物的全部或部分损失。

③在运输工具已经发生搁浅、触礁、沉没、焚毁等意外事故的情况下，货物在此前后又在海上遭受恶劣气候、雷电、海啸等自然灾害所造成的部分损失。

④在装卸或转运时由于一件或数件整件货物落海造成的全部或部分损失。

⑤被保险人对遭受承保责任内危险的货物采取抢救、防止或减少货损的措施而支付的合理费用，但以不超过该批被救货物的保险金额为限。

⑥运输工具遭遇海难后，在避难港由于卸货所引起的损失以及在中途港、避难港由于卸货、存仓以及运送货物所产生的特别费用。

⑦共同海损的牺牲、分摊和救助费用。

⑧运输契约订有“船舶互撞责任”条款，根据该条款规定应由货方偿还船方的损失。

(2)水渍险(With Particular Average，简称 W. P. A.或 W. A.)。水渍险原意为“单独海损负责”，除承担平安险的各项责任外，还负责被保险货物由于恶劣气候、雷电、海啸、地震、洪水等自然灾害所造成的部分损失。从这个险别的承保范围来看，它与平安险的差别很小。如果保险标的因承保风险造成全损，投保人无论投保平安险还是水渍险都可获得赔偿；如果保险标的发生部分损失，则水渍险对不论是自然灾害还是意外事故造成的部分损失均予以赔偿，而平安险则对自然灾害造成的部分损失一般不予赔偿。但是如果在运输工具曾发生搁浅等意外事故之前或之后又有自然灾害造成部分损害，平安险也予负责。

(3)一切险(All Risks)。一切险的责任范围，除包括平安险和水渍险的各项责任外，还负责被保险货物在运输途中由于一般外来原因造成的全部或部分损失。所谓外来原因，是指由一般附加险承担的损失，而不包括特别附加险和特殊附加险。一般附加险不能单独投保，它们全部包括在一切险之中，或是投保人在投保了平安险或水渍险之后，根据需要加保其中一种或几种险别。

一切险的承保范围在三个基本险别中是最大的，但也不是对一切风险和损失均予负责。它并不对特殊外来风险损失负责，也不对非偶然因素造成的损失，如货物的自然损耗、内在缺陷等负责。

2.除外责任

除外责任是指保险人不予负责赔偿的损失或费用。保险条款中规定除外责任的目的在于进一步明确保险人承保的责任范围。除外责任一般都是非意外的、非偶然的或比较特殊的风险。

平安险、水渍险和一切险的除外责任包括：

(1)被保险人的故意行为或过失造成的损失；

(2)属于发货人责任所引起的损失；

(3)在保险责任开始前，被保险货物已存在的品质不良或数量短差所造成的损失；

(4)被保险货物的自然损耗、本质缺陷、特性以及市价跌落、运输延迟所引起的损失或费用；

(5)海洋运输货物战争险条款和货物运输罢工险条款规定的责任范围与除外责任。

3.责任起讫

在运输货物的保险中，保险人承担保险责任的起讫不是用具体的日期计算的，而是指保险责任在什么情况下开始，在什么情况下终止。中国人民保险公司规定的海运货物保险责任的起讫分为正常运输情况下和非正常运输情况下的保险责任起讫。

(1)正常运输情况下的保险责任起讫。正常运输情况下的保险负“仓至仓”责任，即自被保险货物运离保险单所载明的起运地仓库或储存处所时生效，包括正常运输过程中的海上、陆上、内河和驳船运输在内，直至该项货物到达保修单所载明目的地收货人的最后仓库或储存处所或被保人用做分配、分派或非正常运输的其他储存处所为止。如未抵达上述仓库或储存处所，则以被保险货物在最后卸载港全部卸离海轮后满 60 日为止。如在这 60 日内被保险货物需转运到非保险单所载明的目的地时，则以该项货物开始运转时终止。

(2)非正常运输情况下的保险责任起讫。在非正常运输情况下,由于被保险人无法控制的运输延迟、绕道、被迫卸货、重行装载、转运或承运人运用运输契约赋予的权限所作的任何航海上运输契约的变更或终止,致使被保险货物运到非保险单所载明目的地时,在被保险人及时将获知的情况通知保险人,并在必要时加交保险费的情况下,保险仍继续有效。保险按下列情况终止:

①被保险货物如在非保险单载明的目的地出售,保险责任至交货时终止,但不论任何情况,均以被保险货物在卸载港全部卸离海轮后满 60 日为止;

②被保险货物如在上述 60 日期限内继续运往保险单所载原目的地或其他目的地时,保险责任按上述正常运输情况的规定终止。

4.被保险人的义务

被保险人在订立保险合同后有义务履行下列义务,如不履行其应该履行的义务,保险人有权拒绝赔偿有关损失。被保险人的义务如下。

第一,被保险货物抵达保险单所载明的目的港(地)后,被保险人应及时提货,当发现被保险货物遭受任何损失后,应立即向保险单上载明的检验、理赔代理人申请检验,如发现被保险货物整件缺少或有明显残损时应立即向承运人、受托人或有关当局(海关、港务当局等)索取货损货差证明。如果货损货差是由于承运人、受托人或其他有关方面的责任所造成的,应以书面方式向他们提出索赔,必要时还须取得延长时效的认证。对遭受承保责任内危险的货物,被保险人和保险人都可迅速采取合理的抢救措施,防止或减少货物的损失。被保险人采取的抢救措施不应被视为放弃委付的表示。保险人采取的抢救措施也不得视为接受委付的表示。

第二,如果航程变更或发现保险单上所载的货物、船名或航程有遗漏或错误时,被保险人应立即通知保险人并在必要时加交保险费,保险才继续有效。

第三,在向保险人索赔时,必须提供下列单证:保险单正本、提单、发票、装箱单、磅码单、货损货差证明、检验报告及索赔清单。如涉及第三者的责任,还须提供向责任者追偿的有关函电及其他必要单证或文件。

第四,在获悉有关运输契约中"传播互撞责任"条款的实际责任后,应及时通知保险人。

被保险人如未履行上述规定的义务而影响了保险人的利益时,保险人对有关损失有权拒赔。

5.索赔期限

海运货物保险的索赔时效是从被保险货物在最后卸载港全部卸离海轮后起算,最多不超过两年。

(二)附加险

特殊保险条款包括一般附加险和特别附加险。它们不能单独担保,只有在投保了一种基本险的基础上才能加保,但一切险不用附加一般附加险。

1. 一般附加险

(1)偷窃提货不着险。保险有效期内,保险货物被偷走或窃走,以及货物运抵目的地以后,整件未交的损失,由保险公司负责赔偿。

(2)淡水雨淋险。货物在运输中,由于淡水、雨水等所造成的损失,保险公司都应负责赔偿。

(3)短量险。保险人负责赔偿承保的货物因外包装破裂或散装货物发生数量损失和实际重量短缺的损失,但不包括正常运输途中的自然损耗。

(4)混杂、玷污险。保险货物在运输过程中混进了杂质所造成的损换。如矿石等混进了泥土、草屑等因而使质量受到影响。此外保险货物因为和其他的物质接触而被玷污,如布匹、纸张、食物、服装等被油类或带色的物质污染因而引起的经济损失。

(5)渗漏险。渗漏险是指对因容器损坏而引起的渗漏损失,或用液体储藏的货物因液体渗漏而引起的货物腐蚀等损失保险公司负责赔偿。如以湿肠衣装存的流体,因为流体渗漏而使肠衣发生腐烂、变质等损失,均由保险公司负责赔偿。

(6)碰损、破碎险。碰损主要是对金属、木质等货物来说的,破碎则主要是对易碎性物质来说的。碰损是指在运输途中,因为受到震动、颠簸、挤压而造成货物本身的损失。破碎是在运输途中由于装卸野蛮、粗鲁、运输工具的颠震造成货物本身的破裂、断碎的损失。

(7)串味险。如茶叶、香料、药材等在运输途中受到一起堆储的皮革、樟脑等异味的影响使品质受到损失。

(8)受热、受潮险。如船舶在航行途行途中,由于气温骤变,或者因为船上的通风设备失灵等使舱内水气凝结、发潮、发热引起货物的损失。

(9)钩损险。保险货物在装卸过程中因为使用手钩、吊钩等工具所造成的损失,如粮食包装袋因吊钩钩坏而造成粮食外漏所造成的损失。

(10)包装破裂险。因为包装破裂造成物资的短少、沾污等损失。此外,对于因保险货物运输过程中续运安全需要而对包装进行修补或调换所支付的费用,保险公司也应负责。但由于包装不良引起的货损,保险人不负责赔偿。

(11)锈损险。保险公司负责保险货物在运输过程中因为生锈造成的损失。不过这种生锈必须在保险期内发生,如原装时就已生锈,保险公司不负责任。

2.特别附加险

特别附加险是以导致货损的某些政府行为风险作为承保对象的，它不包括在一切险范围，不论被保险人投任何基本险，要想获取保险人对政府行为等政治风险的保险保障，必须与保险人特别约定，经保险人特别同意。否则，保险人对此不承担保险责任。

我国的保险公司承保的特别附加险别有：交货不到险、进口关税险、舱面货物险、拒收险、黄曲霉素险、出口货物到香港或是澳门存仓火险责任扩展条款。此外，还包括战争险和罢工险等。

二、伦敦保险业协会货物保险条款

《协会货物条款》最早制定于1912年，伦敦保险业协会于1982年1月1日完成修订，并于1983年4月1日起正式实施。现行的伦敦保险业协会的海运货物保险条款主要有六种险别，它们是：

(1)协会货物(A)险条款[Institute Cargo Clauses A，简称ICC(A)]。

(2)协会货物(B)险条款[Institute Cargo Clauses B，简称ICC(B)]。

(3)协会货物(C)险条款[Institute Cargo Clauses C，简称ICC(C)]。

(4)协会战争险条款(货物)(Institute War Clauses-Cargo)。

(5)协会罢工险条款(货物)(Institute Strikes Clauses-Cargo)。

(6)恶意损害险条款(Malicious Damage Clauses)。

在上述六种险别条款中，除恶意损害险外，其余五种险别均按条文的性质统一划分为八个部分，即承保范围、除外责任、保险期限、索赔、保险利益、减少损失、防止延迟和法律惯例。除ICC(A)、ICC(B)、ICC(C)三种险别可以单独投保外，必要时，战争险和罢工险在征得保险公司的同意后，也可作为独立的险别进行投保，而恶意损害险则不可以单独投保。

(一)承保范围和除外责任

ICC(A)、ICC(B)、ICC(C)三种险别的承保范围由三项内容组成，即风险条款(Risks Clause)、共同海损条款(General Average Clause)和船舶互撞责任条款(Both to Blame Collision Clause)。

(1)ICC(A)。ICC(A)险的承保责任范围较广，不便把全部承保的风险一一列出，因此对承保风险的规定采用“一切风险减去除外责任”的方式，即除了在除外责任项下所列风险所致损失不予负责外，其他风险所致损失均予负责。ICC(A)险的除外责任有下列四类。

①一般除外责任。一切除外责任是指被保险人故意的不法行为所造成的损失

或费用；保险标的自然渗漏、重量或容量的自然损耗或自然磨损；由于包装或准备的不足或不当所造成的损失或费用。

②不适航、不适货除外责任。不适航、不适货除外责任主要是指被保险人在保险标的装船时已知船舶不适航，以及船舶、运输工具、集装箱等不适货。

③战争除外责任。战争除外责任是指由于战争、内战、敌对行为等所造成的损失的费用；由于捕获、拘留、扣留等（海盗除外）所造成的损失；由于漂流水雷、鱼雷等所造成的损失或费用。

④罢工除外责任。罢工除外责任系指由于罢工、被迫停工所造成的损失或费用；由于罢工者、被迫停工工人等造成的损失或费用；任何恐怖主义者或出于政治动机而行动的人所致损失或费用。

(2)ICC(B)。ICC(B)险对承保风险的规定是采用“列明风险”的方式，即把所承保的风险一一列举，凡属承保责任范围内的损失，无论是全部损失还是部分损失，保险人按损失程度均负责赔偿。

ICC(B)险承保的风险是：灭失或损害要合理归因于以下原因：

①火灾、爆炸。

②船舶或驳船触角、搁浅、沉没或者倾覆。

③陆上运输工具倾覆或出轨。

④船舶、驳船或运输工具同水以外的任何外界物体碰撞。

⑤在避难港卸货。

⑥地震、火山爆发、雷电。

⑦共同海损牺牲。

⑧抛货。

⑨浪击落海。

⑩海水、湖水或河水进入船舶、驳船、运输工具、集装箱、大型海运箱或贮存处所。

⑪货物在装卸时落海或跌落造成整件的全损。

ICC(B)险的除外责任方面，除对“海盗行为”和恶意损害险的责任不负责外，其余均与ICC(A)险的除外责任相同。

(3)ICC(C)。ICC(C)的风险责任规定也和ICC(B)险一样，采用“列明风险”的方式，可是仅对“重大意外事故”(major casualties)所致损失负责，对非重大意外事故和自然灾害所致损失均不负责。

ICC(C)险的承保风险是：灭失或损害要合理归因于：

①火灾、爆炸。

②船舶或驳船触角、搁浅、沉没或倾覆。

③陆上运输工具倾覆或出轨。

④船舶、驳船或运输工具与水以外的任何外界物体碰撞。

⑤在避难港卸货。

⑥共同海损牺牲。

⑦抛货。

ICC(C)险的除外责任与ICC(B)险完全相同。

(4)协会战争险(货物)。协会战争险的承保范围基本上与我国海运货物战争险的承保范畴类似,但是在协会战争险中不包括"海盗行为"所造成的损失,而我国战争险中包括"海盗行为"所造成的损失。因为海盗行为往往是无政治目的的,所以在ICC(A)的承保范围内。战争险的除外责任与ICC(A)险的除外责任基本相同。

(5)协会罢工险(货物)。协会罢工险对被保险财产承保以下人员所造成的灭失或损害:

①罢工者、被迫停工工人参与工潮、暴动、民变人员。

②恐怖主义者或任何出于政治目的采取行动的人所致损失。

除外责任也与ICC(A)险的除外责任基本相同。

(6)恶意损害险。恶意损害险是新增加的附加险别,承保被保险人以外的其他人(如船长、船员等)的故意破坏行动所致被保险货物的灭失或损坏。但是,恶意损害如果是出于政治动机的人的行动,不属于恶意损害险承保范围,而应属罢工险的承保风险。由于恶意损害险的承保责任范围已被列入ICC(A)险的承保风险,所以,只有在投保ICC(B)险和ICC(C)险的情况下才在需要时可以加保。

(二)保险期限

这里的"期限"是指保险人承担保险责任的起讫。

ICC(A)、ICC(B)、ICC(C)三种主要险别和协会罢工险保险期限的规定基本是相同的,但协会战争险的规定不同。

(1)ICC(A)、ICC(B)、ICC(C)和协会罢工险。这几个险别的保险期限的规定主要反映在"运输条款"、"运输契约终止条款"和"航程变更条款"中。

①运输条款规定保险人对被保险货物负"仓至仓"的责任。在被保险人无法控制的运输延迟、任何绕道、被迫卸货、重行装载、转运以及承运人运用运输契约赋予的权限所作的任何航海上的变更的情况下,保险仍继续有效。这一规定与中国人民保险公司的有关规定相比,对被保险人更为有利,因为在被保险人无法控制的情况下所发生的运输延迟、任何绕道等,无须通知保险人和加交保险费仍继续有效。

②运输契约终止条款规定如由于被保险人无法控制的情况，致使运输契约在非保险单载明的目的地或港或处所终止，保险亦应终止，除非被保险人立即通知保险人并提出续保要求，并在必要时加交保险费的情况下继续有效，直到货物在这个卸载港口或处所出售和交货。但最长时间以不超过货物到达该港口或处所满 60 日为止。

③航程变更条款规定在保险责任开始后如被保险人变更目的地，应立即通知保险人并经另行商定保险费和条件，保险仍然有效。

(2)协会战争险。协会战争险的保险期限与中国人民保险公司战争险的保险期限一样，都是仅负责“水面责任”，即保险责任从货物装上海轮时开始生效，直至货物卸离海轮为止。如果货物不从海轮上卸下，则于海轮到达最后港口或卸载港当日午夜起算 15 日期满失效。

(三)理赔

(1)ICC(A)、ICC(B)、ICC(C)。这三个险别的理赔条款的相同内容反映在可保利益、续运费用、推定全损和增值条款中。

①可保利益条款规定，被保险人必须对保险标的具有可保利益，才能获得赔偿。同时还规定在保险合同订立之前，如果保险标的已经发生承保损失仍可获得赔偿，但以被保险人订立保险合同时对此并不知情者为限。

②续运费用条款规定由于发生承保的风险，致使保险运输过程在非保险单载明的港口或处所终止时，保险人应偿付被保险人在卸货、存仓和续运货物至保险单载明的目的地适当而合理产生的任何额外费用。

③推定全损条款规定在保险标的实际全损已经不可避免，或者由于恢复、整理以及运送保险标的到保险目的地的费用超过其本身价值，并在保险标的被合理委付情况下，得按推定全损赔偿。

④增值条款主要规定，如果被保险人对本保险单项下的保险金额加上所有承保该项损失的增值保险的总和。本保险的责任按照本保险金额的比例计算。

上述的增值保险是指货物的买方估计其所购进的货物在到达目的地的完好价值将比卖方为该批货物投保的保险金额高，因而将两者之间的估计差价向原保险人增保。

(2)协会战争险和协会罢工险。协会战争险和协会罢工险的理赔条款只包含“可保利益和增值条款”，其内容与上述三种主要险别的这两项内容相同。

ICC(A)、ICC(B)、ICC(C)、协会战争险和协会罢工险的保险利益、减少损失、防止延误、法律与惯例四项内容完全相同。

(四)保险受益

在该项下包含了一个“无受益条款”,即规定“承运人或其他受托人不得享受本保险的利益”。这个条款的订立主要是因为有的承运人或其他受托人,在他们的运输或受托合同中订有“享受保险利益条款”,这一条款的主要内容是对于应由承运人或其他受托人负责的损害赔偿,如果另有保险可获得赔偿时,承运人或受托人行使代位权。为了对抗运输或受托合同中的这一条款,协会保险条款中规定了“无受益条款”,以防止承运人或受托人将他们在运输或受托合同中应承担的责任转嫁给保险人。

(五)减少损失

在减少损失这一项中包括“被保险人义务”和“放弃条款”。“被保险人义务”规定,当发生承保风险时,被保险人及其代理人有义务采取合同措施,以避免或减少这种损失。如果货物受损是属于承运人等第三方的责任时,被保险人有义务及时向他们进行追偿,并适当维护向他们进行追偿的一切权利。“放弃条款”是规定当发生承保风险时,被保险人或保险人为了施救、保护或恢复保险标的所采取的措施,不应被视为被保险人放弃委付或保险人接受委付。

(六)防止延误条款

这一条款包括“合理处置条款”,即规定被保险人应在任何力所能及的情况下尽快合理地处置所发生的事情。

(七)法律和惯例条款

这一条款包括“英国法律和惯例条款”,即本保险受英国法律和惯例管辖。对于这一条款的理解要注意,如果“协会保险条款”同其他国家的保险单连用,则应受所用保险单上规定的其他国家法律的管辖。

第三节 其他国际货物运输保险条款

一、陆上运输保险条款

陆上运输货物保险开始于19世纪末,分为铁路运输和公路运输的货物保险。对于汽车运输货物,中国人民保险公司采用与铁路运输货物同样的险别和责任范围,但是国际保险市场上各国各有自己的险别和条款,并且国际汽车运输货物保险也并不发达,主要的陆上运输货物保险还是铁路运输货物保险。

陆上运输货物保险的风险种类与海洋货物保险也有所不同。常见的有车辆碰撞、倾覆或出轨、路面或轨道坍塌、桥梁断塌、道路损坏等意外事故,但是也有很多与海洋货物保险是一样的。按照陆上运输货物保险行业的习惯，只要承保责任内风险发生，由此所产生的损失一般都予以补偿。

中国人民保险公司 1981 年 1 月 1 日修订的陆上运输货物保险条款仅限于火车和汽车，条款包括责任范围、除外责任、责任起讫、被保险人义务和索赔期限。其中除外责任、责任起讫、被保险人义务和索赔期限的规定与海运货物保险的规定相近似，不再详述。

中国的国际铁路货物运输比较发达，中国人民保险公司承接的陆上运输货物保险承保范围有陆运险和陆运一切险两种。陆运险为基本险，承保范围包括自然灾害损失、意外事故所造成的全部或部分损失以及被保险人为抢救、防止或减少货损而支出的合理费用。陆运一切险是附加险，除陆运险的责任外，还包括被保险货物在运输途中由于外来原因所致的全部或部分损失。

责任原则采用“仓至仓”责任，即从发货地仓库到目的地仓库，包括其中一些运输形式。这一责任要大于海洋货物保险。但保险公司对于由于以下原因造成的货物损失不负赔偿责任：

(1)被保险人的故意行为或过失造成的损失；

(2)属于发货人责任引起的损失；

(3)在保险责任开始前，被保险货物存在的品质不良或数量短差造成的损失；

(4)被保险货物的自然损耗、本质缺陷、特性以及市场跌落、运输延误造成的损失和费用；

(5)本公司陆上运输货物战争险条款和货物运输罢工险条款规定的责任范围和除外责任。

此外，陆上运输冷藏货物险是一种陆上货物运输的特别险。它的责任范围除一般陆上运输险所列举的自然灾害和意外事故所造成的全部或部分损失外，还负责补偿由于冷藏机器或隔温设备在运输过程中所造成的被保险货物解冻融化而腐败所引起的损失。因战争、罢工、运输迟延所造成的被保险货物的腐败或损失，该货物在保险责任开始前就未能保持良好状态，以及整理和包装不妥或冷冻不合规则所造成的损失则为除外责任。

由于陆上运输面临战争等危险性更大、更直接，所以陆上运输货物战争险比海上货物保险更具有实用性。一般外国的私营保险公司是不愿意承保这种风险性很大的保险的。中国人民保险公司承接战争险，但是仅限于火车运输，负责补偿在国际铁路货物运输过程中由于战争、类似战争行为和敌对行为、武装冲突所造成的损失，以及各种常规武器，包括地雷、炸弹所造成的损失。但是对于核武器以及放射性污染所造成的损害则根据国际运输货物保险的一般规则一律不予以承保。此外还有罢工险。在投保人已经投保了战争险的场合下，再加投罢工险，无须另加保险费。

二、航空运输货物保险条款

国际航空运输货物保险历史较短，至今尚未成为一个独立的体系。伦敦保险协会制定了《协会航空运输货物保险条款(一切险)》、《协会航空运输货物战争险条款》及《协会航空运输货物同业罢工险条款》。它们是国际航空运输货物保险的通用规则，受到国际保险市场上的保险人在承保时普遍采用。当被保险人投保其他航空运输货物保险险别时，多采用自订特别条款规定承保范围，并利用海上货物保险单再贴上该特别条款的办法办理。

中国人民保险公司在承保国际航空运输货物时设置了航空运输险和航空运输一切险。航空运输一切险相当于海洋货物保险的一切险，其除外责任也与后者大致相同。此外，还设有航空运输货物战争险。

航空运输险和航空运输一切险的责任起讫也采用“仓至仓”条款，即自保险标的物经航空公司收讫并签发运单时，至该货物运抵目的地交到收货人仓库或储藏处所时为止。保险标的物到达目的地后，保险公司的责任期限以三十日为限，从航空公司发出到货通知书给收货人当日午夜起算。如货物运达保险单所载明目的地而未运抵收货人仓库或储存处所时，则以被保险货物在最后卸载离飞机后满三十日为止。而海运货物保险的这个期限为六十日。

本章小结

国际货物运输保险是指投保人按一定金额投保一定的险别，保险人在同意承保并由投保人缴纳保费后，保险人在保险标的遭受保险责任范围内的损失时对被保险人承担经济赔偿责任。最大诚信原则、保险利益原则、近因原则和损失补偿原则是国际货物运输保险的基本原则，是国际货物运输保险合同有效和处理保险理赔的依据。国际货物运输保险合同是保险关系产生的法律依据，其表现形式主要有投保单、暂保单、保险单和保险凭证。

国际货物运输保险按照运输方式的不同，分为海洋货物运输保险、陆上货物运输保险和航空运输保险等。其中以海洋货物运输保险起源最早，其他运输方式的货物保险都是在其后逐渐发展起来的。

我国海洋货物运输保险条款主要有中国人民保险公司1981年1月1日修订的海洋运输货物保险条款，该条款分为一般保险条款和特殊保险条款。一般保险条款有三种基本险别，即平安险、水渍险和一切险，包括责任范围、除外责任、责任起讫、被保险人的义务和索赔期限等五项内容。特殊保险条款包括一般附加险和特别附加险。它们不能单独担保，只有在投保了一种基本险的基础上才能加保，但一切险不用附加一般附加险。

英国伦敦保险业协会所制定的《协会货物条款》是各国主要使用或参照的海洋运输保险条款。本章重点介绍了现行的伦敦保险业协会的海运货物保险条款的六种险别，即ICC(A)险、ICC(B)险、ICC(C)险、协会战争险条款(货物)、协会罢工险条款(货物)、恶意损害险条款。在上述六种险别条款中，除恶意损害险外，其余五种险别均按条文的性质统一划分为八个部分，即承保范围、除外责任、保险期限、索赔、保险利益、减少损失、防止延迟和法律惯例。除ICC(A)、ICC(B)、ICC(C)三种险别可以单独投保外，必要时，战争险和罢工险在征得保险公司同意后，也可作为独立的险别进行投保，而恶意损害险则不可以单独投保。

陆运货物保险条款和航空运输货物保险条款都在不同程度上以海洋货物运输保险条款为基础，为适应各自的运输方式而形成的。

技能实训

1. 在一份CFR合同中，买方投保了一切险，货物在从卖方仓库运往装运港码头的途中发生了火灾，货物全部灭失

请问：卖方是否可以向保险公司索赔？若买方向保险公司索赔，可以吗？

2. 我国万利嘉企业有限责任公司从加拿大进口一批新闻纸，300箱，海运。在运输途中，由于船内油管破裂部分燃油漏出，污染了新闻纸。2004年7月18日青岛港卸货，发现损失100箱。货物投保了水渍险。2006年9月25日万利嘉企业请求保险公司赔偿。保险公司拒绝赔偿。

请问：保险公司是否有理？为什么？

3. 我国某企业有限责任公司出口比利时一批衬衣，550箱，CIF条件。货物在中国保险公司投保了水渍险。2004年7月18日安得卫普港卸货，发现丢失86

箱。2006年9月25日该公司请求保险公司赔偿。保险公司拒绝赔偿。

请问:保险公司拒绝赔偿是否有理?为什么?

4.甲国和乙国都是《联合国国际货物销售合同公约》的缔约国。甲国A公司与乙国B公司签订了从B公司进口100吨白糖的合同。合同选用了《1990年国际贸易术语解释通则》的FOB术语,并约定付款方式为托收。此后,A公司与承运人C公司签订了海上货物运输合同(运输合同受《海牙规则》的约束),并向D保险公司投保了平安险。承运人的"玛丽"轮按时抵达乙国装货,B公司提供了符合合同要求的货物。在"玛丽"轮驶向甲国目的港的途中,因遇台风使部分白糖受损。B公司委托银行向A公司收取款项,A公司却以货物已经发生损失为由拒绝付款。

请问:

(1)本案中的保险公司是否应对该批白糖的损失进行赔偿?为什么?如果你是货主,想得到此种情况的赔偿,你应该办理哪种保险?

(2)本案中的承运人是否应对该批白糖的损失进行赔偿?为什么?

(3)本案白糖损失的风险在哪一方当事人?

第八章　国际支付法

知识目标：

- 理解票据的特征及功能，汇票、本票和支票的基本内容及区别，国际贸易的支付方式
- 掌握托收的概念及流转程序，信用证的概念、种类、流转程序及银行的责任和免责，软条款信用证

技能目标：

- 能够运用有关国际支付的法律规定，把握国际支付在实践运作中的法律程序和基本技巧
- 会结合所学的内容在国际商事交往中正确使用国际支付手段
- 熟练掌握 *UCP*600 的实际运用

第一节　票据概述

一、票据的概念和特征

(一)票据的概念

票据是指出票人签发的，约定由自己或委托他人于见票时或确定的日期向持票人或收款人无条件支付一定金额的有价证券。票据的性质属于金钱请求权，在国际贸易结算业务中，通常都是使用某种票据作为支付工具，通过银行进行非现金结算。票据有广义和狭义之分，广义的票据除了汇票、本票、支票外，还包括一般的商业凭证，如发票、保险单、提单、仓单和保函等；狭义的票据仅指汇票、本票、支票。我国的票据法采用狭义的票据。

(二)票据的特征

(1)票据是无因证券。票据上的法律关系是一种单纯的金钱支付关系，权利人享有票据权利只以持有符合票据法规定的有效票据为必要。至于票据赖以发生的原因在所不问。即使原因关系无效或有瑕疵，均不影响票据的效力。

(2)票据是要式证券。票据法律法规严格地规定了票据的制作格式和记载事项。不按票据法及相关法规的规定进行票据事项的记载就会影响票据的效力甚至会导致票据的无效。此外,在票据上所为的一切行为,如出票、背书、承兑、保证、付款、追索等也必须严格按照票据法规定的程序和方式进行,否则无效。

(3)票据是文义证券。票据上所载权利和义务的内容必须严格按照票据上所载文义确定,不允许依据票据记载文义相反的解释,或者对票据所载文义进行补充或变更。即使票据的书面记载内容与票据的事实相悖,也必须以该记载事项为准。

(4)票据是设权证券。票据权利的产生必须首先做成证券。在票据做成之前,票据权利是不存在的。票据权利是随着票据的做成同时发生的。没有票据,就没有票据权利。

(5)票据是流通证券。票据的一个基本功能就是流通。与民法上的一般财产权利相比,票据的流通方式更加灵活简便。票据上的权利经背书或单纯交付即可让与他人,无须依民法有关债权的有关规定。一般来说,无记名票据可依单纯交付而转让,记名票据须经背书交付才能转让。

二、票据的功能

(1)汇兑功能。这是票据的原始功能。在现代社会经济生活中,异地转移金钱的需要使得票据的汇兑功能仍发挥着巨大的作用。特别是现代国际贸易几乎绝大多数是利用票据的汇兑功能进行国际结算,以减少现金的往返运送,从而避免风险,节约费用。

(2)支付功能。票据最简单、最基本的作用就是作为支付手段,代替现金的使用。用票据代替现金作为支付工具,既可以避免使用大量现金的不安全性,又可以避免清点现钞可能产生的错误和所花费的时间。

(3)信用功能。这是票据的核心功能。在现代商品交易中,信用交易是大量存在的。卖方通常不能在交付货物的同时获得价金的支付。如果这时买方向卖方签发票据,就可以将挂账信用转化为票据信用,把一般债权转化为票据债权,使得权利外观明确、清偿时间确定、转让手续简便,以获得更大的资金效益。同时,贴现制度的存在又使得持票人可以提前将票据转化为现金,将商业信用进一步转化为银行信用。

(4)结算功能。结算功能,又称债务功能。简单的结算就是互有债务的双方当事人各签发一张票据给对方,待两张票据都届到期日即可抵消债务,差额部分,仅一方以现金支付。复杂的结算是通过票据交换制度完成的。通过票据交换所将到期票据相互抵消。

(5)融资功能。融资功能就是利用票据筹集、融通或调度资金。这一功能主要是通过票据贴现完成的,即通过对未到期票据的买卖使持有未到期票据的持票人通过出售票据获得现金。

第二节 汇票、本票和支票

一、汇票

(一)汇票的定义

我国的《票据法》对汇票的定义是“由出票人签发的,委托付款人在见票时或者在指定日期无条件支付确定的金额给收款人或持票人的票据。”按照各国广泛引用或参照的英国票据法所下的定义,汇票是由一人签发给另一人的无条件书面命令,要求受票人见票时或于未来某一规定的或可以确定的时间,将一定金额的款项支付给某一特定的人或其指定人,或持票人。

(二)汇票的当事人

(1)出票人。在汇票上签字的卖方为出票人。汇票的出现和使用是与商品流通和交换关系密不可分的,出票人就是买卖合同的卖方。卖方填写固定格式的书面汇票,指示买方(付款人)向指定的结算银行(受款人)支付货款。

出票人身份的实现需经过两个步骤:一个是做成票据并签字,或授权他人代为签字;另一个是交付汇票,即将汇票交给受款人本人或其指定的代表。

在汇票为付款人承兑之前,出票人对受款人而言是主债务人。如果受款人遭到拒绝承兑或拒绝付款,有权对出票人行使追索权。在付款人承兑签字之后,出票人退居次债务人地位,成为付款人的保证人。

(2)付款人或受票人。按照汇票指令,付款人是对持票人或其指定人承担承兑付款义务的一方。在汇票上记载付款人姓名,不构成付款人承兑付款义务的充分条件,只有付款人承兑签字后,他才对持票人或其指定人承担付款义务。

(3)受款人。受款人可以是汇票上指明的特定人或无须在汇票上记载其姓名的人。无须在汇票上记载其姓名的汇票称为来人式汇票,这类票据无须背书即可转让。指明有特定受款人的汇票称为指示式汇票,须经背书转让。这两类票据在英美票据体系国家都为法律所允许;但日内瓦公约票据体系国家(即欧洲大陆国家)不倾向采用来人式汇票。

受款人也可以是出票人本人,如 1930 年《关于统一汇票和本票的日内瓦公约》(以下简称《公约》)第 3 条就有此规定。出票人可将此种汇票背书转让。

按照我国《票据法》的规定，汇票除标明“限制转让”字样外，可以经背书转让。

(三)汇票的主要内容

汇票的主要内容为汇票的记载事项。按照各国立法的要求，汇票的记载事项可分为绝对必要记载事项、相对必要记载事项和其他可能记载的事项。目前两大票据体系国家对汇票法定内容的范围及单项内容的宽严程度要求不同，相比较而言，英美票据体系较之日内瓦票据公约体系宽松一些。我国的《票据法》与日内瓦公约票据体系更为接近，对内容的要求比较严格。

1.绝对必要记载事项

汇票出票时绝对必要记载事项是指出票时必须在汇票上记载，如有欠缺将不产生票据效力的记载事项。

(1)表明“汇票”的字样。《公约》要求汇票必须表明“汇票”字样，并按其规定的必要内容记载才能生效。《英国票据法》虽然不要求在汇票上使用“汇票”字样，但在结算业务实践中签发的汇票大部分也用“汇票”来表示。我国的《票据法》也规定，汇票应记载表明“汇票”的字样。

(2)无条件支付的委托。这是票据流通中普遍接受的规则，出票人不得在付款额外向付款人加诸额外的负担，任何带有这样含义的文字将改变汇票的性质。但是，出票人为保持票据流通的安全，在汇票上对受款人就汇票金额的用途或兑取方式的说明不构成有条件支付的委托，不影响汇票的有效性。多数国家的票据法禁止当事人附条件出票，但按照美国《统一商法典》第3章第105条第2款的规定，票据上记载的支付委托受到任何其他协议限制的，或者票据上限定仅可从专门基金来源中支付票款的，则构成有条件的支付委托。

(3)确定的金额。汇票采用金钱支付，因此必须载明付款金额及币种。如果同时以文字和数字表示，两者必须相符。如果不符，根据《公约》和《英国票据法》的规定，应以文字为准。我国《票据法》的规定与《公约》的规定不同，金额以中文大写和数码同时记载，两者必须一致，否则票据无效。

(4)付款人名称。汇票上付款人的名称应当记载清楚，付款人通常为进口商或其开户银行。各国的票据法一般将“付款人名称”视为绝对必要记载事项，但我国台湾地区《票据法》第24条第3款则规定：未载付款人者，以发票人为付款人。

(5)收款人名称。收款人名称，也称汇票抬头，收款人是汇票的第一债权人。我国的《票据法》规定，不记载收款人名称的汇票是无效的，而英美法系国家准许汇票不记载收款人名称。汇票抬头有以下三种写法。

①限制性抬头。限制性抬头是指以特定的人为收款人，这种汇票称为记名汇票。记名汇票不能流通转让。如“Pay to ××Co. only”(仅付给××公司)。

②指示性抬头。指示性抬头是指以某特定人或该特定人指定的任何人为收款人，这种汇票称为指示汇票。指示汇票经过背书，可以转让给第三者。如“Pay to the order of ××Co.”（支付给××公司指定的人）。

③来人抬头。来人抬头即不规定汇票的收款人，任何持票人均可作为收款人，这种汇票无需持票人背书，仅凭交付即可转让。如“Pay to bearer”（付给持票人）。

(6)出票日期。《公约》认为汇票的出票日期是汇票的必要记载事项，它不仅可以确定付款日和期限届满的有效性，而且涉及法律适用的时效性问题。但《英国票据法》第3条、第13条以及《美国统一商法典》第3章第114条均规定，出票日期欠缺并不影响汇票的有效性和流通性，合法的汇票持有人可以补填其认为准确的日期。我国的《票据法》规定，未记载出票日期，汇票无效。

(7)出票人签章。出票人签章包括出票人本人签章或其合法授权的代理人签章。汇票经签字才有效，国际惯例不承认盖章。但是，在我国签章为签名、盖章或者签名加盖章。法人和其他使用的单位在票据上的签章为该法人或者该单位加其法定代表人或者其授权的代理人的签章。无民事行为能力人或者限制民事行为能力人在票据上签章的，其签章无效，但是不影响其他签章的效力。代理人在票据上签章，同时要注明其代理身份。如为无权代理或越权代理，代理人就无权代理或越权代理部分承担支付票据金额的义务。

2. 相对必要记载事项

相对必要记载事项是指本应在汇票上记载，但出票人未做记载时可依法推定其内容，而不会因此导致汇票出票无效的记载事项。

(1)付款期限。汇票的付款期限一般有即期付款和无期付款两种。即期付款是指在汇票上载明“立即付款”或“见票时或提示时付款”的字样，通常称为“即期汇票”。远期付款是指除见票即付外的汇票付款方式，通常称为“远期汇票”。我国的《票据法》规定，汇票上未记载付款日期的，为见票即付。

(2)付款地。付款地是出票人必须写明付款地点，该地点是汇票承兑或付款的行为发生地。《公约》第1条要求汇票上必须写明付款地点，又在第2条第2款进一步规定，如汇票欠缺此项记载，除有特殊记载外，受票人姓名旁记载的地点视为付款地。我国的《票据法》规定，汇票上未记载付款地的，付款人的营业场所、住所或者经常居住地为付款地。

(3)出票地。汇票的出票地点是汇票上提示付款的地点。《公约》第2条第3款规定，未载出票地的汇票，出票人姓名旁所载的地点视为出票地。而英美法系国家则认为，如果汇票上的出票地点没有注明，汇票仍然有效，出票地以出票人的营业所、住所或居住地为准。我国的《票据法》规定，汇票上未记载出票地的，出票人的营业场所、住所或者经常居住地为出票地。

3.其他可能记载的事项

按照多数国家的票据立法，汇票出票时除了必要记载事项外，出票人还可自由选择一些记载事项，这些任意记载事项不记载并不影响汇票的效力，但一经记载，即发生票据法上的效力。实践中，一般包括代理付款人、预备付款人、利息与利率、担保责任免除、分期付款等条款。

(四)汇票的分类

(1)根据汇票上的主债务人身份特征，可将汇票分为银行汇票和商业汇票。我国的《票据法》有此种分类。如果出票人和付款人均为银行的，即为银行汇票；如果出票人和付款人是个人、企业或公司的，称为商业汇票。

(2)按照汇票是否带有随附单据，可将汇票分为光票汇票和跟单汇票。光票汇票是指无需附带任何商业单据的汇票。我国国内的汇票均是光票汇票，只是银行承兑汇票在承兑时，应当交验有关买卖合同、增值税发票等单据，以利银行判断该笔业务是否真实可靠，只有真实的交易才能承兑。跟单汇票是必须附带相关商业单据的汇票。在国际贸易结算中，跟单汇票更为常用。跟附单据包括商业发票、提单、仓单、保险单、原产地证书、卫生检疫证明和商品检验书等。

(3)根据付款的期限，可将汇票分为即期汇票和远期汇票。即期汇票是在提示或见票时立即付款的汇票。银行汇票必定是即期汇票。根据我国《票据法》的规定，即期汇票是指持票人在出票日起一个月内向付款人提示付款的汇票。即期汇票无须注明，无须承兑，持票人提示汇票当天就是付款日期。远期汇票是在一定的期限或将来某个特定日期付款的汇票。商业汇票可以是即期汇票，也可以是远期汇票。远期汇票的付款时间有定日付款、出票后定期付款和见票后定期付款三种。根据我国《票据法》的规定，定日付款、出票后定期付款的汇票，持票人应当在汇票到期日前向付款人提示承兑。

(4)根据汇票上对收款人记载方式的不同可将汇票分为记名汇票、无记名汇票和指示汇票。记名汇票，又称“抬头汇票”，是指出票人明确记载了收款人姓名和名称的汇票。根据各国票据法的规定，记名汇票必须背书转让。我国的《票据法》仅规定了记名汇票。无记名汇票，又称“空白汇票”，是指出票人未记载收款人姓名或名称，或仅记载“持票人”或“来人”的汇票。一些国家的票据法认为，收款人并非汇票的必要记载事项，因而无记名汇票的存在是合法的，其可依交付方式转让，也可通过记载收款人的姓名或名称，使其变为记名汇票。指示汇票是指出票人在记载收款人的姓名或名称的同时，又附加记载“或其指定人”字样的汇票。指示汇票也须以背书方式转让。出票人不得记载“禁止转让”字样，否则将与指示汇票的性质相违背。

(五)汇票的使用

出票、背书、承兑、保证、付款、拒付和追索权是汇票流通使用中的步骤,但不意味着每一次汇票的周转都会履行上述全部过程。

(1)出票。出票是指出票人制作并将其交付给持票人的基本票据行为,是创设票据权利的行为。这是汇票关系形成的基础步骤。我国的汇票依法具有统一的固定格式,出票人无须另外制作汇票格式,只需按法定格式填写法定内容。出票行为在出票人将汇票交与受款人时完成。根据我国的《票据法》的规定,只要出票人签发的汇票被拒绝承兑或被拒绝付款,持票人即可向出票人行使追索权。另外,我国的《票据法》还规定,票据金额以中文大写和数码同时记载,两者必须一致,两者不一致的,票据无效。《公约》第 9 条第 2 款规定允许解除出票人保证承兑的责任,还有的国家甚至允许同时免除出票人的保证承兑和保证付款的责任。

(2)背书。这是持票人将汇票权利转让给他人或将一定的汇票权利授予他人行使的步骤。背书包括两个动作:一个是在汇票背面背书;另一个是交付给被背书人。只有经过交付才算完成背书行为。背书是以票据权利转让给他人为目的的行为,经过背书,票据权利即由背书人转移到被背书人,由被背书人取得票据所有权。背书人对票据所负的责任与出票人相同,背书人对其后手有担保票据被付款人承兑及付款的责任。背书具有以下三个特征。

①背书是一种单方法律行为。根据各国的票据法的规定,背书行为仅由持票人的记载、签章以及交付行为构成,无须出票人的同意,也无须受让人的合作行为而做成。

②背书的整体性。背书的整体性要求背书人只能将全部票据权利转让给同一人,如果只将汇票金额的一部分背书转让或将汇票金额分别转让给数人,此项背书无效。如《公约》第 12 条第 2 款规定:“部分背书无效。”但美国《统一商法典》对此限制较少,如该法第 3 章第 202 条第 3 款规定:“背书权在让与全部票据金额或任何未付余额时,才产生流通效力。如果少于上述金额,则部分金额的转让。”

③背书不得附加条件。由于背书的附条件将会影响到票据的流通,所以各国的票据法均禁止背书附加条件,如在背书时作了附加条件的记载,则此项记载不产生效力或视为无记载。

根据我国《票据法》的规定,背书转让汇票由原持票人在汇票背面签字或粘单上记载有关事项并签章完成。其记载事项包括被背书人(即受让人)的名称、背书人签章和背书日期。记名背书可分为两种形式:一种是只载明被背书人的名称;另一种是记载被背书人及其指定人。这两种记载方法不影响被背书人继续以背书方式转让汇票。我国的《票据法》不承认空白背书转让汇票(即汇票在转让时,持票人未记载被背书人名称,仅凭交付转让)的有效性。背书应当连续进行,即转让汇票的背书人和受让汇票的被背书人在汇票上签章依次前后衔接。持票人以背书的连续证明其票据权利。持票人背书转让汇票后,应当在后手得不到承兑或付款时,对其承担偿债责任,其后手可向其前手背书人或出票人求偿。后手的转让汇票的权利在下列情况下受到阻碍或限制。

第一,背书人在汇票上标有“不得转让”字样,被背书人如再转让背书的,其前手不承担保证责任。

第二,背书记载“委托收款”字样的,被背书人不得再以背书转让汇票。

另外,汇票已被拒绝承兑、拒绝付款或者超过付款提示期限的,不得背书转让。

(3)承兑。承兑是指汇票的付款人承诺在汇票到期时对汇票的票面金额予以付款,并在汇票的正面写上“承兑”的票据行为。根据各国票据的规定,远期承兑汇票的承兑人应当为票据法意义上的付款人。远期汇票的承兑人不是汇票的债务人,并不负有任何票据责任,他有权决定是否对汇票予以承兑。但是,付款人一旦对汇票做出承兑,他就成为汇票的债务人,必须承担到期付款的义务。承兑的基本条件如下。

①承兑作为一种要式行为,必须在票据上进行,票据外的承兑、口头的承兑均不发生承兑的效力。

②与汇票背书、保证等行为不同,承兑行为必须在汇票的正本上进行。

③承兑行为一般记载有“兑付”、“承付”、“照付”等字样,但不得进行附条件承兑。《公约》第 26 条第 1 款规定:承兑是无条件的,但受票人得将其承兑限于应付金额的一部分。

承兑的实现须经由汇票的出票人在出票后至付款日之前的法定期限向付款人做出请求,这一行为称为提示,依其请求目的不同,分为提示承兑和提示付款。根据我国《票据法》的规定,定日付款或出票后定期付款的汇票,持票人应在汇票到期日前向付款人提示承兑。见票后定期付款的汇票的持票人更需要履行提示承兑手续,我国将此期限规定为出票后 1 个月内。付款人在收到提示承兑的汇票之日起 3 日内决定承兑或拒绝。如果付款人决定承兑,但未在汇票上记载承兑日期,以承兑期限的最后一天视为承兑日期。

(4)保证。汇票保证是汇票债务人以外的第三者对被保证人的汇票债务承担保证责任。汇票保证是保证的一种,被保证人可以是出票人或承兑付款人。

保证是合同关系,依法必须履行法定的形式,即保证人必须在汇票或者粘单上记载下列事项:表明“保证”的字样;保证人的名称和住所;被保证人的名称;保证日期;保证人签章。保证人承担连带担保责任,在主债务人到期不支付汇票金额时,持票人有权向保证人请求付款,不以是否对主债务人采取措施为条件。保证合同不得设有附加条件,保证即使设有这类条件亦不发生效力,不影响持票人对被保证人及其前手的追索权。

(5)付款。在汇票顺利流通的情况下,付款是解除全体汇票债务人责任的步骤,它是指汇票付款人向持票人支付汇票金额以消灭票据关系的行为。即期汇票在付款人见票时即付,远期汇票于到期日在持票人提示付款时由付款人付款。根据我国《票据法》的规定,提示付款应遵守以下期限:见票即付的汇票,自出票日起1个月内向付款人提示付款;定日付款、出票后定期付款或者见票后定期付款的汇票,自到期日起10日内向承兑人提示付款。我国的《票据法》没有分期付款的规定。持票人接到付款后,应在汇票上签收,并将汇票交给付款人。

(6)拒付与追索。无论是即期汇票,还是远期汇票,均有可能遭到拒付。所谓拒付,包括拒绝付款和拒绝承兑。付款人对于远期汇票拒绝承兑,或对即期汇票拒绝付款,并不使他对持票人负有法律责任。如果出票人出票不当,或与原订的合同关系不符,或根本没有这个债务,付款人自然有权拒付。但是,远期汇票一经承兑,承兑人必须承担到期付款的法律责任。如到期拒付,就不仅可被持票追索,而且还可被出票人追索。对汇票的拒付行为不一定要付款人正式表示不付款或不承兑,在付款人或承兑人死亡、逃匿、被依法宣告破产或因违法被责令停止业务活动等情况下,在事实上已不可能付款,也作为拒付。在付款人对票据虽不明示拒付,但迟迟不付款或承兑时,持票人也可以认为票据已被拒付。汇票被拒付,持票人除可向承兑人追偿外,还有权向其前手(包括所有的背书人和出票人)行使追索权。

按国际通行规则,持票人进行追索时应将拒付事实书面通知其前手,并提供被拒绝承兑或被拒绝付款的证明或退票理由书。在国外,通常要求持票人提供拒绝证书。按照《公约》和《英国票据法》的规定,拒绝证书或称拒付证书是一种付款地的法定公证人或其他依法有权作这种证书的机构,如法院、银行公会等所作的证明付款人拒付的文件。持票人请求公证人做成拒绝证书时应将票据交出,由公证人持票据向付款人再做提示,如遇拒付,公证人即按规定格式写一张证明书,连同票据交还持票人,持票人凭以向前手追索。按照我国《票据法》的规定,持票人提示承兑或者提示付款被拒绝的,承兑人或付款人必须出具拒绝证明或退票理由书。未出具的应当承担由此产生的民事责任。此外,我国的《票据法》还规定了因承兑人或付款人死亡、逃匿或其他原因不能取得拒绝证明而依法取得的其他有关证明(如医院或者有关单位出具的承兑人、付款人死亡的证明，司法机关出具的承兑人、付款人逃匿的证明），承兑人或付款人因违法被责令终止业务活动的有关行政主管部门的处罚决定，承兑人或付款人依法宣告破产的有关法院的司法文书，均可作为拒绝付款或承兑的证明。持票人不能出示拒绝证明、退票理由书的，丧失对其前手的追索权。在实际业务中，虽然持票人通常向其直接前手进行追索，但是，按国际通行规则，持票人有权自由选择追索的对象，而不一定要逐个按序向前追索。持票人可以不按照票据债务人的先后顺序，对其中一人、数人或者全体行使追索权。被追索人清偿债务后，即享有持票人的权利，可向其他的汇票债务人进行追索。追索的金额包括被拒付的汇票金额、自到期日或提示付款日起至清偿日止的利息以及持票人取得拒绝证明和向前手发出被拒绝通知的费用。

按照我国《票据法》的规定，当出现法定事由，致使持票人无法从承兑人或付款人处得到汇票金额，持票人有权向背书人、出票人以及汇票的其他债务人进行追偿。行使追索权必须符合下列法律规定的条件。

第一，承兑人或付款人不予承兑或付款。此行为在我国的法定表现形式是：汇票到期日被拒付；汇票到期日被拒绝承兑；承兑人或付款人在到期日前死亡、逃匿；承兑人或付款人在到期日前被依法宣告破产或因违法被责令终止业务活动。

第二，持票人须提供必备的注明文件。持票人提示承兑或提示付款被拒绝的，承兑人或付款人必须出具拒绝证明或退票理由书，否则须对持票人承担民事责任。其他的公证文件、法院文书、行政处罚决定等在特定情况下也具有拒绝证明的作用。

第三，持票人的通知义务。根据我国《票据法》的规定，持票人在接到拒绝证明3日内，有义务通知前手或全部汇票债务人。

被追索人包括出票人、承兑人、背书人和保证人。其责任性质为连带性质，持票人不受汇票债务人先后顺序的限制，可向其中一人或数人追索。被追索人清偿债务后，与持票人享有同样的权利。

持票人追索的范围为：被拒绝付款的汇票金额；汇票金额自到期日或者提示付款日起至清偿日止，按照中央银行的利率计息；取得有关拒绝证明和发出通知书的费用。

二、本票

(一)本票的概念

本票是出票人签发的，承诺自己在见票时无条件支付确定的金额给收款人或持票人的票据。以我国的《票据法》与国外的票据法相比较，我国的《票据法》中所称的本票是指银行本票，而国外的票据法中所规定的本票并不仅限于银行本票，且不仅限于见票即付，多数国家的票据立法承认远期本票。如《英国票据法》第83条规定：本票是指一人向他人所作的无条件书面承诺，经出票人签名，承担即期或在一定时期或未来的特定期间内，向特定人或其指定的人，或向来人支付一定金额的票据。

(二)本票与汇票的相似点及区别

1. 本票与汇票的相似点

(1)本票也是由出票人签发的。

(2)本票是无条件支付凭证。

(3)本票的金额也用金钱确定。

(4)本票的出票、背书、保证、付款和行使追索权参照有关汇票的法律规定。

2. 本票与汇票的区别

(1)汇票涉及三方基本当事人，也叫票面当事人；而本票只有两方基本当事人，出票人与付款人是同一人。

(2)汇票是指示付款的命令，而本票是付款的承诺。

(3)汇票中的远期汇票应予以承兑，然后履行付款义务；而本票无论即期或远期都无须承兑。

(4)汇票的主债务人在承兑前后由出票人变为付款人，而本票的主债务人自始至终是出票人。

(5)根据我国《票据法》的规定，汇票的付款期限依其种类而有区别，见票即付的汇票，自出票日起1个月内向付款人提示付款；定日付款、出票后定期付款或者见票后定期付款的汇票，自到期日起10日内向承兑人提示付款。而本票的最长付款期限为两个月。

(6)汇票能够开成一式多份(银行汇票除外)；而本票只能一式一份，不能多开。

(三)本票的分类

按照《公约》与《英国票据法》的规定，本票可按出票人的不同分为一般本票和银行本票两种。一般本票的出票人是工商企业或个人，因此又称商业本票；银行本票的出票人是银行。值得注意的是，根据我国《票据法》的规定，我国不承认银行以外的企事业、其他组织和个人签发的本票。

(四)本票的内容

在我国只有银行本票，其必须记载下列事项，欠缺任何一项的记载都会导致本票无效：

(1)表明"本票"字样。

(2)无条件支付的承诺。

(3)确定的金额。

(4)收款人名称。

(5)出票日期。

(6)出票人签章。

三、支票

(一)支票的概念

支票是由出票人签发的,委托办理支票存款业务的银行或者其他金融机构在见票时无条件支付确定的金额给收款人或持票人的票据。支票的付款人是银行,而且是出票人开立支票存款账户的银行。我国的《票据法》严格禁止出票人签发空头支票,否则,出票人对此要承担民事责任甚至刑事责任。

(二)支票与汇票、本票的区别

支票与汇票、本票虽均具有票据的一般特性,其票据行为除票据法特定的以外,均适用汇票的规定,但也存在明显的差别,主要表现在以下五个方面。

(1)汇票和支票均有三个基本当事人,即出票人、付款人和收款人。而本票的基本当事人只有两个,即出票人和收款人。本票的付款人即出票人自己。

(2)汇票与支票均是委托他人付款的证券,故属委托支付证券。而本票是由本票人自己付款的票据,故属自付证券或承诺证券。

(3)支票均为见票即付,根据我国的《票据法》规定,持票人应当自出票日起10日内提示付款;而汇票和本票除见票即付外,还可做出不同到期日的记载,如定日付款、出票后定期付款和见票后定期付款。

(4)远期汇票需要付款人履行承兑手续。本票由于出票时出票人就负有担保付款的责任,因此无需提示承兑。支票均为即期,故也无需承兑。

(5)汇票的出票人对付款人没有法律上的约束,付款人是否愿意承兑或付款是付款人自己的独立行为,但一经承兑,承兑人就应承担到期付款的绝对责任。本票的付款人即出票人自己,一经出票,出票人即应承担付款责任。支票的付款人只有在出票人在付款人处有足以支付支票金额存款的条件下才负有付款义务。

(三)支票的种类

根据我国《票据法》的规定,支票可分为现金支票、转账支票和普通支票。现金支票即专门且只能用于提取现金的支票。转账支票即在票面注明相应字样,专门用于且只能用于转账的支票,它不能支取现金。普通支票是既可支取现金又可转账的支票。在国际上,支票一般既可用以支取现金,也可通过银行转账,由持票人或收款人自主选择收款方式。但支票一经画线就只能通过银行转账,而不能直接支取现金。因此就有所谓"画线支票"和"未画线支票"之分。未画线支票也可称为一般支票。画线支票通常都在其左上角画上两道平行线。视需要，支票既可由出票人画线，也可由收款人或代收银行画线。收款人收到未画线支票后，可通过自己的往来银行向付款银行收款，存入自己的账户，也可以径自到付款银行提取现款。而收到画线支票，或收到未画线支票自己加上画线后，收款人只能通过往来银行代为收款入账。我国目前也有在普通支票上加画线而使之成为仅限于通过银行转账之用的。

(四)支票的内容

根据我国《票据法》的规定，支票必须记载下列事项，欠缺任何一项的记载，都会导致支票无效：

(1)表明“支票”的字样；

(2)无条件支付的委托；

(3)确定的金额；

(4)付款人名称；

(5)出票日期；

(6)出票人签章。

四、关于汇票、本票和支票的比较

以我国《票据法》为依据，关于汇票、本票和支票的比较见表 8-1。

表 8-1 汇票、本票和支票对比表

	汇票	本票	支票
功能	支付、信用功能	支付功能(国外有远期本票，它有信用功能)	支付功能
种类	银行汇票和商业汇票(银行承兑、商业承兑)	我国只有银行本票	普通支票、现金支票、转账支票
当事人	出票人、付款人、收款人	出票人、收款人(自付票据)	出票人、付款人、收款人
款式	汇票必须记载下列事项： (1)表明“汇票”的字样 (2)无条件支付的委托 (3)确定的金额 (4)付款人名称 (5)收款人名称 (6)出票日期 (7)出票人签章	本票必须记载下列事项： (1)表明“本票”的字样 (2)无条件支付的承诺 (3)确定的金额 (4)收款人名称 (5)出票日期 (6)出票人签章	支票必须记载下列事项： (1)表明“支票”的字样 (2)无条件支付的委托 (3)确定的金额(可以由出票人授权补记，未补记前的支票，不得使用) (4)付款人名称 (5)出票日期 (6)出票人签章

续表 8-1

	汇票	本票	支票
付款	即期：出票后 1 个月内 远期：到期日起 10 天内	只有见票即付 自出票日起 2 个月内	只有见票即付 自出票之日起 10 天内
	(1)持票人依照票据法规定提示付款的，付款人必须在当日足额付款 (2)付款人及其代理付款人付款时，应当审查汇票背书的连续，并审查提示付款人的合法身份证明或者有效证件。付款人及其代理付款人以恶意或者有重大过失付款的，应当自行承担责任 (3)对定日付款、出票后定期付款或者见票后定期付款的汇票，付款人在到期日前付款的，由付款人自行承担所产生的责任		
时效	2 年	2 年	6 个月
	(1)持票人对前手的追索权，自被拒绝承兑或者被拒绝付款之日起 6 个月 (2)持票人对前手的再追索权，自清偿日或者被提起诉讼之日起 3 个月 (3)持票人因超过票据权利时效或者因票据记载事项欠缺而丧失票据权利的，仍享有民事权利，可以请求出票人或者承兑人返还其与未支付的票据金额相当的利益		

注：摘自《2009 年司法考试记忆通》，迟公化、王晓燕等，2009。

第三节　国际贸易的支付方式

一、汇付

(一)汇付的概念

汇付是由国际货物买卖合同的买方委托银行主动将货款支付给卖方的结算方式。在此种支付方式下，信用工具的传递与资金的转移方向是相同的，因此也称为顺汇法。汇付是建立在商业信用的基础上的，即完全建立在双方相互依赖的基础上，因此对双方均具有一定的商业风险。仅凭商业信用进行国际贸易的风险很大，在国际贸易中付款有预付和到付两种，如约定预付，则买方要承担卖方不交货、迟交货等风险；如约定到付，则卖方要承担买方拒付货款的风险。因此，汇付在国际贸易中主要是用于样品、杂费等小额费用的结算。

(二)汇付的当事人

汇付中的当事人有汇款人、收款人、汇出行和汇入行。汇款人是债务人或付款人，即国际贸易中的买方。收款人是债权人或受益人，即国际贸易中的卖方。汇出行是委托汇出款项的银行，一般是进口地银行。汇入行是受汇出行委托解付汇款的银行，因此又称解付行，一般为出口地银行。汇款人在办理汇付时要出具汇款申请书，汇款申请书被视为汇款人与汇出行之间的契约，汇出行有义务依汇款人的指示办理汇款业务，并通过代理行解付汇款。在汇出行与汇入行之间是委托代理关系，汇入行依该代理关系对汇出行承担解付汇款的义务。

(三)汇付的种类

汇付依使用的信用工具不同可分为电汇、信汇和票汇三种方式。

(1)电汇(Telegraphic Transfer，简称 T/T)，是指汇出行受汇款人的委托，以电报或电传通知汇入行向收款人解付汇款的汇付方式。为了防止意外，汇出行拍发的电报或电传都带有密押，汇入行收到电报或电传后须核对密押相符后，再用电汇通知书通知收款人取款。收款人取款时应填写收款收据并签章交汇入行。电汇具有汇款迅速、安全可靠的优点，但费用较高。电汇方式有利于资金的充分利用，特别适用于急用汇款和大额汇款，是目前使用较多的一种汇款方式。

(2)信汇(Mail Transfer，简称 M/T)，是指汇出行受汇款人的委托，用邮寄信汇委托书授权汇入行向收款人解付汇款的汇付方式。在信汇的情况下，汇款人需填写汇款申请书，取得信汇回执，汇出行依汇款人的委托向汇入行邮寄信汇委托书，汇入行收到信汇委托书后，通知收款人取款。信汇委托书是汇出行委托汇入行付款的信用凭证，信汇委托书通常是通过航空邮寄，和电汇相比，信汇的费用较低廉，但其汇款在途时间较长，在此期间汇出行可短期占用资金，收款人的汇率风险比电汇大。由于银行对于航邮途中的遗失或延误不负责任，可靠性也不如电汇，因此，信汇的使用范围越来越小。

(3)票汇。票汇是汇出行受汇款人的委托，开立以汇入行为付款人的银行即期汇票，由汇款人自行寄交收款人，由收款人凭票向汇入行提取汇款的汇付方式。票汇的程序是由汇款人填写票汇申请书并向汇出行交款付费取得银行即期汇票后，由汇款人将汇票寄收款人，汇出行同时向汇入行发出汇票通知书，收款人收到汇票后向汇入行提示汇票请求付款。票汇是用邮寄银行即期汇票方式付款，因此不必加注密押，只需由汇出行有权签字的人签字证实即可。这种汇票方式的主要优点是只要抬头许可，可以灵活取款、背书转让，持票人可以取款，也可以转卖给汇出行的联行或代理行，结算时间由持票人自定。但是票汇在途时间长，收款人尤其是经过多次转让后的持票人有着较大的汇率风险。票汇收费介于电汇和信汇之间。票汇多用于小额汇款以及贸易从属费用的结算。

二、托收

(一)托收的概念

托收(Collections)是由收款人开立汇票，委托银行向付款人收取货款的结算方式。在托收方式下，信用工具的传递与资金的转移方向相反，因此托收是一种逆汇法。在托收付款下，付款人是否付款是依其商业信用，银行并不承担责任。在调整托收的法律上，国际商会在总结国际惯例的基础上于 1958 年制定和公布了《商业单据托收统一规则》，该规则于 1967 年进行了修订，1978 年国际商会将其改名为《托收统一规则》。1995 年国际商会公布了新修订的《托收统一规则》，又称 522 号出版物。该规则属于国际惯例，在国际贸易中已得到了广泛的承认和使用。但当事人在选择适用《托收统一规则》的情况下不得违背有关国家国内法中的强制性规定，如外汇管制的规定等。这一原则也为《托收统一规则》所承认。

(二)托收的程序

托收的基本程序如下。

(1)委托人(即卖方)出具汇票，并向其所在地银行提出托收申请，填写托收指示书。根据《托收统一规则》的规定，送交托收的汇票和装运单据等单据，必须附有一份完整和明确的托收指示书。

(2)托收行(卖方所在地银行)接受申请后，委托其在买方的往来银行(即代收行)代为办理收款事宜。

(3)代收行向买方作付款提示或承兑提示，在付款人付款后通知托收行，托收行即向付款。如付款人拒付，则由代收行通知托收行，再由托收行通知卖方。

托收的具体流程如图 8-1 所示。

图 8-1 托收的流程图

(三)托收的当事人

托收方式通常有四方当事人，即委托人、付款人、托收行和代收行。

(1)委托人，又称出票人，是开立汇票委托银行收款的债权人，也是贸易合同中的卖方。

(2)付款人是贸易合同中的买方。

(3)托收行为接受出票人的委托向国外收取货款的银行,通常为卖方所在地银行。

(4)代收行为受托收行的委托,代理托收行直接向付款人收款的银行,通常为买方所在地银行。

(四)托收当事人之间的关系

(1)委托人与托收行之间是委托关系,委托人在委托银行代为托收时须填写一份托收委托书,规定托收的指示及双方的责任,该委托书即成为双方的代理合同。

(2)托收行与代收行之间是委托关系,其之间的代理合同由托收指示书、委托书以及由双方签订的业务互助协议等组成。根据《托收统一规则》的规定,银行必须依托收指示书中的规定和依本规则行事,如由于某种原因,某一银行不能执行其所收到的托收指示书的规定时,必须立即通知发出托收指示书的一方。如代理人违反了该项原则,应赔偿由此给委托人造成的损失。

(3)委托人与代收行之间不存在直接的合同关系,尽管托收行是委托人的代理人,代收行又是托收行的代理人,但依代理法的一般原则,在委托人与代收行之间并没有合同关系。因此,如果代收行违反托收指示行事导致委托人遭受损失时,委托人并不能直接对代收行起诉。委托人只能通过托收行追究代收行的责任。

(4)代收行与付款人之间没有法律上的直接关系,付款人是否付款是依其对托收票据的付款责任。

(五)托收的种类

在托收方式下,根据汇票是否附有单据可分为光票托收和跟单托收。

(1)光票托收(Clean Collection)。光票托收是指委托人开立不附货运单据的汇票,仅凭汇票委托银行向付款人收款的托收方式。光票托收的汇票依付款时间的不同又可分为即期和远期两种。对于即期汇票,代收行应立即向付款人提示并要求付款。对于远期汇票,代收行应立即向付款人提示汇票要求承兑。在国际贸易中,大多采用的是即期光票托收。但是光票托收的风险较大,只有在出口商确信进口商能遵守买卖合同和及时付款的条件下才能采用光票托收来收取货款。因此,光票托收主要用于小额交易、预付货款、佣金、分期付款以及收取贸易的从属费用等。

(2)跟单托收(Documentary Collection)。跟单托收是指委托人开立附货运单据的汇票,凭跟单汇票委托银行向付款人收款的托收方式。跟单托收又可分为付款交单和承兑交单。

①付款交单(Documents against Payment,简称 D/P)。付款交单是指代收行

在买方付清货款后才将货运单据交给买方的付款方式。实践中，根据付款与交单的时间不同，又可分为即期付款交单和远期付款交单。即期付款交单(D/P at sight)是指委托人开立即期汇票，经过银行向付款人提示，付款人见票即付后即可取得货物单据。远期付款交单(D/P after sight)是指委托人开立远期汇票，经过银行向付款人作承兑提示，付款人见票承兑。在汇票到期付款前，汇票和货运单据由代收行掌握。

②承兑交单(Documents against Acceptance，简称D/A)。承兑交单是指在开立远期汇票的情况下，代收行在接到跟单汇票后，要求买方对汇票承兑，在买方承兑后即将货运单据交付买方的托收方式。承兑交单的风险大于付款交单。

(六)银行的义务与免责

(1)银行的义务。根据《托收统一规则》的规定，托收行对委托人、代收行对托收行负有下列具体代理行为的义务。

①及时提示的义务。及时提示的义务是指对即期汇票应毫无延误地进行付款提示，远期汇票则必须不迟于规定的到期日作付款提示。当远期汇票必须承兑时应毫无延误地作承兑提示。

②保证汇票和装运单据与托收指示书的表面一致，如发现任何单据有遗漏，应立即通知发出指示书的一方。

③收到的款项和扣除必要的手续费和其他费用后必须按照指示书的规定无迟延地解交本人。

④无延迟地通知托收结果，包括付款、承兑、拒绝承兑或拒绝付款等。

(2)银行的免责。由于托收属于商业信用，而不是银行信用，银行对货款能否支付不承担责任的情况，根据《托收统一规则》的规定，银行不承担责任的情况主要包括以下几个方面。

①银行只需核实单据在表面上与托收指示书一致，此外，没有进一步检验单据的义务；代收行对承兑人签名的真实性或签名人是否有签署承兑的权限概不负责。

②与托收有关的银行对由于任何通知、信件或单据在寄送途中发生延误或失落所造成的一切后果，或对电报、电传、电子传送系统在传送中发生延误、残缺和其他错误，或对专门性术语在翻译上和解释上的错误概不负责。

③与托收有关的银行对由于天灾、暴动、骚乱、叛乱、战争或银行本身无法控制的任何其他原因，或对由于罢工或停工致使银行营业间断所造成的一切后果概不负责。

④除非事先征得银行同意，货物不应直接运交银行或以银行为收货人，否则银行无义务提取货物。银行对于跟单托收项下的货物无义务采取任何措施。

⑤在汇票被拒绝承兑或拒绝付款时，若托收指示书上无特别指示，银行没有做出拒绝证书的义务。

三、信用证

（一）信用证的概念及特征

信用证（Letter of credit，L/C）是银行依开证申请人的请求，开给受益人的一种保证银行在满足信用证要求的条件下承担付款责任的书面凭证。由于在以信用证方式结算的情况下，结算工具（汇票、单据、索偿证明等）与资金流向相反，因此，也属逆汇。在信用证付款方式下，开证银行以自身的信誉为卖方提供付款的保证，因此，信用证付款方式是一种银行信用。适用于信用证的国际惯例是国际商会在1930 年制订的《跟单信用证统一惯例》，该惯例曾进行过七次修改，目前使用的是2007 年的修订本，通称为国际商会第 600 号出版物（以下简称 UCP600）。

（1）UCP600 较 UCP500 的主要修改。UCP600 共有 39 个条款，比 UCP500 减少 10 条，但却比 UCP500 更准确、更清晰、更易读，易掌握、易操作。主要修改体现在以下几个方面。

①结构上的变化。

第一，集中归纳了概念和一些词语在本惯例下的特定解释，使原本散落在各个条款中的解释定义归集在一起使全文变得清晰。

第二，按照业务环节对条款进行了归结。把通知、修改、审单、偿付、拒付等环节涉及的条款在原来的基础上分别集中，使得对某一问题的规定更加明确和系统化。

（2）删除了某些条款。如“可撤销信用证”、“运输行单据”、“风帆动力批注”、“运输单据之额外费用”等。

（3）新增了某些条款。

第一，“兑付”。这一词概括了开证行、保兑行、指定行在信用证下除议付以外的一切与支付相关的行为。

第二，“相符的交单”。强调要与信用证条款、适用的惯例条款以及国际银行标准实务相符合。这一对“相符”的界定可能会减少实务中对于单据不符点的争议。

（4）进行了某些内容的修改。

第一，关于议付，新的定义明确了议付是对票据及单据的一种买入行为，并且明确是对受益人的融资，即预付或承诺预付。定义上的改变承认了有一定争议的远期议付信用证的存在，同时也将议付行对受益人的融资纳入了受惯例保护的范围。

第二，关于单据处理的天数，在 UCP500 中规定为“合理时间，不超过收单翌日起第 7 个工作日”，而在 UCP600 中改为了“最多为收单翌日起 5 个工作日”。

第三，关于拒付后对单据的处理，在 UCP600 的条款中，细化了拒付电中对单据处理的几种选择，其中包括一直以来极具争议的条款：“拒付后，如果开证行收到申请人放弃不符点的通知，则可以释放单据。”UCP600 把这种条款纳入合理的范围内，符合了现实业务的发展，减少了因此产生纠纷的可能，并且有望缩短不符点单据处理的周期。

第四，关于转让信用证，UCP600 中明确了第二受益人的交单必须经过转让行。此条款主要是为了避免第二受益人绕过第一受益人直接交单给开证行，损害第一受益人的利益；同时，这条规定也与其他关于转让行操作的规定相匹配。

(2)信用证支付方式的特点。

①信用证是一种银行信用。在信用证业务中，由开证行通过开立信用证，在信用证中做出付款保证的承诺，开证行负首要的付款责任。因此，信用证支付方式是一种银行信用。开证行不仅向受益人以自己的信用保证付款，而且对它所指定授权的所有当事人保证，在其凭表面与信用证相符的单据办理付款、承兑或议付后，保证依据 UCP600 予以偿付。而且这种付款责任是第一性的，并不是进口商不能付款时才由开证行来付，而是相反，出口商直接要求开证行付款，开证行安排付款后，再与进口商清算。

②信用证是一种自足文件。UCP600 中第 4 条规定，信用证与可能作为其开立基础的销售合同或其他合同是相互独立的交易，即使信用证中含有对此类合同的任何援引，银行也与该合同无关，且不受其约束。因此，信用证虽然是根据买卖合同开立的，但它一经开出，就成为独立于买卖合同以外的契约，不再受买卖合同的约束。信用证各当事人的权利和责任完全以信用证条款为依据，开证银行和参与信用证业务的其他银行只按信用证的规定办事，不受买卖合同的约束。

③信用证是一种单据业务。UCP600 中第 5 条规定，银行处理的是单据，而不是单据可能涉及的货物、服务或履约行为。因此，在信用证业务中，只要单据表面上符合信用证的规定和要求，开证行就应该承担付款、承兑或议付的责任，即使进口商在收到货物后发现不符合合同要求，也只能由开证人根据买卖合同条款向有关责任方面索赔；如果进口商收到的货物完全符合合同的规定，但受益人提交的单据不符合信用证的要求，银行也完全有理由拒付。因此，在信用证业务中，银行会严格审核出口商所提交的单据，以确定单据表面上是否符合信用证条款，而对单据的形式、准确性和真实性等不负责任。

(3)托收与信用证的区别。

①资金转移过程不同。托收资金转移的过程是从买方支付货款开始的,之后再由银行转交给卖方;信用证资金转移的过程是分段实现的,卖方先从银行处获得了货款,之后再由银行向买方索款。

②整个支付过程的主导不同。托收可以说是以汇票来主导整个支付过程的,而在信用证这种支付方式中则多了一个信用证的传递过程,也正是信用证的存在使得此方式带上了银行信用的特点,可以说信用证主导了此种支付方式,虽然汇票也在其中出现,但是相对于信用证来说,其地位是附从的。

(二)信用证的内容

信用证的基本内容如下。

(1)信用证的种类、号码、开证日期和有效期限。

(2)信用证的当事人,包括开证申请人、受益人、开证银行、通知行、议付行等。

(3)信用证的金额,包括信用证应支付的最高金额,信用证支付货物的币种等内容。

(4)单据条款,主要规定单据的种类及份数,主要包括提单、保险单和商业发票,但有时也要求卖方提交其他单据,如商品检验证明书、原产地证书等。

(5)汇票条款,该条款适用于使用汇票的信用证,主要规定汇票的金额、种类、份数及付款人的名称。

(6)装运条款,主要规定启运地、目的地、装运期限及是否允许分批装运等内容。关于装运期限,如装运单据表明受益人的实际装运日期迟于信用证允许的最后装运期限,则银行将拒绝接受单据。

(7)信用证的有效期限,根据 UCP600 第 6 条 d 项和 i 项的规定,信用证必须定一个交单的截止日,规定的承付或议付的截止日将被视为交单的截止日。

(三)信用证的种类

按照 UCP600 第 3 条的解释,即使未作明示,信用证也是不可撤销的。在此基础上,信用证可从不同的角度进行分类。

(1)以信用证项下的汇票是否附有货运单据,可划分为跟单信用证和光票信用证。

①跟单信用证(Documentary Credit)。跟单信用证是指开证行凭跟单汇票或仅凭单据付款、承兑或议付的信用证。此处的单据是指代表货物所有权或证明货物已经装运的单据,即运输单据、商业发票、保险单据、商检证书和产地证书等。它专用于货款结算,是当前国际贸易结算中使用最多的结算方式。

②光票信用证(Clean Credit)。光票信用证是指开证行仅凭受益人开具的汇

票或简单收据而无须附带单据付款的信用证。它主要用于非货款结算、小额货款的结算或跨国公司的不同子公司之间的货款结算。

(2)以有无另一银行加以保证兑付,可以分为保兑信用证和不保兑信用证。

①保兑信用证(Confirmed L/C)。保兑信用证是指开证行开出的信用证,由另一银行即保兑行应开证行请求,对其所开信用证加以保证兑付的信用证。对出口商来说,保兑信用证具有双重保证作用,开证行与保兑行都负有第一性的付款责任。但保兑会产生额外的费用,在实际业务中,如果开证行资信较好,成交金额不大,一般不需要保兑。

②不保兑信用证(Unconfirmed L/C)。不保兑信用证是指开证行开出的信用证没有经另一家银行保兑的信用证。保兑信用证是在特殊情况下才予以使用的,所以在实际业务中使用最多的是不保兑信用证。

(3)以兑付方式的不同,可以分为即期付款信用证、延期付款信用证、承兑信用证和议付信用证。

①即期付款信用证(Sight payment L/C)。即期付款信用证是指规定受益人可凭即期汇票收取货款的信用证。该信用证指定付款行(开证行或付款行)在收到受益人提交的符合信用证条款的跟单汇票或不带汇票的单据后当即向受益人履行付款义务。

②延期付款信用证(Defer payment L/C)。延期付款信用证是指规定货物装运后若干天或受益人交单后若干天付款的信用证。付款行在收到符合信用证条款的单据后,于约定的付款到期日才向受益人履行付款义务。延期付款信用证一般不开具汇票,无需开证行承兑,不能贴现。在实践中大多使用于金额较大的资本货物的交易,而且付款期限较长,一年或数年不等,所以常与政府出口的信贷相结合。

③承兑信用证(Acceptance L/C)。承兑信用证是指被信用证指定的付款行在收到符合信用证规定的远期汇票和单据时,先在汇票上履行承兑手续,后于汇票到期日再行付款的信用证。因为付款人仅限于被指定的银行,这种信用证又称银行承兑信用证。承兑信用证通常使用于远期付款交易。

④议付信用证(Negotiation L/C)。议付信用证是指开证行允许受益人向某一指定或任何银行交单议付的信用证。通常在单据符合信用证条款的条件下,议付行扣去利息后将票款付给受益人。

(4)以受益人对信用证权利可否转让,可以分为可转让的信用证和不可转让的信用证。

①可转让的信用证(Transferable L/C)。可转让的信用证是指信用证的受益人(第一受益人)可以要求授权付款、承担延期付款责任,承兑或议付的银行(统称

"转让行"),或当信用证是自由议付时,可以要求信用证中特别授权的转让银行,将信用证全部或部分转让给一个或数个受益人(第二受益人)使用的信用证。开证行在信用证中要明确注明"可转让",且只能转让一次。

②不可转让信用证(Non-Transferable L/C)。不可转让信用证是指受益人不能将信用证的权利转让给他人的信用证。凡信用证中未注明"可转让",即是不可转让信用证。

(5)五种特殊的信用证。

①循环信用证(Revolving L/C)。循环信用证是指受益人在一定时间内利用规定金额后,能够重新恢复信用证原金额并再度使用,周而复始,直至达到该证规定次数或累计总金额用完为止的信用证。循环信用证一般适用于货物比较大宗单一,可定期分批均衡供应、分批支款的长期合同。对进口人来说,可节省逐笔开证的手续和费用,减少押金,有利于资金周转;对出口人来说,可减少逐批催证和审证的手续,又可获得收回全部货款的保障。

②对开信用证(Reciprocal L/C)。对开信用证是指在补偿贸易、易货贸易、加工/装配贸易等对等贸易方式下,交易双方可采用互开对等的跟单信用证方式来作结算,这样的两个跟单信用证就互为对开信用证。这种信用证实际上是两张互相制约的信用证,进出口双方互为开证申请人和受益人,双方的银行互为开证行和通知行。它通常在先行开出的信用证中注明,该证需待回头信用证开出后才生效。

③对背信用证(Back-to-back L/C)。对背信用证是指原证受益人要求原证的通知行或其他银行以原证为基础和担保,另行开立的一张内容相似的新信用证。对背信用证通常是由中间商为转售他人货物,从中图利,或两国不能直接进行交易需通过第三国商人以此种办法沟通贸易而开立的。由于受原证的约束,对背信用证的受益人如要求修改内容,须征得原证开证人和开证行的同意,所以,修改比较困难,需时也多。如发现单证不符时,也还须征得原证开证行的同意。因此,对背信用证的受益人在处理业务时必须特别谨慎,不能稍有疏忽。

④预支信用证(Anticipatory L/C)。预支信用证是指允许受益人在货物装运交单前预支货款的信用证。如果开证人在开立大额预支信用证时担心受益人预支后不履行供货义务,可在预支条款中加列受益人须提供银行保函或备用信用证,以保证受益人不履约时退还已预支的款项。为引人注目,这种预支货款的条款在以往曾常用红字打出,因此俗称"红条款信用证"。目前,我国在补偿贸易中有时采用这种信用证。

⑤备用信用证(standby L/C)。备用信用证,又称担保信用证,是指不以清偿商品交易的价款为目的,而以贷款融资,或担保债务偿还为目的所开立的信用证。

备用信用证属于银行信用,开证行保证在开证申请人不履行其义务时,即由开证行付款。如果开证申请人履行了约定的义务,该信用证则不必使用。因此,备用信用证对于受益人来说是备用于开证申请人发生违约时取得补偿的一种方式,具有担保的性质。

(四)信用证的程序

信用证的收付程序随信用证类型的不同而有所差异,但就其基本流程而言,大体要经过申请、开证、通知、议付、索偿、偿付、赎单等环节(图 8-2)。现以最为常见的即期跟单议付信用证为例简要说明其收付程序。

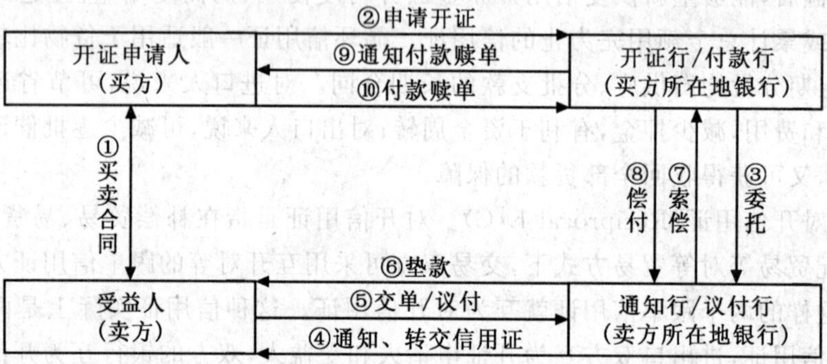

图 8-2 信用证的流程图

(1)订立买卖合同。在合同中明确规定进口人以信用证方式支付货款,其中一般还应规定开证银行的资信地位、信用证的类型、金额、到期日、信用证开立并送达卖方的日期等。

(2)申请开证。开证申请人,即进口人,在买卖合同规定的时限内向所在地的银行申请开立信用证。申请开证时要递交开证申请书,同时还应向开证行交付一定比率的保证金。

(3)开证。开证行接受开证申请人的开证申请书后,必须按申请书规定的内容向指定的受益人开立信用证,并将信用证直接邮寄或用电信通知出口地的代理银行(通知行)转递或者通知受益人。

(4)通知。通知行在收到信用证后,应即核对开证行的签字与密押,经核对证实无误,除留存副本或复印件备查外,必须尽快将信用证转交受益人。根据 UCP600 第 9 条的规定,信用证及其任何修改可以经由通知行通知给受益人。非保兑行的通知行通知信用及修改时不承担承付或议付的责任,但如该行愿意通知,则应鉴别通知的信用证的表面真实性。如不愿通知,则应毫不延误地告知自其处收到信用证、修改或通知的银行；如通知行无法鉴别信用证的表面真实性，它应毫不延误地通知开证行说明它无法鉴别，如通知行仍决定通知受益人，则必须告知受益人它未能鉴别该证的真实性。

(5)审证、交单和议付。

①审证。受益人在收到通知行转来的信用证后，应即根据买卖合同和UCP600对其进行认真审核，主要审核信用证中所列的条款与买卖合同中所列的条款是否相符。如发现条款有差错，时间有矛盾，概念不清，词义不明，数字有误等与买卖合同不符，不能接受或无法照办的内容时，均应通知开证人，要求修改信用证。如开证人同意修改，开证人就应向开证行提交修改申请书，经通知行审核签字或密押无误后转知受益人。受益人在收到修改通知书后，即将其与信用证钉在一起，即“锁证”，此修改部分为原证不可分割的一部分。但应注意，只有开证申请人有权请求开证行修改信用证，受益人不得直接请求开证行修改信用证。

②交单。受益人收到信用证经审查无误，或需修改的经收到修改通知书认可后，即可根据信用证或经过修改认可的规定发运货物。在货物发运完毕后，缮制并取得信用证所规定的全部单据，开立汇票连同信用证正本在信用证规定的交单期和信用证的有效期内，递交有权议付的通知行或与自己有往来的其他有权议付的银行或信用证限定的议付行办理议付。UCP600第6条的规定，信用证必须规定提示单据的有效期限；规定的用于兑付或者议付的有效期限将被认为是提示单据的有效期限；受益人必须于到期日或到期日之前提交单据。根据UCP600第14条的规定，银行将不予接受迟于装运日期后21日提交的单据。另外，根据UCP600第29条的规定，若信用证的到期日或交单的最后一天，适逢接受单据的银行终止营业日，则规定的到期日或交单期的最后一天将延至该银行开业的第一个营业日。但若该银行中断营业是因为天灾、暴动、骚乱、叛乱、战争、罢工、停工或银行本身无法控制的任何其他原因，则信用证规定的到期日或交单期的最后一天不能顺延。

③议付。议付是由议付行向受益人购进由他出立的汇票及所附单据。根据UCP600第2条的规定，指定银行在相符交单下，在其应获偿付的银行工作日当天或之前向受益人预付或者同意预付款项，从而购买汇票(其付款人为指定银行以外的其他银行)及/或单据的行为。议付行一般为出口地银行，它可以由开证行在信用证中指定，如在信用证中未指定，则可由受益人酌情选择通知行或与其有往来的其他银行担任议付行。议付行在议付后，通常在信用证正本背面作必要的有关议付事项的记录，俗称“背批”。其目的主要是防止超额和重复议付。

(6)索偿。索偿就是议付行办理议付后，根据信用证规定，凭单向开证行或其指定的银行(付款行或偿付行)请求偿付的行为。

(7)偿付。偿付是指开证行或被指定的付款行或偿付行向议付行进行付款的行为。根据 UCP600 第 14 条的规定,开证行或指定的付款行收到议付行寄来的汇票和单据后,经核验认为与信用证规定相符,应即票款偿付议付行。如发现单据与信用证规定不符,可以拒付,但应在不迟于收到单据的次日起五个营业日内通知议付行表示拒绝接受单据。

(8)付款赎单。开证行履行偿付责任后,应即向开证人提示单据,开证人核验单据无误后,办理付款手续。如申请开证时,曾交付押金,则付款时予以扣减。如曾提交其他抵押品,则在付款后由开证行退还。开证人付款后,即可从开证行取得全套单据,包括可凭以向承运人提取货物的运输单据。

(五)信用证的当事人

信用证的当事人会因具体交易情况的不同而有所增减,但一般来说信用证的流转会涉及下列主要当事人。

(1)开证申请人。开证申请人是指向银行申请开立信用证的人,即国际货物买卖合同中的买方。

(2)开证行。开证行是指接受开证申请人的委托,为其开立信用证的银行,通常是买方所在地的银行。

(3)通知行。通知行是指接受开证行的委托,负责将信用证通知受益人的银行,通常为受益人所在地的银行,通知行一般与开证行有业务往来的关系。

(4)受益人。受益人是指信用证上指定的有权享有信用证权益的人,即国际货物买卖合同中的卖方。

(5)付款行。付款行是指信用证上指定向受益人付款的银行,通常是开证行本身。

(6)议付行。议付行是指愿意买入或贴现受益人按信用证所开立的汇票的银行。议付行可以是通知行或其他指定或非指定的银行。

(7)保兑行。保兑行是指依开证行的请求对信用证保证兑付的银行。

(六)信用证当事人之间的关系

(1)开证申请人与受益人之间是买卖合同关系。开证申请人即为国际贸易合同的买方,受益人即为卖方,双方订立的合同中约定以信用证方式支付货款,则买方应依合同的规定开立信用证,卖方则应依合同发货并提供约定的单据。

(2)开证行与开证申请人之间是以开证申请书及其他文件确定的委托合同关系。在此合同关系中,开证行的主要义务是依开证行申请书开立信用证并谨慎地审核一切单据,确定单据在表面上符合信用证。开证申请人则应交纳开证押金或提供其他保证,交纳开证费用并付款赎单。

(3)开证行与受益人之间存在确定的合同关系。只要受益人向开证行或其指定行提交符合信用证条款的单据,开证行就负责必须付款的义务,因而两者间存在着确定的合同关系。

(4)通知行与开证行之间是委托代理关系,通知行接受开证行的委托,代理开证行将信用证通知受益人,并由开证行支付佣金给通知行。

(5)通知行与受益人之间不存在合同关系。通知行的责任只限于确定信用证的表面真实性,并及时、准确地将信用证通知受益人,其与受益人都没有直接的法律关系。

(七)银行的责任和免责

(1)银行的责任。银行对信用证具有审单的义务,UCP600 将单据与信用证相符的要求细化为"单内相符,单单相符,单证相符",强调要与信用证条款、适用的惯例条款以及国际银行标准实务相符合。关于不符的含义,明确指出单据之间的不符在于资料和内容有无冲突,而非核对资料和内容是否完全一致。UCP600 第 14 条 d 项和 e 项明确指出:"单据中的数据,在与信用证、单据本身以及国际标准银行实务参照解读时,无须与该单据本身中的数据,其他要求的单据或信用证中的数据等同一致,但不得矛盾。""除商业发票外,其他单据中的货物、服务或履约行为的描述,如果有的话,可使用与信用证中的描述不矛盾的概括性用语。"对于信用证要求提交却未规定出单人或其数据内容的情况,UCP600 第 14 条 f 项规定"如果信用证要求提交运输单据、保险单据或者商业发票之外的单据,却未规定出单人或其数据内容,则只要提交的单据内容看似满足所要求单据的功能,且其他方面符合第 14 条 d 款,银行将接受该单据。"对信用证未规定的单据,银行将不予审核。如收到此类单据,银行将它们退回交单人而不需承担责任。如果信用证含有一项条件,但未规定用以表明该条件得到满足的单据,银行将视为未作规定并不予理会。

银行对信用证进行审核,如果发现有单证不符点,议付行将视情况采取不同的处理措施。根据 UCP600 的规定,银行提出不符点必须遵守以下条件:

①在合理的时间内提出不符点,即在开证行收到单据次日起算的 5 个工作日之内向单据的提示者提出不符点。

②无延迟地以电信方式(如条件有限,须以其他快捷方式)将不符点通知提示者。

③不符点必须一次性提出,即如第一次所提不符点不成立,即使单据还存在实质性不符点,开证行也无权再次提出。

④通知不符点的同时,必须说明单据代为保管听候处理,或即退交单者。

以上条件必须同时满足,否则银行便无权声称单据有不符点而拒付。

(2)银行的免责。UCP600 规定了银行免责的情况,主要包括以下几个方面。

①关于单据有效性的免责。银行对任何单据的形式、充分性、准确性、内容真实性,虚假性或法律效力,或对单据中规定或添加的一般或特殊条件,概不负责;银行对任何单据所代表的货物、服务或其他履约行为的描述、数量、重量、品质、状况、包装、交付、价值或其存在与否,或对发货人、承运人、货运代理人、收货人、货物的保险人或其他任何人的诚信与否、作为或不作为,清偿能力、履约或资信状况,也概不负责。

②关于信息传递和翻译的免责。银行对报文传输或信件或单据的递送过程中发生的延误、中途遗失、残缺或其他错误产生的后量,概不负责。银行对技术语的翻译或解释上的错误,不负责任,并可不加翻译地传送信用证条款。

③不可抗力免责。银行对由于天灾、暴动、骚乱、叛乱、战争、恐怖主义行为或任何罢工、停工或其无法控制的任何其他原因导致的营业中断的后果,概不负责。银行恢复营业时,对于在营业中断期间已逾期的信用证不再进行承付或议付。

银行只审查单据表面相符,不负责采取进一步的行动调查单据的真实性,其原因主要是:

第一,银行并不是买卖合同的商家,对一些贸易术语或商家的特殊要求也并不了解。

第二,银行不是调查机构,国际结算要求银行提供快捷的服务,不可能让银行长期滞留单据进行调查。

第三,银行提供的是一种信用而并非保险,谨慎寻找贸易伙伴的责任在商家。

第四,银行开立信用证收取的只是少量的开证费,因此要求其承担所有的风险有欠公平。

(八)信用证欺诈及例外原则

1.信用证欺诈及种类

在信用证这种特殊合同关系中,当开证行(含保兑行)收到信用证所列单据并且这些单据的表面记载事项与信用证本身要求相符时,应向受益人(既卖方)承担完全的付款义务;而且,在开证行履行上述付款义务时必须排除或忽略货物和运输方面的实际状况和可能存在的实际瑕疵,这便是信用证独立性原则。尽管信用证的独立性原则及如前所述它的纯粹的单据交易性等给信用证当事人带来极大的方便,但是在方便的同时,也为恶意受益人以虚假单据骗取货款提供了可资利用的空间,在国际贸易中信用证欺诈的案件频繁发生,使进出口双方的利益受到极大的损害。信用证使用中欺诈的表现形式各异,主要有以下几种。

(1)开立假信用证。有些进口商使用非法手段制造假信用证,或窃取其他银行已印好的空白格式信用证，或无密押电开信用证，或假印鉴开出信用证，签字和印鉴无从核对，或开证银行名称、地址不详等。如出口商没有发现信用证的假造而交货，将导致钱货两空。

(2)“软条款”信用证。信用证中的“软条款”是指信用证中规定一些限制性条款，或信用证的条款不清，责任不明，使信用证的不可撤销性大大降低，因而对受益人非常不利。这种“软条款”信用证可使开证申请人控制整笔交易，而受益人处于受制他人的被动地位。“软条款”与善意的因进出口细节尚待最后确定的未生效条款不同，是买方故意设下的圈套，这种条款使信用证受益人处于受制人的地位，信用证项下开证银行的付款承诺是毫不确定、很不可靠的。因买方在信用证中加列一些使信用证实际无法生效，卖方无法执行的“软条款”，目的是买方骗得履约金、佣金或质保金之后，不通知装船、不签发检验证书，使卖方公司拿不到装船通知和检验证书，不能发货及向开证行交单索汇。信用证中常见的“软条款”如下。

①信用证中载有暂不生效条款。如信用证中注明“本证暂不生效，待进口许可证签发通知后生效”，或注明“等货物经开证人确认后再通知信用证方能生效”。

②限制性付款条款。如信用证规定“信用证项下付款要在货物清关后才支付”、“开证行须在货物经检验合格后方可支付”、“在货物到达时没有接到海关禁止进口通知，开证行才付款”等。

③加列各种限制。信用证中对受益人的交货和提交的各种单据加列各种限制，如“出口货须经开证申请人派员检验，合格后出具检验认可的证书”、“货物样品先寄开证申请人认可”等。

④对装运的限制。信用证中对受益人的交货装运加以各种限制，如“货物装运日期、装运港、目的港须待开证人同意，由开证行以修改书的形式另行通知”；信用证规定禁止转船，但实际上装运港至目的港无直达船只等。对于买方开来的信用证，如卖方通过审证发现有“软条款”，应立即以最快通讯方式与卖方协商，要求改证，对信用证的“软条款”不予接受。

(3)伪造单据。伪造单据是指单据(如海运提单)不是由合法的签发人签发，而由诈骗人或委托他人伪造；或在合法签发人签发单据后进行篡改，改变单据中的有关内容，使之单证相符，骗取货款。

(4)以保函换取与信用证相符的提单。以保函换取与信用证相符的提单、预借提单及以保函换取清洁提单的情况。倒签提单、预借提单均属于欺诈行为，以恶意保函换取清洁提单的行为也属于欺诈，但在司法实践中承认善意保函效力。此时，承运人仍应对货损货差向收货人承担责任，但有权依有效的保函向托运人追偿。《汉堡规则》即在一定范围内承认了善意保函的效力。

2. 信用证欺诈例外原则

在信用证支付方式中严格执行信用证独立于买卖合同的原则有着重要的意义，但在国际贸易中卖方以单据欺诈手段骗取货款的案件不断发生，如果固守这一原则，势必纵容这些诈骗分子，因为货款一旦被骗取，买方就处于极为不利的地位，追加货款的希望很小。有鉴于此，为了打击国际贸易中出现的欺诈行为，不少国家的法律、判例对欺诈行为提出了相应的处理原则。即在承认信用证独立于买卖合同原则的同时，也应当承认有例外情况。如果在银行对卖方提交的单据付款或承兑以前，发现或获得确凿证据，证明卖方确有欺诈行为，买方可请求法院向银行颁发禁止令，禁止银行付款。信用证欺诈例外原则首先是在美国法院的判例中提出来的。美国的《统一商法典》也有对信用证欺诈及补救办法的成文法规定。此外，在英国、加拿大、新加坡和法国等国的法院判例也表明承认信用证欺诈例外原则。

(九)中国有关信用证的规定

中国没有有关信用证的专门立法，司法实践中主要是以当事人的约定或适用UCP600的规定作为处理此类问题的依据。2005年11月14日最高人民法院颁布了《关于审理信用证纠纷案件若干问题的规定》，于2006年1月1日正式施行，它规定了信用证独立原则、单证审查标准和信用证欺诈的情形等内容。

(1)信用证独立原则。根据《关于审理信用证纠纷案件若干问题的规定》第5条的规定，开证行在做出付款、承兑或者履行信用证项下其他义务的承诺后，只要单据与信用证条款、单据与单据之间在表面上相符，开证行应当履行在信用证规定的期限内付款的义务。当事人以开证申请人与受益人之间的基础交易提出抗辩的，人民法院不予支持。

(2)单证审查标准。根据《关于审理信用证纠纷案件若干问题的规定》第6条的规定，人民法院在审理信用证纠纷案件中涉及单证审查的，应当根据当事人约定适用的相关国际惯例或者其他规定进行；当事人没有约定的，应当按照国际商会《跟单信用证统一惯例》以及国际商会确定的相关标准，认定单据与信用证条款、单据与单据之间是否在表面上相符。信用证项下单据与信用证条款之间、单据与单据之间在表面上不完全一致，但并不导致相互之间产生歧义的，不应认定为不符点。根据《关于审理信用证纠纷案件若干问题的规定》第7条的规定，开证行有独立审查单据的权利和义务，有权自行做出单据与信用证条款、单据与单据之间是否在表面上相符的决定，并自行决定接受或者拒绝接受单据与信用证条款、单据与单据之间的不符点。开证行发现信用证项下存在不符点后，可以自行决定是否联系开证申请人接受不符点。开证申请人决定是否接受不符点，并不影响开证行最终决定是否接受不符点。开证行和开证申请人另有约定的除外。开证行向受益人明确表示接受不符点的，应当承担付款责任。开证行拒绝接受不符点时，受益人以开证申请人已接受不符点为由要求开证行承担信用证项下付款责任的，人民法院不予支持。

(3)信用证欺诈的情形。根据《关于审理信用证纠纷案件若干问题的规定》第8条的规定，凡有下列情形之一的，应当认定存在信用证欺诈：

①受益人伪造单据或者提交记载内容虚假的单据。

②受益人恶意不交付货物或者交付的货物无价值。

③受益人和开证申请人或者其他第三方串通提交假单据，而没有真实的基础交易。

④其他进行信用证欺诈的情形。

该规定第10条规定，人民法院认定存在信用证欺诈的，应当裁定中止支付或者判决终止支付信用证项下款项，但有下列情形之一的除外：

①开证行的指定人、授权人已按照开证行的指令善意地进行了付款。

②开证行或者其指定人、授权人已对信用证项下票据善意地做出了承兑。

③保兑行善意地履行了付款义务。

④议付行善意地进行了议付。

四、国际保理及相关法律问题

(一)国际保理的概念

采用信用证支付方式结算货款手续复杂，费用较高，而采用其他的支付方式对买卖双方来说风险较大，为解决非信用证支付情况下的国际结算问题逐渐形成了新的国际结算方式——国际保理(International Factoring)。国际保理的全称是国际保付代理业务，简称保理或出口保理，也称为保付代收或承购应收账款业务，是指国际贸易中在以托收、赊账等方式结算货款的情况下，保理商向出口商提供的一项包括对买方资信调查、100%的风险担保、催收应收账款、财务管理以及融通资金等的综合性财务服务。

(二)国际保理业务的当事人及其法律关系

(1)国际保理业务的当事人。

①出口商，即卖方或被保理人。

②出口保理公司，一般与出口商同地，主要负责向出口商融资。

③进口商，即买方或付款人、债务人。

④进口保理公司，一般与进口商同地，主要负责承担进口商的信用风险、账目管理和向进口商追收账款。

(2)国际保理当事人的法律关系。不同的国际保理其参与的当事人是不同的。在国际双保理的情况下会形成出口商与进口商、出口商与出口保理商、出口保理商与进口保理商、进口商与进口保理商之间的四层关系。

①在出口商与进口商之间是货物买卖合同关系。

②在出口商与出口保理商之间是根据出口保理协议建立的一种合同关系。出口保理协议是国际保理交易中的主合同。依该协议,出口商应将出口保理商协议范围内的所有合格应收账款转让给出口保理商,使出口保理商对这些应收账款获得真实有效而且完整的权利,以便从实质上保证应收账款是有效的和具有相应价值的并且不存在也不会产生任何障碍。

③出口保理商与进口保理商之间是相互保理合同关系。进出口保理商之间应签订相互保理协议,双方的关系具有债权转让人与受让人间的法律关系,即出口保理商将从供应商手中购买的应收账款再转让给进口保理商即再保理而形成法律关系,即出口保理商将从供应商手中购买的应收账款再转让给进口保理商即再保理而形成法律关系。

④在进口商与进口保理商之间是一种事实上的债权债务关系。从法律意义上说,进口商与进口保理商之间没有合同上的法律关系,但由于进口保理商最终收购了出口商对进口商的应收账款,只要出口商与进口商之间的买卖合同或其他类似契约未明确规定该合同或契约项下所产生的应收账款禁止转让,保理商就可以合法有效地获得应收账款,而无需事先得到进口商的同意,与进口商之间事实上形成债权债务关系。

(三)国际保理对进口商与出口商的优势

1. 对进口商

(1)可以利用赊账、承兑交单等优惠付款条件,以有限的资金购进更多的货物,扩大营业额。

(2)若出口商提供的货物与合同不符,进口商可拒付,避免信用证项下单证相符时必须付款所产生的不利因素。

(3)省却开立信用证和处理繁杂文件的费用。

(4)在批准信用额度后,购买手续简化,进货快捷。

2. 对出口商

(1)对于新的或现有的客户提供更有竞争力的赊销、承兑交单付款条件,增加营业额。

(2)进口商的信用风险转由保理商承担,出口商得到100%的收汇保障。

(3)可以以预支的方式得到融资。

(4)资信调查、账务管理和账款追收都由保理商负责，减轻业务负担，节约管理成本。

(5)免除了一般信用证交易的繁琐手续。

(四)保理在付款方式和融资便利方面与托收、信用证的比较

出口贸易常见的国际结算方式有信用证和托收两种方式。这两种方式有一定的融资功能，但与之相比较，国际保理有其明显的优势。

(1)在不增加甚至减少进口商(债务人)的风险情况下，减少了出口商(供应商)的风险。在托收项下，托收行不承担债务人的信用风险，出口商把货物发走后，面临进口商不付款或延期付款的风险。在国际保理业务项下，出口商在把货物发走后，可以获得保理商的信用风险担保，或者把进口商的信用风险转移给保理商。在信用证结算方式下，进口商要等到付款赎单后才能提货，面临着"货不对版"的风险。在国际保理业务项下，进口商可以在收到货物甚至将货物转售后再付款，避免了对方的单据欺诈风险。由此可见，国际保理是对赊销、托收方式下卖方收汇风险及信用证方式下买方面临的"货不对版"风险的一种最好的规避手段。

(2)国际保理通常具有无追索权的融资便利，减少贸易双方的资金占用。进口商不仅不必像信用证交易方式承担开证押金，还可在收货后甚至转售后才付款，减少了成本，加速了资金周转；供货商也可以在发货后立即取得货款(80%以上)。这种融资一般是无追索权的且不在资产负债表中表现为负债。托收、信用证业务中，银行业也可用出口押汇、打包放款等形式为供应商或进口商提供资金融通，但额度控制严格，手续繁杂，并且所融资额度要作为负债反映在资产负债表中。更有甚者，银行对融资款项有追索权，万一货款不能按时收回，银行有权收回融资额度。可见，国际保理的无追索权的融资便利是托收、信用证所无法比拟的。

(3)国际保理可简化贸易手续，提高效率，适应国际市场多变的局面。办理托收或信用证结算方式受到交易双方当地的法律、贸易习惯、单证手续以及各种惯例条款的约束。而国际保理项下的贸易可以将贸易程序当地化，减少贸易习惯和法律制度等方面的障碍，免除繁琐的单证手续和僵硬的条款约束机制。这样就使得交易节省了时间，加速了货物—资金—货物—资金的快速周转。

(五)保理的分类

由于各个国家和地区的商业交易习惯及法律法规的不同，各国办理国际保理业务的内容以及做法也有不同。根据保理业务的性质、服务内容、付款条件和融资状况等方面存在的差异，我们可以将保理业务进行以下分类。

(1)根据保理商对出口商提供预付融资与否，分为融资保理和到期保理。融资保理(Financial Factoring)又称预支保理，是一种预支应收账款业务。当出口商将代表应收账款的票据交给保理商时，保理商立即以预付款方式向出口商提供不超过应收账款80%的融资，剩余20%的应收账款待保理商向债务人(进口商)收取全部货款后，再行清算。这是比较典型的保理方式。到期保理(Maturity Factoring)是指保理商在收到出口商提交的、代表应收账款的销售发票等单据时并不向出口商提供融资，而是在单据到期后，向出口商支付货款。

(2)根据保理商公开与否，也即销售货款是否直接付给保理商，分为公开型保理和隐蔽型保理。公开型保理(Disclosed Factoring)是指出口商必须以书面形式将保理商的参与通知进口商，并指示他们将货款直接付给保理商。目前的国际保理业务多是公开型的。隐蔽型保理(Undisclosed Factoring)是指保理商的参与是对外保密的，进口商并不知晓，货款仍由进口商直接付给出口商。这种保理方式往往是出口商为了避免让他人得知自己因流动资金不足而转让应收账款，并不将保理商的参与通知给买方，货款到期时仍由出口商出面催收，再向保理商偿还预付款。至于融资与有关费用的清算则在保理商与出口商之间直接进行。

(3)根据保理商是否保留追索权，分为无追索权保理和有追索权保理。在无追索权保理中，保理商根据出口商提供的名单进行资信调查，并为每个客户核对相应的信用额度，在已核定的信用额度内为出口商提供坏账担保。出口商在有关信用额度内的销售，因为已得到保理商的核准，所以保理商对这部分应收账款的收购没有追索权。由于债务人资信问题所造成的呆账、坏账损失均由保理商承担。国际保理业务大多是这类无追索权保理。有追索权保理中，保理商不负责审核买方资信，不确定信用额度，不提供坏账担保，只提供包括贸易融资在内的其他服务。如果因债务人清偿能力不足而形成呆账、坏账，保理商有权向出口商追索。

(4)根据其运作机制是否涉及进出口两地的保理商，分为单保理和双保理。单保理是指仅涉及一方保理商的保理方式。如在直接进口保理方式中，出口商与进口保理商进行业务往来；而在直接出口保理方式中，出口商与出口保理商进行业务往来。涉及买卖双方保理商的保理方式则叫做双保理。国际保理业务中一般采用双保理方式，即出口商委托本国出口保理商，本国出口保理商再从进口国的保理商中选择进口保理商。进出口国两个保理商之间签订代理协议，在整个业务过程中，进出口双方只需与各自的保理商进行往来。

(六)国际保理的流程

如上所述，国际贸易中主要采取无追索权的双保理方式。双保理方式主要涉及四方当事人，即出口商、进口商、出口保理商及进口保理商。双保理的流程如下。

(1)出口保理商与出口商之间签订国际保理协议。即进出口双方在交易磋商过程中，出口商首先找到出口保理商，向其提出出口保理的业务申请，填写《出口保理业务申请书》。

(2)出口商向出口保理商申请债务人(进口商)信用额度,出口商填写的《出口保理业务申请书》又称《信用额度申请书》,用于为进口商申请信用额度。申请书一般包括出口商业务情况、交易背景资料、申请的额度情况等内容。

(3)出口保理商将此申请传递给进口保理商。具体操作时一般由出口保理商于当日选择进口保理商,通过由国际保理商联合会(FCI)开发的保理电子数据交换系统 EDIFACTORING 将申请中的情况通知进口保理商,并请其对进口商进行信用评估。出口保理商一般选择已与其签订过《代理保理协议》并参加了 FCI 组织且在进口商所在地的保理商为进口保理商。

(4)进口保理商对进口商进行资信调查评估。进口保理商依所提供的情况对进口商的资信及市场行情进行调查,并为进口商初步核定信用额度。

(5)进口保理商将核定的信用额度通知出口保理商,再由出口保理商将核准的进口商的信用额度及自己的报价通知出口商。

(6)出口商接受出口保理商的报价,与其签订《出口保理协议》,并与进口商正式达成交易合同,出口保理商与出口商签署《出口保理协议》后,出口保理商向进口保理商正式申请信用额度。

(7)出口商根据进口保理商通知的信用额度发运货物。

(8)货物出运后,出口商将正本发票、提单、原产地证书、质检证书等单据寄送进口商,将发票副本及有关单据副本(依进口保理商要求)交出口保理商。同时,出口商还向出口保理商提交《债权转让通知书》和《出口保理融资书》,由出口商将发运货物的应收账款转让给出口保理商。出口保理商按照《出口保理协议》向其提供相当于发票金额的 80%的融资。

(9)进口保理商在规定的时间按商业惯例向进口商催收货款。即由出口保理商在收到副本发票及单据当天将发票及单据的详细内容通过 EDIFACTORING 系统通知进口保理商,进口保理商于发票到期日前若干天开始向进口商催收。

(10)在到期日,进口商将货款交给进口保理商,后者将其转交出口保理商。

(11)出口保理商在扣除预付款、服务费等后,将货款余额付给出口商。

(七)我国银行开展的国际保理业务

国际保理业务在我国开展得较晚,随着其他的国家以保理方式进行国际贸易的增多,保理制度在国际贸易中的地位越来越重要。随着中国贸易量的增加,需要我们在国际结算的方式上能更便捷、更准确和更高效,而保理这种结算方式的服务能够在一定程度上解决这样一个问题。

目前,我国银行开展的国际保理业务可以向出口企业提供服务的内容,与上述一般的国际保理业务大体相同。其具体做法是:需要采用保理方式的出口企业,可与银行承办保理业务的部门签订保理合同,并报送信用额度申请表,列明进口人名称、地址等情况,申请表由银行转送进口国保理商,进口国保理商对于申请表上所列客户的资信情况进行调查,并在接到申请表后的14日内将是否批准意见通知我国银行转告出口企业。出口企业可在批准额度内用托收或其他赊账方式与该进口人成交,有关全部出口单据包括债权转让书交银行或保理公司承办部门,如在付款日到期后90日尚未收到客户付款,该承办部门当在第90日向出口企业按发票金额全部保付。我国经营保理业务的银行除担任出口保理商业务外,还可兼任进口保理商业务。

本章小结

票据是指出票人签发的,约定由自己或委托他人于见票时或确定的日期向持票人或收款人无条件支付一定金额的有价证券。票据主要有汇票、本票和支票三种。汇票是由出票人签发的,委托付款人在见票时或者在指定日期无条件支付确定的金额给收款人或持票人的票据。本票是出票人签发的,承诺自己在见票时无条件支付确定的金额给收款人或持票人的票据。支票是由出票人签发的,委托办理支票存款业务的银行或者其他金融机构在见票时无条件支付确定的金额给收款人或持票人的票据。

国际贸易的支付方式主要有汇付、托收和信用证三种。汇付是由国际货物买卖合同的买方委托银行主动将货款支付给卖方的结算方式。它依使用的信用工具不同,分为电汇、信汇和票汇。托收是由收款人开立汇票,委托银行向付款人收取货款的结算方式。它依汇票是否附有单据,分为光票托收和跟单托收。信用证是银行依开证申请人的请求,开给受益人的一种保证银行在满足信用证要求的条件下承担付款责任的书面凭证。它可从不同角度进行分类。与汇付和托收不同,它属于银行信用,更可靠。

信用证基本流程大体要经过申请、开证、通知、议付、索偿、偿付、赎单等环节。银行对信用证具有审单的义务,审单时"单内相符,单单相符,单证相符"。这种相符只是表面上的相符,审核时也并非要求资料和内容完全一致。银行免责的情况主要包括单据有效性的免责、信息传递和翻译的免责、不可抗力免责等。

信用证使用中欺诈的表现形式各异，主要有：开立假信用证、“软条款”信用证、伪造单据、以保函换取与信用证相符的提单。如果在银行对卖方提交的单据付款或承兑以前，发现或获得确凿证据，证明卖方确有欺诈行为，买方可请求法院向银行颁发禁止令，禁止银行付款。

为解决非信用证支付情况下的国际结算的风险问题，国际保理应运而生。国际保理是指国际贸易中在以托收、赊账等方式结算货款的情况下，保理商向出口商提供的一项包括对买方资信调查、100%的风险担保、催收应收账款、财务管理以及融通资金等的综合性财务服务。与托收、信用证比较，它的比较优势主要体现在三个方面：

(1)它在不增加甚至减少进口商（债务人）的风险情况下，减少了出口商（供应商）的风险；

(2)它通常具有无追索权的融资便利，减少贸易双方的资金占用；

(3)它可以简化贸易手续，提高效率，适应国际市场多变的局面。

总之，国际保理在国际贸易中的作用越来越大。

技能实训

1. 我国山东一家进出口公司和某外国公司订立了进口尿素 5 000 吨的合同，依合同规定，我方开出以该外国公司为受益人的不可撤销的跟单信用证，总金额为 148 万美元。货物装船后，该外国公司持提单在银行议付了货款。货到青岛后，我公司发现尿素有严重的质量问题，立即请商检机构进行了检验，证实该批尿素是毫无实用价值的废品。我公司持商检证明要求银行追回已付款项，否则将拒绝向银行支付货款。

请问：银行是否应追回已付货款？我公司是否有权拒绝向银行付款？

2. 有一国外开来的信用证规定议付有效期为 2 月 28 日，装运期为 1—2 月份。该信用证受益人于 2 月 4 日将全部货物装船，并取得 2 月 4 日签发的“已装船清洁提单”。当受益人于 2 月 26 日凭各项单据向银行议付时，议付银行却以单据日期不符为由，拒绝接受单据并拒绝付款。

请问：在上述情况下，银行有拒付的权利吗？为什么？如果国家规定春节有 3 天法定假日，而 2 月 25 日过大年，那么银行还有权拒付吗？

3. 我国某外贸 A 公司与某外国 B 公司签订一出口合同，付款条件为付款交单见票后 45 天付款。当汇票及所附单据通过托收行寄抵进口地代收行后，B 公司及时在汇票上履行了承兑手续。货抵目的港时，B公司由于用货心切，出具信托收据向代收行借得单据，先行提货并转售。汇票到期时，B公司因经营不善失去偿付能力。代收行将汇票付款人拒付的情况通知了托收行，并建议向A公司索取货款。

请问：这是一种什么付款方式，存在什么样的风险？此案中中国A公司如认为代收行在办理托收时有问题，是否能直接起诉代收行？

4. 2002年6月2日，我国裕清对外贸易公司与日本伊藤株式会社以CIF价格订立一份大豆出口合同，总价为120万日元。6月28日，日本东京开来不可撤销跟单信用证，中国银行大连分行根据东京银行要求作为通知行和保兑行。信用证装船期为7月10日按信用证要求将货物装运。次日获悉伊藤株式会社破产。

请问：裕清公司持单据要求银行付款，银行是否有权拒绝付款？为什么？

5. 土耳其甲公司（卖方）与泰国乙公司（买方）订立一货物买卖合同。乙公司申请开出的不可撤销信用证规定装船时间为2008年5月10日前，而甲公司由于货源上的原因，最早要到2008年5月15日才能备齐货物并装船付运。

请问：在这种情况下甲公司应怎么处理？为什么？

第九章 产品责任法

知识目标：
- 理解产品责任的概念、产品缺陷的表现方面、产品责任法的特征及产品责任归责原则的来源
- 掌握产品责任的构成要件、归责原则、责任主体、被告的抗辩、请求损害赔偿的范围以及诉讼管辖

技能目标：
- 能够根据实际情况选择适用的法律，并运用所学知识准确的采取措施
- 运用产品责任法律知识分析案例，解决简单的纠纷

第一节 产品责任法概述

一、产品责任的概念与构成要件

（一）产品的概念

确定产品责任，首先必须明确什么是产品责任法意义上的“产品”。明确产品的确切含义和范围对产品责任诉讼当事人是至关重要的，它关系到原告是否能根据严格责任原则提起诉讼和被告是否承担严格责任。美国是产品责任法最为发达的国家，但对产品的概念一直没有定论。司法实践中，出于保护消费者利益的考虑，法院倾向于采用更为广泛、灵活的定义。在美国，产品是指任何经过工业处理的物品，包括可移动与不可移动的各种有形物以及天然产品。欧洲理事会制定的《斯特拉斯堡公约》把产品定义为“一切可移动的产品”，不论是未经加工的、还是加工过的，天然的还是工业的，甚至组合到另一个可移动或不可移动的东西中去的物品。欧洲共同体的《产品责任指令》则把产品限于除初级农产品、狩猎产品以外的所有可移动的产品。可见，目前出口的商品绝大部分均可列入产品这一概念，这样在出口贸易中，出口商承担责任的范围和可能性是很大的。《中华人民共和国产品

质量法》(以下简称《产品质量法》)中规定:产品是指经过加工、制作,用于销售的产品,不包括建设工程、天然产品(农产品、血液、中草药、电)。

(二)产品责任的概念

产品责任是指产品的生产者或销售者由于其产品不具备合理的安全性(一般是合理期待的安全性)而致使消费者或使用者人身受到伤害、财产受到损失时所应承担的民事上的强制性责任。具体地说,如果产品存在缺陷,具有一定的危险性,由此导致消费者、使用者及有关联的第三者遭受人身伤害或财产损失,该产品的生产者或销售者应依法承担的民事赔偿责任。

(三)产品责任的构成要件

产品责任构成要件是指在特定的归责原则之下,责任主体承担因其产品缺陷致人损害的民事责任所必须具备的要件。产品责任的构成主要有以下三个要件。

(1)产品存在缺陷。产品缺陷是指产品未提供使用者有权期待的安全或具有不合理的危险性。缺陷必须在产品离开生产者或销售者的控制以前,即投入流通以前已经存在。根据各国的法律及判例,依产品的生产及制造过程,将缺陷大致分为以下五种。需要注意的是,各个国家认定的生产者或销售者需要承担的缺陷的类型有所区别。

①设计上的缺陷。设计上的缺陷是指由于不适当的设计而形成的缺陷。设计产品时,由于对产品可靠性、安全性考虑不周,如没有设计安全保护装置,往往发生产品责任事故,产品生产者对此应负设计上缺陷的责任。

②原材料的缺陷。原材料的缺陷是指由于制造产品使用的原材料不符合质量、卫生、安全等标准而形成的缺陷。如制药工业中采用不纯原料使药物中含有伤害人体的物质,食品中加入防腐剂、人工色素等,电器产品因材料绝缘性能差而漏电。

③制造、装配上的缺陷。制造、装配上的缺陷是指因产品生产、装配的不当,致使产品质量未达到设计或预期的要求。如有的产品制造粗糙,边缘有锐角、毛刺,容易伤人。有的产品由于装配不当,一些机器、电器产品及交通工具等的一些零部件会松动、脱落,而造成伤害事故。

④指示上的缺陷。许多产品本身并无任何缺陷,但如果使用不当也会有危险。在这种情况下,生产者或销售者的责任不仅在于保证其产品没有实际缺陷,而且还在于应当对消费者或使用者适当告诫以防止不适当的使用。如果生产者、销售者对可能出现的危险没有提出警告或警告没有说明全部危险,可视为产品有缺陷。

⑤科学上尚不能发现的缺陷。受现有科技水平的局限,产品在投入市场时该缺陷不能被发现。对此类产品缺陷,生产者是否需要承担责任,各国的法律存在着

差异。

(2)损害的客观存在。损害的客观存在即给产品的消费者或其他第三者造成人身或财产的损害。这里强调以下两点。

①有损害的事实,这种事实可以是人身的伤害,也可以是除缺陷产品以外的财产的损失。如果产品有缺陷但没有给人造成损害,也不能要求生产者或销售者承担产品责任。

②损害的承担者应做广义的理解,既包括从生产者或销售者那里购买产品并使用产品的人,也包括虽不购买产品但却使用了产品的人,同时还包括虽非上述购买人或使用人但却遭受了产品对其造成损害的人。

(3)产品缺陷与损害存在因果关系。产品缺陷与损害存在因果关系即消费者或其他第三者所遭受的损害必须与产品的缺陷之间存在因果关系。如果损害是由于消费者或其他第三者的过错造成的,就不存在产品责任的问题。如微波炉的说明书声明不可以将金属制品放入其中,但使用者未加注意,结果引起爆炸造成损害,此时不得要求产品生产者或销售者承担产品责任。

二、产品责任法的概念及特征

产品责任法是调整有关产品的生产者、销售者和消费者之间基于侵权行为所引起的人身或财产损害责任的法律规范的总称。

产品责任法具有以下基本特征。

(1)产品责任法的调整范围是消费者因缺陷产品所遭受的人身或除缺陷产品以外的其他财产损害的赔偿关系。如电视机爆炸给消费者造成人身损害和周围家具的损坏,属于产品责任法所调整的赔偿范围,而对于电视机本身的损害赔偿则依据合同法来调整。

(2)产品责任法的调整对象主要是侵权关系。如上例中的电视机在超市中陈列时爆炸,给周围的顾客造成损害,即可依据侵权关系适用产品责任法。当然对于存在合同关系的购买者遭受的损害也可以适用产品责任法,但他亦可以根据合同法或买卖法得到救济。

(3)产品责任法的调整手段为强制性。产品责任法属于社会经济立法范畴,具有公法性质,其规定具有强制性。为了保护消费者的权益、维护社会经济生活的安全,各国制定了一系列产品责任法律规范来干预社会经济生活。各当事人必须严格遵守,而不得通过合同或其他任何方式排除或变更产品责任,除非法律另有规定。如产品生产者或销售者在出售商品时以店堂告示声称出现任何问题概不负责,即使消费者以默示表示同意,该声明也是无效的。

第二节 产品责任的归责原则

一、美国产品责任的归责原则

(一)疏忽责任原则

1. 含义

所谓疏忽责任原则,也称过失责任原则,是指由于生产者或销售者的疏忽,致使产品有缺陷,从而使消费者或使用者的人身或财产遭受损害,对此,产品的生产者或销售者应当对其疏忽承担赔偿责任。疏忽责任原则的适用不仅是产品的买方,而且任何他人只要由于产品的缺陷直接受到损害,都可以对该产品的制造者提起诉讼。

2. 原则的确立

该原则的确立起源于1916年的“麦克弗森诉别克汽车公司案”。

别克汽车制造公司将一辆车卖给汽车中间商,中间商又卖给买方麦克森。麦克森在开车途中突然翻车并与其他的车相撞,受了重伤。后经检查发现,撞车是因为车轮胎有毛病。麦克森向法院提起诉讼,告别克公司过失侵权。别克公司辩称,轮胎不是别克公司制造的,而是从一个汽车零件商店买来的。然而证据显示,轮胎上的缺陷是稍经检查就可以被发现的。别克公司在购买轮胎时没有认真检查,这一疏忽造成了麦克森的伤害,因此要负过失责任。法院认为:如果一件产品粗枝大叶地制造出来会对人身造成威胁时,就是一种危险品;如果该产品由直接购买者以外的人不经检查就使用,那么不需要考虑合同关系是否存在,制造者负有谨慎制造的义务;如果违反了该义务,制造者得负责赔偿由此给消费者造成的损失。自此,美国司法实践在处理产品责任时,确立了“基于侵权行为而承担责任”的原则,这个原则从此以后在相当长的一段时间内被广泛接受并得到了发展。

3. 要求

(1)原告负举证责任。它是一种侵权责任,因此,产品缺陷的受害人以疏忽责任为理由寻求法律救济时应负有举证责任,即受害人必须证明以下事实:

①被告负有“合理注意”的义务;

②被告没有尽“合理注意”的义务,即被告有疏忽之处;

③由于被告的疏忽,直接造成原告的损害,即证明损害与使用缺陷产品有因果关系。

如博士伦可能引发真菌角膜炎,消费者联合状告博士伦公司,指控其在生产护理液的过程中受真菌污染，导致他们感染上了一种罕见的真菌性角膜炎——镰刀菌角膜炎，有些人甚至出现了永久性视力损伤，消费者必须举证生产者有过失，产品的缺陷造成伤害，其角膜炎确实由护理液引起。

由于被告的疏忽造成了原告的损失，仅凭原告使用产品造成了损失这一事实的本身一般并不能推定被告有疏忽。另外，如果由于原告自己的疏忽造成了损失，原告也不能要求被告赔偿损失。

(2)举证内容。

①产品设计或制造有缺陷。

②其缺陷保持到原告受害的时候。

③产品缺陷是未知的。

④原告对产品的使用与产品的用途一致。

4.进步与缺陷

(1)进步。打破了“没有合同就没有责任”的原则。19 世纪中叶，产品责任在英美等国的判例中出现时被作为一种依附于合同的准合同关系来对待，受到了“直接合同关系原则”(Privity of contract)的制约，即没有合同就没有产品责任(即使有缺陷也须有合同)，消费者只有同生产者、销售者之间存在直接合同关系(主要指买卖合同关系)，才能依合同就缺陷产品对自己造成的人身、财产损害要求生产者、销售者承担民事责任。但由于疏忽责任是一种独立的侵权责任，因此它不要求依据疏忽责任提起损害赔偿之诉的原告与作为被告的产品提供者之间存有合同关系，这给非产品买方的受害人提供了法律保护的依据。也就是说，作为原告的一方就不仅限于买方，而且扩及到其他有关的人，如买方的家属、亲友、来访者以至过路的行人或旁观者，只要他们是由于该产品的缺陷而受到损害，都可以对该产品的生产者和销售者提起疏忽之诉。

(2)缺陷。

①举证困难。由于现代科技的发展使产品的生产和销售日益复杂，要求受害人对产品提供者的“疏忽”进行举证往往是很困难的，有时甚至是不可能的。这是原告在以疏忽为理由控告生产者和销售者时所遇到的一个难题。如汽车碰撞由底盘、转向系统、轮胎或制动系统哪一部分出毛病须举证，再如产品设计或制造有缺陷(高压气筒案)。

②很难证明中间商的产品责任。过失理论虽然在审判实践中，美国法院还把过失责任范围扩大到零配件制造商、中间商包括零售商、批发商、出租人及产品的其他提供者，有的州还把修理商、建筑承包商等列入责任者的范围，但很难证明他们在出售产品时有什么过失。

为了避免以上缺陷，美国法规定缺陷产品的受害人可以通过证明产品提供者违反某项关于产品品质、质量、检验、推销等方面的法律或法规来证明其存有疏忽；或者在一些特殊的案例中，美国法院判决依疏忽责任提起的产品责任之诉适用举证责任倒置，即由被告证明自己对某一损害事实的发生没有过错，否则就承担责任。这样从衡平救济的角度来克服疏忽责任制度本身的缺陷。因此，即便是在普遍采用严格责任的今日之美国，以疏忽责任为依据进行产品责任诉讼的案件也并没有消失。

(二)违反担保原则

1.含义

所谓违反担保原则，是指如果卖方违反了对货物的明示或默示担保义务，使原告因产品的缺陷而遭受损害，原告可对被告起诉，要求赔偿损失的归责原则。

2.明示担保与默示担保

担保责任是合同法上的责任，根据美国《统一商法典》(以下简称 UCC)的规定，卖方对其交付的货物的品质负有保证符合合同条款要求的义务。担保义务分为明示担保和默示担保。

(1)明示担保。明示担保是由订立合同的双方意思表示一致所决定的，通常是记载于合同之内，或者记载于产品标签、广告或使用说明之上。

明示担保主要包括以下内容。

①卖方对买方就有关商品作了事实的确认或许诺，并成为交易基础的一部分，即构成担保，可见诸于商品的标签、目录和合同或广告。如 1932 年巴克斯特诉福特公司案，即汽车挡风玻璃是钢化的，遭受强大的冲击也不破裂，但被飞石打碎，造成用户左眼失明。

②对商品的任何说明(图表、产品说明书等)或者提供的样品、模型，只要构成交易基础的一部分，也构成明示担保。

(2)默示担保。默示担保是由法律规定应该适用于买卖合同的，只要买卖双方在合同中没有相反的明示约定就可成立的担保，对广大的消费者构成了一种广泛的品质担保。默示担保包括商品适销性担保，即出售的商品应该符合该产品制造和销售的一般目的。如电视要能看，汽车要能开，食品要无毒，药品要有效，咖啡壶要耐高温等。

3.要求

无需证明伤害由被告的疏忽造成，免去了举证责任。也就是说，正常使用情况下如果损害发生，不用说明损害发生的确切原因或产品存在的具体缺陷就要赔偿，如汽车碰撞。

但仍需证明:

(1)伤害和损害的发生。

(2)产品存在的缺陷,发生意外就有缺陷,如电视爆炸、咖啡壶破裂等。

(3)缺陷是伤害的原因。

(4)确实存在被告违反了担保义务,如销售轮胎的被告向消费担保轮胎能行驶5万里。

(5)原告是担保的受益人。

4. 进步与缺陷

(1)进步。不需证明伤害由疏忽造成,与过失理论相比,担保理论更容易证明产品责任,对消费者的保护也更全面,但它仍然有以下一些局限性。

(2)缺陷。

①仍需举证。如博士伦可能引发真菌角膜炎,应证明角膜炎确由博士伦引起。

②买方必须在发现瑕疵后立即通知卖方,如果发现瑕疵后不停止使用或发现后拖很长的时间才通知,卖方就不负责任。

③买方必须是依赖卖方的建议而做出购买决定的。如果买方是根据自己的判断而决定购买的,卖方就不负责任。

④根据 UCC 的规定,卖方可以不承认某些法律规定的担保条件,如卖方可以在买卖合同中明文宣布"本合同不存在质量担保"或者通过其他形式(如默示)来否认担保的存在。

⑤根据 UCC 第 2 章第 316 条、第 2 章第 719 条规定,默示担保可以被排除或修改,对违反默示担保的补偿可以减轻或限制。

(三)严格责任原则

(1)含义。严格责任原则是一种新发展起来的产品责任理论,即只要受害人能够证明产品存在缺陷或具有不合理的危险,并使其人身或财产遭受损害,该生产者或销售者应对此承担赔偿责任的归责原则。

严格责任原则最早是由美国创设的。1965 年《侵权行为法重述》第 402 条 A 款具体反映了严格责任理论的基本精神。根据严格责任的原则,生产商即使在产品的设计、生产过程中采用了最先进的技术,使用了最高级的设备,尽了最谨慎的态度来力保产品完全,但只要其最终产品有缺陷(即使是技术上无法避免的)并造成了消费者的伤害,他就要对此承担赔偿责任。与上述两项原则相比,严格责任并不强调经营者是否有所作为或没有作为,其焦点将只放在产品本身是否安全、是否没有缺陷上。业内一句非常著名的断言正是对此所做的最好的诠释——事实自辩(The thing speaks for itself)。

(2)原则的提出与确立。严格责任原则是1944年美国加州最高法院法官R.J.特雷那在“埃斯科勒诉可口可乐瓶装公司案”提出。特雷那说:“在我看来,如果一个制造商将一件产品投入市场是知道产品不经过检验就被使用,而这件产品又被证明却有缺陷并会对人类造成伤害,那么他就应付绝对责任。”

严格责任原则于1963年在“格林曼诉尤巴电器公司案”中确立。1955年原告格林曼买了一种组合电动工具。两年后,当原告在按说明书使用该组合电动工具时,一块木头从机器中飞出来,撞击到格林曼的头部,致成重伤。经检查,该电器属于有缺陷的产品。原告以被告违反了担保为由提起诉讼,初审法院据此判决原告胜诉。被告以原告超过了UCC规定的诉讼时效为由提起上诉,加州上诉法院驳回上诉,维持原判。在这个案件的裁定中,加州上诉法院的法官撰写了具有历史意义的意见:“为了使生产者承担严格产品责任,原告不需证明明示担保的存在。”并再次强调:“一旦制造商将其产品投入市场,又明知使用者对产品不经检查就使用,只要证明该产品的缺陷对人造成伤害,则制造者就应对损害负严格责任。”这一判决的重要意义在于:法院的调查重点从制造商的行为转移到产品的性能。这个原则的优越性在于把控告制造商(以前根据过失)和零售商(以前根据保证)以及在销售环节里还可能有其他人的诉讼都归到一个单一的诉讼中,因此,相对而言,原告比较容易举证产品缺陷的存在。该案确立的严格责任原则和特雷纳法官的意见对美国《侵权法重述》(第二版)第402节A的规则有着深刻的影响。

(3)意义。将产品责任归于侵权行为法中的严格责任范畴,而非合同责任范畴。严格责任原则的确立使产品责任诉讼的数量有了很大的增长,原告胜诉率亦逐渐增大,赔偿额也发生了爆炸性的扩张。

(四)市场份额原则(美国产品责任法的最新发展动态)

市场份额原则是指当原告不能明确举证他的损害是由谁的缺陷产品所致时,就以各个被告人的市场份额作为判决的根据的归责原则。

典型案例是加利福尼亚州最高法院在1980年审理的辛德尔诉阿伯特实验室一案。该案原告的母亲因怀孕为防止流产服用过乙烯雌酚(des),导致原告成年后患有癌症,当时有190家公司制造生产乙烯雌酚,原告无法举证其母亲向哪家公司购买过该药,遂向法院控告当时在市场占有95%销售率的5家公司。为使消费者能得到补偿,法院最终判定各个被告可能给原告造成的损失额以他们在乙烯雌酚市场中各自拥有的比例来计算。由于美国是判例法国家,强调判决拘束力原则,因此法院的上述判决对美国的产品责任法具有重要的意义。不仅如此,美国司法所确定的市场份额责任原则对其他国家产品责任法的发展亦有较大影响,如德国联邦法院就曾适用此原则处理过类似案件。

1997年5月2日,美国法律学会通过了《侵权法重述:产品责任》。《侵权法重述:产品责任》对大多数产品责任问题提供了全面的总结与建议,其系统性与完整性是美国产品责任法发展中前所未有的。尽管美国产品责任法正在进行新的调整,但不可否认的是,严格产品责任至今仍然在美国各州继续推行,事实已经证明了几十年发展下来的严格产品责任的基本理念的合理性。

二、欧洲国家产品责任法的归责原则

(一)英国产品责任法的归责原则

英国是世界上最早出现产品判例的国家,1842年英国温特博特姆诉赖特案确立了"无合同,无责任"的产品责任原则,这一原则在英国统治了近百年的时间。

典型案例是温特博特姆诉赖特案。原告温特博特姆是一名受雇的邮递马车夫,雇主与赖特订有一份由赖特提供一辆安全的马车供雇主用于运送邮件的约定。被告按照约定将马车交给雇主,后者让原告驾驶马车运送邮件。但是,在运送过程中,马车的一个轮子突然塌陷破裂,造成原告受伤。原告以马车制造商为被告提出损害赔偿诉讼,而被告以原告不是合同的当事人为由拒绝赔偿。法院认为,合同责任仅仅存在于合同的当事人之间,对于非合同的当事人之间的损害,商品的制造者无须赔偿。最终法院判决原告温特博特姆败诉,由此确立了"无合同,无责任"的原则。

直到1932年上议院在多诺霍诉史蒂文森案中确立了产品的疏忽责任原则,在此后的一段时间内一直坚持该原则。几十年来,英国法院对于产品责任案的判决,对此原则的解释可以归纳为以下四项:

(1)商品的瑕疵对消费者的生命或财产造成损害。

(2)商品的瑕疵,于商品离开制造人的占有时,即已存在。

(3)制造商不能合理预料,消费者在损害发生前能够发现并改正商品的瑕疵。

(4)商品瑕疵的存在,是由于制造商缺乏合理的注意。

1987年英国制定了《消费者保护法》,将《关于对有缺陷产品责任的指令》纳入国内法,实行严格责任原则。英国虽是产品责任法的发源地,但在适用疏忽责任、严格责任等法律制度方面却比较落后。《消费者保护法》于1987年5月颁布,与欧洲共同体《产品责任指令》相协调,于1988年3月1日正式生效。该法在第一部分内容中指出了《欧共体产品责任指令》在英国适用,该法律反映了指令的内容。按照该法的规定,产品的生产者对其所提供的产品负无过错责任,亦即严格责任。

(二)德国产品责任法的归责原则

德国法在传统上采用疏忽责任原则,并通过侵权行为法的交易安全及注意义务合理地运用证据法原则，由此规范产品生产商的责任。在产品责任的诉讼中，受到损害的消费者与该产品的生产商之间即使无合同关系，也可以根据侵权行为法的有关规定请求损害赔偿。德国法对于产品责任的归责理论基础也建立在合同责任和侵权责任之上。前者体现为《德国民法典》第459条规定的卖方对商品适销性的默示担保义务，认为卖方应对买方承担保证商品适合销售并符合制造和销售的一般目的。只要买卖事实已经发生，且卖方是商人，买方就有权以产品不符合生产和销售的一般目的及卖方违反担保为由，要求卖方承担赔偿责任。后者体现在德国的《产品责任法》，其在第1条规定，"如果有缺陷的产品造成他人死亡、人身或健康损害、财产损害，制造者应当向受害者承担损害赔偿责任"，即确立了产品制造者承担严格(侵权)责任原则。

(三)法国产品责任法的归责原则

法国的产品责任法是由民法上的合同责任与不法行为责任构成的。根据合同关系，关于产品责任诉讼当事人，法院认为制造商对最终买主(消费者或使用者)与对其他直接买主(中间商)负有同样的义务，因此，准许最终买主直接向制造商提起诉讼，但是买主的家属、亲友及客人等得不到任何赔偿，因为他们与卖主没有合同关系。

(1)早期的产品责任法——瑕疵担保原则。法国民法典将瑕疵分为"明显的瑕疵"与"隐蔽的瑕疵"，并对卖方规定了不同的担保责任：对明显的瑕疵，卖方可以免责；对隐蔽的瑕疵，卖方应负赔偿责任。由此可见，法国早期的产品责任法主要是基于判断卖方是否是恶意，即知悉隐蔽的瑕疵而让隐蔽瑕疵产品危害人身、财产安全严厉判处赔偿责任。

(2)产品责任法的发展——无过失侵权责任原则。随着社会经济的发展，显然法国原有的瑕疵担保责任已经不能很好地保护消费者的利益，所以，法国的一些法院的法官在司法实践中对于民法上的瑕疵担保责任作了创新的解释。具体而言，在20世纪60年代以后，受到其他国家产品责任法的影响，法国法院在处理涉及产品责任案件时过失的意义越来越小，而法官对法律的解释则越来越具有权威性。

三、中国法关于产品责任的归责原则

我国的《产品质量法》规定，产品责任适用严格责任原则。严格的产品责任主要是英美法采用的概念，是指当生产者、销售者造成了对消费者某种明显的损害时，不问其是否有过错，都要对此承担责任，消费者对生产者、销售者的具体过失行为无需证明，但在法定情形下生产者、销售者可以免责。学者们认为，英美法的严格责任既不属传统的过错责任，也不是无过错责任，而是介于过错责任、无过错责任之间的一种责任形态。因为严格责任实际上采取了一种过错推定的方法,即从损害事实中反推定生产者或销售者有过错;而同时允许生产者或销售者通过证明损害是由于受害人的过失、第三者的过失和自然原因造成的损害提出抗辩,又说明严格责任考虑到了责任人的主观状况,不属绝对的无过错责任。显而易见,其实施的目的在于通过严格追究制造商的责任而阻止缺陷产品投放市场,以增强公众的安全感,并解决受害人在产品责任诉讼中的举证困难,确保了受害人能够在最大程度上获得赔偿。毫无疑问,严格责任原则体现了对生命的重视和人文关怀精神,在现有的法律环境下最大程度地保护弱势的消费者。

第三节 产品责任的诉讼

一、产品责任法的责任主体

(一)美国法对责任主体的规定

产品责任主体为产品的制造者及销售者。产品制造者不仅包括在产品出售给使用者或消费者之前,设计、生产、制作、组装、建造或者加工相关产品或产品零件的人,还包括不是但自称是制造者的产品销售者和主要经营产品批发、分销或者零售业务的产品销售者,但这些销售者局限于在销售前设计、生产、制作、组装、建造或者加工该产品的情形。产品销售者是指从事产品销售业务的任何人,不论交易是为了使用、消费或者再消费。销售者包括产品制造者、批发商、分销商和零售商,也包括产品的出租人和行纪人。

(二)欧洲国家对责任主体的规定

(1)英国法对责任主体的规定。产品责任主体包括制造商、加工商、提供原材料和零部件的供应商、进口商以及商标牌号的所有人乃至装配商、批发商、修理商。按照英国法的规定,上述被告负连带责任,原告可以对他们全体起诉,也可以对其中一人起诉。而且不允许卖方在合同中排除其责任。

(2)德国法对责任主体的规定。

①生产者。生产者包括产品制造者、原材料的生产者和零部件的制造者,将名字、商标或其他标识标示在产品上表示自己是生产者的任何人。

②任何在商业活动中为销售、出租或为其他经济目的的任何形式的销售,将产品出口到适用欧洲共同体条约的国家和地区的人。

③在产品责任者不能确认的情况下,供应者应当被视为生产者。

(3)法国法对责任主体的规定。根据《法国民法典》的规定,因产品缺陷而使产品使用者遭受损害的，产品的制造者或销售者应承担赔偿责任。同时，该法第1384条规定："任何人不仅对其自己的行为所造成的损害，而且对应由其负责的他人的行为或在其监管之下的物件所造成的损害，均应负赔偿责任。"这就意味着雇主要对其雇员在工作中所造成的他人人身伤害和财产损失承担责任，也要对其监管物所造成的他人人身伤害和财产损失承担责任。

(三)我国产品责任法的责任主体

根据我国《产品质量法》的规定，产品存在缺陷造成他人人身以及缺陷产品以外的其他财产损害的，生产者应承担赔偿责任。由于销售者的过错致使产品存在缺陷，造成他人人身、财产损害的，销售者应承担赔偿责任。该法同时还规定，产品的生产者和销售者对有缺陷产品造成的损害承担连带赔偿责任，受害人既可以向生产者要求赔偿，也可以向销售者要求赔偿。可见，根据我国《产品质量法》的规定，任何由于合理使用而受到伤害的人员都可以向产品的生产者或销售者要求赔偿。

二、被告的抗辩

(一)美国

根据美国产品责任法的规定，在产品责任诉讼中，被告可以提出某些抗辩来要求减轻或免除其责任。被告的抗辩的理由主要有以下六种。

(1)担保的排除或限制。根据美国《统一商法典》和《麦格纽森·默斯保证条例》的规定，卖方可在产品买卖合同或产品说明书或其他记载其品质担保义务的书面文件中对其担保责任进行限制或排除，如果卖方这样做了，那么他对限制或排除了的担保内容所造成的损害得以免责。也就是说，在产品责任诉讼中，如果原告以被告"违反担保"为由对其提起产品责任诉讼，而被告已在合同中排除了各种明示或默示担保，他就可以以担保已被排除为由来进行抗辩。但这种抗辩仅能对抗以"违反担保"为由起诉的原告，不能用来对抗以"疏忽"为由的起诉，因为这是一种侵权之诉。另外，在消费交易中，如果卖方有书面担保就不能排除各种默示担保。同时法律禁止产品提供者对于人身伤害的责任进行排除或限制。

(2)原告自己的疏忽行为。原告自己的疏忽行为，也称过失分担或共有过失，是指原告由于自己的疏忽而未能发现产品中的明显缺陷，或对于缺陷可能引起的损害没有采取适当的预防措施，原告对此也要承担一部分责任。原告与被告对损失的承担由法院依据原告与疏忽行为在受损害因素中的比例来减少判给原告的赔偿额，这又称相对疏忽。

(3)风险自担。风险自担是指原告明知道有缺陷或危险而故意不当使用该产品造成损害，或仍将自己置于危险境地时，应由其自己承担损失。按照美国法，无论原告是以被告违反担保为由起诉，还是以疏忽为由起诉，还是以严格责任起诉，被告都可以提出原告“风险自担”作为抗辩。

(4)非正常使用产品。非正常使用产品，又称误用、滥用产品，是指原告将产品使用于其原有用途以外的用途，或用不适当的方法使用有关产品而造成损害时，应由受害人自己负责，被告可以以此为由提出抗辩，要求免除责任。但是，当被告提出原告非正常使用或误用或滥用产品的抗辩权时，法院往往对此加以限制，即要求被告证明原告的非正常使用或误用或滥用已超出了被告可能合理预见的范围。否则，被告就不能免除责任。

(5)擅自改动产品。若原告对产品或其中部分零件加以变动或改装，从而改变了该产品的状态或条件，而使自己遭受损害，被告可以以原告擅自改变产品的状态或条件为由进行抗辩，从而免除责任。

(6)产品带有不可避免的不安全因素。对于具有不可避免的危险性的产品，其缺陷不属于制造上的缺陷或该产品的提供者在采取了合理的行动，包括给予了充分而适当的警示才予以销售的情况下，产品的提供者对产品的不可避免的危险性造成的损害不负担责任。若某种产品即使正常使用，也难以完全保证安全，而且该产品对绝大多数人不会造成损害，被告就可以进行抗辩，认为损害不是由产品缺陷造成，而是由使用者对产品的特殊敏感引起的，应由原告自己对损害负责，即使在严格责任诉讼中，被告也可以提出这一抗辩。这种抗辩多见于药物类产品。

此外，根据美国法律，作为被普遍运用的被告抗辩的理由同样也适用于依严格责任提起的诉讼，这些免责理由是：生产者未将产品投入流通领域；产品投入市场时引起损害的缺陷并不存在；产品不是为了盈利目的而生产、销售的；产品的缺陷是由于遵循政府的强制性规定而导致的；产品缺陷是将其投入流通时的科技水平尚不能发现的。

(二)欧洲国家

(1)法国。根据《法国民法典》的规定，产品责任人可以通过以下方面的实施进行抗辩：

①该产品并未投入流通。

②该产品投放市场时，缺陷并不存在。

③该产品并非以经济为目的而进行制造或销售。

④以当时的科学技术水平不能发现缺陷的存在。

⑤该缺陷是由于遵守有关当局发布的有关产品的强制性规定而引起的。

(2)德国。如果产品的生产者或销售者能证明以下事项的存在，则可不依《产品责任法》承担损害赔偿的责任。

①产品未投入流通领域。

②依据情况判断,缺陷出现在生产者将商品置于市场上销售之后或销售当时并未有缺陷存在。

③缺陷产品不是用于销售、出租或为经济目的的制造或分销。

④产品缺陷因政府强制法令所致。

⑤依当时的科学科技水平尚无法发现存在缺陷。

⑥零件的缺陷因产品设计所致,而且零件已经依照制造商的指示符合设计标准的。如果产品缺陷是一种固有缺陷或者损害是由消费者的过失引起的,或者损害是由第三人的行为所致,可以考虑减低或免除生产者的责任。

(三)中国

在产品责任诉讼中,产品的生产者只要能证明下列情形之一,即可免于承担赔偿责任:

(1)未将产品投入流通领域;

(2)产品投入流通时引起损害的缺陷尚不存在;

(3)产品投入流通时的科学技术水平尚不能发现缺陷存在。

产品的销售者只要能证明自己没有过错就可以不承担赔偿责任。

三、请求损害赔偿的范围

(一)美国

按照美国法院的判例,在产品责任诉讼中,原告可以提出的损害赔偿的请求范围相当广泛,判决的金额往往也相当可观,通常都在 100 万美元以上,有时甚至高达上亿美元。具体来说,原告可以提出的损害赔偿主要包括以下几个方面。

(1)对人身伤害的损害赔偿。根据美国 1981 年《产品责任风险保留法案》和《统一产品责任示范法》的规定,关于人身伤害的赔偿不仅涉及受害人的可预见的医疗性支出,还对受害人因伤残、生病所遭受的痛苦、疼痛等予以补偿。具体包括:

①受害人过去和将来必要合理的医疗费用。

②受害人生计上的损失以及失去谋生能力的补偿。

③受害人肉体及精神痛苦的补偿等。

如果因产品缺陷致人死亡,根据有关法律的规定,可由死者的遗嘱执行人或遗产管理人或死者的遗产继承人或受益人向产品提供者主张权利并获得赔偿。在司法实践中,美国法律不仅允许受害者要求被告赔偿其医疗费用,还允许他索赔肉体上和精神上的痛苦,而且后者的金额在全部赔偿额中占很大的比重,这是美国产品法的一个重要特点。根据美国法规定，赔偿金额必须一次性支付，不得扣除原告可能从其他方面获得的任何补偿(如保险补偿或社会救济金)。

(2)财产损失的赔偿。产品责任法上的财产损害通常是指缺陷产品之外的其他财产的损坏、毁灭，而对于产品本身则可依据买卖合同获得赔偿。财产损害的赔偿一般认为只是受到损害财产的直接经济损失，但1981年的《产品责任风险保留法案》已将间接被损坏不能投入运营、因机器设备被损坏不能投入生产等丧失的营业收入列入财产损害赔偿的范围，并在一些法院的判例中获得支持。如替换受损坏的财产或修复受损财产的合理费用，在修理期间因不能使用该产品而产生的损失。

(3)商业上的损害赔偿。商业上的损害赔偿通常是指有缺陷的产品的价值与完好、合格的产品的价值(合同价金)之间的差价。

(4)惩罚性的损害赔偿。所谓惩罚性损害赔偿，是指侵权行为人恶意实施某种行为，或对行为有重大过失时，以对行为人实施惩罚和追求一般抑制效果为目的，法院在判令行为人支付通常赔偿金的同时，还可以判令行为人支付高于受害人实际损失的赔偿金。惩罚性赔偿制度是美国产品责任法的一项重要制度。《统一产品责任示范法》第120条规定："原告通过明显的令人信服的证据证明，由于销售者对产品使用者、消费者或可能受到产品损害的其他人员的安全采取轻率漠视的态度，致使原告受到损害。原告可以得到惩罚性损害赔偿。"惩罚性赔偿的金额一般比较高，其目的是为了惩罚被告恶意的行为，以防止再次实施类似行为。

惩罚性损害赔偿在美国被广泛地加以应用，但是由于其对于加害人而言并非是一个必须加以给付的赔偿，因此对惩罚性赔偿金的适用，法院要综合考虑一些因素后才能确定是否给予惩罚性赔偿以及金额是多少，这些因素一般包括：

①在相关时间内，产品销售者的不当行为造成严惩损害的可能性。

②产品的销售者对上述可能性的认识(察觉)程度。

③不当行为对产品销售者盈利的作用。

④不当行为持续时间和产品销售者任何隐瞒行为。

⑤产品销售者在不当行为被发现后采取的态度及行为，以及不当行为是否已停止。

⑥产品销售者的经济条件或财务状况。

⑦产品销售者由于不当行为，已经或可能受到的其他处罚的综合惩罚效果。

⑧原告所遭受的损害是否亦是原告对自身安全采取轻率态度的结果。

(二)欧洲国家

(1)英国。产品责任损害赔偿范围包括人身伤害和财产损失。英国产品责任法在实践中把对人身的伤害看做是最重要的伤害，因产品缺陷而引起的人身伤害通常包括两个方面即有形损失和无形损失。有形损失包括受害人的谋生能力和收入的损失等，无形损失是指受害人精神上的痛苦。

(2)德国。因产品缺陷造成受害人人身伤害的，应赔偿医疗费用，受害人因收入能力丧失或减少而造成的损失，但不包括非物质性赔偿，如精神痛苦。对财产的损害赔偿仅限于对供私人使用或消费的财产所造成的损失。

(3)法国。根据《法国民法典》的规定，因产品缺陷而使产品使用者遭受损害的，产品的制造者或销售者应承担赔偿责任。产品的使用者只需证明产品存在缺陷，且由于产品的缺陷直接导致了使用者的人身伤害或财产损害其即可向产品的生产者或销售者请求赔偿。赔偿范围包括人身伤害和财产损失。同时，该法第1384条规定："任何人不仅对其自己的行为所造成的损害，而且对应由其负责的他人的行为或在其监管之下的物件所造成的损害，均应负赔偿责任。"这就意味着雇主要对其雇员在工作中所造成的他人人身伤害和财产损失承担责任，也要对其监管物所造成的他人人身伤害和财产损失承担责任。

(三)中国

根据我国《产品质量法》的规定，产品责任的损害赔偿包括以下范围。

(1)造成人身伤害的，侵害人应当赔偿有关的医疗费、因误工减少的收入、残废者生活补助费。具体包括直接财产支出和间接损失即可得利益损失。直接财产支出，如医药治疗费、住院费，一般应以所在地治疗医院的单据为凭。对伤、残者未来所必需的、合理的医疗费也应考虑予以赔偿，如伤残者换假肢、装假眼珠等费用。间接损失即可得利益，如受害者的工资收入及应得的奖金，经医院批准专事护理人的误工补助费及应得奖金等。

(2)造成受害人死亡的，应赔偿丧葬费、抚恤费、死者生前抚养的人的必要生活费等费用。

(3)造成财产损害的，应对财产进行修理使其恢复原状，折价赔偿，受害人还有权对因财产损失而带来的重大损失要求侵害人赔偿，包括修理、重作、更换被损失财产的合理费用。关于赔偿数额问题，我国目前尚无赔偿限额规定，当事人在产品责任诉讼中确定赔偿金时，既不能偏少也不宜过高，原则上赔偿的数额要与实际损失相一致。除此之外，如果因产品缺陷造成受害者终身残疾，其精神上遭受痛苦，受害者还可以要求给予适当的精神赔偿。

四、产品责任的诉讼管辖

由于产品责任属于特殊侵权责任，所以，产品责任诉讼应当属于侵权行为诉讼，其诉讼中的管辖应该根据侵权行为诉讼的管辖原则来确定。诉讼管辖是指各级法院之间以及不同地区的同级法院之间受理第一审民事案件、经济纠纷案件的职权范围和具体分工。

20 世纪 60 年代以前，欧美国家大多采用对产品责任案件适用损害发生地的法律；70 年代以后，随着现代科学技术的发展和贸易的全球化，产品责任引起的侵权行为地往往带有偶然性，且产品责任侵权与一般的侵权又有区别，最主要的不同是，其侵权行为地与受害人往往没有什么联系。因此，适用传统意义上的加害行为地法和损害发生地法，对一个受害人来说起不到应有的赔偿作用。基于这种特殊性，欧美国家首先放弃了侵权行为地法原则，引入一些新的、富有创新的规则。

(一)美国

(1)关于管辖权问题。关于产品责任法的诉讼，目前美国采用所谓"长臂法"(Long-Arm Statute)，又称"伸手管辖法"。美国法院有关"长臂法"管辖的产品责任案例确立了在以下四种要件情况下，州法院有权管辖州外的加害者：有"接触"(contacts)关系、有"商业交易"(transaction of any business)、有"预见的可能性"(foreseeabiity)、有"经商行为"(doing business)。

(2)关于法律适用问题。在涉外产品责任诉讼中，根据美国的冲突法规则，通常是适用损害发生地法来确定当事人的责任，即产品在什么地方对消费者或用户造成了损害，就适用那个地方的法律来确定产品的生产者和销售者的责任。

(3)允许原告选择适用对其有利的法律。由于产品责任的特殊性，原告要证明被告的责任具有一定的难度，而被告在承担责任方面处于比原告更有利的地位。为了更好地维护受害人的合法权利，有的学者提出由原告(受害人)在所涉及国家的法律中选择适用某一法律作为准据法。如美国的卡维斯教授提出了"优先原则"，认为原告有权从以下四种法律中做出选择：

①产品生产地法。

②原告惯常居所地法。

③取得产品地法。

④损害发生地法。

1982 年美国法院在"辛得尔诉阿伯特化工厂"一案中以"最有利于原告的法律"原则审理了该案，充分体现了保护消费者的利益。这一原则很快被美国各州的产品责任法接受，并运用到具体的个案中，即在产品责任诉讼中，如果各州对原告的利益规定不一致时，原告可以选择适用其中最有利于他的那个州的法律。

(4)适用最密切联系原则。这一原则是在美国的司法实践中确立的。最初在合同法律适用问题上得到突破，以后又运用到侵权领域。1971 年，美国的《冲突法

重述(第二次)》明确肯定了这项原则,并规定了一些"联系"因素供选择。如:

①损害发生地法。

②导致损害发生的行为地法。

③双方当事人的住所、国籍、法人所在地及营业地所在地法。

④双方当事人最集中的地方的法律。

最密切联系原则的最大特点是灵活性,法院在处理复杂的产品责任案件时可以根据具体情况灵活地选择最适合解决这类特殊侵权行为的法律。事实上,在产品责任案件中,与产品责任有最密切联系的法律往往是对原告比较有利的法律,这对保护原告的利益、保护消费者和受害人的利益是一致的。这正是当代产品责任法律适用的发展趋势。

(5)适用多项连接点、灵活选择法律适用原则。从20世纪80年代起,产品责任的法律适用已不同于一般的侵权行为法律适用。一些国家已对产品责任单独立法,制定特殊的法律适用原则;有的国家在冲突规范中采用多种连接因素以确定产品责任的法律适用。

(二)欧洲国家

(1)在确定有关产品责任的管辖权方面,总的来说,英国法是以"实际控制"为原则。德国法采用被告住所地原则,即依被告住所地决定管辖权的原则。法国法采取了根据当事人国籍确定管辖权的原则,但是对本国当事人作了特别有利的规定。至于国际产品责任案件的法律适用问题,德国一般适用传统的侵权行为地法。

(2)在欧洲一些国家的国际私法中,如在1978年《奥地利联邦国际私法》、1979年《匈牙利国际私法》中,尽管没有如此明确规定法律选择的条件、顺序,但其确立的基本原则都倾向于有利于消费者和受害人,给消费者和受害人以最大限度的民事保护。

(3)在欧洲一些国家中,最密切联系原则很快被立法采纳,并在司法实践中加以运用。如英国、奥地利、比利时、荷兰、瑞士等国家,以及海牙国际私法会议制定的有关侵权行为国际公约中都采纳了这一原则。事实上,在产品责任案件中,与产品责任有最密切联系的法律往往是对原告比较有利的法律,这对保护原告的利益、保护消费者和受害人的利益是一致的。这正是当代产品责任法律适用的发展趋势。

(4)1987年《瑞士联邦国际私法》第135条规定,涉外产品责任的原告可以在以下法律中选择:

①加害人营业地或习惯居所地法律。

②取得产品所在地国家的法律,除非加害人能证明其产品通过商业渠道进入

该国未经他的同意。

这样，原告可以通过多项连接点，而不是单一的连接因素选择法律。对于法律中列出的三个连接点，即加害人的营业机构所在地、惯常居所地或产品取得地在产品责任案件中都比较容易确定，也方便审理案件的法院能及时、有效地保护受害者的利益。可以说，瑞士国际私法对涉外产品责任法律适用的规定比较合理，具有较大的针对性和可操作性。

（三）中国

根据法律和有关司法解释的规定，因产品质量不合格造成他人财产、人身损害提起的诉讼，产品制造地、产品销售地、侵权行为地和被告住所地的人民法院都有管辖权。原告可以向其中一个人民法院起诉。在涉外民事诉讼中，只要侵权行为发生地或者侵权结果地在中国领域内的，人民法院依法享有诉讼管辖权。我国的《民事诉讼法》第29条规定："因侵权行为提起的诉讼，由侵权行为地或者被告住所地人民法院管辖"。这里的侵权行为地包括侵权行为实施地、侵权结果地。根据该条法律规定，侵权行为发生后，受害人既可以向侵权行为地人民法院起诉，也可以向被告住所地人民法院起诉。具体到产品责任诉讼中，侵权行为实施地即为缺陷产品投放市场的地点，结果发生地即是受害者受到损害的地点。

本章小结

产品责任是指产品的生产者或销售者由于其产品不具备合理的安全性（一般是合理期待的安全性）而致使消费者或使用者人身受到伤害、财产受到损失时所应承担的民事上的强制性责任。产品责任的构成要件主要有三个：产品存在缺陷、损害的客观存在以及产品缺陷与损害存在因果关系。

产品责任法是调整有关产品的生产者、销售者和消费者之间基于侵权行为所引起的人身或财产损害责任的法律规范的总称。在性质上属于侵权法范畴。产品责任法的基本特征：其调整范围是消费者因缺陷产品所遭受的人身或除缺陷产品以外的其他财产损害的赔偿关系、调整对象主要是侵权关系、调整手段为强制性。

产品责任法的发展经历了疏忽责任理论、违反担保责任理论、严格责任理论和市场份额理论四个基本阶段。产品责任的诉讼包括：责任主体、被告的抗辩、请求损害赔偿的范围、产品责任的诉讼管辖。产品责任法比较有代表性的国家有美国、英国、法国、德国和中国等。

美国产品责任经历了从合同责任到过失责任，从过失责任到担保责任，从担保责任到严格责任的渐进发展过程。我国应借鉴美国立法，扩大“产品”的范围，确立严格责任原则，扩大产品责任主体的范围，合理规定产品责任赔偿标准和数额，以市场份额补充产品责任归责原则，扩大保护对象的范围。

技能实训

1.我国某企业向美国出口了一批塑料玩具。美国一儿童在使用该玩具时因玩具断裂而致左眼失明。于是该儿童的父母以我出口公司玩具存在缺陷为由提出赔偿请求。经查，该玩具承重为10磅，玩具说明书中标示的最大承重量为9磅，但同类玩具承重为20磅。

请问：我国出口公司是否应承担产品责任，为什么？

2.2008年年底，我国某公司为了对职工进行慰问，利用企业现有条件专门生产了一批电磁炉用作福利发放。该产品经检验合格后分发给了企业职工。职工王某领回家后将电磁炉送给了母亲使用。结果，因电磁炉漏电起火，其母在大火中丧生。

请问：仅依据我国《产品质量法》的有关规定，该企业是否应对王某母亲的损失承担责任？

3.2003年6月，李某的丈夫在一商场购买了一个由我国A电器公司生产的微波炉。一天，李某在使用该微波炉时，微波炉内的物品突然飞出击伤了其头部。李某对我国A电器公司提起损害赔偿诉讼。后查明，该产品存在缺陷，但无法证明被告有疏忽行为。

请问：根据疏忽责任原则、担保责任原则和严格责任原则，李某是否可以获得赔偿？为什么？

4.2008年1月10日，张某在株洲某大型超市购买了一台某品牌的背投电视。同年1月15日晚，张某在看电视时突然电视机冒烟爆炸，张某的一只眼睛和面部炸伤。后查明该电视机存在缺陷。

请问：依据我国《产品责任法》的规定，张某可否获得赔偿？可获得哪些方面的赔偿？张某的损失可以向谁索赔？

第十章 国际商事仲裁与诉讼

知识目标：

- 理解国际商事争议的主要方式、仲裁与诉讼的主要区别，国际商事诉讼管辖的确定
- 掌握国际商事仲裁协议的内容、国际商事仲裁的程序和效力

技能目标：

- 能够区别国际商事争议和普通民事争议
- 会签订国际商事仲裁协议
- 能够运用所学知识处理简单国际商事争议纠纷

第一节 国际商事争议的解决方式

一、国际商事争议的概念和特征

国际商事争议是指国际商事交往中各方当事人之间在权利和义务方面所发生的各种纠纷。国际商事争议的具体特征如下。

(1)国际商事争议是含有涉外因素的国际性争议。这种国际性是指国际商事争议的主体、客体或内容至少含有一个国际因素或涉外因素，如在不同国家的自然人或法人之间发生的争议、争议的标的物位于国外等。一般而言，只要具有其中一项因素就可以构成涉外争议，但通常含有二三项因素。国际民商事争议的这一特点使其同纯粹的国内民商事争议区别开来。

(2)国际商事争议属于国际私法争议范畴。如在婚姻、继承、合同、知识产权、保险、海事等领域发生的争议。这一特点使其与国家之间的政治、军事、外交和领土等争端区别开来。

(3)国际商事争议解决方式多元化。既可以通过国内民商事争议解决机制，也可以通过国际民商事争议机制来解决。协商、调解、仲裁和诉讼等多种争议解决方式被广泛用于解决国际民商事争议。此外，网上的、在线的或虚拟的国际商事仲裁

机制已经建立起来，并开始运作。

二、解决国际商事争议的主要方式

国际商事争议的解决方式是多种多样的。根据争议是否裁判解决，国际商事争议解决方式可分为非裁判性的解决方式（包括和解或协商、调解）和裁判性的解决方式（包括仲裁和司法诉讼）。根据争议的解决是否有第三人介入，国际商事争议解决方式可分为当事人自行解决争议的方式（如和解或协商）和第三人参与解决争议的方式（包括调解、仲裁和司法诉讼等）。通常使用的争议解决方式主要有协商、调解、仲裁和诉讼等。

（一）协商

协商是指争议当事人在自愿互谅的基础上，按照有关法律和合同的规定，直接进行磋商，自行达成口头或书面协议，从而解决争议的一种方式。协商解决是国际商事争议最普遍和最基本的处理方式。采取协商解决方式有利于争议双方在友好合作的气氛中解决争议，有助于维持争议双方已有的良好合作关系。而且这种方式不受固定的法定程序的约束，比较简便和易于操作，可以节省人力、物力和财力。

（二）调解

调解是指当事人自愿将争议提交第三人（调解人），并在第三人的主持和促使下达成和解协议，从而解决争议的一种方式。在调解中，担任调解人的可以是个人，也可以是各种组织。调解同协商一样，也是以各方当事人自觉自愿、协商一致和公平合理为原则，因此调解程序的开始和进行，以及调解协议的达成和履行都必须是在各方当事人自觉自愿、充分协商的基础上才能实现。国际商法中的协商与调解是国际社会处理国际商事争议、解决国际商事纠纷的重要方式之一。

目前，世界各国的有关立法都对调解方式作了不同程度的规定，如联合国国际贸易法委员会还专门制定有调解规则。同时，国际社会也为此设立了许多调解机构，设立在德国的汉堡调解中心以调解解决国际商事争议作为其主要的工作内容。我国为适应国际商事发展的需要，于 1987 年在北京正式设立了一个国际调解中心——北京调解中心，在我国参与的国际商事关系中，很多的国际商事争议是通过调解方式获得解决的。

（三）仲裁

仲裁，又称“公断”，是指双方当事人在争议发生前或发生后达成协议，自愿将纠纷交给他们共同选定的第三者居中评判是非，由该第三人依据法律或公平原则做出对双方当事人均有约束力的裁决的一种解决争议的方式，是解决国际商事争议的最主要方式。仲裁的特点如下。

（1）仲裁裁决不能上诉，一经做出即为终局，对当事人具有约束力。

(2)在仲裁中,当事人享有选定仲裁员、仲裁地、仲裁语言以及适用法律的自由。

(3)仲裁是专家办案。现代国际商事纠纷日渐复杂,经常涉及一些专业性和技术性的问题,因此需要相关方面的专家参与解决。

(4)仲裁案件不公开审理,从而可以有效地保护当事人的商业秘密和商业信誉,也有利于当事人在小范围平和的解决争议,为下次合作留下可能性。

(四)诉讼

诉讼是指由一国法院主持的并由当事人和其他诉讼参与人等参加的、为解决国际商事案件所进行的全部活动。诉讼通常是在国际商事争议发生后,由于一方当事人通过其他解决争议的方式未能解决,或直接依据有关法律提起诉讼,要求另一方当事人承担责任。它具有以下五个特征。

(1)诉讼是由多方主体参加而形成的一种活动。在诉讼活动中除了一定要有法院参加以外,还必须有控告方和明确的被告方同时参加方可启动诉讼程序。

(2)诉讼是各种主体严格依法进行的活动。在诉讼中,每一种主体都必须严格按照法律进行活动。如法院必须合法、适当、及时地行使审判权,按法律规定的步骤和方式组织、管理、指挥庭审活动,不能违反程序。诉讼当事人也应依法行使其相应权利,履行必要的义务。

(3)诉讼必须有诉讼请求。原告起诉时应当有具体的诉讼请求,即要求法院行使审判权判令被告履行哪些义务,以便受诉法院了解和确定当事人之间的争议点,以便被告应诉答辩。法院应当在原告诉讼请求范围内审理。

(4)诉讼是由许多个诉讼程序和诉讼阶段组成的。首先,诉讼程序通常可分为审判程序和执行程序,审判程序又包括一审程序、二审程序、再审程序等。其次,在每一个程序中又由若干个诉讼阶段组成。如在一审程序中有起诉与受理、审理前的准备、开庭审理、裁判等诉讼阶段。再次,诉讼程序和诉讼阶段具有渐进性,即前一诉讼程序未结束不得进入后一诉讼程序,前后程序不能颠倒,通常也不能交叉进行,必须渐次进行。

(5)诉讼终结所形成的裁决具有法律约束力。人民法院依法做出的裁判,一旦生效就具有强制性,即当事人必须按它的内容无条件的执行,否则当事人将要承担法律责任。如我国的《刑法》规定,对人民法院的判决、裁定有能力执行而不执行,严重的要追究刑事责任。

三、仲裁和诉讼的区别

仲裁和诉讼作为两种并行的解决国际商事争议的方式,两者在制度上有以下区别。

(1)仲裁与诉讼受理案件的依据不同。仲裁机构受理案件的依据是在合同中签订有效的仲裁协议或纠纷发生后签订书面的仲裁协议。法院受理诉讼的依据是相关的诉讼法,只要符合法律规定的条件,当事人就可以依法提起诉讼。

(2)仲裁与诉讼的组成人员不同。仲裁是当事人自愿选定仲裁员或共同委托仲裁委员会指定,裁决权由仲裁庭行使,此外,个别疑难案件不排除仲裁专家委员会进行讨论,但形成的意见仅供仲裁庭参考。诉讼由人民法院指定审判庭和审判庭组成人员,审判权由人民法院行使,有的案件还要交审委会讨论。

(3)仲裁与诉讼的审理方式不同。仲裁原则上不公开审理,案情不公开,裁决也不公开,开庭时没有旁听,审理中仲裁庭或仲裁机构的秘书处不接受任何人的采访。诉讼一般应当公开审理,允许旁听、采访,只有涉及国家秘密、个人隐私或法律另有规定的不公开审理。离婚案件、涉及商业秘密的案件,当事人申请不公开审理的,可以不公开审理。

(4)仲裁与诉讼的处理结果不同。仲裁裁决一经做出,即是终局的,不能上诉。败诉方如不自动执行裁决,胜诉方可以向法院申请强制执行。而在诉讼中,一方当事人对法院判决不服的可以上诉。

第二节 国际商事仲裁

一、国际商事仲裁的概念及原则

(一)国际商事仲裁的概念和特点

(1)国际商事仲裁的概念。国际商事仲裁是含有国际因素或涉外因素的仲裁,是解决国际、跨国或涉外的商事争议的仲裁,有时也称为国际经济贸易仲裁、涉外仲裁、国际仲裁或跨国仲裁。在理论和实践上,国际上对何谓"国际"和何谓"商事"尚无普遍接受的概念,各国的规定也有所不同。不过,一般认为应该对"国际"和"商事"两词作广义解释。1985 年《联合国国际贸易法委员会国际商事仲裁示范法》第 1 条的规定及其解释对这两个词作了广义的解释。根据该示范法第 1 条、第 3 款的规定,国际仲裁包括:

①其营业地在不同国家的当事人之间的争议的仲裁。

②仲裁地和当事各方的营业地位于不同国家的仲裁。

③主要义务履行地和当事各方的营业地位于不同国家的仲裁。

④与争议标的关系最密切的地点和当事各方营业地位于不同国家的仲裁。

⑤当事各方明确同意仲裁标的与一个以上国家有关的仲裁。

该示范法的规定反映了国际商事仲裁实践对"国际"含义作广义解释的趋势,

特别是显示出按照当事人的合意来确定什么是国际仲裁的倾向。

(2)国际商事仲裁的特点。国际商事仲裁已被广泛地用于解决各种国际民商事争议。之所以如此,是因为国际商事仲裁具有如下特点。

①国际性或涉外性。这是国际商事仲裁同国内仲裁的主要区别所在。国际商事仲裁的国际性决定了它比国内仲裁更加灵活,并受到国际协议规范。

②自治性。国际商事仲裁是以当事人的自愿和协议为基础的,在国际商事仲裁中,当事人可以自由地选择仲裁事项、仲裁地点、仲裁机构、仲裁员、仲裁程序以及仲裁庭进行裁决时所适用的法律等。仲裁人处理仲裁案件的权利也来自当事人的同意。国际商事仲裁的这一特点是人们愿意采用其解决争议的重要原因。

③民间性。国际商事仲裁的仲裁人,特别是仲裁机构,一般都是非国家机关或非官方机构,这种民间性对那些对官方机构不信任的当事人来说非常有吸引力。

④中立性。在国际民商事交往中,不同国家的当事人都力图将其争议提交本国的法院依照本国法律解决,因为他们互不信任对方国家法院的公正性。而在国际商事仲裁中,尽管仲裁人或仲裁机构是当事人选定的,但前者并不代表后者,而是居中评判是非,具有中立性。尤其是在国际上有一些仲裁机构本身不隶属于任何国家,仲裁案件可以中立于当事人所属国之外,不受任何一方当事人所属国司法制度和公共政策的影响。

⑤专业性。国际商事争议有时会涉及一些专门性或技术性的问题,需要具备专门知识的人去解决。在国际商事仲裁中,当事人可以自主选择有关争议问题专家充当仲裁员,从而有利于仲裁案件准确和迅速的解决。

⑥保密性。法院审理案件一般应公开进行,而仲裁案件的审理是不公开的,这有利于争议当事人双方不将其工商业秘密和分歧公布于众。

⑦准司法性。国际商事仲裁虽然是以当事人的自愿和协议为基础的,但当事人一旦达成仲裁协议,即对当事人产生法律约束力,当事人必须将争议提交仲裁;同时,仲裁人作为裁判者有权无需当事人的同意而做出对双方当事人有约束力的裁决;而且裁决做出后,一方当事人不履行裁决的,他方当事人可以向法院申请强制执行。仲裁的准司法性保证了仲裁的法律效力和严肃性。

⑧终局性。仲裁一般是"一锤定音",仲裁裁决是终局的,不像法院诉讼那样采用两审终审甚至三审终审,因而有利于迅速解决争议,为当事人节省时间和费用。

当然,与诉讼相比,仲裁也有一些局限性,主要是缺乏诉讼的强制性、严密性和统一性。如由于仲裁以当事人的自愿和协议为基础,故缺少第三人程序,仲裁人无权强迫那些可以最终对裁决的执行承担全部或部分责任的第三人加入仲裁程序,从而影响争议最终有效的解决。

(二)国际商事仲裁的原则

(1)意思自治原则。国际商事仲裁中的意思自治是双方当事人意思真实表示所达成的一致。这是一种极大的、自由选择的权利,这种自治权构成了整个国际商事仲裁的核心。它贯穿国际商事仲裁的实体与程序的全过程,充分尊重了当事人的意愿,所以在解决国际贸易纠纷中使用的频率特别高,发挥出了巨大的作用。但是大多数国家的法律以及绝大多数法学家都认为当事人自主选择的法律只能在任意性法律、法规的范围内进行,不得违背法律中的强行性规定。

(2)仲裁独立的原则。仲裁的独立指的是从仲裁机构的设置到仲裁纠纷的整个过程都具有依法的独立性。仲裁委员会独立于行政机关,与行政机关没有隶属关系;而且仲裁组织体系中的仲裁协会、仲裁委员会和仲裁庭三者之间相对独立,法院对仲裁裁决虽然有着必要的监督,但并不意味着仲裁附属于法院。

(3)不公开原则。仲裁实行不公开审理,除非当事人要求公开审理。仲裁庭审理案件一般不公开进行。如我国的《仲裁法》第 40 条规定:仲裁不公开进行。当事人协议公开的,可以公开进行,但涉及国家秘密的除外。

二、世界常设仲裁机构简介

(一)国际性常设仲裁机构

(1)国际商会仲裁院。国际商会仲裁院(ICC)在国际商事仲裁领域中是最具影响的仲裁机构。国际商会仲裁院成立于 1923 年,属于国际商会的一部分。国际商会本身于 1919 年成立于法国巴黎,其目的是为了促进国际商事活动的进行。它是一个国家间的商会,现有国家会员 60 多个。其仲裁院的成立也是延续其促进和维护国际商事活动的目的。国际商事仲裁院总部和秘书局设在法国巴黎,但与任何国家都没有关系,可以在世界的任何一个地方进行仲裁程序。尽管它是根据法国法律设立,但是国际商会仲裁院的委员来自 40 多个国家,他们都具有法律背景和国际商事法律及争议解决的专业经验。国际商会的仲裁员和仲裁院秘书局的工作人员来自世界各个国家,能够使用多种语言进行工作。

(2)解决投资争议国际中心。解决国际投资争议中心成立于 1965 年,总部设在华盛顿特区,是一个绝对的国际性法人组织。中心设立的目的在于增加发达国家投资者向发展中国家进行投资的信心,并通过仲裁和调解方式来解决投资争议。它要求争议的双方须为公约的成员国,争议主体为国家或国家机构或代理机构。其解决的争议性质必须为直接由投资引起的法律争议。审理案件的仲裁员、调解时的调解员须从其仲裁员名册和调解员名册中选定。其裁决为终局的,争议方必须接受。

(二)地区性仲裁机构

(1)美洲国家商事仲裁委员会。美洲国家商事仲裁委员会于 1934 年成立,作为美洲国家解决国际经济争端的重要机构。它是非政府机构,由美洲国家会议的决议授权,并接受美洲国家组织和美洲国家发展银行的财政补助。

(2)亚洲及远东经济委员会商事仲裁中心。亚洲及远东经济委员会商事仲裁中心设于曼谷,由联合国亚洲及远东经济委员会设置,其仲裁规则也是由该委员会制定的。商事仲裁中心有一个特别委员会。其成员为七人,由亚洲及远东经济委员会的执行秘书从该委员会的代表中推选。

(三)国别性仲裁机构

(1)瑞典斯德哥尔摩商会仲裁院。瑞典斯德哥尔摩商会仲裁院成立于1917年,是瑞典全国性的仲裁机构。瑞典在政治上是中立国,国际上认为该仲裁院在解决东西方经贸争议问题方面是较理想的机构。中国国际贸易仲裁委员会已同该仲裁院建立了业务上的联系,并且建议我国的涉外经济合同双方当事人在选择第三国仲裁时,对该仲裁院以优先考虑。

(2)伦敦国际仲裁院。伦敦国际仲裁院成立于1985年,制定、使用了新的《伦敦国际仲裁规则》,当事人也可约定适用《联合国国际贸易法委员会仲裁规则》。

(3)瑞士苏黎世商会仲裁院。瑞士苏黎世商会仲裁院成立于1910年,设在瑞士的苏黎世,有《瑞士联邦苏黎世商会调解与仲裁规则》。该仲裁院既受理国内商业和工业企业之间的争议案件,也受理涉外经济贸易争议案件。由于瑞士在政治上是中立国,国际上较多的经贸纠纷都交给它仲裁。

(4)美国仲裁协会。美国仲裁协会成立于1926年,总部设在纽约市,并在全国各地设立分会,是全国最大的综合性常设仲裁机构。美国仲裁协会是民间常设仲裁机构,设有《商事仲裁规则》,并同我国的仲裁机构建立了业务联系,中美两国仲裁机构成功地联合调解解决过两国贸易中发生的争议案件。

(5)中国国际经济贸易仲裁委员会。中国国际经济贸易仲裁委员会(以下简称仲裁委员会),又称中国国际商会仲裁院。中国国际经济贸易仲裁委员会的原名为中国国际贸易促进委员会对外贸易仲裁委员会,现名为中国国际经济贸易仲裁委员会,仲裁委员会同时使用"中国国际商会仲裁院"名称,以仲裁的方式,独立、公正地解决契约性或非契约性的经济贸易等争议。仲裁委员会设在北京,设秘书局,在仲裁委员会秘书长的领导下负责处理仲裁委员会的日常事务。双方当事人可以约定将其争议提交仲裁委员会进行仲裁,仲裁委员会可以视需要和可能组织设立特定行业仲裁中心,制定行业仲裁规则。仲裁委员会同时设立有仲裁员名册,并可以视需要和可能设立行业仲裁员名册。

(6)中国香港国际仲裁中心。中国香港国际仲裁中心成立于1985年,是一个民间非盈利性的担保责任有限公司。仲裁中心由理事会领导,理事会由来自不同国家的商人和其他具备不同专长和经验的专业人士组成,仲裁中心的业务活动由理事会管理委员会通过秘书长进行管理,而秘书长则是仲裁中心的行政首长和登记官。其主要职能是:为通过仲裁解决商事争议提供管理方面的服务,包括就国际或者香港地区内仲裁提供一般性意见和帮助,回答应该在香港进行仲裁方面的咨询,特别是在香港进行国际仲裁方面的法律与程序问题,并就仲裁条款的适当形式提供咨询意见。

三、国际商事仲裁协议的形式、内容与效力

仲裁的管辖权的依据是争议当事人的仲裁协议,仲裁协议是仲裁的基石。根据各国仲裁法(包括一些仲裁公约)的规定,有效的书面仲裁协议是进行仲裁程序的唯一前提。有效的仲裁协议必须是书面的,包括合同中订立的仲裁条款或以其他书面方式在纠纷发生前或发生后达成的协议。

(一)国际商事仲裁协议的概念及类型

(1)国际商事仲裁协议的概念。国际商事仲裁协议是指合同当事人在合同中订明仲裁条款、签订独立仲裁协议或采用其他方式达成的就有关争议提交仲裁的书面协议,表明当事人承认仲裁裁决的拘束力,将自觉履行其义务。它是涉外仲裁得以进行的法定前提。

(2)国际商事仲裁协议的类型。

①仲裁条款。仲裁条款即在争议发生之前,双方当事人在合同中所订立的将有关合同争议交付仲裁的条款。这是目前国际商事仲裁协议普遍采用的一种形式。常设仲裁机构一般都拟定有自己的示范仲裁条款,推荐给当事人订立合同时采用。

②仲裁协议。仲裁协议即在争议发生之前或发生之后由双方当事人订立的表示同意将争议交付仲裁的一种专门协议。

③仲裁特别约定。仲裁特别约定即为双方当事人在往来函电(包括信件、电报、电传、传真、电子数据交换和电子邮件)及其他有关文件中的将争议交付仲裁的特别约定。

(二)国际商事仲裁协议的形式要件和实质要件

(1)形式要件。国际商事仲裁协议必须是书面的,符合上述三种类型的仲裁协议均为书面形式,具有法律效力,否则,根据非书面形式的仲裁协议而进行的仲裁审理以及裁决均不发生法律效果。

(2)实质要件。国际商事仲裁协议应当包括以下内容:

①请求仲裁的意思表示。

②仲裁事项。

③选定的仲裁。这项内容是仲裁协议生效必须具备的实质要件。

国际商事仲裁协议在具备形式要件和实质要件的前提下即具有合法效力。

(三)国际商事仲裁协议的法律效力

仲裁协议是仲裁的基础，它的效力具体表现为仲裁协议对于仲裁当事人、仲裁机构以及仲裁裁决本身的作用和影响，主要包含以下三个方面。

(1)赋予并限制当事人的程序权利，排除法院的管辖权。当事人若签订仲裁协议的，当争议发生时，任何一方都有权提请仲裁，通过仲裁解决当事人之间的争议；如果没有仲裁协议，当事人则无权请求仲裁，仲裁机构可不予受理。同时，仲裁协议也限制了当事人选择诉讼的手段解决纠纷。订有仲裁协议的，当事人只能进行仲裁，且向仲裁协议约定的仲裁机构提请仲裁，而不能在法院提起诉讼。

(2)赋予仲裁机构及仲裁庭对争议案件的仲裁管辖权。通过仲裁协议，当事人赋予特定的仲裁机构或仲裁庭对特定的争议具有管辖权，仲裁庭进行审理并做出裁决必须以仲裁协议为依据。只有存在有效仲裁协议，并且在仲裁协议规定的争议范围内，仲裁庭才有权进行审理并做出裁决。

(3)强制执行仲裁裁决的依据。当事人在仲裁协议中一般都会规定双方承认仲裁裁决的效力，承诺主动履行仲裁裁决。对于一方当事人不履行仲裁裁决的，另一方当事人可以向有关法院申请强制执行。申请强制执行时，除提交裁决书外，通常还必须提供仲裁协议的正本或经正式证明的副本。

三、国际商事仲裁协议的主要内容

根据法律要求，仲裁协议必须具备的基本内容通常应包括以下六项。

(1)仲裁意愿。仲裁意愿即当事人一致同意将争议提交仲裁的意思表示，表明当事人愿意接受特定仲裁机构的审理，接受仲裁机构做出的合法有效的仲裁裁决的约束，并承诺自觉履行裁决的义务。

(2)仲裁事项。仲裁事项即是指提交仲裁的争议范围。只有在有关的争议事项范围内，当事人才赋予仲裁机构管辖权。仲裁机构只能审理仲裁事项内的争议，并做出相应的裁决，否则属于越权审理，仲裁裁决不能发生法律效力。只有属于该范围的裁决，法院才予以执行；超出该范围的，法院将不予执行，这种裁决在程序上不合法。

(3)仲裁地点。实践中，仲裁地点往往是当事人商谈涉外仲裁协议的重点之一。一般来讲，当事人都会力争在本国进行仲裁。如果争取不到在本国进行仲裁，可以争取在第三国进行仲裁，或在对方国家进行仲裁。在仲裁协议中，当事人就仲裁地点应写明进行仲裁的国家、城市。

(4)仲裁机构。仲裁机构即经当事人仲裁协议授权受理涉外争议案件并做出仲裁裁决的仲裁管辖机构。国际仲裁有常设仲裁机构和临时仲裁庭两种仲裁形式。常设的仲裁机构往往有固定的组织机构，如秘书处(局)，有确定的仲裁规则作为仲裁的程序依据，拥有专业的仲裁员，仲裁员的指定、仲裁庭的组成及仲裁审理形成稳定的运作体系，方便当事人进行仲裁。临时仲裁庭是根据当事人订立的临时仲裁条款或协议，在争议发生后由当事人临时指定仲裁人员组成一次性的仲裁庭，按照当事人约定的方式和规则进行审理并做出裁决。由于机构仲裁比临时仲裁更为方便、确定，国际商事仲裁一般都选择机构仲裁。

(5)仲裁程序规则。一般来说，仲裁协议指定了某常设仲裁机构进行仲裁，就认为是接受了该仲裁机构仲裁规则的约束。中国国际经济贸易仲裁委员会仲裁规则即规定，选择该仲裁机构，则认为同意按照该仲裁委员会的仲裁规则进行仲裁。订立仲裁协议，应当明确适用的仲裁规则。各国的常设仲裁机构都制定有自己的仲裁规则，国际上还有一些国际性和区域性的仲裁示范规则。

(6)仲裁裁决的效力。仲裁裁决的效力是指仲裁裁决一经做出是否具有终局性，对当事人有无约束力，法院是否有权经当事人的起诉而重新审理的问题。从仲裁的一般特点来讲，仲裁优于诉讼的一个特点是仲裁的裁决是终局的，一旦做出，即具有法律约束力，当事人不得向法院上诉，正是基于这一点，仲裁才被当事人广泛采纳为经济贸易争议的解决方式，它利于争议迅速、及时地解决，避免因滥诉而耗费精力、时间。

四、国际商事仲裁程序

各个仲裁机构都有各自的仲裁规则，这些规则都规定了各类仲裁应遵守的程序。本部分主要根据我国的《仲裁法》以及现行的《中国国际经济贸易仲裁委员会仲裁规则》对我国涉外仲裁程序予以介绍。

(一)仲裁的申请与受理

(1)仲裁的申请。当事人申请仲裁时应满足下列条件。

①提交仲裁申请书。仲裁申请书必须由当事人签字或盖章。仲裁申请书应写明以下内容：申请人和被申请人的名称和住所，包括邮政编码、电话、电传、传真、电报号码、电子邮件或其他电子通讯方式；申请仲裁所依据的仲裁协议；案情和争议要点；申请人的仲裁请求；仲裁请求所依据的事实和理由。

②在提交仲裁申请书时，附具申请人请求所依据的事实的证明文件。

③按照仲裁委员会制定的仲裁费用表的规定预缴仲裁费。

(2)仲裁的受理。仲裁的受理是指仲裁机构接到申请人的仲裁申请书后，就其形式要件进行审查，然后决定对其立案审理的程序。仲裁被受理以后，补申请人要进行答辩并可以提出反请求。

提起反请求的条件如下。

①被申请人如有反请求，应当自收到仲裁通知之日起45日内以书面形式提交

仲裁委员会。仲裁庭认为有正当理由的,可以适当延长此期限。

②被申请人提出反请求时,应在其反请求书中写明具体的反请求及其所依据的事实和理由,并附具有关的证明文件。

③被申请人提出反请求,应当按照仲裁委员会制定的仲裁费用表在规定的时间内预缴仲裁费。

④仲裁委员会认为被申请人提出反请求的手续已完备的,应将反请求书及其附件发送申请人。申请人应在接到反请求书及其附件后 30 日内对被申请人的反请求提交答辩。

⑤仲裁庭有权决定是否接受逾期提交的反请求答辩书。

⑥申请人对被申请人的反请求未提出书面答辩的,不影响仲裁程序的进行。

(3)答辩。被申请人应在收到仲裁通知之日起 45 日内向仲裁委员会秘书局或其分会秘书处提交答辩书。仲裁庭认为有正当理由的,可以适当延长此期限。仲裁庭有权决定是否接受逾期提交的答辩书。被申请人未提交答辩书,不影响仲裁程序的进行。答辩书由被申请人及被申请人授权的代理人签名或盖章,并应包括下列内容:

①被申请人的名称和住所,包括邮政编码、电话、电传、传真、电报号码、电子邮件或其他电子通讯方式;

②对申请人的仲裁申请的答辩及所依据的事实和理由;

③答辩所依据的证明文件。

(二)仲裁庭的组成

仲裁庭是指具体负责对某项已交付仲裁的争议事项进行审理,并最终就争议事项做出实质性裁决的组织。在国际仲裁中,当事人最重要的权利之一就是有权指定仲裁员审理案件。

根据仲裁委员会的仲裁规则,仲裁庭分为独任仲裁庭和合议仲裁庭两种。独任仲裁庭由一名仲裁员组成,合议仲裁庭由三名仲裁员组成。当事人可以约定仲裁庭的组成形式。适用简易程序的案件,由一名仲裁员组成独任仲裁庭予以审理。对于其他大部分适用普通程序的案件,除非当事人另有约定,一般由三名仲裁员组成的合议仲裁庭审理,具体规则如下。

(1)仲裁员名册。当事人从仲裁委员会提供的仲裁员名册中选定仲裁员。

当事人约定在仲裁委员会仲裁员名册之外选定仲裁员的,当事人选定的或根据当事人之间的协议指定的人士经仲裁委员会主任依法确认后可以担任仲裁员、首席仲裁员或独任仲裁员。

(2)独任仲裁员。如案件由独任仲裁员审理,双方当事人可以共同选定或者共同委托仲裁委员会主任指定一名仲裁员作为独任仲裁员。双方当事人也分别有权推荐一至三人作为独任仲裁员人选。

如简易程序案件的当事人在被申请人收到仲裁通知之日起15日内,或者约定由独任仲裁员进行审理的普通程序案件的当事人在被申请人收到仲裁通知之日起15日内未能就独任仲裁员的人选达成一致意见,则由仲裁委员会主任指定。

(3)三人仲裁庭。申请人和被申请人应当各自在收到仲裁通知之日起15日内选定一名仲裁员或者委托仲裁委员会主任指定。当事人未在上述期限内选定或委托仲裁委员会主任指定的,由仲裁委员会主任指定。

首席仲裁员由双方当事人在被申请人收到仲裁通知之日起15日内共同选定或者共同委托仲裁委员会主任指定。

双方当事人可以各自推荐一至三名仲裁员作为首席仲裁员人选,并将推荐名单在15日内提交至仲裁委员会。双方当事人的推荐名单中有一名人选相同的,为双方当事人共同选定的首席仲裁员;有一名以上人选相同的,由仲裁委员会主任根据案件的具体情况在相同人选中确定一名首席仲裁员,该名首席仲裁员仍为双方共同选定的首席仲裁员;推荐名单中没有相同人选时,由仲裁委员会主任在推荐名单之外指定首席仲裁员。

双方当事人未能按照上述规定共同选定首席仲裁员的,由仲裁委员会主任指定。

(4)多方当事人对仲裁员的指定。仲裁案件有两个或者两个以上申请人或被申请人时,申请人方或被申请人方应当各自协商,在仲裁委员会仲裁员名册中各自共同选定或者各自共同委托仲裁委员会主任指定一名仲裁员。

如果申请人方或被申请人方未能在收到仲裁通知之日起15日内各自共同选定或者各自共同委托仲裁委员会主任指定一名仲裁员,则由仲裁委员会主任指定。

(5)回避。仲裁员应独立公正,不代表任何一方当事人的利益。仲裁员应根据事实,在依照法律规定的前提下,公平合理、独立公正地审理案件。

如果仲裁员与案件有个人利害关系或其他关系而可能影响案件的公正审理,仲裁员应主动将此情形向仲裁委员会予以披露,并应主动请求回避。当事人也可要求仲裁员予以回避。仲裁员在法律上或事实上不能履行其职责时,仲裁委员会主任有权自行决定将其更换;该仲裁员也可以主动申请不再担任仲裁员。

(三)仲裁的审理

仲裁审理是指仲裁庭对争议事项进行全面审查的仲裁活动。在仲裁中,案件的审理方式有开庭审理和书面审理两种。

仲裁庭应当开庭审理案件,但经双方当事人申请或者征得双方当事人同意,仲裁庭也认为不必开庭审理的,仲裁庭可以只依据书面文件进行审理。除非当事人另有约定,仲裁庭可以根据案件的具体情况采用询问式或辩论式审理案件。仲裁庭可以在其认为适当的地点或以其认为适当的方式进行合议。除非当事人另有约定，仲裁庭认为必要时可以发布程序指令、发出问题单、举行庭前会议、召开预备庭和制作审理范围书等。

(四)调解、和解与裁决

在仲裁过程中，当事人可以自行和解，也可以请求仲裁庭调解；仲裁庭征得双方当事人同意后，也可对案件进行调解。调解成功，双方当事人应签订和解协议；除非当事人另有约定，仲裁庭则应根据和解协议做出裁决书。

调解当事人在仲裁委员会之外通过调解解决达成和解协议的，可以凭当事人达成的由仲裁委员会仲裁的仲裁协议和他们的和解协议请求仲裁委员会指定一名独任仲裁员，按照和解协议的内容做出裁决书。

仲裁裁决是仲裁庭按照适用法律及其仲裁规则审理案件，根据查明的事实和认定的证据，对当事人就双方争议提出的请求事项做出予以支持、驳回或部分支持、部分驳回的书面决定。仲裁裁决就其内容和效力而言可以分为中间裁决、部分裁决和最终裁决三种。

五、国际商事仲裁裁决的承认与执行

仲裁裁决的执行是指由执行机构依法定程序将仲裁裁决按内容和要求切实付诸实现的行为。根据国际商事仲裁规则以及相关公约的规定，双方当事人应当依照仲裁裁决写明的期限自动履行裁决；仲裁裁决书未写明期限的，应当立即履行。当事人不予履行的，则另一方当事人有权向有关法院申请强制执行。

(一)国际仲裁裁决在裁决做出国(地区)的强制执行

(1)大陆法系国家仲裁裁决的强制执行。在大陆法系国家要求强制执行该国做出的国际商事裁决，其前提条件是必须获得法院的强制执行许可。一般都依据本国的国内立法向法院提出申请，由法院按法定程序执行。

(2)英美法系国家仲裁裁决的强制执行。英美法系国家与大陆法系国家在对待承认和执行国际商事裁决的法律规定上有不同，英美法系强调转化适用，英美法系的“转化适用”则是指法院能否强制执行仲裁裁决的前提是首先要把该裁决转化成法院的判决，否则法院无权对裁决进行强制性执行，其次法院在裁定是否执行裁决的程序过程中可以做出撤销裁决或将裁决发回重审。

(3)涉外仲裁裁决在我国境内的强制执行。根据我国的《民事诉讼法》的规定，一方当事人不履行仲裁裁决的，另一方当事人可以向被申请人住所地或财产所在地的中级人民法院申请执行。《中国国际经济贸易仲裁委员会仲裁规则》规定：一方当事人不履行裁决的，另一方当事人可以根据仲裁法律的规定，向中国法院申请执行。

(二)国际商事仲裁在外国的强制执行

对于外国的仲裁裁决的执行较为复杂。由于执行外国的仲裁裁决不仅涉及双方当事人的切身利益,而且涉及两国间的利害关系,因此,许多国家在法律中对于执行外国的仲裁裁决都规定了一些限制。在外国的仲裁裁决不符合执行国法律要求时,执行国的法院就可以拒绝予以执行。

仲裁裁决在做成国境外执行的问题,国际上通常以双边或多边的方式解决。为了解决仲裁裁决在做成国境外执行的问题,国际上先后缔结了三个有关承认和执行外国仲裁裁决的国际公约。1958 年 6 月 10 日在联合国的主持下订立的《承认与执行外国仲裁裁决的公约》,简称 1958 年《纽约公约》,成为当前国际上关于承认与执行外国仲裁的最主要的条约。

《纽约公约》自 1958 年订立以来,迄今为止已有 70 多个国家参加了该公约,其中一些国家对该公约提出一些保留,如美国对该公约提出了互惠保留和商事保留,英国对该公约提出了互惠保留,也有国家对该公约没有提出任何保留,如瑞典。我国于 1986 年 12 月 2 日加入了该公约,声明有两项保留:一是仅适用于缔约国间做出的裁决;二是只适用于商事法律关系所引起的争议的裁决。

第三节 国际商事诉讼

一、国际商事诉讼的概念

国际商事争议发生后,如果不存在有效的仲裁协议,任何一方当事人都可以向有管辖权的法院起诉,请求司法解决,这就是国际商事诉讼。尽管国际商事诉讼存在程序严格、繁琐,法官专业知识欠缺等不足,但它作为调解或和解与仲裁外的另一种补救手段仍然具有重要意义。

二、国际商事诉讼的管辖

国际商事诉讼的管辖权是指一国法院有受理、审判具有国际因素或涉外因素的商事案件的权限。它要解决的是某一特定的国际商事案件究竟是哪个国家的法院具有管辖权的问题。由于彼此政治经济利益的不同,各国关于诉讼管辖权的规定各异,故至今国际上尚未形成统一的国际商事诉讼管辖权制度。

国际商事诉讼管辖是指国际商事争议纠纷发生后,各国以何种方式或依据来确定对国际商事争议案件的管辖。国际商事诉讼管辖的原则如下。

(1)属地管辖原则。属地管辖权,也称以"地域"为基础的管辖根据,是指国际民商事案件的司法管辖权以一定的地域为管辖根据,由该地域所属法院行使管辖权。这是世界各国所普遍采用的管辖根据之一，也是我国涉外民事管辖权的主要根据。作为我国国际民商事管辖权的根据的“地域”主要包括三个因素，即被告住所地或经常居住地，标的物所在地或被告财产所在地，法律事实发生地。

(2)属人管辖原则。属人管辖原则一般是指国家对于具有本国国籍的人的管辖，不论有关的行为发生在何处。这种管辖还扩大到国家对于具有本国国籍的法人、航空器、船舶和外太空发射物及其所载人员的管辖。

(3)协议管辖原则。协议管辖，也称以“当事人意志”为基础的管辖根据，是指国际民商事诉讼的双方当事人在争议发生之前或之后，用协议的方式来确定他们之间的争议应由何国法院来管辖，从而使被选择的法院对双方争议的案件享有排他性的管辖权的制度。

(4)专属管辖原则。专属管辖，也称以“国家利益”为基础的管辖根据。社会生活中形形色色的争议中有一些争议与某国的重要政治利益、国家机构的利益或国家的公共政策密切相关，如果不规定自己享有独占的审判管辖权，该国就有失去保护有关权益的可能性，其国家主权就有可能受到挑战。因此，几乎所有的国家都规定了专属管辖，我国也是如此。

(5)我国法律关于涉外商事诉讼案件的管辖权的规则。

①被告在我国领域内没有住所的合同纠纷或其他财产权益纠纷案件的管辖。因合同纠纷或者侵权纠纷对在我国领域内没有住所的被告提出诉讼，原告可在与争议有一定的联系的地点的人民法院进行选择管辖。我国的《民事诉讼法》规定，因合同纠纷或者其他财产权益纠纷，对在中华人民共和国领域内没有住所的被告提起的诉讼，如果合同在中华人民共和国领域内签订或者履行，或者诉讼标的物在中华人民共和国领域内，或者被告在中华人民共和国领域内有可供扣押的财产，或者被告在中华人民共和国领域内设有代表机构，可以由合同签订地、合同履行地、诉讼标的物所在地、可供扣押财产所在地、侵权行为地或者代表机构住所地人民法院管辖。这一规定明确了以下内容。

第一，因合同纠纷对中国境外的被告提起诉讼，如果合同在中国签订或者履行，或者诉讼标的物在中国，或者被告在中国有可供扣押的财产，或者被告在中国设有代表机构，可以由合同签订地、合同履行地、诉讼标的物所在地、可供扣押财产所在地或者代表机构住所地人民法院管辖。

第二，因侵权纠纷对在中国境外的被告提起诉讼，如果侵权行为发生地、结果地在中国，或者被告在中国有可供扣押的财产，或者被告在中国设有代表机构，可以由侵权行为发生地、侵权行为结果地、诉讼标的物所在地、可供扣押财产所在地或者代表机构住所地人民法院管辖。

上述财产权益纠纷包括不动产纠纷,即使不动产在国外,只要被告在中国有可供扣押的财产,原告即可向人民法院提起诉讼。

②涉外合同或者涉外财产权益纠纷可以由当事人协议选择管辖法院。我国的《民事诉讼法》规定,涉外合同或者涉外财产权益纠纷的当事人,可以用书面协议选择与争议有实际联系的地点的法院管辖。选择中华人民共和国人民法院管辖的,不得违反本法关于级别管辖和专属管辖的规定。这是关于涉外协议管辖的规定,它明确了:

第一,涉外合同的双方当事人,可以用书面协议选择被告住所地、合同履行地、合同签订地、原告住所地、标的物所在地的人民法院管辖;

第二,涉外侵权纠纷的双方当事人,可以在纠纷发生后达成书面协议,选择被告住所地、侵权行为地、原告住所地、标的物所在地的人民法院管辖;

第三,协议管辖不得违反级别管辖和专属管辖的规定。

③应诉管辖。我国的《民事诉讼法》规定,涉外民事诉讼的被告对人民法院管辖不提出异议,并应诉答辩的,视为承认该人民法院为有管辖权的法院。这条规定是应诉管辖,又称默示管辖,即涉外民事诉讼的原告即使向无管辖权的人民法院提起诉讼,但该案的被告未向人民法院提出管辖权异议,并前来应诉进行实质性答辩的,视为其承认该人民法院为有管辖权的法院。

④专属管辖。我国的《民事诉讼法》规定,因在中华人民共和国履行中外合资经营企业合同、中外合作经营企业合同、中外合作勘探开发自然资源合同发生纠纷提起的诉讼,由中华人民共和国人民法院管辖。这一规定明确了外国法院对这类纠纷无管辖权。这一规定符合合同纠纷由履行地法院管辖的国际惯例。

三、国际商事诉讼的司法协助

关于司法协助,国际上没有一个统一的称谓,有的国家称之为“司法协助”,有的国家称之为“法律协助”,也有国家称之为“司法合作”。司法协助是指一个国家或地区的司法机关就另一个国家或地区的司法机关或有关当事人的请求,代为履行司法行为,或者在司法方面提供其他的协助。

(一)一般司法协助

一般司法协助,又称普通司法协助,是指一国法院按一定根据为他国法院完成一定诉讼行为的制度。“一定诉讼行为”的内容包含三项:一是代为送达诉讼文书,如送达起诉状、答辩状、上诉状、传票、判决书等;二是代为调查取证,如代为询问证人、当事人，代为调取证据，代为现场勘验等；三是提供有关法律资料。

一般司法协助内容的实现和完成取决于两个方面：一是委托方提出请求；二是受托方实施协助。受托方实施协助即完成诉讼行为时一般应适用本国法律。如代为询问证人，如本国法律明令证人必须宣誓，获取证言前应该让证人宣誓，但条约有特殊规定的除外。

根据《最高人民法院外交部司法部关于我国法院和外国法院通过外交途径相互委托送达法律文书若干问题的通知》，凡已同我国建交国家的法院，通过外交途径委托我国法院向我国公民或法人以及在华的第三国或无国籍当事人送达法律文书，除该国同我国已订有协议的按协议处理外，一般根据互惠原则按下列程序和要求办理。

(1)由该国驻华使馆将法律文书交外交部领事司转递给有关高级人民法院，再由该高级人民法院指定有关中级人民法院送达给当事人。当事人在所附送达回证上签字后，中级人民法院将送达回证退高级人民法院，再通过外交部领事司转退给对方；如未附送达回证，则由有关中级人民法院出具送达证明交有关高级人民法院，再通过外交部领事司转给对方。

(2)委托送达法律文书须用委托书。委托书和所送法律文书须附有中文译本。

(3)法律文书的内容有损我国主权和安全的，予以驳回；如受送达人享有外交特权和豁免，一般不予送达；不属于我国法院职权范围或因地址不明或其他原因不能送达的，由有关高级人民法院提出处理意见或注明妨碍送达的原因，由外交部领事司向对方说明理由，予以退回。

(二)特别司法协助

特殊司法协助相对于一般司法协助而言，是指两国法院在一定的前提下相互承认并执行对方法院制作的生效裁决和涉外仲裁机构制作的生效裁决的制度法。

特殊司法协助包含两方面的内容：一是对外国法院和涉外仲裁机构裁决的承认和执行；二是我国法院和涉外仲裁机构裁决在国外的承认和执行法。

承认和执行外国法院的判决要符合以下条件：做出判决的外国法院有合格的管辖权；外国法院的判决是确定判决；诉讼程序的公正性；外国法院的判决是合法取得；外国法院的判决不与内国已经承认的相同诉讼的判决相冲突；做出判决的法院适用了被请求国家冲突法所指向的准据法；存在互惠关系；外国法院的判决不违反内国公共政策。

承认和执行外国法院判决的程序上各国在实践中主要有三种不同的做法。

(1)经形式上的审查发给执行令的程序。

(2)经实质性审查后发给执行令的程序。

(3)重新起诉程序。即胜诉方需以外国法院判决为依据,重新向执行地国法院提起诉讼,如执行地国法院认为外国判决与本国法律不相抵触,则由执行地国法院做出一个与外国判决内容相同的判决,然后予以执行。我国采取上述第一种程序。

本章小结

仲裁与诉讼是解决国际经济贸易纠纷的主要方式。国际经济贸易仲裁是指是指双方当事人在争议发生前或发生后达成协议,自愿将纠纷交给他们共同选定的第三者居中评判是非,由该第三者依据法律或公平原则做出对双方当事人均有约束力的裁决的一种解决争议的方式,是解决国际商事争议的最主要方式。

仲裁的管辖权的依据是争议当事人的仲裁协议,仲裁协议是仲裁的基石。根据各国仲裁法(包括一些仲裁公约)的规定,有效的书面仲裁协议是进行仲裁程序的唯一前提。有效的仲裁协议必须是书面的,其包括合同中订立的仲裁条款或以其他书面方式在纠纷发生前或发生后达成的协议。

国际商事争议发生后,如果不存在有效的仲裁协议,任何一方当事人都可以向有管辖权的法院起诉,请求司法解决,即提起国际商事诉讼。尽管国际商事诉讼存在程序严格、繁琐,法官专业知识欠缺等不足,但它作为调解或和解与仲裁外的另一种补救手段仍然具有重要意义。

技能实训

1.香港三菱公司与三峡投资公司发生买卖合同发生争议,三峡投资公司向湖北省高级人民法院起诉,香港三菱公司提出管辖异议,理由是依据合同约定:“合同发生争议,应当在香港依据国际商会的仲裁规则进行仲裁,合同使用我国的法律。”

请问:本案应当诉讼还是仲裁?

2.2005 年,广州的甲公司与香港的乙公司在厦门签订了一份买卖 2 000 吨化学制品的中英文对照合同。但合同仲裁条款的中英文表述却不一致:中文写明争议应提交经双方同意的具有法律承认效力的美国仲裁机构按有关国际仲裁规则进行仲裁,仲裁地点在美国;英文则写明争议应提交中国国际经济贸易仲裁委员会仲裁，仲裁地点在北京。合同项下的2 000吨化学制品运达广州后，经检验发现货物存在严重的质量问题。双方发生纠纷，但未达成新的、意思表示一致的仲裁协议。2006年，广州的甲公司向中国国际经济贸易仲裁委员会申请仲裁。仲裁庭发现，在中英文对照合同中，中文的仲裁协议系手写，而英文的仲裁协议则采用打印的形式。因此，当被申请人香港的乙公司以中文仲裁条款系手写为由提出管辖权异议的答辩时，中国国际经济贸易仲裁委员会以仲裁协议手写条款高于格式条款支持了管辖权异议的答辩。

随后，广州的甲公司隐瞒了仲裁委员会已就管辖权做出决定的事实，向广州市中级人民法院申请确认合同仲裁条款中的中文条款无效，英文条款有效。

被申请人香港的乙公司经法院通知未答辩，也未出庭应诉。

案件审理过程中，申请人广州甲公司向法院提交了中国国际经济贸易仲裁委员会于2006年做出的管辖权决定书，以表明该仲裁委员会对该合同争议仲裁无管辖权。

广州市中级人民法院经审查认为：本案仲裁协议效力问题与仲裁管辖权是同一法律问题。申请人在收到仲裁机构有关本案的管辖权决定后，又向法院申请确认仲裁协议的效力，该申请不符合《中华人民共和国仲裁法》第20条所规定的条件。根据《中华人民共和国民事诉讼法》第140条第1款第11项的规定，裁定驳回申请人请求确认仲裁协议效力的申请。

请问：

(1)广州市中级人民法院为什么认定申请人要求确认仲裁协议效力的请求不合法？

(2)中国国际经济贸易仲裁委员会为什么支持香港乙公司的管辖权异议？

(3)何种情形的仲裁协议无效？

3. 原告新加坡百新财务有限公司与被告御林美食有限公司均为在新加坡注册成立的企业。2006年3月，被告新加坡御林美食有限公司与重庆市某商业服务公司签订了合作经营中山大酒店合同。为筹措合作经营的资金，被告与原告于2006年9月5日在新加坡签订贷款协议，约定：

(1)由原告贷款780万美元给被告，贷款期限为4年；

(2)贷款协议适用新加坡法律和中华人民共和国法律。

合同订立后，被告于当月分三次从原告处共提取了贷款780万美元。从2006年10月2日起至2007年2月27日止，被告向原告共偿还利息169 537.39美元。至2010年4月30日止，被告欠原告到期贷款本金6 066 666.67美元，利息与复息4 173 246.33美元和罚息834 649.27美元。原告因多次要求被告还贷不成，遂向重庆中级人民法院起诉。原告为诉讼支付了证据公证费1 585美元,律师费1.1万元人民币。被告与重庆市某商业服务公司合作经营中山大酒店的合同纠纷在此之前已经提交重庆仲裁委员会仲裁。

原告请求根据《中华人民共和国民法通则》及中国其他法律的规定,判令被告偿还本金、利息和罚息,并赔偿其为诉讼支付的诉讼受理费、公证费和聘请律师费。被告同意适用中国法律处理本案,但请求中止诉讼,待其参与的仲裁纠纷裁决后再恢复诉讼。

请问:

(1)本案中国法院有无管辖权?为什么?

(2)应如何确定本案的准据法?

(3)被告的请求应否得到支持?为什么?

(4)有人认为,重庆仲裁委员会无权受理被告与重庆市某商业服务公司的涉外合同纠纷。这一看法有无道理?为什么?

(5)有人认为,被告与重庆市某商业服务公司的涉外合同纠纷只能提交中国仲裁机构仲裁,不得提交外国仲裁机构仲裁。这一看法有无道理?为什么?

(6)被告与重庆市某商业服务公司的仲裁一案应适用哪一国家的法律?

技能实训答题要点

第一章　国际商法导论

中国属于社会主义法系国家，它在法典结构和司法组织等方面同大陆法系的传统有某此相似之处，而同英美法系的差别比较显著。而美国属于英美法系国家，中国的企业在诉讼中应注意两者的区别。

第二章　国际商事组织法

1. 腾飞公司是合伙企业，按照《合伙企业法》的规定，入股需全体股东一致同意，因老王对小刘入股不同意，所以小刘以少数服从多数为由强行入股不能成立。

2. 金风化工厂还可以维持，但应采取以下措施，按《合伙企业法》对企业的资产进行清算，将老刘按除名退伙除名，并在其应退还的出资额中扣除其给企业造成的损失，将老王的出资份额按法定退伙处理，退还给老王的继承人。将老方的出资额按自愿退伙退还给老方。将属于普通合伙企业的化工厂变更为有限责任合伙企业，变更老宋为有限责任合伙人。

3. (1)我国的《公司法》规定：成立有限责任公司的第一期投资应当不少于公司总资本的20%，刘大姐的提议违反了《公司法》第36条，“公司成立后，股东不得抽逃出资”的规定。

(2)老杜的修改公司章程的建议，由于老马、老齐均反对，所以不可能获得2/3绝对多数，所以即使召开了也不会通过。

(3)由于成立的是有限责任公司，所以老齐建议印股票是违反《公司法》的。

4. 作为发起人的个人或单位必须承担前述案例中所形成的装修款，我国的《公司法》规定公司的发起人应当承担下列责任，即在公司不能成立时，对设立行为所产生的债务和费用负连带责任。

5. (1)对于张三，由于他已年满16周岁并且可以自己的劳动所得作为主要生活来源，因此可以视为完全行为能力人，因此他不属于《公司法》第147条中不能担任公司高管的人员。只要董事会聘任，他可以担任总经理。对于拉尔兹虽然在印度他已算完全行为能力人，但在中国他仍不算完全行为能力人，并且他不能以自己的劳动所得作为主要生活来源，所以也不能视为完全行为能力人，尽管他是个大股东,也仍没有资格担任公司的董事。因此公司股东会对他的选举无效。

(2)董事王先生因收受贿赂被判刑,于 2002 年 12 月刑满后不满 5 年,所以属于《公司法》第 147 条中不能担任公司董事、监事及公司高管的人员。所以公司股东会对他的选举无效。

(3)董事赵先生,虽他所担任公司总经理时该公司被破产清算,但他个人对此没有责任,所以他不属于《公司法》第 147 条中不能担任公司高管的人员。只要董事会聘任,他可以担任总工程师。

(4)对于监事刘先生,由于《公司法》对于董事、监事的任职资格没有学历规定,所以只要股东会选举通过,他就可以担任公司监事。

(5)董事江先生,因他曾担任企业法人代表并需对公司违法经营被吊销营业执照负责,并且不满 3 年,所以他属于《公司法》第 147 条中不能担任公司董事、监事及公司高管的人员。所以公司股东会对他的选举无效。

(6)董事长吴先生,虽有任职资格,但因个人所负数额较大的债务到期未清偿,也不得担任公司的董事和董事长。

第三章 代理法

1."百草厅药业公司"应当对"东南亚兄弟"药业公司所在地的法院提起对"东南亚兄弟"药业公司的诉讼。理由是:马来西亚的"东南亚兄弟"药业公司委托"香港信使公司"为其代理人采购药品,当其解除与"香港信使公司"的代理服务,应当随即通知第三人。在"东南亚兄弟"药业公司未通知解除与"香港信使公司"代理关系的情况下,"百草厅"药业公司有理由认为"香港信使公司"仍然有代理权,由此形成表见代理,其后果应当由"东南亚兄弟"药业公司承担。因此,"东南亚兄弟"药业公司应当按照以往的惯例验收药品,并结算相应的药费。

2.本案属于中国对外贸易代理问题,案中深圳岭南制衣有限公司向加拿大布热尔兄弟公司作为交易的双方,由于深圳岭南制衣厂没有出口经营权,所以请深圳华南纺织贸易有限公司作为其代理人,案中布热尔兄弟公司知道深圳华南纺织品贸易有限公司是深圳岭南制衣有限公司的代理人,按照我国《合同法》第 403 条的规定,第三人在订立合同时知道受托人与委托人之间的代理关系的,该合同直接约束委托人和第三人。所以本案华南纺织品贸易有限公司不需承担产品质量责任,布热尔兄弟公司应依约向华南纺织品贸易有限公司支付货款,尔后可起诉深圳岭南制衣有限公司索赔。

3.因吴先生是德籍人,其代理事项应按大陆法系的有关规定处理。

(1)吴先生委托新东方贸易有限公司的代理协议真实有效,吴先生的继承人要求停止代理活动属于委托人取消委托，新东方贸易有限公司应当停止，但吴先生的继承人应当给予新东方贸易公司一定的补偿。

(2)新东方贸易公司将吴先生委托给自己的业务转托给张三，属于转委托，由于得到了吴先生的默示认可，转委托有效，但当张三因车祸失去行为能力时，代理权就终止了，其监护人(妻子)无权代替其签订合同。所以其代签的合同无效。

(3)张三将自己的一部分代理权转托李四并未得到吴先生的认可，张三的转委托无效，李四的行为属于无权代理由此产生的后果由张三与李四承担。如果吴先生的继承人不接受张三的转委托，则吴先生的继承人不需承担任何责任。

(4)冯先生受吴先生代卖房产的委托，应当属于只有代理事项完成，代理权才终止的委托，因此冯先生应当将房产售出后才停止代理。

4.(1)德·瑞尔先生托小王的行为属于委托代理。

(2)小王将瑞尔委托给自己的事转托小李的行为属于转委托。但未经过瑞尔先生的同意。

(3)小李觉得瑞尔先生的这批猪头和猪蹄的价格很便宜，于是就自己买了下来。小李的行为属于滥用代理权(自己代理)。

(4)小王代替瑞尔先生买中国睡衣的行为属于无权代理(后被追认)。

5.王强应当行使确认权，确认小王的代理行为，并确认自己作为被代理人将承担责任。

安得罗斯基应当抢在王强确认之前行使撤销权，确认当自己知道小王的代理是无权代理时，撤销与小王的合同。

6.美国芝加哥机器公司受美国通月汽车股份有限公司委托，代理其从事从中国进口汽车配件业务。芝加哥机器公司以自己的名义与中国上海某公司签订大宗汽车零部件进口合同，构成了未披露代理关系的代理。当芝加哥机器公司破产后合同无法履行，中方的利益可能受到损害，此时如果中方发现幕后的被代理人，中方应拥有了选择权，即中方既可以选择要求代理人承担合同义务，也可以选择被代理人承担合同义务，既可以向代理人提起诉讼，也可以选择向被代理人提起诉讼。但第三人的这两项权利是相互对立和抵触的，所以他一旦选择了其中任何一方提起诉讼后，就不能再改变。

第四章 合同法

1.张先生应当以该租房合同存在着对租赁居住主体的重大误解为由向人民法院提起诉讼，要求撤销合同。

2.餐厅工程部应行使不安抗辩权，停止支付余款，同时要求装修公司对前述情况做出解释，并对完成其余工程及完成保修义务提供担保，如对方拒绝解释及提供担保，则餐厅有权拒绝支付余款。

3.(1)金穗粮油公司通过向法院主张代位权，并以自己的名义代位向泰国东南之星养殖公司行使债权。

(2)电厂通过向法院主张撤销权，要求法院宣告金星饲料公司无偿转让汽车的行为无效。撤销其转让汽车的行为，从而取得抵押的汽车。

4.布鲁林游船公司已构成预期违约，加得利旅游用品公司可以要求布鲁林游船公司对将按时交付游艇做出令人满意的解释，同时要求布鲁林游船公司提供充分的保证(担保、抵押或质押)，否则，加得利旅游用品公司有权认为布鲁林游船公司预期违约。加得利旅游用品公司可以解除合同，在解除合同的同时可以要求损害赔偿。

5.中国飞天歌舞团可以申请法院发布禁令，禁止圣乐大剧院再邀请其他的中国演员到该剧院参与演出。

第五章 国际货物买卖法

1.不合理。合同中已明确规定溢短装条款，美商提出的降价的要求是违反合同规定的。

2.我方违反了合同中的包装条款，应主动向买方道歉并承担相应的违约责任。

3.不妥当。因为卖方的做法违反了合同，属违约行为。

4.不应该。因为卖方只承担货物在装运港越过船舷之前的风险，货物越过船舷之后的风险由买方承担。

5.由卖方德国公司承担。因为在 CFR 术语中，卖方负有在货物装船后给予买方货物已装船的充分通知的义务，本案中通知不及时，造成买方投保延误。

第六章 国际货物运输法

1.应负责。因为承运人签发了清洁提单，即应认为托运人托运时货物没有出现重量不足或松袋现象，现卸货时发现案中现象，承运人应承担赔偿责任。

2.应赔偿原告某远洋公司的损失。因为善意的保函有效。

3.应由承运人承担损失。因为管货的过失，承运人不免责，本案中属于管货的过失。

4.承运人应免责。依据为《海牙规则》所称的货物的固有缺陷、性质或缺陷，承运人可以免责。

5.承运人应当承担责任。因为承运人和收货人的关系依提单确定，清洁提单项下的货物因包装破损，说明损失是承运人没有尽到良好的管货义务造成的，承运人应当承担责任。

甲公司直接向乙公司索赔不能成立。因为乙公司取得的清洁提单，说明包装破损造成的货损原因不在乙公司。

第七章　国际货物运输保险法

1. 卖方不可索赔。因为卖方不是保险受益人，没有投保。

买方不可索赔，因为买方对途中的货物不具可保利益。CFR 条款风险转移是在装运港船舷，本案中损失发生时风险还没有转移给买方。

根据保险利益原则，要求保险标的损失发生时具有保险利益。

2. 有理，因为：

(1)该损失不在保险范围之内；

(2)超过索赔期限，索赔期限为从被保险货物在最后卸载地全部卸离运输工具后起算，最多不超过 2 年。

3. 保险公司拒赔有理，因为货物丢失的风险不是水渍险的承保范围。

4. (1)保险公司不应该赔偿。因为本案 A 公司投保的是平安险，本案货损是因为台风引起，台风属于自然灾害，本案台风引起的是货物的部分损失，而不是全损，平安险不包括自然灾害造成的部分损失，因此保险公司不承担赔偿责任，如果货主希望得到此种情况下的赔偿，应当投保水渍险，因为水渍险对自然灾害引起的部分损失是赔偿的。

(2)承运人也不应赔偿。因为本案货损是由于天灾引起的，根据《海牙规则》的规定，承运人对于因此引起的货物损失是可以免责的。

(3)由于本案选用了 FOB 价格术语，货物的风险是在装货港船舷转移的，因此途中的风险是应由买方承担的，即风险由 A 公司承担。

第八章　国际支付法

1. 开证人无权要求开证行向有关当事人追回已付款项。我国该进出口公司必须向银行付款赎单。因为开证行是在单证相符的条件下支付货款。

2. 银行有权拒付。根据 UCP600 的规定，银行有权拒收超过提单出单日后 21 天以后的单据。而在本案中，2 月 26 日提交的提单超过了 21 天，银行有权拒收。如果 2 月 25 日过大年，那么可顺延至下一个营业日交单结汇，银行不得以过期为由拒绝接受单据。

3. 本案采用的是跟单付款方式下的承兑交单付款方式。卖方收款的保障只依赖买方的信用,一旦买方到期不付款,卖方就会遭到货物与货款全部落空的损失。

本案中中国A公司不可直接起诉代收行,而应通过托收行追究代收行的责任。因为委托人与代收行之间不存在直接的合同关系。

4.裕清对外贸易公司有权要求银行付款,银行无权拒绝。因为根据信用证独立原则,裕清对外贸易公司交付合格单据后,银行负有付款责任。开证申请人倒闭破产,不影响银行向受益人偿付货款的义务。

5.征得乙公司的同意、由乙公司请求开证行修改信用证。只有开证申请人有权请求开证行修改信用证,受益人即卖方不得直接请求开证行修改信用证。

第九章 产品责任法

1.该案为产品责任中有关担保责任的案例。担保责任理论认为产品存在某种缺陷,生产者或销售者违反了对货物的明示担保或法律规定的默示担保,致使使用者或消费者遭受损害而承担法律责任。明示担保是指生产者或销售者对产品性能、质量、规格、用途等所做的任何声明或陈述。该案中虽然美国儿童所使用的玩具的承重为10磅,没有达到同类玩具的承重量,但该产品的说明书中已明确表明其承重量为9磅,此为明示担保,我出口公司并未违反担保责任,故不承担责任。

2.本案中,电磁炉是企业作为福利进行发放的,并未作商业用途,产品尚未投入流通,因此生产者不承担赔偿责任。

3.根据疏忽责任原则,李某无权得到赔偿。因为原告必须证明被告有疏忽,且被告的疏忽直接造成了原告的损害。本案中,李某无法证明被告存在着疏忽,因此无权得到赔偿。

根据担保责任原则,李某也无权得到赔偿。因为违反担保之诉是根据买卖合同提起的诉讼,原告和被告之间需要存在直接的合同关系。本案中电磁炉是李某的丈夫购买的,与被告有合同关系的是李某的丈夫,因此李某无权得到赔偿。

根据严格责任原则,李某可以得到赔偿。根据严格责任原则,原告只需证明产品存在缺陷,且原告的损失与产品缺陷之间存在着直接的因果关系即可,无需证明被告存在这疏忽。本案中李某的损失正是由于缺陷产品所造成的。

4.这是一起产品责任导致的侵权案。根据我国《产品质量法》的规定,产品存在缺陷造成他人人身以及缺陷产品以外的其他财产损害的,生产者应承担赔偿责任。由于销售者的过错致使产品存在缺陷,造成他人人身、财产损害的,销售者应承担赔偿责任。该法同时还规定,产品的生产者和销售者对有缺陷产品造成的损害承担连带赔偿责任,受害人既可以向生产者要求赔偿,也可以向销售者要求赔偿。造成人身伤害的,需要赔偿有关的医疗费、因误工减少的收入、残废者生活补助费。此案中,张某的受伤是由于产品存在缺陷造成的,故可以获得包括医疗费(医药费、护理费、营养费等)、因误工减少的收入。如果张某经鉴定为残疾的,还可获得残疾生活补助费。张某可以要求生产商赔偿,也可以要求销售商赔偿,或者同时向两方提起赔偿请求。

第十章 国际商事仲裁与诉讼

1.我国最高人民法院答复认为,应当适用合同约定的仲裁地香港的法律,该仲裁条款是有效的、可以执行的。人民法院对本案没有管辖权。

2.(1)因为本案仲裁协议的效力问题与仲裁管辖权问题实际上是同一个问题,广州的甲公司依照英文合同的格式仲裁条款向中国国际经济贸易仲裁委员会申请仲裁,该仲裁委员会做出了支持香港乙公司管辖权异议的决定。该决定做出后,依《仲裁法》的规定和仲裁规则,除非法律另有规定,是不能对同一事项再行向法院提起诉讼的。本案中,所谓"法律另有规定"主要是指《中华人民共和国仲裁法》第20条,即仲裁庭和法院同时应双方各自请求予以受理的情况,但本案的实际情况与该条并不相符。

(2)合同仲裁协议的中英文文本不一致时,就会产生效力优先的问题。根据国际惯例,合同中的条款,手写形式条款的效力优先于打印条款,后约定的条款效力优先于先约定的条款。本案中,中文手写条款的效力优先于英文打印条款,应以此为准,所以发生合同项下的争议时应由美国的仲裁庭仲裁。

(3)根据《中华人民共和国仲裁法》第17条的规定:"有下列情形之一的,仲裁协议无效:

①约定的仲裁是想超出法律规定的仲裁范围的;

②无民事行为能力或者限制民事行为能力人订立的仲裁协议;

③一方采取胁迫手段,迫使对方订立仲裁协议的。"

3.(1)中国法院有管辖权。重庆市中级人民法院依应诉管辖规定而取得管辖权。

(2)本案中准据法应为中国的实体法。

(3)不应得到支持。本案并不符合中止诉讼的合法情形。

(4)这一看法并无道理。重庆仲裁委员会依法可以受理涉外合同纠纷。

(5)这一看法并无道理。中国仲裁机构对于中外合作企业合同纠纷仲裁并无专属管辖权。

(6)应适用中国法律。

参考文献

[1] 赫荣平,孙雷.涉外经济法理论与实训教程[M].海口:南海出版社,2006.
[2] 童宏祥,吴羽.新编国际商法教程[M].上海:上海财经大学出版社,2007.
[3] 吴百福,徐小薇.进出口贸易实务教程[M].上海:上海人民出版社,2007.
[4] 盛洪昌.国际贸易理论与实务[M].上海:上海财经大学出版社,2006.
[5] 苏波辉.国际货物运输[M].大连:东北财经出版社,2007.
[6] 李炳军,阙细春.国际贸易实务[M].北京:冶金工业出版社,2008.
[7] 张丽英.国际经济法教学案例[M].北京:法律出版社,2004.
[8] 罗农.进出口贸易实训及案例分析[M].北京:中国人民大学出版社,2006.
[9] 吴兴光,朱兆敏.国际商法[M].北京:中国商务出版社,2006.
[10] 吴建斌,肖冰,彭岳.国际商法[M].北京:高等教育出版社,2007.
[11] 王学锋,殷明,郑丙贵.国际海上货物运输[M].上海:同济大学出版社,2006.
[12] 屈广清.国际商法[M].大连:东北财经出版社,2008.
[13] 迟公化,王晓燕等.2009 年司法考试记忆通[M].北京:中国法制出版社,2009.
[14] 何力.国际贸易法[M].上海:复旦大学出版社,2005.
[15] 王立波.国际经济法[M].北京:清华大学出版社,北京交通大学出版社,2005.
[16] 金淑云,辛玉兴.国际贸易法规与惯例[M].天津:南开大学出版社,2003.
[17] 张洪涛,郑功成.保险学[M].北京:中国人民大学出版社,2000.
[18] 王追林.国际贸易法律与实务[M].武汉:武汉大学出版社,2006.
[19] 冯大同.国际商法[M].北京:对外经济贸易大学出版社,1991.
[20] 金晓晨.国际商法[M].北京:首都经济贸易大学出版社,2005.
[21] 沈四宝,刘刚仿等.国际商法[M].北京:中国人民大学出版社,2005.
[22] 王玲.国际商法[M].北京:清华大学出版社,2004.
[23] 孙金刚.国际商法[M].北京:电子工业出版社,2007.
[24] 蔡四青.国际商法[M].北京:科学出版社,2005.
[25] 吴建斌.国际商法新论[M].南京:南京大学出版社,2008.
[26] 周黎明.国际商法[M].杭州:浙江大学出版社,2008.
[27] 辛文琦.国际商法原理与案例教程[M].北京:对外经济贸易大学出版

社,2009.
[28] 党伟.国际商法[M].北京:中国财政经济出版社,2005.
[29] 尹田.法国现代合同法[M].第2版.北京:法律出版社,2009.
[30] 保罗·戴维斯.樊云慧(译).英国公司法精要[M].北京:法律出版社,2009.
[31] 张利宾.美国合同法(判例、规则和价值规范)[M].北京:法律出版社,2007.
[32] 陈卫佐,德国民法总论[M].北京:法律出版社,2007.
[33] 李响.美国合同法要义[M].北京:中国政法大学出版社,2008.
[34] 阿尔贝特·桑塔·马里雅.单文华,蔡从燕(译).欧盟商法[M].北京:北京大学出版社,2007.
[35] 刘云生,宋宗宇.民法学[M].重庆:重庆大学出版社,2003.

图书在版编目(CIP)数据

国际商法/赫荣平,高贯中主编. —北京:中国农业大学出版社,2010.1
ISBN 978-7-81117-922-4

Ⅰ.国… Ⅱ.①赫… ②高… Ⅲ.国际商法-高等学校:技术学校-教材
Ⅳ.D996.1

中国版本图书馆 CIP 数据核字(2009)第 208861 号

书　名　国际商法
作　者　赫荣平　高贯中　主编

策划编辑	董　田　伍　斌	**责任编辑**	张玉枝
封面设计	郑　川	**责任校对**	陈　莹　王晓凤
出版发行	中国农业大学出版社		
社　　址	北京市海淀区圆明园西路 2 号	**邮政编码**	100193
电　　话	发行部 010-62731190,2620	读者服务部	010-62732336
	编辑部 010-62732617,2618	出　版　部	010-62733440
网　　址	http://www.cau.edu.cn/caup	**e-mail**	cbsszs@cau.edu.cn
经　　销	新华书店		
印　　刷	涿州市星河印刷有限公司		
版　　次	2010 年 1 月第 1 版　　2010 年 1 月第 1 次印刷		
规　　格	787×980　　16 开本　　20 印张　　366 千字		
定　　价	28.00 元		

图书如有质量问题本社发行部负责调换